트렌드
차이나

TREND ★ CHINA

트렌드
차이나

중국 소비DNA와
소비트렌드 집중 해부

김난도　전미영　김서영

오우아

거대 중국 시장에 현미경을 들이대다

세계 최대의 시장으로 떠오르고 있는 중국. 중국 시장은 규모가 큰 만큼 경쟁도 치열하다. 세계 각국의 크고 작은 기업이 중국의 소비시장을 두드렸지만 성공의 축배를 든 곳은 의외로 많지 않다. 한국 기업들도 예외가 아니었다. 많은 기업들이 중국 시장에서 고배를 마시는 이유는 단지 경쟁이 치열해서만은 아니다. 그보다는 많고 복잡하고 까다로운 중국 소비자의 특성과 변화하는 시장의 트렌드를 제대로 이해하지 못했기 때문이다.

광활한 영토의 크기와 방대한 인구수만큼 전 세계에서 가장 복잡하고 까다로운 중국의 소비자들, 과연 우리는 그들을 얼마나 제대로 알고 있을까? 지금까지 거시적인 관점에서 중국의 성장 가능성 및 세계 경제에 미칠 영향력을 분석한 결과는 많았다. 하지만 소비시장으로서의 중국, 그중에서도 중국 소비자의 특성을 조명한 미시적 연구는 많지 않다.

저자들이 몸담고 있는 서울대학교 생활과학연구소 소비트렌드분석센터consumer trend center, CTC는 그동안 한국의 소비트렌드와 소비자특성에 대해 연구해왔다. 2007년부터 출간해온 『트렌드 코리아』 시리즈가 대표적이다. 도서 발간 이외에도 삼성전자, LG디스플레이, 코웨이, 한라마이스터, 롯데마트, AK플라자, 하나금융그룹, 삼성생명, 제일기획, 롯데건설, 한국씨티은행 등 많은 기업과 함께 한국의 소비자를 분석하는 용역과 자문을 수행해왔다. 그러다 이번에 중국의 소비자와 시장트렌드로 연구의 범위를 확장해, 그 어느 때보다도 심혈을 기울인 한 권의 책을 발간하게 됐다.

저자와 소비트렌드분석센터가 중국 소비자에 관심을 갖게 된 계기는, 중국에 의욕적으로 진출하고 있는 한국의 대표적 소비재기업인 아모레퍼시픽과 CJ제일제당 등의 기업으로부터 최근 중국의 소비트렌드 흐름을 분석해달라는 의뢰를 받은 것이었다. 연구 초기에는 다소 망설이기도 했다. 중국에서 오래 거주하고 사업해온 자칭 타칭 중국 전문가도 많고, 중국 관련 연구가 그 어느 때보다 활발하게 이뤄지고 있는 상황에서 또다시 중국을 연구한다는 것이 큰 부담이었기 때문이다.

앞서 말했듯 중국에 대한 자료와 문헌은 이미 제법 많다. 중국의 역사적·정치적·문화적 특징에 대한 기사와 자료는 물론이고, 중국 경제와 시장에 관한 보고와 분석은 특히 많이 나와 있다. 하지만 기존의 자료 대부분은 '중국의 소비시장 전체'를 거시적 시각에서 살펴본 연구이고, '중국 소비자 개개인'의 미시적 특성을 새로운 지역 구분에 입각해 세밀하게 관찰한 연구는 많지 않다. 있다고 하더라도 특정 산업의 분석을 위한 컨설팅회사의 비공개 보고서가 대부분이어서, 중국 시장에 관심 있는 일반 대중이나 중소기업의 경영자들이 중국 소비자를 정확히 파악하기는 어려웠다. 경험과 구전에 의존해 주먹구구식으로 중국 소비자를 이해해왔다고 해도 과언이 아니다.

이처럼 '중국' 연구는 많이 이뤄졌음에도 중국 '소비자'에 대한 본격적이고 치밀한 분석은 매우 부족하다는 사실을 인식하고, 까다로운 중국 소비자들에게 다가가기 위해 불철주야 노력하는 많은 기업인들과 주재원들에게 작은 도움이라도 되고 싶다는 사명감으로 중국 소비자와 소비트렌드 연구를 본격적으로 시작했다. 더구나 중국 진출은 이제 일부 대기업만의 문제가 아니라 성장과 도약을 모색하는 중견·중소기업들이 반드시 검토해야 할 선택지가 되고 있다. 이에 제도나 문화에 대한 일반적 텍스트로서의 중국이 아니라, 실제로 도움을 받을 수 있는 구체적이고 미시적인 실용지식으로서의 중국을 연구해 제공하고 싶었다.

나아가 소비자학자로서 중국처럼 다원화돼 있는 나라의 소비자 분석이 가능하다면 세계 어느 나라의 소비트렌드도 분석할 수 있을 것이라는 학문적 욕심도 있었다. 우리 모두가 한국에서 살고 일하고 소비하지만, 정작 한국 시장의 소비DNA와 트렌드의 변화를 적확하게 분석할 수 있는 시각과 방법론을 가진 연구기관은 많지 않다. 그동안 소비트렌드분석센터가 축적해온 소비이론의 분석틀을 글로벌 시장에도 적용하고 싶었다.

중국 소비트렌드에 관심을 갖게 된 또하나의 계기는 다소 개인적인 것이었다. 저자의 에세이집 『아프니까 청춘이다』(중국어판 제목은 '因为痛, 所以叫青春')가 2012년 중국에서 출간돼 아마존 차이나amazon.cn에서 연간 베스트셀러 종합 2위, 에세이부문 1위에 오르는 등 큰 관심을 받았다. 인터뷰, 사인회, 독자인사 등의 행사를 수행하기 위해 중국을 자주 방문해야 했으며, 중국의 젊은 독자들을 이해하고 그에 합당한 마케팅활동을 지원해야 했다. 자연스럽게 중국 소비자를 이해해야 할 또하나의 이유가 생겼던 것이다. 이래저래 중국은 저자에게 피할 수 없는 인연이 됐다.

이러한 계기로 중국인들의 소비DNA와 중국의 시장트렌드에 대한 본격적인 분석을 시작했고, 지난 3년간의 치열한 연구를 정리한 결과물이 바로 이 책이다. 이 책을 집필하면서 특히 다음과 같은 점에 집중해 기존의 연구서와 차별화를 모색했다.

첫째, 최근 중국 소비자들의 생생한 소비생활에 집중하고자 했다. 먼저 지역·소득·성별·연령 등을 기준으로 되도록 다양한 소비자들을 만날 수 있도록 표집한 후, 소비자학을 전공한 중국인 전문가와 소비트렌드를 전공한 석·박사들이 짝을 이뤄 일대일 심층면접과 소규모 FGIfocus group interview를 실시해 조사방법과 연구과제를 사전 설계했다. 이를 근거로 서울대 소비트렌드분석센터의 연구팀이 베이징北京·상하이上海·충칭重慶·청두成都·광저우廣州·선전深圳 등의 중심 상업지역을 방문해 세밀하게 상권을 조사하고 구조화된 타운와칭town-watching(젊은이들이 모여드는 거리나 생활양식을 관찰해 일정한 경향을 포착하는 것)을 실시했다. 또한 각 도시의 가정을 방문해 두세 시간 이상 면접을 진행하면서 해당 가정의 침실·거실·부엌·욕실 등 집안 구석구석을 샅샅이 촬영하며 심층면접과 관찰조사를 진행했다.

이런 정성분석qualitative analysis은 생생하기는 하지만 일반화는 어렵다. 따라서 일반화된 언명을 만들기 위해 심층면접, FGI, 가정 방문, 타운와칭을 통해 얻어진 가설들을 약 400문항 정도로 설문화해 2000샘플 이상의 정량분석quantitative analysis도 추가로 시행했다. 이 책에 등장하는 대부분의 발화와 명제는 저자들이 땀흘려 수집한 것이다. 중국 소비자들의 최신 소비문화와 트렌드가 생생하게 전달되기를 희망한다.

둘째, 이렇게 수집된 데이터들과 사례들을 이론적 틀과 시각에 입각해

분석하고자 했다. 사실 우리 모두가 소비자들이고 매일매일 소비생활을 하며 살지만 우리 사회의 소비트렌드에 대해 심도 있는 분석을 하기는 쉽지 않다. 중요한 것은 단지 일상에서 마주치는 현상과 경험이 아니라, 소비자를 보는 전문적 시각과 이론적 틀이다. 이것은 외국처럼 낯선 시장을 볼 때 더욱 필요한 것이라고 할 수 있다. 중국 소비자와 트렌드를 보다 치밀하게 이해하기 위한 이론적 틀을 만들고자 가능한 연구방법론은 모두 동원했다. 그동안 한국의 소비트렌드와 소비동향을 분석하며 쌓아온 서울대 생활과학연구소 소비트렌드분석센터의 암묵적 지식이 이 책에 고스란히 녹아 있다고 자평한다.

많은 연구원들이 낯선 땅에서 편치 않은 기후와 싸우며, 오랜 연구기간 동안 거액의 연구비를 투입하면서 땀을 흘렸다. 중국과 중국 소비자를 풍성히 알고 정확히 이해하기 위한 오랜 노력이, 중국에 진출했거나 진출을 계획하고 있는 많은 비즈니스맨들, 그리고 중국인의 소비생활과 라이프스타일에 관심을 둔 모든 분에게 유익한 도움이 되기를 바란다.

2013년 9월
대표저자 **김난도**

‖‖ 차례 ‖‖‖‖‖‖‖‖‖

‖3부‖ **중국 소비시장의 최근 트렌드**

‖ 0부 ‖

세계의 '생산공장'에서
세계의 '소비시장'으로

세계 경제에서 중국의 위상과 역할이 달라지고 있다. 이제 중국은 '생산공장'이 아닌 '소비시장'으로 새롭게 조명받고 있다. 이러한 변화에 발맞춰 중국에 대한 재인식이 필요한 상황이다. 과연 중국의 변화는 우리에게 어떤 기회가 될 것이며, 그 기회를 잡기 위해 극복해야 할 도전과제는 무엇인가? 소비시장으로서의 중국이 우리에게 던지는 기회와 도전을 간략히 살펴본다.

당신은 중국을
얼마나 알고 있는가

중국 시장의 기회와 도전

세계 최대의 인구를 자랑하는 중국, 그 거대한 소비시장이 새롭게 열리고 있다. 1978년 덩샤오핑鄧小平이 개혁개방을 선언한 이후, 중국 경제의 성장세는 눈부셨다. 세계 경제가 침체를 거듭하던 와중에도 중국은 거의 매년 연평균 10%의 성장률을 기록해왔다. 최근 중국 경제의 경착륙 가능성이 언급되긴 하지만 중국은 이미 GDP 규모 세계 2위의 경제 대국으로 자리잡았다. 그 속도가 어떻든 중국의 지속적 성장세는 필연적인 듯하다. 모건스탠리Morgan Stanley는 2020년 중국의 명목 GDP가 세계 GDP의 14%를 차지하면서 현재의 세 배 규모로 증가할 것이라는 의견을 내놓은 바 있다.

사실 이토록 놀라운 중국의 성장세는 풍부하고 저렴한 노동력을 바탕으로 '세계의 공장' 역할을 맡아온 데서 그 동력을 찾을 수 있다. 미국을 비롯한 선진 소비국가들은 중국의 낮은 생산원가 덕에 저렴한 가격으로 상품을 공급받아 풍족한 소비생활을 누릴 수 있었으며, 그 대가로 중국은 폭발적인 경제 성장을 이룰 수 있었다. 하지만 최근 중국인들의 임금이 빠른 속도로 상승하면서 세계의 생산기지로서의 매력은 반감되고 있는 것이 사실이다. 이제 중국에 대한 지구촌의 기대는 '세계의 시장'으로 바뀌고 있다. 2008년 리먼브러더스Lehman Brothers 파산으로 촉발된 세계 금융위기 이후 경제 불안의 여진이 증폭되면서 전 세계적으로 소비가 위축되는 모습을 보이는 가운데, 세계 최대의 인구 규모, 소득과 소비성향의 가파른 증가, 소비취향의 급격한 선진화가 삼박자를 맞추며 '시장으로서의 중국'의 매력이 부각되고 있는 것이다.

수출 하나로 발전을 이끌어온 우리나라에 지리적으로 인접한 중국의 이러한 변화는 커다란 기회의 요소다. 1960년대 이후 한국 기업들은 공격적인 수출을 바탕으로 놀라운 성장세를 보여왔지만, 세계 금융위기가 터진 후부터는 소수의 기업을 제외하고는 그 기세가 상당히 누그러지고 있다. 하지만 상대적으로 제한된 내수시장의 규모나 세계 수출시장의 정체를 고려하면, 대기업뿐 아니라 중견기업이나 중소기업도 여전히 수출이 성장의 동력임을 부인하긴 어렵다. 그리고 가장 큰 기회가 우리와 가장 가까운, 전 세계에서 유일하게 고속 성장세를 보이고 있는 인구 13억 5000만 명의 중국 시장에 있다.

하지만 중국 소비자의 마음을 얻는 일은 쉽지 않을뿐더러 점점 더 어려워지고 있다. 그동안 중국에 진출했던 한국 기업들이 고무적인 성과를 보인 경우도 제법 있었지만, 그러한 성과가 있기까지 수많은 시행착오를 겪으며 적지 않은 대가를 지불해야 했다. 의욕 하나만을 앞세워 덤벼들었다가 쓰디쓴 실패를 본 경우도 많았다. 그렇다. 중국은 놓쳐서는 안 될 기회인 동시에 극복해야 할 도전과제이다.

고전의 원인을 분석하자면 광활한 영토, 한국과는 판이한 기후와 자연조건, 중앙·지방정부의 까다로운 규제, 복잡하게 얽혀 있는 관시關係 등 여러 가지가 있을 것이다. 하지만 이 책에서는 여러 요인 중에서 '중국의 소비자에 대한 올바른 이해'에 주목하고자 한다. 다시 말해서 중국 소비자들의 소득이 높아지고 소비지식consumer literacy 또한 풍부해지면서 소비취향이 날로 까다로워지고 있는데, 그간 지나치게 안이하게 대응했던 것이 문제였다는 뜻이다. 세계 최고 수준의 글로벌 기업들은 이미 까다로운 중국 소비자들의 선택을 받기 위해 각축전을 벌이고 있으며, 중국의 로컬 브랜드들은 자국 정부의 보호 아래 빠른 속도로 품질과 브랜드 파워를 키워나가고 있다. 이 치열한 격전장에 막연한 의욕과 한국에서의 성공경험만 믿고 뛰어들었다간 값비싼 수업료만 치르기 십상이다.

나아가 중국은 지난 30년간 세계에서 가장 빠른 변화를 보이고 있는 나라이다. 지역별·연령별로 소비성향과 라이프스타일이 판이하게 다르며, 지금도 계속해서 변화하고 있다. 그 결과 중국 소비자들의 트렌드는 매우 빠른 속도로 달라지고 있다. 이는 크게 두 가지 요인에 기인한다.

첫째, 급속한 경제 발전, 소득 증대, 인터넷과 SNS 등 신매체의 확산으로 중국 소비자의 소비지식이 빠르게 축적되고 있다. 둘째, 바링허우 80後(한 가구 한 자녀 정책 실시 후인 1980년대에 태어난 세대)나 주링허우 90後(중국이 개혁개방으로 부를 이룬 1990년대 이후 태어난 세대) 등 기성세대보다 소비성향이 높고 이질적인 신세대들이 소비의 주역으로 자리잡고 있다. 따라서 지역뿐 아니라 연령, 소득, 성별 등 소비자와 관련한 변수를 기준으로 소비성향과 라이프스타일을 세밀하게 구분하고 그 변화를 추적할 필요가 있다. 중국 시장에 대해 어느 정도 이해하고 있더라도 지속적으로 변화하는 트렌드를 따라가지 못한다면, 이 놀라운 속도로 재편

되는 시장에서 언제 퇴출될지 모를 일이다.

사실 우리에게 선택지는 많지 않다. 좋건 싫건, 쉽건 어렵건 만리장성 너머의 소비시장은 반드시 넘어야 할 산이다. 중국 각지의 소비자에 대한 적확한 이해를 바탕으로 치밀한 전략을 수립한 후, 글로벌 브랜드들이나 로컬 브랜드들을 압도할 수 있는 차별화된 프리미엄 속성을 마련해야 한다. 과거 우리 기업의 수출 전략은 저렴한 생산비를 바탕으로 한 가격경쟁력으로 승부를 보는 것이었다. 하지만 저렴한 생산기지의 본고장인 중국에서는 앞선 기술과 탁월한 품질을 바탕으로 현지 소비자들의 니즈에 꼭 부합하는 '최적화된 상품'이 아니라면 승부가 불가능하다.

이 책은 이러한 문제제기에 터잡아, 중국 소비자의 특성을 이해하고 최근 트렌드의 흐름을 분석하고자 한다. 먼저 1부에서 중국 소비자를 '소득'과 '소비 지향성'이라는 두 축을 이용해 여섯 가지 유형으로 세분화한 후 각 유형별 특징을 서술함으로써 '중국의 소비자는 무엇에 열광하는가'라는 질문에 답하고자 했다. 2부에서는 중국인이 갖고 있는 '7대 소비 DNA'를 추출해 분석함으로써 '중국의 소비자는 한국을 비롯한 다른 시장의 소비자와 무엇이 어떻게 다른가'를 살펴봤다. 3부에서는 최근 중국 사회를 풍미하고 있는 각종 신조어·유행어의 분석과 더불어 중국 시장 변화의 3대 핵심 키워드를 정리함으로써 '최근 중국 시장의 변화양상은 무엇인가'를 짚어봤다.

본격적인 논의에 들어가기 전에, 이 장에서는 소비시장으로서의 중국이 우리에게 던지는 기회와 도전과제를 간략히 살펴보고자 한다. 중국 소비시장의 확대 전망과 이 시장에 성공적으로 진입하기 위해 불식해야 할 신화와 오해에 관한 논의다.

기회 : 세계 최대 규모 소비시장으로의 도약

중국 소비시장이 폭발적으로 성장하고 있다. 경제 개방 이후의 변화에 대한 자신감을 초석 삼아, 중국은 이제 세계 제일 규모의 생산·소비국 가로서의 모양새를 본격적으로 갖춰나가고 있다. 중국 경제의 성장 둔화에 대한 우려가 없지 않지만, 심지어 중국의 생산역량이 병목을 만나게 되더라도 소비부문의 확대는 필연적인 것으로 보인다. 중국 소비시장의 양적인 확대와 질적인 심화는 정책적 측면, 사회적 측면, 라이프스타일 측면에서 볼 때 피할 수 없는 메가트렌드라고 할 수 있다.

정책적 드라이브 : 가계소득 증대와 소비 진작 노력

먼저 주목해야 할 점은 정책적 방향이다. 중국은 여전히 사회주의를 표방하고 있으며 정부의 영향력이 매우 크다. 시진핑智近平 주석 시대, 정부 정책의 초점은 중국 각 지역의 소득 증대와 소비 진작에 맞춰져 있다. 이러한 사실은 2011년부터 2015년까지 중국의 발전방향에 대한 청사진을 제시하는 '12차 5개년 규획'(이하 '12.5 규획')에 잘 나타나 있다.

사실 12.5 규획이 내수시장 확대를 위시로 내부역량 강화를 강조하는 데는 어느 정도 필연적인 측면이 있다. 중국 경제가 당면한 최근의 고민 때문이다. 중국은 국가 차원에서는 세계 2위 수준의 경제 규모를 자랑하지만, 1인당 GDP는 5898달러로 전 세계 88위에 머물러 있다(2012년 IMF 조사자료). 소비 측면에서도 GDP 대비 민간소비의 비중이 말레이시아, 태국, 베트남보다 낮아[1], 아직 국가 수준의 양적 성장의 결과가 국민에게는 돌아가지 않았다고 볼 수 있다. 또한 지역 간·계층 간·도농 간 빈부격차가 갈수록 극심해져 소득 분배와 경제구조 개선의 필요성이 강

정책내용	정책목표	지향점
• 도시 및 농촌 주민의 소득 향상 / 서비스산업 발전	• 장기적 소비 확대	• 내수시장 확대
• 비화석에너지 비중 증가 / 오염물질 배출 규제범위 확대	• 자원 및 환경 친화적 에너지 절약 성장모델	• 녹색경제
• 발명 특허 확대 / R&D 투자 지출구조 합리화 / 7대 신흥 전략산업 육성	• 과학기술 진흥 / 인재강국	• 고부가가치경제
• 사회보험 확충 / 세제 개혁 / 보장성 주택 / 3농정책 지속 / 호구제도 개혁 / 도시화	• 농촌소득 증대 / 낙후지역 개발 / 합리적 소득 재분배	• 조화로운 사회
• 재정 개혁 / 해외투자(업종) 다변화	• 국유기업 개혁 / 수출구조 고도화 / 글로벌 생산체제 구축	• 개혁개방 심화

자료 : 12.5 규획 내용을 바탕으로 저자 정리·작성

력히 제기되고 있다. 따라서 중국 정부는 국민소득의 증가율을 경제성장률 이상인 '7% 초과 달성'으로 설정함으로써, 국가의 성장과 국민의 성장 사이에 균형을 이루겠다는 목표를 강하게 천명하고 있다.

오랜 중국 역사를 통틀어 심각한 소득 불균형은 필연적으로 폭동이나 혁명적 변화를 초래했다. 이러한 사실을 역사적 경험을 통해 누구보다 잘 알고 있는 중국 정부는 이제 불균형적인 외형의 성장보다는 균등한 인민의 소득 증대에 힘쓰고자 하는 것이다. 따라서 향후 정부 정책은 1인당 국민소득 증대가 최우선이 될 것으로 보인다. 12.5 규획의 내용을 살펴보면, 중국 정부는 2015년을 기준으로 도시 주민의 평균 가처분소득을 2만 6810위안(482만원)으로, 농민의 경우는 8310위안(149만원)으로 각각 상승시키겠다고 발표했다.

물론 도시와 농촌 간, 도시 내에서도 계층 간 소득격차가 완전히 해소되기는 어려울 것이다. 하지만 중국의 중산층이 현재보다 늘어날 것이라는 사실은 분명해 보인다. 중산층의 증가는 곧 수요의 성장으로 이어져, 외수증가율 둔화에 따른 내수 확대라는 중국의 정책기조와 일맥상통한다. 향후 10년 동안 중국은 서서히 생산자의 역할에서 소비자의 역할로 변신을 꾀할 것이다. 이제 바야흐로 중국이 '세계 최대 규모의 소비시장'으로 변모하는 시기가 다가온 것이다.

사회적 변화 : 급격한 도시화의 진전과 서비스산업의 성장

급속한 도시화도 주목해야 할 현상이다. 도시화는 소비의 폭발적 증가를 불러오기 때문이다. 1990년 26.4%였던 도시화율은 연평균 1%씩 증가해 2010년 47.5%에 이르렀다. 그럼에도 불구하고 중국의 도시화율은 미국, 일본, 한국은 물론, 심지어 필리핀이나 말레이시아보다도 낮은 수준에 머물러 있다. 앞으로도 중국은 자국의 도시화를 적극적으로 추진할 것으로 예상된다. 중국 입장에서 도시화는 농촌의 현대화를 통한 농민소득의 증대와 도시화를 통한 내수소비 확대라는 두 마리 토끼를 잡을 수 있는 방안이기 때문이다.[2]

12.5 규획에서도 도시화에 대한 중국의 강한 의지를 엿볼 수 있다. 중국은 2015년 도시화율 달성목표를 2010년보다 4% 증가한 51.5%로 설정했다. 모건스탠리도 중국의 도시화율이 지금과 같이 연 1%씩 증가한다면 2020년에 58%의 도시화율을 기록할 수 있으며, 연 1.5%씩 증가하는 경우에는 선진국 수준인 63%에 도달할 것으로 보고 있다. 도시화는 곧 도시적 라이프스타일의 확산을 의미한다. 따라서 향후 10년 사이에는 국민생활 안정과 생활수준 향상을 위한 사회인프라 구축이 정책의 주

• 중국 도시화율 전망

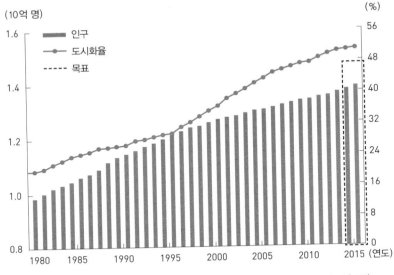

(10억 명)   (%)

범례:
■ 인구
● 도시화율
--- 목표

자료 : CEIC, 대신경제연구소(DERI)

요 쟁점으로 부각될 것이다.

　도시화가 진전되면서 도시에 거주하는 사람들에게 생활서비스를 제공하기 위한 서비스산업 역시 빠르게 발전할 것이다. 2009년 기준으로 중국의 서비스산업은 전체 GDP의 약 42%를 차지하고 있다. 이는 미국, 일본과 같은 선진국보다 뒤처지는 수준이며 한국, 인도보다도 낮은 수치다. 일본의 40년 전, 한국의 20년 전 상황과 비교해볼 때도 확연히 떨어진다.

　서비스산업의 발전이 다른 국가에 비해 더딘 근본적인 원인은 중국 정부가 서비스산업 개방에 대해 신중한 태도를 고수하며 독점을 행사했기 때문이다. 하지만 12.5 규획을 계기로 지금까지의 태도를 바꿔, 보다 적극적으로 서비스산업을 육성할 계획이다. 가계소득의 확대에 따른 소비력을 수용하고, 도시화를 보조하기 위해서는 서비스산업의 성장은 필수

• 국가별 GDP 중 서비스산업 비중(2009년 기준)

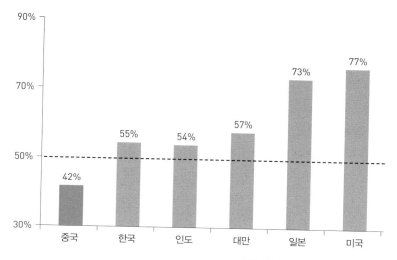

자료 : CEIC, Morgan Stanley Research

• 중·한·일의 GDP 중 서비스산업 비중 비교

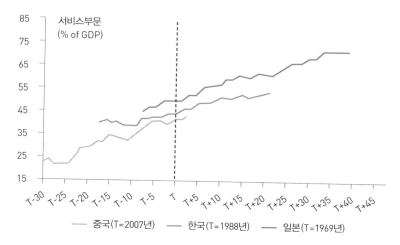

자료 : CEIC, Morgan Stanley Research

적이다. 또한 서비스산업은 새로운 일자리를 창출함으로써 중국 내 실업률 해소에도 기여할 수 있다. 이에 중국 정부는 2015년까지 GDP에서 서비스산업이 차지하는 비중을 47%로 올리겠다고 발표했다. 지금까지 중국의 성장이 공업화에 기반했다면, 앞으로는 도시화와 서비스화가 그 핵심이 될 것으로 전망된다.

라이프스타일의 변화 : 소비 폭발시대의 도래

이러한 정책적·사회적 변화가 중국의 소비시장을 폭발적으로 성장시킬 것임은 분명하다. 중국인들의 소득이 증대되고 도시화가 촉진되면서 생활가치가 '저축'에서 '소비'로 변화하고 있는 것이다. 도이체방크Deutsche Bank는 2020년을 기점으로 중국의 소비시장이 일본을 뛰어넘어 세계 2위를 차지할 것으로 전망했으며, 모건스탠리 역시 중국의 민간소비 지출이 현재 수준의 세 배를 웃돌 것이라는 예측을 내놓았다.[3] 이러한 분석에는 여러 가지 이유가 있다.

먼저 신용 기반 소비자금융의 발달을 들 수 있다. 소비자금융은 중국이 가장 최근에 개방한 부문으로, 아직은 몇 가지 측면에서 취약함을 보이고 있다. 예를 들어 유럽이나 미국과 같은 선진국에서는 신용 기반 소비비율이 소비총액의 50% 이상인 데 비해, 중국은 10%대에 머물고 있는 것이다. 향후 인터넷망이 확대돼 인터넷을 이용한 쇼핑 등이 활성화되고 신용 조회시스템이 완비되면 2020년경에는 신용을 이용한 소비가 소비총액의 40%까지 상승할 것으로 분석된다.

정부가 확대를 검토하고 있는 사회보장제도의 확충 역시 소비를 진작시킬 것으로 전망된다. 세계 금융위기가 발발한 이후 2009년부터 2011년까지 중국 정부가 시행한 가전하향家電下鄉(농촌 주민들이 가전제품

• 중국 엥겔계수 변화

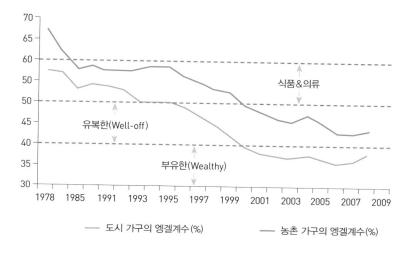

유복한(Well-off)

부유한(Wealthy)

식품&의류

── 도시 가구의 엥겔계수(%)   ── 농촌 가구의 엥겔계수(%)

자료 : CEIC, Morgan Stanley Research

• 2020년 중국 민간소비의 부상

명목 가계소비(nominal private consumption), 단위 : 1조 달러

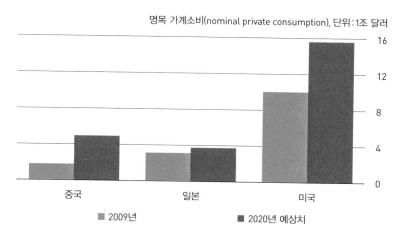

중국   일본   미국

■ 2009년   ■ 2020년 예상치

자료 : World Bank, nat. sources, IHS Global Insight

	일본			중국		
	1971	1984	변화율	2007	2020	변화
식음료	29.2%	22.8%	-6.4%	29.8%	23.4%	↓
의류	8.0%	6.8%	-1.2%	8.3%	7.1%	↓
건강	16.6%	18.7%	2.1%	14.6%	16.7%	↑
교통·통신	8.0%	10.0%	2.0%	10.8%	12.8%	↑
여가·교육·문화	9.3%	9.7%	0.4%	10.7%	11.1%	↑

자료 : CEIC, Morgan Stanley Research

을 사면 국가가 보조금을 지급하는 소비 촉진책), 이구환신以舊換新(중고 가전제품을 신형으로 교환하면 정부가 보조금을 지급하는 정책), 절능혜민節能惠民(에너지 효율등급 1급 또는 2급인 10대 가전제품 구매시 보조금을 지급하는 정책) 등의 정책이 구매 보조금 지급을 통한 소비 확대정책이었다면, 향후에는 민간소비 주체들의 가처분소득 증대를 목표로 감세와 점진적인 임금 인상, 그리고 사회보장범위의 확대 같은 경제정책이 시행될 것이다.

소비에 적극적인 젊은 세대가 사회의 주역으로 등장하고 있는 현상도 주목할 만하다. 소비 지향적인 10~20대들의 사회적 영향력이 커지면서 소비적 라이프스타일이 중국 전역에 확대되고 있으며, 전반적인 교육수준이 향상되면서 서구식 문화가 일상으로 자리잡고 있다.

이처럼 소비가 급격하게 증가하면서, 중국인들의 주요 소비분야도 변화될 것으로 전망된다. 현재 중국이 겪고 있는 경제적 상황과 유사하다고 할 수 있는 1971~84년 사이 일본 사회의 소비구조 변화를 들여다보면, 2020년 중국에 나타날 소비행태의 변화를 짐작할 수 있다. 일본과 마찬가지로 식음료나 의류에 대한 소비가 감소하는 대신, 교통과 통신,

건강이나 여가문화에 대한 소비가 증가할 것이다. 물론 이런 소비패턴의 변화는 중국의 전 소비자층에서 공통적으로 발생하지는 않을 것이다. 소득 불균형이 심각한 중국에서는 중산층 이상의 계층에서 먼저 변화가 나타나기 시작해 점차 전 계층으로 확산될 것으로 예상된다.[4]

도전 : 중국 시장에 대한 여섯 가지 신화 혹은 오해

지금까지 논의한 중국 소비시장의 폭발적 성장을 가능케 하는 여러 요인들은 여전히 현재진행형이다. 그러한 점 때문에 이미 많은 나라의 여러 기업들이 중국 시장을 두드려왔다. 하지만 대다수의 기업들은 눈물을 머금은 채 사업을 철수해야 했고, 극히 일부만 소위 '대박'을 터뜨렸다. 그 이유는 무엇이었을까?

　중국 소비자의 마음을 얻는 데 실패한 사례들을 살펴보면 하나의 공통점이 있다. 안이하게 접근했다는 것이다. 열심히 노력하지 않았다는 의미가 아니다. 여기서 안이함은 노력의 부족이 아니라 전제의 잘못을 뜻한다. 한국식의 안이한 전제, 즉 잘못된 고정관념을 가지고 중국 소비자에게 접근했다는 것이다. 여기서는 그 고정관념 중 가장 대표적인 여섯 가지를 들어 중국 시장에 대한 '여섯 가지 신화'라고 부르고자 한다.

단일 시장의 신화 : 중국은 하나의 시장이다?
중국에 대한 첫번째 오해는 '단일 시장의 신화'다. 다시 말해서 중국을 13억 5000만 소비자를 보유한 '하나'의 시장으로 인식하는 오류다. 흔히 '중국에서는 껌을 한 통씩만 팔아도 13억 통을 팔 수 있다'는 식의 표현을 하는데, 이는 매우 안이한 한국적 사고다.

중국은 매우 복잡하고 까다로운 나라다. 소비시장으로서는 더욱 그렇다. 단지 면적이 크고 인구가 많은 시장이 아니라, 매우 다양하고 이질적인 시장의 연합이라고 봐야 한다. 같은 큰 나라라고 해도, 플로리다부터 알래스카까지 그 광활한 지역의 소비자들이 비교적 균질한 소비성향을 보이는 미국과는 판이하게 다른 것이다. 규모가 작고 단일한 문화를 공유하고 있는 우리나라와는 더욱 다를 수밖에 없다.

중국은 단일 시장이라고 할 수 있는 미국이나 한국보다는 여러 나라가 하나의 대륙을 형성하고 있는 유럽의 이미지에 가깝다. 뉴욕이나 서울에서 잘 팔리는 물건이 L.A.나 부산에서도 잘 팔릴 수 있겠지만, 런던의 히트상품이 이스탄불에서도 인기 있으리라는 보장은 없지 않겠는가? 그냥 '중국에 진출한다'가 아니라 '중국의 어느 도시 혹은 어느 지역에 진출한다'는 구체적인 접근이 필요한 이유가 여기에 있다. 지역마다 소비취향, 소득수준, 규제 정도가 다른 것은 물론이고, 한국에 대해 갖고 있는 이미지도 차이가 있기 때문에 해당 지역의 특성을 세심하게 고려해야 한다. 예컨대 같은 시난西南 지역에 속해 있고 고속철로 한 시간이면 닿을 수 있는 거리지만, 충칭과 청두는 사뭇 다르다. 충칭은 중국적 자부심이 강한 보수적 도시고 청두는 한류에 대한 호감이 매우 높은 개방적 도시다. 두 도시만 놓고 보더라도, 도시별 진입 전략이 확연히 달라야 한다는 사실은 분명해 보인다.

이러한 차이점을 반영해 성공한 사례가 흥미롭게도 메뉴와 인테리어의 전국적 통일성이 중요한 패스트푸드 프랜차이즈에서 발견된다. 미국의 패스트푸드 전문점인 디코스Dico's는 맥도날드, KFC 같은 다수의 패스트푸드업체가 매장 인테리어와 메뉴를 중국 전 지역에 통일시킨 것과 달리, 제품 개발과 프로모션 등 운영 전반을 각 가맹점이 속한 도시의 문화적·사회적 특성을 고려해 가맹점마다 달리 적용했다. 우선 중국의 다양한 지역별 음식문화를 고려해 각 지역의 입맛에 맞는 메뉴를 따로 개발했다. 예를 들어 자극적이지 않은 음식을 좋아하는 동북지역의 가맹점에서는 옥수수탕, 쌀버거, 카레치킨덮밥 등을 개발·판매했다. 프로모션 역시 지역별로 차별화했다. 원활한 커뮤니케이션과 신속한 대응을 위해 가맹점에서 지역에 맞는 프로모션을 자율적으로 계획하고 그것을 본부에 허락만 받으면 바로 적용할 수 있는 방식을 채택한 것이다. 각 지역 시장과 소비자의 요구에 즉각적으로 대응할 수 있다는 측면에서, 적은 비용으로 효율적인 운영이 가능했고 결국 지역 단골을 확보하는 데 성공적인 결과를 거뒀다.

이런 상황은 한 나라를 단일한 시장으로 전제하고 접근해온 우리의 패러다임으로는 매우 당혹스럽게 느껴지지만, 반면 새로운 기회를 제공하기도 한다. 새로운 시장에 진입할 수 있는 가능성은 늘 열려 있다는 것이다. 다시 말해서 중국 진출의 시점이 다소 늦었거나 특정 지역에서 실적이 좋지 않았다고 할지라도, 새로운 지역에서의 승부를 다시 도모할 기회는 얼마든지 있다는 의미다.

보편적 가치의 신화 : 같은 연령과 성별이라면 같은 가치를 추구한다?

두번째로 조심해야 할 오해는 '보편적 가치의 신화'다. 즉 '동일한 세그먼트segment 내의 소비자는 동일한 보편적 소비가치를 가지고 있을 것'이라는 전제는 위험하다. 예를 들어 '20대 소비자의 특성은 이렇다'라든지 '중국의 주부는 이런 것을 좋아한다'라고 일반화하는 태도를 경계해야 한다.

우리나라에서 20대 여성에게 화장품을 판매한다고 가정해보자. 세심한 소비자 조사를 실시해 '20대 소비자들은 하얀 피부와 잡티 없이 깨끗한 얼굴을 원한다'는 결과를 얻었다면, 이를 바탕으로 해당 기능을 강조한 '비비크림'을 출시한 후, 연예인 모델을 시작으로 통일성 있는 콘셉트에 입각한 마케팅 전략을 펼칠 것이다. 그런데 이런 과정을 중국에서는 그대로 실현하기 어렵다. 지역이 워낙 방대해 남북과 동서 지역의 풍수, 기후, 문화에 따라 선호하는 화장법에도 뚜렷한 차이가 있기 때문이다.

중국에서는 같은 20~30대 여성집단이라도 지역적 특성에 따라 추구하는 미의 기준이 다르다. 기온이 비교적 높은 남부지방에서는 연하고 가벼운 화장이 인기고, 건조한 북부지방에서는 진하고 눈에 띄는 색조화장이 유행한다. 또한 동·서부지역의 경우, 경제적 수준, 의식의 개방도에 따라 개인이 선호하는 화장법과 제품에 대한 요구가 모두 다르다. 즉 동일 세그먼트 내에서도 시장세분화를 철저히 해야 히트상품을 탄생시킬 수 있는 것이다.

중국 시장은 지역적 특성도 다양하지만 개개인의 소비가치도 무척 다원화돼 있다. 사회 변화의 속도나 폭이 클뿐더러 계층적·지역적 편차가 커서, 어떤 보편적 소비가치를 전제로 제품을 개발하거나 마케팅하는 것은 매우 위험하다. 더욱이 현대 중국은 과거의 유구한 역사적 전통에 더해 사회주의 이념, 독생자정책(한 가구 한 자녀 정책), 불균형한 성장 전략 등의 영향으로 매우 독특한 소비가치가 형성돼 있다. 이런 특징을 간과한 채 특정 세그먼트의 소비자에 대해 과도한 일반화를 시도하는 것은 무리라는 사실을 명심해야 한다.

트리클 다운의 신화 : 유행은 반드시 번져나간다?

트리클 다운trickle down이란 '물방울이 위에서 아래로 흘러내린다'는 의미로, 유행이나 트렌드가 선도적 지역으로부터 추종적 지역으로 순차적으로 전파되는 현상을 지칭한다. 예를 들어 한국에서는 특정 패션이 서울 강남의 중심지역에서 출발해 차차 다른 지역과 지방으로 번져가는 모습을 관찰할 수 있다. 이런 논리를 연장하면 베이징이나 상하이 같은 대도시의 소비취향이 시간이 지나면 2선도시, 3선도시로 전파될 것이라고 유추할 수 있다.

락앤락의 중국 시장 진출은 트리클 다운의 대표적 성공사례다. 락앤락은 진출 초기 철저한 프리미엄 전략을 시행했다. 고급스럽고 우아한 밀폐용기라는 콘셉트로 상하이, 베이징, 선전 등 소득수준이 높은 주요 대도시를 겨냥했다. 중국의 차문화를 고려해 이동하면서 차를 마실 수 있는 용기를 개발하는 등 제품 현지화에도 신경을 쏟았다. 그뿐만 아니라 중국의 아동절인 6월 1일에는 전 직영매장에서 벌어들인 당일 매출 전액을 상하이의 희망공정재단에 기부하기도 했으며, 쓰촨四川 성 대지진 당시에는 중국법인의 전 주재원이 헌혈활동을 벌이면서 사회공헌에 기여하는 글로벌 기업의 이미지를 확고히 했다. 그 결과 최근에는 주요 도시는 물론, 2선도시, 3선도시로까지 진출해 오프라인 매장, 온라인 매장, 홈쇼핑, 백화점, 직영점 등 유통망을 확대시키고 있다.

하지만 이런 트리클 다운 전략이 항상 성공적인 결과를 거두는 것은 아니다. 앞서 살펴본 바와 같이 중국은 지역적 특성이 매우 강하고 지역문화에 대한 자부심도 커서 대도시의 트렌드라고 해서 무조건 선망하지는 않는다. 심지어 특정 대도시에 대해 조소와 질시가 강한 경우도 있다. 따라서 중국의 도시 간 트리클 다운은 예상만큼 순조롭지 않으며, 고속철도로 세 시간 이내에 도착할 수 있는 도시 간의 상호작용을 관찰하는 편이 더 효율적이다. 그렇기에 1선도시만 공략하면 다른 지역은 용이하게 진입할 수 있다는 전제는 금물이다. 오히려 상품의 성격과 지역의 특성을 면밀히 검토한 후 2·3선도시를 직접 공략하는 전략이 필요한 경우도 있다. 글로벌 기업의 격전장인 1선도시를 우회해 향후 트리클 업 trickle up을 도모할 수 있는 지역적 교두보를 마련하는 것이 효과적일 수도 있다는 의미다.

단일 시장의 신화에서도 언급했던 패스트푸드 전문점 디코스는 트리클 업을 성공시킨 대표적인 사례로도 언급된다. 디코스는 1996년 처음 중국에 진출할 때만 해도 미국에서의 경영방식을 그대로 차용했다. 그 때문인지 진출 후 2년 동안 전국 13개 대도시에서 54개의 직영점을 운영하면서도 이미 오래전에 자리잡은 맥도날드와 KFC에 밀리고 있었다. 지속적인 적자 속에 난항을 거듭하면서 결국 디코스는 베이징과 상하이 등의 지점을 철수하고 새로운 전략을 도모했다. 그동안의 경험을 바탕으로 '농촌에서부터 도시로 거슬러올라가자'는 전략을 마련한 것이다.

디코스는 맥도날드와 KFC의 매장이 상대적으로 적은 3선도시, 특히 서부지역을 중심으로 다시 사업을 시작했다. 번화가뿐 아니라 학교 인근 지역이나 동네의 작은 상권에도 깊숙이 입점했다. 이런 트리클 업 전략은 주요 1선도시를 제외한 대다수의 도시에 가장 먼저 입점한 패스트푸드 전문점이라는 인식으로 높은 인지도를 형성했고, 해당 지역에서는 대도시에서 유명한 맥도날드나 KFC라고 할지라도 디코스의 벽을 깨기 쉽지 않았다.

후진 시장의 신화 : 현재의 중국은 과거의 한국이다?
네번째 오해는 '후진 시장의 신화'다. 쉽게 말해서 '현재의 중국은 한국의 ○년 전과 비슷하므로 과거 한국에서 히트했던 상품, 혹은 현재 히트하

고 있는 상품을 수출하면 쉽게 성공할 수 있을 것'이라는 환상이다.

중국을 여행하고 돌아온 사람들은 종종 그곳의 교통질서나 공중도덕을 언급하며 '한국의 1990년대라고 생각하면 된다'는 식의 해석을 한다. 오만한 관찰이라는 점은 차치하고라도, 소비의 영역에서도 이런 논리가 작용할 것이라는 예단은 큰 오해다. 중국의 소비자들은 놀라운 속도로 글로벌 시장의 정보를 받아들이고 있으며 독자적인 취향을 발달시키고 있다. 따라서 한국이나 타국에서의 성공이 중국에서의 성공을 보장하지는 않는다는 점을 명심할 필요가 있다.

예를 들어 중국에서는 유통채널 문제가 종종 병목으로 작용하는 경우가 많다. 한국에서는 독자적인 로드숍 형태의 단일 유통채널만으로도 시장 공략이 가능하지만, 중국에는 제품에 따라 백화점, 멀티숍, 온라인 쇼핑몰을 이용하는 소비자들이 동시에 공존한다. 따라서 중국을 한국이나 다른 시장의 시계열적인 연장선상에서 보기보다 매우 독자적인 시장으로 인식해야 한다. 이런 전제를 토대로 겸허하게 소비자의 특성을 분석한다면, 오히려 다국적 글로벌 브랜드들이 놓치고 있는 점을 찾아 틈새시장을 찾을 수도 있을 것이다.

프리미엄의 신화 : 중국인은 명품이라면 사족을 못 쓴다?

최근 불고 있는 중국의 명품(사치품) 열기에 편승해 '중국에서는 고가 전략을 쓰면 잘 먹히며, 중국 VIP 소비자들은 명품이라면 가격을 따지지 않고 구매한다'라는 인식은 착각에 불과하다. 한국에서 생산해 수출하는 제품의 대부분은 제조원가, 관세, 유통비용 등의 이유로 중국의 로컬 기업과 가격경쟁을 펼치기 어려운 경우가 많다. 이때 자연스럽게 '프리미엄화 전략'을 선택해, 우월한 품질과 고가의 가격정책을 펴면 중국 VIP들에게 소구할 수 있을 것이라고 안이한 판단을 내리는 경우가 종종 있다.

물론 중국의 프리미엄 서비스·제품시장은 매우 크며 적절한 프리미엄 전략은 당연히 효과적이다. 국내 제과업체인 파리바게뜨는 2004년 상하이의 대표적 외국인 밀집지역인 구베이古北 로에 1호점을 열었다. 그리고 고급화 전략을 위해 브랜드의 원산지를 강조하기보다는 자체의 프리미엄 이미지와 현지화 상품을 개발하는 데 전력을 다했다. 예를 들어 중국 매장의 매출 분석을 통해, 중국인들은 주로 마늘빵이나 참치, 소시지 같은 고기가 들어 있는 빵을 선호한다는 사실을 파악하고 '육송빵'이라는 고기빵을 개발했다. 육송빵은 기름지고 배부른 음식을 좋아하는 중국인들의 입맛을 겨냥한 현지화 상품으로, 크게 성공을 거뒀다. 프랑스의 유명 베이커리인 폴PAUL과 포숑Fauchon도 중국 진출에서 고배를 마신 가운데, 파리바게뜨의 철저한 현지화를 통한 프리미엄 전략의 성공은 시사하는 바가 크다고 볼 수 있다.

이랜드 역시 프리미엄화를 성공적으로 이룬 대표적인 사례다. 이랜드는 중국 진출 초기부터 백화점에 입점해 고급스러운 이미지를 구축했다. 또한 고가정책을 유지하면서도, 가격만 비싼 것이 아니라 품질도 좋다는 확신을 심어주기 위해 품질 개선에 힘을 쏟았다. 한국에 여행 온 중국 소비자들은 같은 이랜드 제품이 중국에서 훨씬 고가로 판매되고 있다는 사실에 놀랐다가도, 중국 제품의 품질이 월등히 우수하다는 점을 깨닫고는 이랜드의 가치를 인정했다. 파리바게뜨와 이랜드의 사례에서 나타나는 공통점은 고가정책뿐 아니라 중국 시장에 맞는 현지화 전략을 함께 실행해 성공을 거뒀다는 것이다.

하지만 중국 소비자는 매우 까다롭고 실용적인 성향을 보이며, VIP 소비자라고 해도 다르지 않다. 해당 제품이 지닌 프리미엄의 특성이 충분히 가치 있는 것이라고 판단하면 높은 가격도 기꺼이 지불하겠다는 의사가 있지만, 그것이 그럴 만한 가치가 있는지에 대한 판단의 기준은 매우 엄격하다. 더구나 중국의 VIP 소비자가 무엇을 프리미엄이라고 인식하는지에 대해 적확하게 짚어내지 못하면, 처참한 실패로 끝날 확률이 높다.

한류의 신화 : 한류 열풍이 한국 제품에 대한 인기로 이어진다?

중국에 한류 바람이 거세게 불고 있기 때문에 한국에 대해 호의적인 편이고, 또 한류스타를 활용하면 좋은 반응을 이끌어낼 수 있다는 기대가 보편적으로 퍼져 있다.

아모레퍼시픽은 한류 열풍을 마케팅에 활용해 중국에 성공적으로 진출한 대표적인 기업이다. 아모레퍼시픽의 라네즈는 2005년부터 중국에서 가장 인기가 많은 한류스타인 전지현과 송혜교를 대표모델로 내세워 효과를 톡톡히 봤다. 우월한 미모를 자랑하는 한류스타처럼 아름다움을 가꾸고 싶은 중국인들의 심리를 파고들어 'K-뷰티 열풍'까지 확산시켰다. 최근에는 라네즈뿐 아니라 이니스프리, 마몽드 역시 드라마로 최고의 인기를 끈 한류스타를 기용해 꾸준한 사랑을 받고 있다. 글로벌 시장을 압도하는 유럽의 유명 브랜드에 대항해서, 중국인들이 동질감을 느끼는 아시아의 아름다움asian beauty을 효과적으로 소구한 좋은 사례로 평가된다.

하지만 아모레퍼시픽의 성공은 오히려 예외적인 경우라고 보는 편이 좋을 것 같다. 사실 일부 문화상품의 경우를 제외하면 한류의 영향력은 제한적이다. 물론 중국에서 한류 바람이 없는 것은 아니다. 하지만 그 영향력은 지역적으로는 주로 일부 대도시와 동북3성東北三省에, 연령층으로는 젊은 소비자들에게 제한돼 있는 것이 현실이다.

설령 한류의 영향이 존재한다고 하더라도 그것이 한국 상품에 대한 구매로 이어질지는 미지수다. 과거 한국에서 홍콩 영화가 큰 인기를 끌었지만 그것이 홍콩 제품에 대한 구매로 연결되지는 않은 것과 마찬가지다. 요즘 우리나라에도 일본과 미국의 드라마를 즐겨보는 팬들이 많이 있지만, 드라마의 영향으로 일본 과자나 미국 전자제품을 구매하지는 않는다. 따라서 한류의 후광을 입을 수 있는 제품은 트렌디한 패션·미용 상품에 한정된다고 보는 편이 좋다.

더욱이 중국인들은 문화적 전통에 대해 커다란 자부심을 갖고 있다. 이에 일부 보수적인 계층에서는 한류의 과도한 전파에 대해 우려하는 모습을 보이기도 한다. 한류를 활용한 마케팅이 자칫 부작용을 가져올 수도 있음을 시사하는 대목이다. 따라서 한류에 무작정 편승하려는 시도보다는 상품 자체의 제품력으로 승부수를 띄우는 전략이 필요하다.

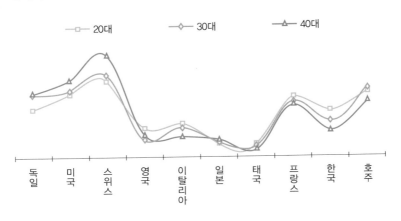

• 중국의 외국 문화에 대한 연령별 국가이미지 순위

자료 : 베이징, 상하이, 광저우, 충칭, 청두 등 도시 20~40대 남녀 총 2045명 중복응답, 월평균 가계소득 4000위안(72만원) 이상으로 제한, CTC 미간행 보고서(2012 조사)

지금까지 논의한 여섯 가지 신화는 하나의 결론으로 귀결된다. 어떤 선입견에도 얽매이지 말고 기본으로 돌아가 자기 고객에 대해 철저히 이해하는 작업부터 차근차근 시작해야 한다는 것이다. 다양하고 까다로울 뿐 아니라 급변하는 중국 소비자의 특성과 그 근간을 이루고 있는 소비 DNA를 정확하게 파악하고 이를 바탕으로 철저히 현지화된 제품 개발, 마케팅, 유통 전략을 펼쳐나갈 필요가 있다.

Summary 중국 시장에 대한 신화와 진실, 그리고 기회

	신화	진실	기회
단일 시장의 신화	중국은 하나의 시장이다	중국은 매우 이질적인 시장으로 구성, 미국보다는 EU와 유사	새로운 시장에 진입할 가능성이 상존
보편적 가치의 신화	특정 세그먼트의 소비자는 균질적이고 보편적인 특성을 가진다	사회주의, 독생자정책, 지역적 특성 등으로 고유한 가치관 존재	개별 소비자와 시장에 대한 철저한 이해를 바탕으로 히트상품 개발
트리클 다운의 신화	1선도시 스타일은 2선도시로 트리클 다운한다	지역 간 특성이 상존, 대도시 스타일이라고 무조건 선망하지 않음	격전장인 1선도시를 피해 지역적 기반을 구축할 수 있는 트리클 업의 가능성
후진 시장의 신화	중국 시장은 선진국 시장의 O년 전이다	한국·타국에서 성공한 제품이 당연한 성공을 보장하지 않음	다국적 브랜드들이 놓치고 있는 틈새시장 발견 가능
프리미엄의 신화	중국 VIP 소비자는 가격을 가리지 않고 구매한다	VIP 역시 매우 독특하고 실용적이며 까다로운 특성을 지님	제품에 대한 가치만 있다면 지갑을 열 소비자가 다수 존재함
한류의 신화	중국에서 한국 제품은 한류마케팅으로 성공할 수 있다	일부 대도시와 동북3성, 젊은층에게만 제한적 영향	패션·뷰티·미용산업은 여전히 영향력 있는 마케팅 대안

‖ 1부 ‖

중국 소비자는
무엇에 열광하는가

중국의 소비자는 그 방대한 수만큼 복잡다단한 양상을 보인다. 앞서 살펴봤듯 같은 지역, 성별, 연령대의 소비자라고 하더라도 하나의 집단으로 뭉뚱그려 접근하는 방식으로는 그들의 마음을 사로잡을 수 없으며, 세분화하고 유형화한 타깃고객별로 각기 다른 전략이 요구된다. 이 장에서는 '소득'과 '소비의 자기·타인 지향성'이라는 두 가지 기준을 통해 중국의 소비자를 분류하고, 각 유형의 일반적인 특성 및 소비방식 등을 세밀하게 분석함으로써, 중국의 소비자들은 무엇에 열광하고 있으며 어떻게 소비하고 있는지를 구체적으로 살펴본다.

방대한 중국 소비자를
어떻게 분류할 것인가
소비자 유형화

까다로운 중국의 소비자들은 무엇에 열광할까? 이 질문에 답하기 위해서는 먼저 소비자군을 적절히 분류할 수 있어야 한다. 제품 개발과 마케팅의 첫걸음은 소비자를 세분화segmentation하는 일이며, 사물을 체계적으로 이해한다는 의미를 지닌 '분석'의 한자어 '分析'이나 영어 'analysis'에는 모두 '나누다'라는 뜻이 내포돼 있다. 즉 어떤 대상을 제대로 이해하기 위한 출발점은 적절하게 나눠 구분짓는 것이다. 중국처럼 거대하고 이질적인 시장을 이해하고자 할 때는 더욱 그렇다.

그렇다면 무려 13억 5000만 명이 넘는 중국 소비자를 어떻게 분류할 수 있을 것인가? 분류를 위해 가장 필요한 것은 '기준'이므로, 이 질문은 '어떤 기준을 사용해 소비자를 유형화할 것인가'의 문제로 귀결된다. 적합한 기준을 선택하기 위해서는 먼저 소비에 영향을 주는 요인들을 일별하고, 그 중에서 가장 중요하고 의미 있는 기준을 선별하는 작업이 필요하다.

소비자 유형화의 첫번째 기준 : 소득

소비에 영향을 미치는 변수는 무척 많다. 성별과 연령, 생애주기, 혼인 여부, 직업, 가족구성원, 주거지역, 라이프스타일, 물질주의·충동성·동조성 등과 같은 가치관 등등…… 하지만 이런 많은 요소 중에서도 소비에 가장 직접적이고 강한 영향을 미치는 것은 역시 경제적 요인, 그중에서도 소득*이다. 소비의 가장 중요한 국면인 '구매'**를 가능케 하는 것이 바로 돈이기 때문이다.

중국도 예외는 아니다. 소득은 구매할 수 있는 절대량에 직접적인 영향을 미친다. 더욱이 문화대혁명 이후 사회 발전과 개인의 소득 증대가 급속하게 이뤄진 중국과 같은 경우에는, 소득수준이 단지 구매력의 다과 多寡 이상의 의미를 지닌다. 소득은 직업, 주거지역, 주거형태 등 많은 변수의 대리지표proxy가 될 수 있다. 그러나 중국인의 소득은 한국과는 약간 다른 시각으로 해석해야 한다.

첫째, 근로소득이 주종을 이루는 한국과 달리 중국인들의 월평균 소득은 '근로소득＋임대소득＋투자소득(주식 등)＋구매용 쿠폰＋부모의 지원'처럼 다양한 자원으로 구성된다. 특히 부동산 임대소득이나 부모가 생활

---

* 소득에도 여러 종류가 있지만, 소비와 관련해서는 개인소득, 가계소득, 그리고 가처분소득이 중요하다. 여기에서는 가계의 가처분소득을 기준으로 논의를 전개한다.

** 소비는 구매보다 큰 개념이다. 소비는 '상품의 취득→사용→처분'에 이르는 일련의 과정을 포괄하는 개념이고, 구매는 이중에서 취득단계의 가장 중요한 요소다. (취득의 다른 요소로는 증여, 습득 등이 있다.) 하지만 판매자의 입장에서는 사용이나 처분보다는 취득이, 그리고 그중에서도 소비자의 구매(생산자에게는 판매)가 가장 중요한 국면이기 때문에, 소비와 구매의 의미를 혼용하거나 동일한 의미로 사용하는 경우도 많다.

비로 지원해주는 금액이 상당히 크기 때문에, 단순히 개인이 받는 월급의 많고 적음으로 소득수준을 분류해서는 안 된다.

둘째, 소득활동을 하는 사람과 함께 거주하는 사람의 수를 고려해야 한다. 중국의 경우 나이와 성별을 막론하고 대부분의 사람들이 소득활동을 하고 있다. 다수의 부부가 맞벌이를 하고 있으므로 월평균 가계소득은 개인소득의 두 배 정도가 된다는 점을 고려해야 한다. 또한 아무리 가계소득이 많다고 하더라도 함께 거주하는 가족의 수에 따라 소득집단을 나눠야 한다. 예를 들어, 월평균 가계소득이 2만 위안(360만원)인 가구의 경우에 소득 크기만 보면 중국 내에서 소득이 상당히 높은 가구라 할 수 있다. 하지만 자녀를 한 명만 갖는 중국의 특성상, 이 가구는 부부가 양쪽 혹은 한쪽 부모와 함께 생활할 가능성도 있다. 그럴 경우 2만 위안이라는 월평균 가계소득에는 남편과 부인, 그리고 동거 부모가 벌어들이는 소득이 모두 포함돼, 결국 개인이 받는 월급은 5000위안(90만원)인 평범한 가구일 수 있다.

마지막으로, 소비수준을 분석하기 위해서는 소득과 함께 해당 지역의 물가도 고려해야 한다. 중국의 물가는 지역마다 천차만별이기 때문이다. 예를 들어 베이징과 상하이의 물가는 서울과 비교해도 큰 차이가 없을 만큼 높기 때문에, 한 달 평균 5000위안의 소득으로는 풍요로운 소비를 기대하기 쉽지 않다. 하지만 비교적 농촌지역인 네이멍구內蒙古 자치구에서는 같은 금액으로 충분히 여유로운 삶을 누릴 수 있다.

이러한 점을 염두에 두고, 소득을 기준으로 중국 가계를 '상위-중위-하위'로 나눈 후, 소비의 여력이 거의 없는 하위층을 제외하고, 중위층을 다시 '중상-중중-중하'로 구분해 정리하면 다음 표와 같다.

• 소득수준에 따른 가계의 일반적인 소비행태

구분	상위 (high)	중위		
		중상 (upper-middle)	중중 (middle)	중하 (lower-middle)
소득 수준*	• 월평균 가계소득 2만 위안(360만원) 이상	• 월평균 가계소득 1만~2만 위안 (180만~360만원)	• 월평균 가계소득 5000~1만 위안 (90만~180만원)	• 월평균 가계소득 4000~5000위안 (72만~90만원)
인테리어 /주거	• 자가 부동산 소유 : 별장, 복층식 아파트 선호 • 인테리어는 벽지와 페인트 섞어 사용 • 거실 바닥은 대리석	• 부동산 소유하거나 대출해서 분양중 • 벽지 사용하지 않고 페인트 사용 • 바닥은 나무	• 대출해서 부동산 분양	• 임대중
자동차	• 독일 등 유럽 차	• 성능 대비 가격 좋은 일본 차	• 중국 차	• 대중교통
투자/저축	• 외환계좌와 국제신용카드 사용 • 부동산 투자	• 증권, 펀드 투자	• 저축	• 투자/저축 여력 없음
자녀교육 (식품/옷 /교육)	• 해외여행과 출장을 이용해 유아식품을 구함 • 자녀를 기숙학교에 입학시킴, 예능 양성 중요시함 • 자녀에게 명품을 사줌	• 구매대행이나 친구 통해 해외에서 유아식품 구함 • 주말 예능학원과 IQ 개발, 영어학원 다님 • 교육 투자에는 열심인 반면, 자녀의 옷 등은 비교적 검소	• 구전이 중요 • 친구 통해 안전한 유아식품을 소개받음	• 평소 학교에서 교복을 입히고, 자녀 옷에는 신경쓰지 않음
패션/뷰티 (옷/화장품)	• 일상적으로 브랜드 제품 구매, 1회 구매시 단가 높음	• 브랜드 중요시하는 신중한 소비, 과시 성향	• 가격에 민감	• 가격에 민감
식품	• 유기농 농장 주문 • 상주하는 도우미 아줌마 고용하며 매일 시장에서 구입한 신선한 식품으로 요리 • 구하기 힘든 지방특산물·고급 건강식품 선물하기	• 시간당 도우미 아줌마 고용 : 청소나 요리만 해줌 • 마트에서 포장된 식품 선호, 간편한 가공식품도 선호 • 건강식품·과일 선물하기	• 기름 양이나 조미료에 신경씀 • 건강식품·과일 선물하기	• 부모와 동거하지 않는 경우, 요리의 간편성을 추구
여가	• 비즈니스 차원의 외식을 많이 하는 편 • 정기적으로 해외여행 • 골프 등 고급 사교운동	• 퇴근 후 맛집 탐방 • 가까운 아시아로 해외여행 즐기며 인터넷에서 공유	• 국내 자유여행을 즐기고 인터넷에서 공유	• 외식보다는 집에서 직접 만들어 먹는 편
이용 브랜드*	• 에르메스(Hermès) 가방, 파텍 필립(Patek Philippe) 시계, 벤틀리(Bentley) 자동차, 라피트(Lafite) 포도주, 저우다푸(周大福, 홍콩 귀금속브랜드), 마카오 카지노 VIP룸	• 스타벅스, 프라다(Prada), 오메가(Omega) 시계, 아이폰, 마카오 카지노 홀	• 피자헛, 발리(Bally), 저우다푸, 중·고급 백화점, 하이퍼마켓	• 맥도날드, KFC, 다프네(Daphne, 홍콩 신발브랜드), 보시덩(波司登, 중국 의류브랜드)

* 자료 : '中國消費市場的四個層次', 證券時報, 2012. 2. 10. 나머지 항목은 CTC 자체 조사.

이 책에서는 소득 측면에서 '비교적 구매력이 있는 중간계층 이상'을 주로 분석했으며, 논의의 실익이 적다고 여겨지는 빈곤계층은 제외했다. 중하위 소비자는 월평균 가계소득 4000위안 이상을 분석대상으로 하고 있지만, 이 금액 역시 중국에서는 결코 적은 돈이 아니다. 다만, 외국에서 진출하는 기업의 입장에서는 해당 상품의 구매가 가능한 중산층 이상을 대상으로 하는 현실을 감안해 그 이하의 소득계층 소비자는 다루지 않은 것이다. 따라서 여기에서 언급되는 소비자유형과 소득수준은 중국 전체 소비자의 분포와는 다소 차이를 보일 수 있다.

먼저 소득 상위계층은 부와 권력을 함께 지니고 있는 엘리트들이다. 중국 인구의 0.01% 이하로 약 100만 명가량 될 것으로 추산된다. 언제 어디서나 소비에 거리낌이 없을 만큼 부유하지만, 경제상황에 따라 자산평가액의 변동이 크기 때문에 연소득flow보다는 재산stock이 소비에 미치는 영향이 크다. 선호하는 브랜드는 에르메스, 파텍필립, 벤틀리 등이며 최고급 와인에 관심이 많다. 주말 여가는 마카오 카지노의 VIP룸에서 즐기고 휴가는 해외로 떠난다.

중상위계층은 주로 20~40세로 구성되는데, 안정적인 전문직을 갖고 있어 향후 신분과 소득의 상승 가능성이 높은 계층이다. 해외여행을 빈번히 즐기고 글로벌 트렌드나 브랜드에도 밝은 편이다. 상위계층이 선호하는 소위 위버 럭셔리uber luxury(초고가 명품) 제품은 구입하지 못하더라도 프라다나 오메가 정도의 브랜드는 구매 가능하다.

중중위계층은 1970년대 이전과 이후의 출생자로 구분할 수 있다. 70년대 이전 출생자들은 대체로 안정적인 직업을 갖고 있으며 도시에 자가 주택을 보유하고 있는 경제적인 성공층이다. 다만 상당수가 문화대혁명의 영향으로 교육을 제대로 받지 못해 추가적인 소득 증가는 제한적일 것으로 전망된다. 반면 70년대 이후 출생자들은 대체로 교육수준이 높아 업무의 수준과 역량이 상대적으로 우수하기 때문에, 향후 소득이 더욱 증대할 것으로 보인다. 생활 측면에서는 부모부양과 자녀교육에 전념한다.

중하위계층은 농촌에서 도시로 이주한 신이주민 그룹이 많으며 아직 자가 부동산을 보유하고 있지는 못하다. 하지만 최근 정부의 최저임금 인상정책의 최대 수혜자로서 임금상승률이 빠르게 올라가는 추세를 보이고 있다. 재산은 적으나 매년 가처분소득과 저축이 증가하고 있어 주목할 대상이지만, 아직 소비는 선택적인 수준에 머물고 있다.[1]

소비자 유형화의 두번째 기준 : 소비의 자기·타인 지향성

소비자유형을 구별하는 가장 중요한 기준이 소득 관련 변수라는 점에는 크게 이견이 없을 것이다. 그렇다면 두번째로 중요한 기준은 무엇일까? 여기에는 정답이 없다. 유형화를 시도하는 목적에 따라 기준이 달라지기 때문이다. '어떤 지역의 시장에 먼저 진출할 것인가'를 고민하고 있다면 지역적 특성에 따른 구분이 중요할 것이다. 화장품이나 패션제품 같은 제품군에 관심이 있다면 성별과 연령을 기준으로 삼아 소비자를 구분할 수 있다.

이 책의 경우와 같이 한 나라 소비자의 전반적인 성향을 조감하기 위해서는 좀더 일반화된 기준이 필요하다. 다시 말해서 우리가 중국의 소비문화에 관심을 두는 것은 중국의 소비시장 진출을 염두에 두고 있기 때문이며, 그렇다면 중국 소비자들이 갖고 있는 외국 상품에 대한 원산지효과country of origin effect, 낯선 브랜드의 수용성, 혁신적인 상품에 대한 태도, 트렌드의 추종 정도, 마케팅 수용성 등을 가늠할 수 있는 기준을 사용해야 한다. 이러한 요소들을 아우를 수 있는 것이 바로 '소비의 자기·타인 지향성'이다.

자기·타인 지향성은 소비자가 특정 상품을 구매하거나 사용할 때, 남의 시선을 얼마나 의식하는가를 기준으로 구분할 수 있다. 제품을 소비할 때 남의 시선을 의식하기보다는 자신의 만족을 먼저 추구하는 경우를 '자기 지향적self-oriented 성향'으로, '다른 사람들이 나의 소비를 어떻게 보고 어떻게 반응할까'를 의식하며 소비행위를 하는 경우를 '타인 지향적other-oriented 성향'으로 나누는 것이다.[2] 이 구분은 학계에서 폭넓은 동의를 받아왔으며[3], 사회과학의 오랜 개념인 개인주의-집단주의의 구분과도 관련이 있다.

소비의 타인 지향성이란 소비에서 다른 사람의 시선이 중요한 경우를 말한다. 특히 과시소비나 유행에의 추종 등이 커다란 의미를 지닌다. 이런 성향은 단지 얼마나 과시적인 소비를 하느냐에 그치지 않고 구매의사 결정에 많은 영향을 미친다. 타인 지향성이 강한 소비자는 소비열망이 클 뿐 아니라 브랜드를 선호하고 상품의 속성보다는 상징적 의미를 중요시한다. 대체로 혁신적인 기술, 새로운 디자인, 글로벌 브랜드, 외국문화, 시장 선도 브랜드, 주류 제품 등에 대해 수용성이 높은 것으로 나타난다.

반면 자기 지향적 소비자는 타인 지향적 소비자와는 대비되는 특성을 보인다. 다시 말해, 남의 시선보다는 자기만족이 더 중요하다는 것이다. 자기 지향적 소비자들은 구매의사를 결정할 때 타인에게 과시할 수 있는

• 자기 지향적 소비와 타인 지향적 소비의 비교

	자기 지향적 소비	타인 지향적 소비
실리 측면	경제적 이득, 가격 지향적 소비, 기능적 소비가치, 실용주의, 절약	환경보전, 소비의 사회적 책임 고려, 경제윤리에 대한 의식
상징 측면	경험, 놀이, 개성, 정서적 만족, 자기표현, 정체성 형성, 자기 차별화, 변신과 일탈의 즐거움	과시, 관계 유지, 신분 상승, 품격, 체면, 소속감, 유행 추종

상품보다는 자기가 만족할 수 있는 상품과 속성을 더 중요시한다. 상품의 상징적 의미보다는 효용이나 가격 등 실용적 기준에 입각해서 구매하고, 대중적인 브랜드뿐만 아니라 마이너한 브랜드에 대해서도 관용성이 높다. 단 자신이 주로 사용하는 브랜드를 잘 바꾸지 않는 보수적인 소비 특성을 보인다.

일반적으로 소비자는 소비를 통해 실리와 상징적 의미를 추구하는데, 자기 지향적 소비와 타인 지향적 소비를 실리와 상징의 측면에서 비교하면 위의 표와 같다.

중국 소비자의 여섯 가지 유형

앞서 살펴본 두 기준을 이용하면 중국의 소비자를 유형화할 수 있다. 소득수준에 따른 '상위층 – 중상위층 – 중중위층 – 중하위층'의 네 그룹을 각각 자기 지향적 소비자와 타인 지향적 소비자로 구분하면, 총 여덟 개의 소비자집단이 형성된다. 여기에서 소득 최상위층과 중하위층은 비교

• 소비자 세그먼트 다이아몬드 : 중국 소비자의 유형화

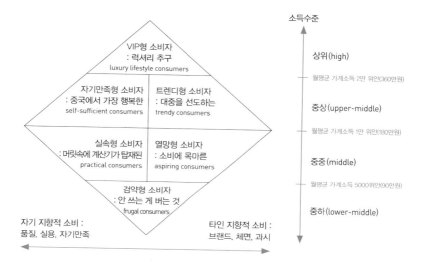

적 소비에 대한 자기·타인 지향성의 영향이 적은 편이어서 따로 구분하지 않고 설명하기로 한다.

이상의 '소득'과 '자기·타인 지향성'이라는 두 가지 기준으로 구분한 결과, 중국 소비자는 위 그림에서 보는 바와 같이 마름모꼴의 여섯 개 집단으로 형상화할 수 있는데 이를 '소비자 세그먼트 다이아몬드'라고 부르고자 한다.

이렇게 도출된 여섯 가지 유형을 이 책에서는 VIP형, 자기만족형, 트렌디형, 실속형, 열망형, 검약형으로 명명했는데, 이 각각의 유형에 속하는 소비자들은 소비의 가치관, 구매속성에 대한 기준, 주로 이용하는 유통경로, 광고를 비롯한 각종 구매 관련 정보의 취득경로와 정보에 대한 신뢰도, 외국 브랜드에 대한 수용성, 가격의 민감도 등에서 차이를 보인다.

지금부터 이 여섯 유형을 중심으로 중국의 소비자는 무엇에 열광하고 있으며, 어떻게 소비하고 있는지를 본격적으로 살펴보자. 각 유형에 대한 분석과 이해는 유형별 전략을 마련하는 데 좋은 자료가 될 것이다.

"내 일상은 럭셔리."
VIP형 소비자

특징

• 원하는 것은 무엇이든 구매한다! 머리부터 발끝까지 사치품 소비의 일상화.
• 쇼핑은 나의 일상! 필요한 물건이 있어 쇼핑하는 것이 아니라 쇼핑하다가 좋은 제품을 발견하면 구매.
• 해외여행, 유학, 어학학습, 골프 등 돈이 많이 드는 경험을 선호.

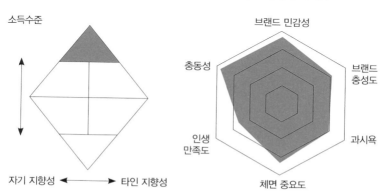

• 소비자 세그먼트 다이아몬드

소득수준

자기 지향성 ◄─────► 타인 지향성

• 6대 소비가치 헥사곤

브랜드 민감성
충동성
브랜드 충성도
과시욕
인생 만족도
체면 중요도

남편과의 쇼핑

리샹(李湘), 34세, 기혼여성, 변호사, 남편과 9세 딸, 베이징 거주

겔랑(Guerlain),
시슬리(SISLEY) 등
여러 브랜드 제품을
혼용해서 사용중.

랑방(Lanvin) 제품

영어 개인교습중.
사립 기숙중학교에 진학 예정.

백화점 유기농
의류브랜드에서 구매.

프라다 신상.
친구들이 대중적인
루이비통(Louis Vuitton)보다
프라다가 더 잘 어울린다고 조언.

해외에서 학위 수료 후
중국에서 사업체 운영.

아르마니(Armani) 외투
프라다 셔츠

수입 자동차.
남편과 부인
각각 한 대씩 소유.

구찌(Gucci) 구두.
해외여행 때 면세점에서 구매.

남편과 베이징에서 급성장한 럭셔리 쇼핑몰 신광톈디新光天地에 왔다. 도착하자마자 남편이 TV 판매코너로 이끈다. 잡지에 소개됐던 삼성 TV를 보고 싶다는 것이다. 크기도 크고 성능도 좋은 것 같긴 하지만, 거실에 있는 TV도 바꾼 지 얼마 되지 않았는데 3만 위안(540만원)짜리 TV를 바로 구매할 수는 없다. 나중에 의논하기로 하고 매장을 나서는데, 남편이 자꾸만 뒤돌아본다. 다음번 쇼핑 땐 결국 사게 되겠지. 집안 분위기를 바꿔보고 싶었는데 마침 예쁜 카펫이 눈에 들어온다. 가격은 4000위안(72만원). 카펫을 살 생각은 전혀 없었는데, 디자인이 딱 내 타입이다. 직원이 VIP 회원이니 특별할인가에 제공하겠다고 설득한다. 충동적이긴 하지만, 구매 결정!

명품 브랜드들이 있는 층으로 내려왔다. 쇼핑몰에 올 때마다 늘 신상품이 들어왔는지, 특별세일하는 제품이 있는지 확인차 둘러보곤 한다. 요즘은 루이비통이나 프라다를 들고 다니는 사람들이 너무 많아서 식상하다는 생각이 든다. 그래서 나는 아직 대중에게 생소한 영국이나 프랑스의 디자이너 브랜드들에 관심을 가지기 시작했다. 특히 랑방에서 판매하는 원피스와 가방이 마음에 든다. 오늘도 눈에 띄는 핸드백이 있었는데, 중국에 딱 세 개만 들어왔단다. 내일 친구를 만나서 이 가방에 대해 물어봐야겠다.

오늘 쇼핑은 딸아이가 먹을 과자와 음료수를 사는 것으로 마무리할까 한다. 신광톈디의 식품매장은 베이징 내에서도 상품구성이 가장 좋다. 쉽게 구할 수 없는 고급 올리브유나 우유, 과자 등을 판매한다. 프리미엄 유기농 과자를 몇 개 고르고, 엄마가 드시는 건강식품도 구매했다. 하지만 중요한 식품은 연휴 때 뉴질랜드나 호주에서 직접 구매할 예정이다. 연이은 식품 안전사고 이후 갖게 된 새로운 쇼핑습관이다. 오래 쇼핑했더니 다리가 아프다. 천연 과일로 만든 건강음료를 판매하는 가게에 앉아 여름휴가에 대해 논의했다. 난 스위스를 가고 싶은데 남편은 몰디브를 고집한다. 아무래도 올해는 휴가를 두 번 떠나야 할지도 모르겠다.

친구들과의 생일파티

리스판(李世帆), 15세, 기숙형 국제학교에 다니는 중학생, 항저우(杭州) 거주

벤츠(Benz)나 BMW를 사고 싶다는 바람.
캐나다 밴쿠버로 유학 간 친구들을 만난 후,
해외로 유학 가고 싶다는 생각이 가득.

친구들과 몰려다니며 호텔 식당에서
맛있는 것을 즐겨먹는 취미가 있다.
스시 등을 파는 고급 레스토랑을
자주 다닌다. 커피는 좋아하지 않지만
세련된 사람이라면 마셔야 하는 것이라고
생각한다.

노스페이스(The North Face)
바람막이. 특별하진 않지만
가볍고 움직이기 편하다.

맥북에어

아이폰

구찌 백팩이나
MCM 백팩을
좋아한다.

요즘 인기 있는
닥터드레(Dr. Dre)
헤드셋을 최근에
구매.

루이비통 지갑.
개인 이니셜이
새겨져 있다.
생일에 친구로부터
선물 받음.

평소엔 CK,
디올 옴므(Dior Homme),
디스퀘어드(D Squared2)
청바지를 자주 입고 다닌다.
외관상 큰 차이가 없지만
입었을 때 아주 작은
핏의 차이가 만족감을 준다.

Y-3 브랜드.
아디다스와 디자이너 야마모토 요지(山本耀司)의
콜래보레이션 브랜드.
가격(40만~60만원)도 비교적 적당하고,
몇몇 마니아층만 아는 브랜드라 마음에 든다.

토요일, 오늘은 내 생일이다. 초등학교를 함께 졸업하고, 지금도 국제학교(한국의 외국어중학교+외국어고등학교에 해당)를 같이 다니고 있는 친구들과 모여 파티를 열기로 했다. 우리 학교는 1년 등록금이 1만 7000위안(306만원)인 사립 기숙학교다. 평일에는 학교에서 생활하기 때문에 주말이 돼야만 외출할 수 있다. 주말에도 친구들 만나기가 쉽진 않다. 외국 대학에 진학하기 위해 SAT 등을 준비하는 친구들이 많기 때문이다. 대부분 주말마다 영어나 수학 과외를 받는다. 과외비는 시간당 100위안(1만 8000원) 정도인데 비싸긴 하지만 집이 제법 부유한 녀석들이라 학원보다는 개인 과외를 선호하는 것 같다. 학교 선생님이 과외 선생님을 추천해주기도 하고, 때로는 선생님이 직접 과외를 해주는 경우도 있다.

파티장소는 항저우에 있는 하얏트호텔로 잡았다. 여기 매니저와 우리 부모님이 아는 사이라 이전에도 친구들과 몇 번 왔었다. 1인당 200~300위안(3만 6000~5만 4000원)짜리 뷔페에 갈 예정이다. 분명 친구들이 좋은 선물들을 준비해올 테니, 식사는 내가 쏴야지! 원래 중국에서는 생일을 맞은 사람이 식사를 대접하는 것이 일반적이다. 드디어 선물 공개! 공부할 때 들으면 좋을 아이팟, 갖고 싶었던 닥터드레 헤드셋, 심지어 최신 스마트폰을 가지고 온 녀석도 있다. 이달 말까지 사용해야 하는 완샹청万象城 쇼핑센터 소비카드를 부모님이 주셔서 그걸로 구매했다고 한다. 가장 마음에 드는 선물은 루이비통 지갑이다. 럭셔리 브랜드의 지갑이나 가방 선물은 몇 번 받았지만, 이것이 특별히 마음에 드는 이유는 내 이름의 이니셜이 새겨져 있어서다. 뭔가 나만을 위해 제작된 것 같은 기분이랄까?

선물 증정식이 모두 끝나고, 유학에 대한 이야기가 시작됐다. 중등교과과정이 끝나면 모두들 영국, 미국, 캐나다 등으로 유학을 떠날 예정이다. 대학에 입학하게 됐을 때 갖게 될 자동차도 화제에 올랐다. 나는 빨간색 페라리Ferrari 스포츠카를 갖고 싶다. 멋진 자동차를 몰면서 여기저기를 신나게 누비며 다닐 모습은 상상만 해도 즐겁다.

일반적 특징 : 생활 자체의 프리미엄을 추구

중국의 VIP형 소비자들은 소득 차원에서 최상위계층이다. 인구수로는 많은 비중을 차지하지 않지만, 소비수준으로는 엄청난 규모를 자랑한다. 이들이 중국 전체 소비의 90%를 담당하고 있다고 해도 과언이 아닐 정도다.

과연 이들은 어떻게 부자가 됐을까? 부모세대부터 부유했던 경우가 대표적이다. 새로 가정을 꾸린 젊은 부부를 중심으로 살펴본다면, 이들의 부모는 전통적인 VIP이며 그들의 자녀인 부부 또한 안정적인 직업을 갖고 있거나 개인 사업체를 운영하며 부를 향유하고 있다. 부모가 VIP가 아닌 경우라면, 자수성가한 신흥 VIP가 이에 해당되는데 이들의 소비원천 또한 다양하다. 기본적으로 자신이 벌어들이는 근로소득이나 사업소득이 있으며 여기에 부모의 지원이 더해진다. 여러 투자소득이나 부동산 소득도 부의 원천이 된다.

VIP에 속하기 위한 경제적 조건을 간단하게 설명한다면 '부동산 두 채와 자동차 두 대'가 기본이다. 교통이 편리한 도심 한가운데 주거용 아파트를 소유하고 있으며, 경치가 좋은 도시 외곽에 별장 개념의 아파트를 한 채 더 갖고 있다. 이들이 거주하는 주거단지는 단순히 고급 아파트단지가 아니라 커뮤니티 자체가 외부와 차단된 '고급 동네'의 개념이다. 커뮤니티 안에 외국인학교, 마트 등 각종 편의시설이 갖춰져 있고, 다양한 고급 아파트들이 입주해 있다. 외부(다른 동네)와 철저히 차단해 보안을 유지하는 이 커뮤니티는 자체적으로 미니버스가 운행될 만큼 규모도 크다.

자동차는 주로 유럽 브랜드로 남편과 아내가 각각 한 대씩 소유한다.

1 VIP들이 거주하는 대단지 커뮤니티
3 커뮤니티 내 미니버스 운행

2 건물 출입구는 호텔 라운지처럼 단장
4 외부와 철저히 차단해 보안을 유지

집안에서 사용하는 가전 역시 대부분 해외의 유명 브랜드 제품들이다. 특히 거실에 걸려 있는 글로벌 브랜드의 대형TV는 부의 상징이다. 인테리어에 신경을 많이 쓰는 편인데 바닥은 대리석인 경우가 많으며, 최근에는 복층구조가 유행하고 있다.

식품을 비롯해 의복까지 자녀와 관련된 제품은 모두 해외에서 생산된 유기농 제품을 선호한다. 유기농 분유를 구매하기 위해서라면 직접 호주를 방문할 정도다. 그만큼 글로벌한 라이프스타일이 자리잡았다고 할 수 있다. 실제로 해외여행도 잦다. 출장으로 인해 다른 국가를 종종 방문하기도 하지만, 최소한 1년에 1회 이상 유럽으로 여행을 떠난다.

이처럼 자신이 가진 부를 바탕으로 최고의 제품을 소비하는 VIP형 소비자들은 단순히 부를 과시하는 차원을 넘어 생활 자체의 프리미엄을 추구한다. 안전하고 쾌적한 삶이야말로 최고 지향점이라 할 수 있다. 원하는 것을 원하는 만큼 소비할 수 있는 재력을 보유한 이들, 중국 VIP형 소비자의 소비가치를 분석해보자.

소비목표 : '필요'보다 '발견', '가격'보다 '품질'

보통의 소비자들이 무엇이 '필요'하다고 지각했을 때, 정보 탐색과 대안 비교 등 일련의 과정을 거쳐 구매하는 반면, VIP형 소비자들은 특별한 필요를 느끼지 않은 상태에서도 우연히 마음에 드는 물건을 '발견'하면 즉각 구매하는 경우가 많다. 생활가전이나 자동차처럼 상당한 고가의 제품을 제외한다면 대부분의 제품들을 윈도쇼핑중 주저 없이 구입하곤 한다.

> "이 카펫은 4000위안(72만원)짜리예요. 쇼핑 나갔다가 발견했는데, 예뻐서 바로 샀어요. 안 그래도 집안 분위기를 좀 바꿔볼까 생각하고 있었거든요. 몇 개 비교해봤는데 가격이 제일 비싸긴 해도 디자인이 가장 세련된 제품이라 그냥 이걸로 샀죠. 할인도 좀 받았고요. 보통 가격이 아주 비싸지 않은 범위 내에서, 예를 들어 아이패드나 아이팟 같은 제품일 경우는 크게 고민하지 않고 사곤 해요. 비싼 제품을 자주 바꾸진 않죠. 최근 삼성에서 70인치짜리 TV가 나왔는데 정말 마음에 들었지만 가격이 너무 비싸니까 고민이 되더라고요. 일단은 제품만 보고 왔어요." _34세, 기혼여성, 변호사, 남편과 9세 딸, 월평균 가계소득 10만~20만 위안(1800만~3600만원), 베이징 거주

VIP형 소비자들이 글로벌 브랜드에 대해 보이는 애정은 각별하다. 가

전, 자동차처럼 높은 기술력을 필요로 하는 제품에서부터 옷, 화장품 같은 패션재화, 일상적으로 구매하는 식품에 이르기까지 거의 모든 카테고리에서 해외 브랜드 제품을 선호한다. 특히 새로 가정을 꾸렸거나 어린 자녀 한 명을 두고 있는 바링허우의 경우에는, 역시 VIP 소비자인 부모가 선호하는 브랜드의 제품을 구매하는 등 전통적인 소비습관을 그대로 이어받는 경향을 보인다. 동시에 신생 글로벌 브랜드에 대해서도 높은 수준의 정보력을 자랑한다.

Q 가격이 비싸야 품질이 좋을까요? 브랜드가 좋아야 품질이 좋을까요?
A "브랜드가 중요할 것 같아요. 유명 브랜드는 대부분 고가이지만 브랜드가 치라는 것도 무시할 수는 없죠. 브랜드가 제품의 퀄리티를 말해주기 때문에 전 글로벌 브랜드를 선호해요." _47세, 기혼남성, 부동산사업, 부인과 유학중인 아들, 월 평균 가계소득 50만~100만 위안(9000만~1억 8000만원), 충칭 거주

"과자를 예로 들면, 모르는 브랜드의 상품은 안 사요. 유명 브랜드만 사죠. 쿠키는 덴마크산 켈드즌Kjeldsens 쿠키만 구입해요. 할인되면 당연히 좋지만, 가격이 비싸다고 해서 안 사거나 싸다고 해서 사거나 하진 않아요. 포장도 봐요. 켈드즌 쿠키가 귀여운 포장으로 나온 적이 있는데, 감상용으로 샀어요. 책상에 두고 보면 기분이 좋아져요. 아이 옷은 인터넷에서는 절대 사지 않아요. 지금 입고 있는 옷은 유기농 제품인데 백화점에서 구매한 거예요." _28세, 기혼여성, 회사원, 남편과 3개월 된 아들, 월평균 가계소득 4만 5000위안(810만원), 광저우 거주

이들이 국산 제품 대신 글로벌 브랜드를 선택하는 이유를 단순히 해외 브랜드에 대한 선망으로만 해석할 수는 없다. 기본적으로 가격에 크게

신경쓰지 않아도 될 만큼의 경제력이 뒷받침되는 상황에서, 더 좋은 품질의 제품을 구매하는 것은 어쩌면 당연한 선택이기 때문이다. 선진기술이 요구되는 제품 카테고리에서는 해외 브랜드가 곧 우수한 품질을 의미하고, 식품과 같은 제품에서는 안전함을 의미한다. 즉 VIP형 소비자들에게 글로벌 브랜드란 제품 카테고리 내 품질 범주variation에서 가장 우수한 제품이라는 의미를 갖는다.

> "중국 자동차가 품질이 많이 떨어지니까요. 할 수 없이 외국 자동차를 사게 되는 경우가 있어요. 게다가 중국 차는 비싸요. 세금이 200%거든요. 그래서 애들이 미국 가면 포르쉐Porsche나 페라리를 타는 거죠."_20세, 미혼남성, 대학생, 월평균 용돈 4000~5000위안(72만~90만원), 항저우 거주

> "식품 같은 경우에는 매주 한 번씩 월마트Wal-mart에 가서 구매하고 있어요. 몇 번 쇼핑해본 결과, 저급부터 고급까지 모든 제품을 다 갖추고 있는 것 같아요. 환경도 깔끔한 게 마음에 들고요. 그리고 아무래도 회원제라는 이유도 있겠죠. 회비는 그리 비싸지 않아요. 하지만 카드가 있어야 마트에 입장이 가능하기 때문에, 환경이 더욱 좋은 것 같아요."_34세, 기혼여성, 변호사

브랜드 민감성 : 럭셔리 브랜드? 우리에겐 일상품!

최상의 품질을 자랑하는 해외 브랜드에 대한 높은 선호는 자연스럽게 해외 럭셔리 제품 구매로 이어진다. 럭셔리 제품 하나를 구매하기 위해 평소 열심히 돈을 모아야 하는 일반 소비자들과 달리, VIP형 소비자들에게

럭셔리 제품은 그저 일상적으로 사용하는 제품일 뿐이다. 따라서 이들에게는 '왜 럭셔리 제품을 사용하는가'라는 질문 자체가 무의미할 수 있다. 지극히 일상적이어서 구매이유를 생각하지 않은 경우가 많기 때문이다. 굳이 이유를 꼽자면 '회사 등에서 사용기한이 정해진 쿠폰을 지급하는 경우가 많기 때문에, 백화점에서 의무적으로 사용해야 한다'라고 설명한다. 그렇기에 '럭셔리 제품은 고가이기 때문에 소중히 다뤄야 한다'는 생각 역시 갖고 있지 않다.

"친구들이 다 잘사는 애들이니까, 메이커 제품을 많이 이용하죠. 중학교 졸업하고 난 뒤에 여자애들은 바로 루이비통을 사더라고요. 어떤 애는 가방만 일곱 개인가 있어요. 루이비통 외에 다른 브랜드까지 합쳐서. 남자애들은 고등학교 졸업한 뒤에 차를 선물 받는 경우가 많아요. 벤츠, BMW 같은 거요. 저랑 가장 친한 친구가 캐나다에 이민 갔는데, 가자마자 8만 달러짜리 차를 샀더라고요. 그뒤에 만났을 때는 12만 달러짜리 차를 타고 있었어요. 제가 캐나다에 놀러가서 그 친구가 데리러 나왔는데, 짐을 넣으려고 트렁크를 여니까 루이비통 가방이 있더라고요. 그걸 아무렇게나 던져놨어요. 비싼 거라고 해서 신경써서 조심히 다루거나 하지 않는 거죠." _18세. 고등학교 졸업 예정으로 미국 유학 준비중. 월평균 용돈 2000~3000위안(36만~54만원), 베이징 거주

물론 VIP형 소비자들에게도 다소 특별한 제품이 있다. 바로 '한정판'이다. 이들이 한정판에 열광하는 모습은 다른 나라 소비자들 못지않다. 해외 럭셔리 브랜드에 대한 지식과 정보는 이미 오랜 기간의 사용경험을 통해 누적돼 있는 관계로, 새로운 정보나 대중적으로 덜 알려진 브랜드, 즉 '희소성'이 매력요인으로 작용하는 것이다. 내가 가진 제품을 알아볼

만큼 안목이 있는 사람들만 인정하겠다는 태도도 보이는데, 이는 몇 년에 한 번씩 간신히 럭셔리 제품을 구매하는 '어중이떠중이'와 자신을 구별하겠다는 의미로 해석된다.

> "지금밖에 살 수 없는 제품이라면 그걸 살 것 같아요. 일종의 신분과 지위를 상징할 수 있는 제품이니까요. 예를 들어 한정판 가방은 특히 그렇죠."_28세, 기혼여성, 회사원

'고가이며 희소해서 아무나 쉽게 구매할 수 없다'는 럭셔리 브랜드의 위상은, VIP 소비자들이 스스로에게 부여하는 의미와도 일맥상통한다. 예를 들어 선물을 주고받는 모습을 보자. 이들은 갓 중학교를 졸업한 시기부터 아이팟 등의 스마트폰뿐 아니라 루이비통 지갑 같은 고가의 제품을 선물로 주고받는다. 비싼 선물을 받았다고 해서 부담을 느끼진 않는다. 한마디로 '나는 그것을 선물로 받을 만한, 그리고 그것을 사용할 만한 자격이 있다'는 'I deserve it'의 태도를 보이는 것이다.

> Q 비싼 사치품을 선물 받았을 때 부담을 느끼진 않나요?
> A "부담을 갖진 않아요. 오히려 선물이 제 스타일이 아니라 어떻게 처리해야 할지가 고민인 경우가 더 많죠."_47세, 기혼남성, 부동산사업

> "생일에 아이팟이랑 스마트폰이랑 지갑을 받았어요. 대신 제가 밥을 사줬으니까 괜찮아요. 여자친구 생일에는 제가 루이비통 지갑을 선물했고요."_20세, 미혼남성, 대학생

라이프스타일 : '물건'보다 '경험'에 지갑을 연다

VIP형 소비자들은 이미 물질적인 측면에서 상당한 여유를 지니고 있기 때문에, 해외여행 같은 '경험'에 큰 가치를 부여하는 편이다. 이들이 해외 럭셔리 브랜드에 익숙한 이유는 일상생활 자체가 외국 문화와 친숙하다는 사실에서도 유추할 수 있다. 예를 들어 직업 자체가 해외출장이 잦은 경우가 많으며, 일과 별개로도 1년에 1회 이상 유럽 등으로 해외여행을 떠난다. 학생들 사이에서는 유학이나 어학연수도 비교적 일반화돼 있다. 글로벌 브랜드를 자주 접할 수밖에 없는 생활환경에 놓여 있는 셈이다.

"해외여행 경험은 많지 않은데, 한국, 일본, 몰디브, 프랑스, 말레이시아, 싱가포르에 가봤어요. 사람의 소양이나 질서는 일본이 가장 좋았고 풍경은 몰디브가 제일 좋았어요. 여행은 보통 휴가 때 가요. 1년에 한 번씩이요."_28세, 기혼여성, 회사원

"작년에는 프랑스와 스위스에 다녀왔어요. 해외여행은 1년에 한두 번 정도 가는 것 같아요. 유럽을 선호하는 이유는 자연경관이 멋지고 역사가 길어서 볼거리가 많기 때문이에요. 프랑스는 자연풍경이 멋지고 쇼핑하기도 좋았고, 스위스는 오랜 역사의 자취를 경험할 수 있어서 좋았어요. 둘 다 정말 감동적이고 아름다운 여행이었던 것 같아요."_34세, 기혼여성, 변호사

이들이 선호하는 해외경험은 특히 유럽에 집중돼 있다. 여행지뿐 아니라 유학국가로도 영국과 같은 유럽을 선호하는 편이다. 미국, 일본과 문화적·교육적 교류가 빈번한 한국과 달리, 중국 소비자들은 스위스나 프

• 문화적으로 호감이 가는 국가 순위

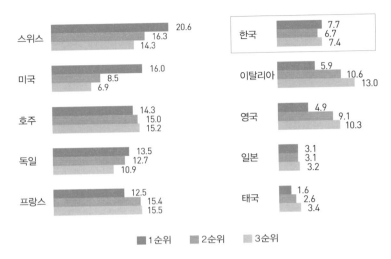

스위스 20.6 / 16.3 / 14.3
미국 16.0 / 8.5 / 6.9
호주 14.3 / 15.0 / 15.2
독일 13.5 / 12.7 / 10.9
프랑스 12.5 / 15.4 / 15.5

한국 7.7 / 6.7 / 7.4
이탈리아 5.9 / 10.6 / 13.0
영국 4.9 / 9.1 / 10.3
일본 3.1 / 3.1 / 3.2
태국 1.6 / 2.6 / 3.4

■ 1순위   ■ 2순위   □ 3순위

자료 : 베이징, 상하이, 광저우, 충칭, 청두 등 도시 20~40대 남녀 총 2045명 중복응답.
월평균 가계소득 4000위안 이상으로 제한, CTC 미간행 보고서(2012 조사)

랑스처럼 아름다운 자연과 유구한 역사를 자랑하는 유럽권 국가에 대한 문화적 호감도가 상당히 높다. 깨끗하고 청정한 자연의 이미지를 갖고 있는 호주도 선호한다. 이는 자국의 오랜 역사에 대한 자부심에서 기인한 것으로, 비교적 신생 국가인 미국보다는 역사가 긴 유럽권 국가들에 동질감을 느낀다고 해석할 수 있다.

경험에 대한 추구는 단지 여행이나 유학에 한정되지 않는다. 중국의 VIP형 소비자들은 한 번 사용으로 사라지는 '경험재' 소비에도 적극적이어서, 스파나 마사지 같은 미용서비스를 자주 이용한다. 이러한 서비스는 일반 소비자들 역시 자주 이용하기 때문에 차별점을 찾기는 어렵지만, VIP인 만큼 일반 소비자들이 이용하기 힘든 고가의 회원권을 보유함으로써 그들과 구별된다.

Q 미용은 어떻게 관리하세요?

A "스파 회원권이 있고요. 미용관리숍 회원권도 있어요. 사실 미용을 위해 서라기보단 정신적으로, 또 육체적으로 휴식을 취하러 가는 편이에요. 일주일에 한 번 정도 가고 있어요." _34세, 기혼여성, 통신회사 근무, 남편과 2세 딸, 월평균 가계소득 2만~3만 위안(360만~540만원), 상하이 거주

유난히 음식문화가 발달한 중국이지만 그중에서도 특히 VIP형 소비자들은 식생활에서 상당히 까다로운 취향을 보인다. 중학교를 갓 졸업한 어린 VIP 소비자들도 친구들과 고급 식당을 즐겨 이용한다. 부모와 함께 가족 외식으로 찾는 것뿐 아니라 친구들과의 만남장소로 이용하는 것이다.

좋은 식당에서 비싼 음식을 먹는 일은 이들에게 생일에 럭셔리 제품을 선물로 주고받는 것만큼이나 당연하고 일상적인 일이다. 고가의 사치품을 사용하는 습관이 일상화된 것처럼 미식습관에서도 고급소비가 일상화돼 있다. 좋은 음식을 즐길 줄 아는 문화가 곧 VIP형 소비자들만의 구별 짓기 수단이 된다.

"생일 때나, 아니면 그냥 좋은 데 가고 싶은 날이면 친구들하고 호텔 뷔페 같은 곳에 가요. 호텔 뷔페는 싼 경우는 1인당 200위안(3만 6000원) 정도 해요. 스시는 비싼 곳에 가면 인당 1200위안(21만원) 정도고요. 말하고 교류하는 걸 좋아하니까, 괜찮아요. 물질적인 것보다 정신적인 게 좋으니까요." _18세, 고등학교 졸업 예정으로 미국 유학 준비중

시사점 : '중국'이 아닌 '글로벌' 소비자로 접근하라

중국의 VIP형 소비자들은 중국 시장이 아닌, 글로벌 시장의 소비자로 활동하는 사람들이다. 이들이 사용하는 제품은 대부분 해외 유명 브랜드 제품이기 때문에, 오히려 사용 제품 중 중국에서 생산된 제품이 무엇인지를 찾는 편이 빠를지도 모른다. 따라서 중국의 VIP 소비자들을 타깃으로 하는 비즈니스를 구상중이라면 이들을 글로벌 VIP 소비자로 편입해 사고할 필요가 있다. 즉 글로벌 VIP로서의 공통점을 찾되, 그 안에서 중국 소비자만이 지닌 특성을 유추하는 것이 순서다.

이는 중국의 VIP를 대접한다는 명목으로 단지 '중국적인 요인'만 강조하는 전략은 피하는 것이 좋다는 사실을 의미한다. VIP들의 선호체계는 글로벌 니즈와 유사하므로, 해당 제품이 세계에서 인정받은 '글로벌 히트상품'임을 강조하는 편이 유리하다. 이미 다른 국가의 VIP들에게 인정받은 제품임을 강조함으로써, 해당 제품의 구매가 곧 글로벌 VIP로서의 소속감을 부여한다는 의미를 제공하는 것이다. 세계적인 유행, 특히 유럽과 미국 등 선진 시장의 흐름과 조금의 시차도 없이 해당 제품을 향유할 수 있음을 강조한다면, VIP 소비자들이 지닌 '차별화 욕구'를 충족시킬 수 있을 것이다.

한편 중국 VIP 소비자만이 지닌 특성에 맞춰, 고급 제품에서도 할인 전략을 적극적으로 사용할 수 있어야 한다. 다만 이때의 전략은 단순히 더 싸게 구매하고 싶다는 욕망을 충족시키는 것이 아니라, VIP에게만 할인을 제공해 '특별한 대접을 받는다'는 느낌을 부여하는 것이 중요하다. 해외 브랜드의 경우 고급 브랜드의 이미지를 해칠 수 있다는 이유로 '노 세일'을 고집하곤 하는데, 중국 VIP에게는 고급 브랜드 자체의 매력에 더해 자신이 특별하다는 느낌 역시 중요하다는 사실을 고려할 필요가 있다. 즉 '대접한다'는 차원에서의 적극적인 가격 할인 전략을 구사할 수 있어야 한다.

마지막으로 VIP형 소비자들은 '경험재화'의 소비에 훨씬 더 적극적이다. 이는 '즐거운 경험' 자체를 중요하게 여기는 중국인들의 기본사고와도 관련돼 있다. 자동차나 의류, 화장품, 식품 등 물질적인 재화를 판매하는 기업이라 할지라도, 중국의 VIP 소비자들에게는 경험적인 측면에서 만족감을 느낄 수 있는 서비스를 동시에 제공해야 한다. 백화점 내에 VIP 소비자만을 위한 라운지를 제공한다거나, 신제품 발표회를 대규모로 실시하기 전에 VIP 소비자를 특별초청해 '프라이빗 캡슐 컬렉션 private capsule collection'을 수시로 시행하는 것도 하나의 예가 될 수 있다.

엄청난 구매력과 잠재력을 보유한 중국의 VIP형 소비자들은 기회요인이 큰 만큼 접근하기도 어려운 집단이다. 이들의 까다로운 취향만큼이나 더 세밀하고 치밀한 전략으로 단계적으로 포섭해나가야 한다. 막연하게 '품질이 좋으니 높은 가격을 매기면 럭셔리 브랜드 대접을 받을 수 있을 것'이라고 생각했다가는 낭패를 보기 일쑤일 것이다. 이들이 중요하게 생각하는 가치인 '역사가 있는' '세련된' '경험적인' '유럽적인' '희소한' 등의 주요 키워드를 바탕으로, 브랜드, 제품, 그리고 서비스의 다각적 차원에서 통합적인 아이덴티티 구축은 필수적이다. 이에 더해, 글로벌 시장 변화와 함께 수시로 변하는 이들의 니즈를 지속적으로 추적하고 반영하는 신속함도 갖춰야 한다.

Summary VIP형 소비자 완전정복

주요 연령층	중학생부터 50대까지 전 세대 분포, 부모가 VIP인 경우 자녀도 VIP형 소비패턴을 보임
소득수준	최상. 원하는 것은 가격에 구애받지 않고 구매할 수 있음
취미	해외여행, 문화생활, 골프, 어학 등, 돈이 없으면 하기 어려운 경험 선호
특기	새로운 투자처 탐색
관심사	투자, 여가, 소비는 전반적으로 즐기는 편
행복의 근원	내가 가지고 있는 재원으로 더 좋은 제품을 구매, 더 많은 부를 갖는 것
불행의 근원	한정판매로 원하는 것을 가지지 못하는 것, 친구가 아는 것을 내가 모르는 것
신뢰채널	1. VIP 대상 잡지, 2. 직접 경험, 3. 구전(부모와 친구)
소비목표	더 우수한 제품, 더 새로운 제품, 더 편리한 제품 구매
브랜드 민감성	해외 글로벌 브랜드에 대한 지식수준이 높으며, 대중적인 브랜드보다 희소한 브랜드 선호
체면 중요도	나는 다른 사람에게 대접받을 자격이 있음
과시욕	일부러 과시하지 않음, 일상에서 묻어나오는 자연스러운 과시, VIP 그 자체가 과시
소비 지향성	자기 지향과 타인 지향이 경우에 따라 다르게 발현
인생 만족도	70%(대체로 만족하나, 내가 부족한 것을 더 채우고 싶음)
대표소비족	• 샤오중성훠쿵(小衆生活控) : 대중과 차별화하는 라이프스타일을 즐기고 흔하지 않은 제품과 대중이 접하기 어려운 취미생활을 선호한다는 말. 같은 라이프스타일을 가진 준거집단 안에서 정보를 공유함 • 가오먼젠 회원제(高門檻會員制) : 높은 회원가입비와 어느 정도의 신분을 요구하는 회원제도를 일컫는 단어
민감한 단어	새로운, 희귀한, 취향 있는(좋아함) ↔ 대중적인(싫어함)

VIP형 소비자집단의 두드러진 소비특성

- 경제적 제약 없이 원하는 것을 구매할 수 있지만 여전히 까다로움이 존재. 의외로 할인에 반응
- 럭셔리 가방, 옷, 자동차뿐만 아니라, 해외여행이나 유학 등 무형의 경험재 소비에 관심
- 나는 좋은 서비스를 받고, 좋은 제품을 사용하는 것이 당연하다
- 고급 럭셔리 제품에 익숙하며 오랜 기간 사용으로 인한 지식과 노하우 축적

"내 뜻대로 산買·生다."

자기만족형 소비자

특징

- 소비는 항상 즐겁다.
- 지금 행복하면 미래도 당연히 행복할 것.
- 유행, 브랜드, 다른 사람들의 평가보다는 내 마음에 드는 것이 우선.

• 소비자 세그먼트 다이아몬드

소득수준

자기 지향성 ◀──▶ 타인 지향성

• 6대 소비가치 헥사곤

브랜드 민감성

충동성

브랜드 충성도

인생 만족도

과시욕

체면 중요도

약속시간 전, 친구를 기다리면서

류판(劉樊), 33세, 미혼여성, 회사원. 광저우 거주

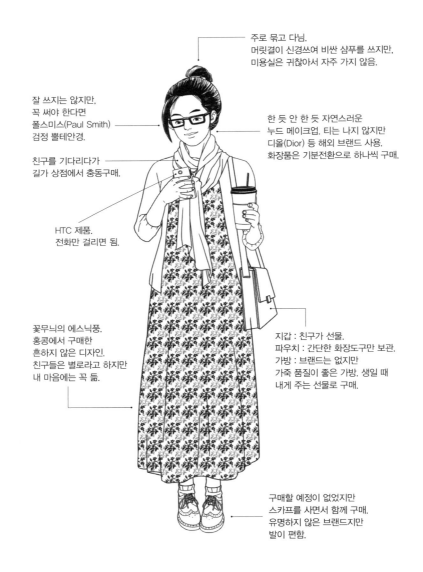

주로 묶고 다님.
머릿결이 신경쓰여 비싼 샴푸를 쓰지만,
미용실은 귀찮아서 자주 가지 않음.

잘 쓰지는 않지만,
꼭 써야 한다면
폴스미스(Paul Smith)
검정 뿔테안경.

한 듯 안 한 듯 자연스러운
누드 메이크업. 티는 나지 않지만
디올(Dior) 등 해외 브랜드 사용.
화장품은 기분전환으로 하나씩 구매.

친구를 기다리다가
길가 상점에서 충동구매.

HTC 제품.
전화만 걸리면 됨.

꽃무늬의 에스닉풍.
홍콩에서 구매한
흔하지 않은 디자인.
친구들은 별로라고 하지만
내 마음에는 꼭 듦.

지갑 : 친구가 선물.
파우치 : 간단한 화장도구만 보관.
가방 : 브랜드는 없지만
가죽 품질이 좋은 가방. 생일 때
내게 주는 선물로 구매.

구매할 예정이 없었지만
스카프를 사면서 함께 구매.
유명하지 않은 브랜드지만
발이 편함.

토요일 오후, 광저우 신톈디新天地 거리에서 친구들을 기다리고 있다. 미국출장을 다녀온 셰이謝—가 선물을 샀다면서 우리를 불러모았기 때문이다. 오늘 입고 나온 의상은 꽤 마음에 든다. 꽃무늬의 에스닉풍 치마와 니트 카디건이 내가 봐도 잘 어울리는 듯. 치마는 지난번 홍콩에 갔을 때 샀는데, 중국에서는 찾기 힘든 디자인이라 보자마자 "이건 꼭 사야 해"를 외치며 득템했다. 약속시간보다 삼십 분 정도 일찍 도착해서, 액세서리숍에 들어갔다. '블링블링'한 귀걸이와 반지가 많다. 스마트폰이 썰렁해서 커다란 참charm을 달아볼까 싶다가, 20대나 하는 거라는 생각에 관뒀다. 회사 옆자리에 앉는 웨이수衛姝가 커다란 인형을 스마트폰에 달고 와 "예쁘지?" 하며 자랑하던 모습이 떠오른다. 대학을 갓 졸업한 그녀와 무척 잘 어울렸는데…… 그래, 역시 이런 건 20대나 하는 거다.

다음으로 가죽제품을 판매하는 가게에 들어갔다. '곧 추워질 텐데' '아, 지난해 잃어버린 내 장갑'이라는 생각이 동시에 머리를 스쳐지나간다. 천천히 둘러보는데 점원이 다가와 도움이 필요하냐고 묻는다. 어차피 결정은 내가 할 거니, 괜찮다고 답한다. 가죽이 좋아 보이는 제품으로 두 개를 골랐다. 무난한 디자인이 30대 직장인인 내 위치에 적당해 보인다. 지금 하고 있는 머플러와도 제법 잘 어울린다. 둘 중 가격이 조금 더 저렴한 것으로 구매 결정! 다른 제품은 뭐가 있나 살피는데 가방이 눈에 들어온다. 유명한 브랜드는 아니지만 가죽도 좋고 디자인도 세련됐다. 가격도 괜찮은데? 충동구매는 하지 않겠다고 마음먹었기에 주저하는데, 다음달에 보너스가 나온다는 사실이 떠올랐다. 그동안 열심히 일했으니 나에게 주는 선물로 사도 괜찮을 것 같다. 그렇게 비싸지도 않고. 결국 가방까지 구매했다. 친구들과의 저녁 후 택시를 타고 집에 돌아왔다. 오늘 산 장갑과 가방을 꺼내본다. 가방은 마음에 드는데 장갑은 다시 보니 별로다. 고민되던 두 개 중 더 비싼 것을 샀어야 하는데 약간 후회가 밀려온다. 내일 점심에 사촌동생을 만나면 이 장갑을 선물로 줘야지. 나는 마음에 드는 장갑을 새로 사야겠다.

DSLR 구매를 위해 전문점 방문

장위퉁(張宇衛), 19세, 미혼남성, 대학생, 선양(瀋陽) 거주

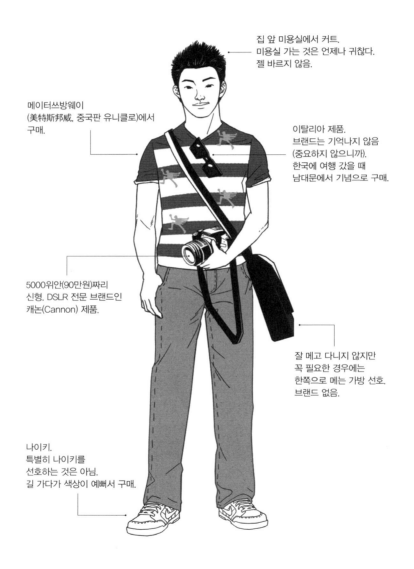

집 앞 미용실에서 커트.
미용실 가는 것은 언제나 귀찮다.
젤 바르지 않음.

메이터쓰방웨이
(美特斯邦威, 중국판 유니클로)에서
구매.

이탈리아 제품.
브랜드는 기억나지 않음
(중요하지 않으니까).
한국에 여행 갔을 때
남대문에서 기념으로 구매.

5000위안(90만원)짜리
신형. DSLR 전문 브랜드인
캐논(Cannon) 제품.

잘 메고 다니지 않지만
꼭 필요한 경우에는
한쪽으로 메는 가방 선호.
브랜드 없음.

나이키.
특별히 나이키를
선호하는 것은 아님.
길 가다가 색상이 예뻐서 구매.

아침부터 마음이 부산하다. 쑨쩌孫澤를 만나 저녁을 먹기로 했는데, 그전에 선양의 번화가인 중제中街에 가서 DSLR를 직접 봐야 하기 때문이다. DSLR에 관심을 갖기 시작한 것은 런런人人 같은 SNS에 사람들이 DSLR로 찍은 사진을 올리면서부터다. 어젯밤에도 전자기기 전문 사이트 펑냐오왕fengniao.com에서 DSLR 관련 정보를 검색하다가 새벽 무렵에야 잠이 들었다. 가격은 비싸지만 최신형인 캐논 60D와 가격은 좀더 저렴하지만 보급형 기종인 캐논 600D 사이에서 여전히 고민하고 있다. 두 모델 모두 현재 중국에서 1, 2위를 다투는 인기제품이다. 예산은 대략 5000위안 정도로 잡고 있다. 부모님은 그게 그것 아니냐고, 왜 그렇게 비싼 카메라를 사느냐고 핀잔을 주시지만 그건 DSLR로 찍은 사진의 하이퀄리티를 잘 몰라서 하시는 말씀이다. 서둘러 옷을 입고 집을 나선다. 옷 같은 건 아무렇게나 입어도 상관없다. 남들이 어떻게 보든 내가 편하면 그만이다. 나이키를 자주 신는 건 그저 발볼이 넓은 편인 내 발에 잘 맞기 때문이다.

중제에는 전자기기 전문점이 많다. 백화점보다 기종도 다양하고 판매원들도 전문지식을 갖추고 있어서 전자제품을 살 때는 반드시 전문점을 이용한다. 사실 쑨쩌가 나보다 DSLR에 대해 잘 알고 있어서 같이 올까 했지만, 괜히 내가 미리 점찍어둔 모델 대신 다른 모델만 구경하게 될까봐 혼자 왔다. 판매원은 다른 브랜드도 소개하지만, 이미 사고 싶은 모델이 있기 때문에 눈이 가지 않는다. 결국 최신형 기종을 사기로 결심했다. 이왕 살 거면 제일 좋은 모델을 사는 편이 나중에 후회도 없으니까. 더구나 다른 모델은 가게에 재고가 없어서 사흘 후에 다시 구입하러 나와야 한단다. 기다리는 것이 싫어서 온라인 구매도 하지 않았는데, 사흘 뒤에 다시 오라고? 어휴, 생각만 해도 귀찮다. 가격을 치르고 이제 내 것이 된 DSLR를 들고 가게를 나섰다.

일반적 특징 : 인생은 '나'를 중심으로 돌아간다

낙천적이고 현실 지향적인 자기만족형 소비자는 실속형 소비자, 검약형 소비자와 함께 중국에서 쉽게 찾아볼 수 있는 집단이다. 기분전환을 위해서라면 계획에 없던 소비를 하는 데도 주저하지 않는 특성을 보이며, 언제 어디서나 쇼핑할 수 있는 환경이 갖춰진 1·2선도시에 주로 분포해 있다.

이들의 경제적 수준을 살펴보면 큰 부자는 아니지만 어느 정도 경제력이 뒷받침되는 경우가 대부분이다. 자녀가 있는 가구라면 좁지만 안락한 내 집을 보유하고 있다. 집을 중시하는 한국인의 눈에는 그다지 좋아 보이지 않을 수 있지만, 중국 대도시의 주택가격으로 미루어볼 때 이들의 자산수준은 비교적 높은 편이라 할 수 있다. 지속적인 소비수준을 누리기 위해서 직장은 꼭 다녀야 한다고 생각한다. 미혼인 싱글이라면 부모의 도움을 받아 아주 넉넉하지는 않지만 쪼들리지 않고 생활할 수 있는 정도의 경제력을 보유한다. 간혹 아르바이트를 해 용돈을 마련하기도 하지만, 이미 충분한 용돈을 받기 때문에 추가로 돈이 필요한 경우에만 단기로 아르바이트를 한다.

교육과 가족의 건강, 자기 발전 그리고 적당한 여가수준이 이들의 주된 관심사다. 많은 금액을 저축하지 못하더라도 맛있는 음식을 사 먹는 등 적당히 즐기는 삶을 추구한다. 자주는 아니지만 해외여행이나 해외출장을 갈 기회도 있다. 반드시 브랜드를 선호하진 않지만, 가격이 구매 가능한 경제력 범위에 있다면 화장품이나 IT제품은 글로벌 브랜드를 찾는다. 다른 제품 중에서도 오래전부터 사용해온 브랜드가 있다면 계속 그것을 사용한다. 새롭고 낯선 문화에 대해 상당히 개방적이며, 새로움을 경험해보는 것을 좋아한다. 예를 들어 신메뉴를 판매하는 식당이 생기면 반드시 한 번쯤 먹어본다. 한류에 대해서도 많은 관심을 보이고 있다.

근본적으로 자기만족형 소비자는 자신에 대한 만족감이 상당히 높은 편이다. 다른 사람들의 평가와 기준에 휘둘리기보다는 '내가 좋으면 괜찮다'는 식의 중국적 자존감을 보인다. 사용해본 제품에 대해 평가를 내릴 때에도 상당히 객관적이다. 따라서 과시하거나 자랑하기 위해 고급 브랜드를 구매하는 일은 거의 없다. 만약 이들이 과도하게 비싼 제품을 구매했다면, 제품 자체가 지닌 기술의 완성도나 품질의 우수성 등 그 브랜드만이 지닌 명확한 핵심속성 때문일 것이다.

인생을 즐기며, 모든 선택의 기준을 자신에게 두고, 지금 이 순간의 기쁨과 행복을 중요시하는 자기만족형 소비자들을 만나보자.

라이프스타일 : 소비의 즐거움을 인생의 즐거움으로 활용

자기만족형 소비자의 시계는 '현재'에 맞춰져 있다. 그렇다고 해서 이들에게 미래가 중요하지 않은 것은 아니다. 다만 '지금 행복해야 미래도 행복하다'는 신념이 마음속에 자리잡고 있을 뿐이다. 심리학에서 사용하는 용어로 '초점주의focalism'는 특정 사건이나 현상에만 집중하고 다른 것들에 대해 과소평가하는 것을 말하는데, 자기만족형 소비자가 인생을 바라보는 '초점'은 현재에 집중돼 있다.

Q 지금 행복하세요?

A "행복해요. 지금 생활에 만족하거든요. 전 지금 학업에 집중하고 있어

요. 현재는 학업이 중요해요. 부모님이 지원도 해주고 있고. 현재와 미래 중 어느 것이 더 중요한가 하는 것은 의미가 없어요. 지금을 열심히 살면 미래도 행복해지는 거니까요."_19세, 미혼남성, 대학생, 월평균 용돈 2500~3000위안(45만~54만원), 선양 거주

자기만족형 소비자에게 인생이란 근본적으로 즐거운 것이다. 즐겁게 살기 위해 태어났으니 즐겁게 지내는 것은 당연지사다. 매사에 자기만족을 최고의 기준으로 삼고, 자신이 만족하느냐 하지 않느냐에 따라 의사결정을 내린다. 성공을 바라보는 시각도 다분히 자기중심적이다. 무언가를 판단하는 기준을 외부에서 찾지 않고 온전히 '나만의' 기준으로 평가하기 때문이다. 더 많은 돈을 벌거나 사회적으로 이름을 알리고 싶은 대개의 사람들과 달리, '성공이란 생각하기 나름'이라는 것이 이들의 주장이다. '돈과 행복은 크게 상관없다'는 신념도 확고하다.

Q 열심히 일해서 성공하고 싶다는 생각을 하시나요?
A "질문 자체가 모순이네요. 그럼 성공하지 않은 사람들은 열심히 살지 않는다는 뜻인가요? 평범하고 무료한 생활을 좋아하는 사람은 그렇게 사는 게 가장 큰 행복이겠죠. 이들의 시각에서는 많은 돈을 벌고 싶어하고 그래서 일에 매여 사는 사람이 오히려 행복하지 않은 거죠. 성공은 행복과 상충하지도 모순되지도 않는 거예요. 그 사람이 자신만의 뭔가를 추구하고 어떤 마음가짐으로 나아가느냐가 더 중요한 것이죠."_39세, 미혼남성, 농산물 도매사업, 월평균 개인소득 1만 1000위안(198만원), 닝샤후이쭈(寧夏回族) 자치구 거주

인생을 즐기듯 쇼핑도 즐긴다. 그렇다고 해서 쇼핑중독이라고 할 만큼

소비 자체에 열광하는 집단은 아니다. 굳이 이야기하자면 '소비를 싫어하지는 않는 집단'이라고 볼 수 있다. 일부 사람들이 소비에 대해 낭비나 사치의 의미를 부여하고 계획에 없던 구매 후에 후회하는 것과 달리, 이들은 소비를 일종의 투자로 여긴다.

> "다른 사람들처럼 무슨 활동을 해서 자격증을 따거나 하는 식으로 제 가치를 높이는 걸 중요시해요. 소비도 마찬가지죠. 제게 실질적인 도움이 되거나 하는 실용품을 좋아해요. 선물도 실용적인 걸 선호하고요. 예를 들어 귀걸이는 나중에 다시 팔 수 있잖아요. 그런 걸 좋아해요." _22세, 미혼여성, 대학생, 월평균 용돈 3000위안(54만원), 칭다오(靑島) 거주

소비가 곧 투자라는 의미에서, 자기만족형 소비자들이 다양한 소비영역 중에 유난히 몰두하는 영역이 있다. 바로 개인의 호기심을 충족시켜주는 소비다. 자신의 발전과 행복을 중요하게 생각하고, 내가 좋으면 그만이라는 사고가 팽배한 자기만족형 소비자들 중에는 제너럴리스트보다 스페셜리스트가 많다. 대표적인 것이 자기만족적 취미생활에 대한 몰두로, '전자제품 몰두형'과 '지적 만족 충족형'으로 나눌 수 있다.

'전자제품 몰두형'은 IT제품에 대해 높은 관여도를 갖고 있다. 패션이나 다른 영역에서의 소비는 전혀 관심이 없지만, 카메라나 최신 전자기기 등에 대한 정보는 샅샅이 꿰고 있다. '지적 만족 충족형'은 서적이나 교육부문에 대한 관여도가 높다. 다른 영역에서는 자린고비라는 소리를 들을 만큼 돈을 쓰지 않지만, 교육부문에서는 과하다고 생각될 정도로 투자를 아끼지 않는다.

Q 가장 사고 싶은 물건은 뭐예요?

A "책이요. 얼마 전에는 『24사二十四史』라는 세트로 된 책이 마음에 들었어요. 4000위안(72만원) 정도 하는데, 5000년 중국의 역사를 다룬 책이에요. 제 서재에 이미 2000권이 넘는 책이 있지만, 사고 싶더라고요."

Q 너무 비싸다거나 돈이 아깝다는 생각을 한 적은 없나요?

A "한 번도 낭비라고 생각해본 적이 없어요. 좋은 책을 만나면 살면서 힘든 일이나 답답한 점에 대해 해결책을 얻기도 해요. 이건 아주 가치 있는 일이죠. 돈이 얼마가 들든 아깝지 않아요. 옷이나 다른 물건을 살 때는 그런 생각을 할 때도 있지만, 책은 아니에요. 이건 문화에 대한 투자죠. 책을 통해서 내 관점뿐 아니라 다른 관점에서 또다른 생각을 할 수도 있고요. 책은 내 가치를 좀더 높이고, 나를 더 발전시키고, 결국 성공에 좀더 다가가게끔 해주는 역할을 하기도 해요."_39세. 미혼남성. 농산물 도매사업

Q 왜 DSLR 카메라가 갖고 싶어요?

A "집에 일반 카메라가 많아요. 저는 완벽한 걸 추구하는 사람이라서, 일반 카메라의 저화질이 마음에 들지 않거든요. 전문적인 제품을 사서 제대로 찍고 싶어요."

Q 가격이 비싸다고 생각하진 않나요?

A "저랑 맞는다고 생각하는 물건이라면 가치가 있다고 생각해요. 솔직히 옷처럼 남에게 보여지는 건 아무렇게나 입어도 상관없어요. 제가 진짜 좋아하는 거에 대해서는 돈 쓰는 것이 아깝지 않아요. 이런 건 아무리 비싸도 괜찮아요."_19세. 미혼남성. 대학생

브랜드 민감성 : 유행? 브랜드? 뭐든 내가 좋으면 그만!

자기만족형 소비자들에게 세상은 나를 중심으로 돌아가고, 모든 일의 기준은 나로부터 출발한다. 그렇기에 이들은 자신의 선택에 대해 늘 당당하고 적극적인 태도를 보인다. 유행을 대하는 자세만 봐도 그렇다. 일반적으로 유행이란, 사람이라면 누구나 갖고 있는 특성인 '동조적 성향'에 바탕을 두고 형성된다. 내가 소속된 사회 혹은 집단에 뒤처지지 않을까, 다른 사람에 비해 너무 튀지는 않는가 하는 불안감이 동조적 성향의 원인이 된다. 하지만 자기만족형 소비자는 '유행은 상관없어, 내가 좋으면 그만이야'라며 집단의식이나 동조성에 구애받지 않는 모습을 보인다.

> "저는 유행은 잘 안 따지고 내 스타일에 맞는 거면 그냥 사요. 점점 제 스타일을 찾는 것 같아요. 어릴 때는 브랜드를 많이 따지기도 했는데 이제는 아니에요." _33세, 미혼여성, 박사과정 및 프리랜서, 월평균 개인소득 6000위안(108만원), 항저우 거주

브랜드에 대한 태도도 독특하다. 브랜드는 본래 특정 기업의 제품이라는 것을 명시해 품질이나 기능을 보증하기 위한 목적으로 만들어진 것이다. 하지만 최근에는 기업이 차별화 전략의 일환으로 활용하면서 브랜드가 가진 아이덴티티가 그 브랜드를 사용하는 소비자의 아이덴티티를 대변하는 이른바 '표현의 기능'이 더욱 강조되고 있다. 그런데 자기만족형 소비자는 다른 집단에 비해 해당 브랜드가 가진 표현의 기능에 대해 무관심한 편이다. 따라서 특정 브랜드를 선호하거나 반복적으로 구매하는 등의 브랜드 충성도loyalty도 비교적 낮다. '그 브랜드이기

때문에' 구매하는 것이 아니라 '그 제품이 내 마음에 들기 때문에' 구매한다는 입장인 것이다.

> "브랜드는 관심 없어요. 남들과 똑같은 걸 쓰는 게 싫은 것도 있고요. 브랜드라서 사는 게 아니라 제 마음에 드는데 브랜드인 경우가 있는 거죠. 제가 원래 쓰던 지갑이 보라색인데 사람들이 잘 안 쓰는 색상이라 좋았어요. 홍콩에서 샀죠. 한정판, 이런 것도 좋아해요. 신발 같은 거는 좋은 품질보다는 제가 신어서 예쁜 게 좋아요. 싼 거라 질이 좀 떨어지더라도, 저한테 잘 어울리면 그냥 사요." _22세, 미혼여성, 대학생

> "품질이 가장 중요한 거지, 브랜드는 중요하지 않아요. 세계적으로 유명한 브랜드는 품질도 좋다는 인식에 대해서, 제 생각에는 이건 새로운 회사에 기회를 안 주는 태도인 것 같아요. 잘 알려지지 않은 신생 회사에서 만든 물건이라도 품질이 좋을 수 있어요. 브랜드가 품질을 결정하진 않는 것 같아요. 가격이 비싼 게 품질이 좋은 것도 아니고요. 저는 신발 살 때, 편한 게 우선이고 그다음은 디자인이에요. 디자인도 제 눈에 예쁘고, 제 취향에 맞는 거요. 남에게 보여주기 위한 것이 우선은 아니에요." _19세, 미혼남성, 대학생

이들이 유행이나 브랜드에 대해 낮은 관여도를 보이는 이유는, 여러 가지 판단을 내릴 때 다른 사람들의 시선을 별로 의식하지 않기 때문이다. 오히려 지금 내가 처한 상황에 적합한가를 가장 중요한 기준으로 삼는다. 대학원에 재학중인 30대 여성은 이를 '신분에 맞는 품위'라고 설명했다. 즉 외면적인 신분이나 내면적인 품위가 쌓여야만 브랜드가 가진 가치가 함께 빛을 발한다는 것이 이들의 주장이다.

"나중에 교수가 되거나 신분이 바뀌면 명품 브랜드도 살 거예요. 지금은 학생이고 그런 제 신분에 명품이 어울리지 않으니까 안 사는 거예요. 저는 제가 외면적으로나 내면적으로 뭔가 쌓았을 때, 그때 제가 걸치는 옷이나 갖고 다니는 물건이 품위를 더할 수 있다고 생각해요. 지금은 비싼 브랜드를 사더라도 그게 저랑 별로 어울리지 않는다고 생각해요."_33세, 미혼여성, 박사과정 및 프리랜서

자기중심적인 성향은 구매하는 방식에도 고스란히 반영된다. 우선 이들은 혼자 쇼핑하는 것을 좋아하는 편이다. 물건을 고를 때 친구의 의견이 선택을 더 혼란스럽게 만들 수 있다는 것이다. 한 20대 여성은 친구가 어떤 제품을 추천할 때 오히려 추천과 반대로 선택하면, 나만의 개성을 나타낼 수 있는 독특한 제품을 살 수 있다고 설명했다. 신뢰하는 정보원도 '자신의 믿음'이라고 말한다. 인터넷 정보나 매장직원의 설명은 그저 참고용일 뿐, 이들에게는 직접 오프라인으로 제품을 보고 그것을 바탕으로 내린 스스로의 판단이 가장 중요하다.

"혼자 가는 게 좋아요. 신경쓰이잖아요. 친구랑 같이 가면 밥도 사줘야 할 것 같고, 눈치도 살피게 되고…… 어차피 친구 말 듣고 살 것도 아니니까요. 친구랑 같이 갈 때도 있는데, 그건 친구 의견을 듣고 반대되는 걸 사려고 하는 거예요. 남들이 예쁘다고 하는 건 일부러 더 안 사요. 똑같은 건 사기 싫으니까요."_22세, 미혼여성, 대학생

"혼자 가요. 친구들이랑 가면 영향을 받으니까요. 혼자 가면 제가 선택할 수 있는데 친구들이랑 가면 이런저런 이야기 듣는 게 싫어요. 가게점원의 말은 아주 조금 영향을 받긴 하지만, 거의 제 생각대로 선택하는 편이에요. 광고

는 안 봐요. 광고는 한 기업의 현재 자산을 증명하는 것이지, 일반적으로 제품과는 거리가 있는 거죠. 인터넷은 가격을 비교하거나 하는 식으로 참고자료로만 이용하고, 직접 매장에 가서 확인하죠. 제가 첫번째로 믿는 건 바로 제 자신이에요." _19세. 미혼남성. 대학생

소비목표 : 지금 바로 이 순간, 살 수 있을 때 산다

자기만족형 소비자들의 구매패턴 중 흥미로운 사실은 충동구매를 즐긴다는 점이다. 길을 가다가 예쁜 신발이 있으면 바로 사고, 가방을 사러 갔다가 예정에 없던 장갑과 머플러까지 구매하기도 한다. 이는 미래보다 현재를 중시하는 태도와 관련이 깊다. 지금 바로 이 순간, 살 수 있는 것은 사야 하는 것이다.

충동구매를 자주 한다고 해서 필요 이상으로 많은 것을 구매over consuming하지는 않는다. 그저 필요하다고 생각하는 것을 즐겁게 구매할 뿐이다. 그런 의미에서 충동구매라기보다는 '비계획적 구매'라는 표현이 어울린다.

Q 100만원이 있다면 지금 갖고 싶은 것을 사고 싶어요, 저축하고 싶어요?
A "기회는 잡아야 할 필요가 있어요. 현재 사고 싶은 물건이 있으면 지금 사야죠. 나중이 아니라요." _19세. 미혼남성. 대학생

"옷가게에서 옷을 사다가 마침 지갑도 오래됐으니 바꿔야겠다는 생각이 들었어요. 충동적으로. 후회하지는 않는 편이에요. 설사 나중에 보니 물건이

별로라 돈이 아까워도 안 바꿔요. 귀찮아서요. 마음에 안 들면 다른 사람에
게 선물로 주면 되고요." _33세, 미혼여성, 박사과정 및 프리랜서

이들이 말하는 필요는 생리적인 필요를 의미하는 것이 아니라, 자기중
심적인 기준에서 필요한 것을 뜻한다. 자기만족형 소비자가 말하는 '필
요'를 좀더 구체적으로 살펴보면, 이들이 충동구매를 어떻게 합리화하는
지 알 수 있다. 예를 들어 길거리 좌판에서 예쁜 머리핀을 하나 구매했다
고 가정하자. 지금 당장 그 핀이 꼭 필요한 것은 아니지만, 당시 우울했
던 기분에서 벗어나 기분이 좋아졌으니 필요했던 제품이었다고 할 수 있
다. 액세서리를 구매하거나 헤어스타일을 바꾸는 등 작고 사소한 사치로
인해 기분을 전환하고 즐거움을 맛보는데, 자기만족이나 지금의 행복이
중요한 이들에겐 이것 역시 필요에 의한 소비인 셈이다. 같은 의미에서
'자신에게 선물하기'도 비계획적 구매의 중요한 이유가 된다. 한 여성은
장갑을 잃어버려 사러 갔다가 가방까지 구입했다고 말했다. 가방이 꼭
필요하진 않았지만, 마침 자신의 생일이 있는 달이라 생일선물의 의미로
구매했다고 설명했다.

필요는 자기 투자의 의미로도 해석된다. 자기만족형 소비자들은 피부
마사지나 네일아트처럼 자신의 몸에 직접적으로 투자하는 소비에 대해
호의적이다. 몸에 투자하는 것은 '남는 것'이라고 생각하기 때문이다.

"엄청 비싼 네일아트 받았어요. 한 손가락에 100위안(1만 8000원)이에요. 열
손가락을 다 받으면 1000위안(18만원)인데, 되게 큰돈이잖아요. 근데 연간회
원권을 끊는단 말이에요. 그러면 8000위안(144만원) 정도예요. 그래도 저한
테 투자하는 거니까 아깝진 않아요. 시내에 미용숍이랑 네일숍이 엄청 많아

요. 물건을 사는 건 제가 쓰기 위해서지만, 마사지를 받거나 네일을 하는 건 저한테 투자하는 거잖아요. 물건에 돈을 쓰기보다 자신에게 투자하는 게 더 중요한 것 같아요. 그래서 요즘 중국은 피부미용 같은 게 굉장히 발달돼 있고, 마사지나 다이어트에 관심이 많은 것 같아요." _22세, 미혼여성, 대학생

시사점 : 구매의 TPO를 조성하라

타고난 낙천주의자인 중국의 자기만족형 소비자는 소비의 즐거움을 인생의 즐거움으로 활용할 줄 안다. 소비하는 데 대한 거부감이나 거리낌이 없을 뿐 아니라, 기회가 된다면 지금보다 더 적극적으로 소비하겠다는 강한 의지를 보인다. 자기만족형 소비자 한 명이 소비하는 규모가 일반적인 소비자의 몇 배에 달할 만큼 엄청난 규모의 잠재적인 소비력을 보유하고 있다는 의미다. 관건은 소비력이 폭발하는 TPO time·place·occasion(구매가 발생하는 때와 장소, 그리고 상황)를 얼마나 적절하게 조성하는가에 달려 있다. 그러기 위해서는 무엇이 필요할까?

첫째, 희소성으로 승부하라. 자기만족형 소비자는 유행이나 브랜드, 타인의 의견에 영향을 비교적 적게 받는 편이다. 이들의 마음을 움직이는 유일한 가치는 다른 사람들과 차별화되는 '독특함'에 있다. 이들은 유난히 '여기에서만 판매하는' '희소한' '당신만의 가치를 추구하는'과 같은 수식어에 약하다. 유명 브랜드라면 구매장소의 희소성을 부여하고, 신생 브랜드라면 차별적인 가치를 강조하는 것이 자기만족형 소비자에게 어필하는 방법이다.

둘째, 구매하는 순간이 중요하다. 자기만족형 소비자는 멀티플 구매

multiple purchase, 즉 한 번의 쇼핑에서 여러 제품을 구매하는 것을 즐긴다. 옷을 사러 갔다가 그것에 어울리는 신발과 모자를 함께 구매하는, 이른바 디드로효과Diderot effect*가 쉽게 나타나는 집단이다. 이들이 구매하는 순간을 이른바 결정적 순간moment of truth, MOT**으로 전환하기 위해서는 구매의 과정을 세분화함으로써 순간적인 기쁨을 제공할 만한 기회를 포착해야 한다. 매장 안에서 누릴 수 있는 경험을 확대한다면 자기만족형 소비자가 보이는 짧지만 강력한 구매 연쇄반응을 볼 수 있게 될 것이다.

셋째, 구매해야 하는 합리화의 이유를 제공해야 한다. 자기만족형 소비자들의 '필요'는 단순한 욕구의 충족이 아니다. 이들은 자기 투자하기, 스스로에게 선물하기, 전문성 갖추기 등 다양한 명분을 갖고 소비한다. 밸런타인데이나 크리스마스처럼 그동안 중국에 없었던 새로운 기념일이 빠른 속도로 퍼져나가는 것도 이들에게 '소비해야 하는' 중요한 이유가 된다. 자기만족형 소비자들이 어떠한 형태로 소비의 필요성을 느끼는지 지속적으로 관찰하고, 그들의 필요를 해소하거나 대체하는 방안을 제시한다면 그들의 마음을 좀더 쉽게 사로잡을 수 있을 것이다.

※ 프랑스의 사상가 드니 디드로(Denis Diderot)가 친구로부터 선물 받은 멋진 가운 때문에 신발, 책상 등을 새로 구입하고, 결국 서재 전체를 바꾸게 됐다는 일화에서 유래한 것으로, 하나의 물건을 갖게 되면 그것에 어울리는 다른 물건을 계속해서 사게 되는 현상을 지칭.

※※ 매장에서 소비자가 판매자에 대한 신뢰와 공감을 느끼며, 최종적으로 구매를 결정하는 결정적인 순간을 의미한다.

Summary 자기만족형 소비자 완전정복

주요 연령층	20~30대 젊은층 중심
소득수준	중산층 화이트칼라(중상, 중중, 중하)
취미	내가 관심 가지고 있는 것에 몰두하기(학습, 최신 전자기기 등)
특기	언제든 행복할 수 있다
관심사	나만의 전문영역(정치, IT, 투자 등)
행복의 근원	마음에 쏙 드는 것을 구매한 것, 지금 이 순간 기분이 좋은 것
불행의 근원	마음에 쏙 드는 것을 살까 말까 고민하다가 사지 않은 것
신뢰채널	1. 직접 경험, 2. 지인의 추천
소비목표	행복, 즐거움, 나만의 이미지 추구
브랜드 민감성	크게 영향받지 않음, 전문 브랜드에는 민감한 편
체면 중요도	나만의 기준에 따른 합리성이 중요
과시욕	신분에 맞지 않다면 명품을 구매할 필요 없음
소비 지향성	자기 지향적(타인을 크게 의식하지 않음)
인생 만족도	90%(대체로 만족하며, 미래에 대해 긍정적인 편)
대표소비족	• 멀티플 구매 : 한 번에 여러 아이템을 쇼핑하는 행태 • 워싱워쑤주스쿠(我行我素就是酷) : 자기 생각대로 생활하는 것이 가장 멋지다는 뜻, 요즘 젊은 세대의 모토
민감한 단어	희소성, 편리함, 즐거움(좋아함) ↔ 획일성, 귀찮음, 지루함(싫어함)

자기만족형 소비자집단의 두드러진 소비특성

• 즉흥적으로 물건을 사기도 한다
• 조금 더 싼 물건을 찾아다니는 것은 귀찮은 일이다
• 브랜드나 유행보다는 나에게 어울리는 것이 중요하다
• 너무 비싼 것을 살 필요는 없지만, 가치 있는 것이라고 생각하면 비싼 것도 구매한다
• 무엇인가를 소비하고 나면 기분이 좋아진다

"유행은 내가 선도합니다."

트렌디형 소비자

특징

- 소비의 목표는 타인의 인정 속 행복.
- 현재도 미래만큼 중요.
- 쇼핑은 삶, 브랜드는 과시의 표현수단.

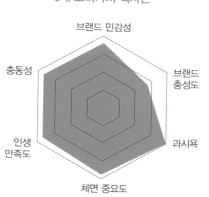

• 소비자 세그먼트 다이아몬드

소득수준

자기 지향성 ◀━━━▶ 타인 지향성

•6대 소비가치 헥사곤

브랜드 민감성

충동성

브랜드 충성도

인생 만족도

과시욕

체면 중요도

한국으로의 쇼핑여행

선잉(瀋瑛), 38세, 기혼여성, 대기업 임원, 남편과 딸, 상하이 거주

기분이 우울할 때는 머리를 한다. 스트레이파마를 하면 스트레스가 해소된다.

글로벌 기업의 화장품을 주로 사용. 한국의 백옥생과 청담화장품은 한방 라인이라 더 고급스러운 느낌이 든다.

샴푸나 보디클렌저, 치약, 비누 등 혼자 집에서 사용하는 소모품은 중국 제품을 이용한다. 사람들이 알아봐주지도 않는데 굳이 좋은 제품을 쓸 필요성을 못 느낀다.

무조건 아이폰. 스마트폰은 나이가 들어도 반드시 필요한 제품이다. 디자인 측면에서 탁월한 애플 제품을 선호한다. 글로벌 제품인 만큼 더 큰 신뢰가 간다.

루이비통 제품. 홍콩에서 구매. 뭐니뭐니해도 사람들이 많이 알아봐주는 명품 가방이 최고. 비싼 가격에 구매해도 돈이 아깝지 않다.

얼마 전 한국에 쇼핑 갔을 때 구매한 슬림한 핏의 스커트. 한국 옷을 좋아한다. 왠지 더 세련돼 보인다. 유럽 스타일의 옷도 멋지지만 체형상 한국 스타일이 더 잘 어울리는 것 같다.

아침부터 매우 피곤한 월요일이다. 4일간 친구들과 한국으로 여행을 다녀온 후 여독이 채 풀리지 않았다. 특히 친척들과 지인들에게 부탁받은 가방과 의류, 화장품을 사러 다니느라 삭신이 쑤실 정도였다. 중국보다 명품을 싸게 살 수 있어서 주변의 부탁이 쇄도했다. 루이비통 가방은 3분의 1은 싸게 산 것 같다. 중국은 사치품에 특별소비세가 붙어서 가격이 비싸다. 이제 그런 정책 좀 없애지.

　한국 라네즈 매장을 갔을 때 조금 우스운 일이 있었다. 내가 비비크림을 사자 나머지 사람들이 모두 따라 사는 것이다. 사실 이런 일은 중국에서도 자주 있긴 하다. 회사 사람들에게 올레이Olay 수분크림이 좋다고 했더니, 바로 공동구매를 한 적도 있다. 스카프나 옷을 어디서 샀느냐고 물어보는 동료들, 친구들도 많다. 나의 패션을 추종하는 이들이 있다는 건 언제나 행복하고 즐거운 일이다. 그들이 있기에 내 스타일이 더욱 빛나고 돋보일 수 있는 거니까! 얼마 전 게스Guess 구두를 하나 구입했는데, 동료 후자루胡佳露가 "이거 게스 맞죠? 정말 비싼 구두데, 엄청 예쁘네요"라며 단번에 알아봤다. 어찌나 기분이 좋던지! 이 맛에 명품을 구입하는 것 아닐까? 한국의 쇼핑여행이 만족스러웠던 또다른 이유가 있다. 중국에서는 좀처럼 찾기 힘든 친절함을 갖춘 점원들! 여러 벌을 갈아입어본 뒤 사지 않아도 미소를 잃지 않았다. 그런 친절함이 소비욕구를 더욱 불러일으킨다. 마치 여왕처럼 대접받는 기분이랄까? 같이 간 주메이朱梅는 백화점에서 가격을 깎아달라며 점원과 줄다리기를 하는 바람에, 내가 다 창피했다. 싸게 구입하는 것도 중요하지만 체면을 갉아먹는 행위는 절대 해서는 안 된다고 생각한다.

　어쨌든 쇼핑여행이라도 하고 나니 회사생활로 쌓인 스트레스가 해소된 느낌이다. 역시 돈을 쓰면서 느끼는 카타르시스는 그 무엇과도 비교할 수 없다. 오늘은 한국에서 구매한 DKNY 원피스를 입고 출근했다. 보는 사람마다 예쁘다며 어디서 구매했느냐고 난리다. 보는 눈들은 있어가지고…… 呵呵(번역하면 '헤헤'로, 웃음을 뜻하는 중국의 이모티콘. 우리말의 'ㅋㅋ'에 해당).

친구와 백화점 쇼핑

리위(栗宇), 21세, 미혼남성, 대학생, 옌타이(煙臺) 거주

스타일리시한
친구에게 소개받은
미용실에서 시술.

옌타이에서 구입한 한국 제품.
한국 제품의 품질이
우수하다고 생각.

이제 남자도 액세서리에
신경써야 한다고 생각.

자라(ZARA) 셔츠.
옷 중에서 셔츠를 가장 좋아함.
가장 중요한 것은 품질도,
가격도 아닌 디자인.

스키니진.
요즘은 남자도 딱 붙는
바지가 유행.

앞코가 뾰족한 구두.
최신 유행 스타일.

언제부터 그렇게 생각했는지 기억이 나지 않지만, 세상에 쇼핑만큼 즐거운 취미활동도 없다고 믿는다. 예쁜 물건들을 보면 그 자체만으로도 기분이 좋아지고 활력이 생긴다. 사는 것도 좋지만 보는 것만으로도 즐겁달까? 힘든 일이 있을 때 백화점 같은 곳에 다녀오면 '아, 정말 열심히 살아야지' 하는 동기부여의 효과도 나타난다. 옷은 나를 가장 잘 표현할 수 있는, 이미지 표출수단이라고 생각하기 때문에 특별히 더 애착이 간다. 부모님은 남자가 틈만 나면 옷 타령한다고 달갑지 않아하시지만, 요즘은 남자도 꾸며야 하는 시대다.

낮에는 친구 류웨이劉偉와 옌타이에서 가장 큰 백화점에 다녀왔다. 정말 사고 싶은 것들이 너무 많았다. 류웨이와 나는 요즘 반스VANS 운동화에 꽂혀 있다. 나이키도 좋지만 이제 너무 많이들 신어서 트렌디한 사람이 신는 제품이라는 이미지는 없어진 지 오래다. 반스는 무엇보다 디자인이 괜찮고 나름대로 유명한 글로벌 브랜드라서 신뢰가 간다. 반스 운동화를 구입하고 안경매장으로 갔다. 내 개성과 스타일리시함을 부각시킬 수 있는 검정 뿔테안경! 안경은 한국 제품이 한번 사면 오래 착용할 수 있는데다 디자인도 훌륭해서 마음에 든다.

백팩도 둘러봤다. 가끔 한국 드라마를 보면 백팩을 메고 있는 젊은 남자들이 자주 등장하는데 진짜 스타일리시해 보였다. 중국에서는 백팩을 멋지게 소화하는 남자를 찾기가 쉽지 않은데, 내가 먼저 시도해서 유행을 이끌어보고 싶다. 글로벌 브랜드 위주로 살피다가 디자인이 가장 예쁜 CK의 검정 백팩을 선택했다. 빨리 가방을 메고 외출해서 사람들의 눈길을 한몸에 받고 싶다. 마지막으로 새로운 셔츠가 나왔는지 확인하러 자라 매장에 들렀다. 요즘 한국 옷이 유행이라 한국 제품이라고 하면 불티나게 팔린다고 하지만, 난 좀 그렇다. 중국 옷이나 한국 옷이나 거기서 거기. 촌스럽다. 난 유럽 브랜드를 선호하는데, 자라 같은 SPA 브랜드는 디자인도 다양하고 유럽 감성의 색감을 사용해 세련된 느낌이다. 아직까지 인지도가 낮아서인지 이용하는 사람이 적어서 더욱 마음에 든다.

일반적 특징 : 부러움의 대상이 되는 것이 인생의 목표

중국의 트렌디형 소비자는 비교적 활동이 왕성한 30~40대 여성들이 주를 이루고 있으며 높은 학력수준과 소득수준을 두루 갖춘, 폭발적인 소비성향을 지닌 이들이다. 중국인들은 기질적으로 자기만족적 성향이 강하다. 그런데 트렌디집단은 만족의 근원이 상당히 외부 지향적이며, 나아가 타인 지향적인 모습을 보인다. 즉 나의 만족은 타인의 인정에서 비롯되는 것이며 그러한 인정이 삶의 이유이자 활력이라 여기는 것이다. 남보다 앞서고 뛰어난 모습, 남들에게 부러움의 대상이 되는 것, 그것이 바로 트렌디형 소비자의 소비목표이자 인생의 지향점이다.

이들은 매사에 자신감이 넘치고 적극적이며 욕심도 많다. 물질적 욕심을 충족시킬 만큼의 소비력도 갖추고 있다. 삶의 의욕이 넘치다보니 성격적인 특징도 타 집단에 비해 매우 개방적이고 진보적인 성향이 짙다. 환경 변화도 적극적으로 수용하고 어떠한 문화도 쉽게 받아들이는 수용적 성향도 두드러진다. 한마디로 다양한 각도로 사고할 수 있는 유연한 성격의 소유자들이다. 또한 학식이 풍부하고 소득수준도 높은 편이라 중국 사회의 리더 역할을 맡는 집단으로, 다수 중국인들의 추종대상이 되고 있다.

소비에 대한 가치관도 남다르다. 이들에 따르면 유행에 민감하게 반응하는 이유는 자신의 소비품목이 현재 자신의 신분을 가장 잘 표현해주는 수단이기 때문이다. 더불어 브랜드는 신분의 대리적 상징이기에 상당히 민감하다. 즉 타인을 향한 과시가 매우 중요한 가치이기 때문에 구입한 제품을 통해서 남들에게 부러움을 사는 일 자체가 소비의 목적이 된다. 이러한 성취 지향적 사고관이 소비를 통해 우월감을 형성하고자 하는 욕망의 근원이다.

트렌디형 소비자들은 비교적 사회적 지위가 높고 의견 선도자 역할을 하기 때문에 이들의 패션, 가치, 사고방식 등은 추종세력들에게 고스란히 전파된다. 특히 뒤에서 살펴볼 열망형 소비자들의 경우 트렌디형 소비자들을 이상적인 리더그룹으로 삼는 경우가 대부분이다. 그렇지만 이들이 반드시 유행을 선도하는 역할만 하는 것은 아니다. 그보다는 유행에 민감하게 반응하고 빠르게 받아들이는 성향을 띠는 집단이라는 표현이 더욱 정확하다.

개인적 삶의 만족도가 상당히 높은 트렌디형 소비자들에게 쇼핑이란 삶의 근원이요, 활력이다. 가치관도 매우 현재 지향적이다. 그렇기에 미래의 행복이 중요하긴 하지만, 풍족한 노후를 위해 안 쓰고 살 수는 없다는 입장을 보인다. 현재와 미래의 가치를 동일한 수준의 중요도로 인식하며 지금 행복하지 않고는 미래도 행복하지 않을 것이라고 생각하는 것이다.

"미래에 여유가 있고 노후에 쓸 돈이 더 많으면 물론 행복하겠죠. 그런데 지금 소비를 줄일 수는 없어요. 옷을 안 살 수는 없잖아요. 옷을 구매하지 않고 산다는 건 지금 제게 불가능한 일이에요. 유행이라는 게 있으니까요. 명절이 되면 새 옷을 입어야 하는 것처럼, 유행이 되고 있으면 그때 그걸 입어야 하죠. 그러지 못한다면 제 삶은 정말 불행할 거예요. 지금 불행한데 미래에 행복할 수 있을까요?" _44세, 기혼여성, 자영업, 남편과 16세 딸, 월평균 가계소득 4000위안 (72만원), 네이멍구 자치구 거주

라이프스타일
: 인생은 한 편의 연극, 어떻게 보이느냐가 전부다

현재의 행복이 곧 미래의 행복이라고 정의한다는 점에서 트렌디형 소비자는 앞서 살펴본 자기만족형 소비자와 비슷해 보인다. 하지만 두 집단은 엄연히 구분되는 성향을 보이며, 그 결정적 차이는 소비의 자기·타인 지향성에서 나타난다.

트렌디형 소비자들의 가장 두드러진 특징은 평가의 기준이 타자적이고 제품에 대한 구입동기가 외부적이며 무엇보다 '타인의 인정'이 매우 중요하다는 점이다. 이들은 인간의 외형이 한 사람의 정체성을 결정지을 정도로 중요한 역할을 하며, 일반적으로 사람들은 외적인 요소를 토대로 남을 평가한다고 여긴다. 따라서 남들이 인정할 만한 외부적인 요소, 즉 직업, 자녀의 성적, 외모, 스타일 등을 중시하며 이런 요소들을 만드는데 심혈을 기울인다.

> "옷을 입고 나갔는데 사람들이 예쁘다고 말해주고 알아봐주고, 그런 즐거움으로 외모에 더욱 신경쓰게 되는 것 같아요. 잘 차려입고 나가면 사람들의 시선이 달라지는 게 느껴져요. 아무렇게나 입고 나가면 별 볼일 없는 사람이 되는 것 같고요. 그래서 더 꾸미게 되죠. 사실 그렇잖아요. 제가 알고 보면 되게 괜찮은 사람인데, 저에 대해 모르는 사람들은 눈으로 보이는 부분만 보고 판단하게 되는 게 당연한 거죠. 그래서 외모관리가 중요하다고 생각해요." _31세, 미혼여성, 광고회사 근무, 부모와 동거, 월평균 개인소득 6000~7000위안(108만~126만원), 상하이 거주

이들에 따르면 인생이라는 것은 한 편의 연극과도 같아서 자신이 원하는 이미지, 즉 하나의 '판타지'를 설정해 그에 걸맞게 행동해야 한다. 결국 인생은 자신을 이상적인 모습으로 만들기 위해 노력하는 일련의 연출 과정이라는 것이다. 그렇기에 이들은 자신의 부족함을 커버해줄 수 있는 성형이나 화장, 과감한 패션에 대해서 늘 긍정적인 시선으로 바라본다. 자신에게 어울리는 화장법, 패션 스타일링을 끊임없이 탐구하는 자세도 취한다.

만약 자기만족형 소비자들이 자신의 외모를 꾸미기 위해 노력한다면, 그것은 철저히 자기 지향적인 기준에 의해서 스스로의 만족감을 높이기 위한 행위이다. 그러나 트렌디형 소비자들이 외모에 신경쓰는 것은 타인 지향적인 기준에 의해, 즉 다른 사람들의 관심과 인정, 부러움을 사기 위한 것이다. 다시 말해 자기만족형 소비자들이 주체로서 존재하고자 하는 욕망이 강하다면, 트렌디형 소비자들은 다수에게 바람직하다고 여겨지는 '시선의 대상'으로서 인정받고자 하는 욕구가 크다고 할 수 있다. 그래서 트렌디형 소비자들에게 외모에 대한 투자는 최소한의 기본적인 예의이기도 하다.

트렌디형 소비자들은 기본적으로 구매력을 갖춘 집단이기 때문에, 외적으로 두드러지게 나타나는 품목의 소비라고 여겨진다면 언제나 과감히 돈을 쓰는 편이다. 마사지숍, 네일숍 이용에는 큰 비용이 들지만, 정기권을 끊어서 다닐 만큼 충분히 가치 있는 투자라고 여긴다.

집안 인테리어의 경우에도 손님이 주로 머무는 응접실에 가장 공을 들인다. 마치 드라마의 한 장면을 방불케 할 정도로 화려하고 완벽한 세팅을 위해 투자한다. 특히 눈에 가장 잘 띄는 공간에는 어김없이 고가의 골동품이나 금장식품이 하나쯤 자리하고 있다. 과시를 위한 연출을 일삼는 것이다. 반면 손님들이 들여다볼 일이 적은 주방 인테리어는 전혀 신경쓰지 않는다. 주방가구는 물론 주방기기까지 세심하게 신경쓰는 한국의 주방문화는, 중국에서는 비교적 구매력이 강한 트렌디형 소비자들에게서조차 찾기 어려운 모습이다. 넓은 거실은 현대적인 감각의 인테리어를 갖추고 있어도 부엌은 좁고 밀폐돼 있으며 후미진 곳에 자리한다. 보이지도 않는 부엌에 왜 비싼 냉장고와 주방기구를 사들이냐는 것이 이들의 입장이다.

"제가 원래 인테리어에 관심이 많은 편이라…… 사실 우리집도 신경 많이 쓴 거예요. 특히 거실에 공을 많이 들였어요. 그런데 주방은 집의 다른 곳에 비해 별로 신경을 안 쓰게 돼요. 모르겠어요. 아직까지는 주방은 그냥 음식하는 곳이라는 인식이 있어서인지 다른 공간보다 작아야 한다고 생각해요. 사람들이 우리집에 왔을 때 주방에 들어올 일도 거의 없고, 저 혼자 음식하는 곳인데 넓고 좋아야 한다는 생각이 잘 안 드네요. 한국 드라마 보면 주방도 굉장히 넓고 좋던데, 중국은 요리 자체가 기름을 사용한 것들이 많아서 주방을 깔끔하게 유지하기가 쉽지 않아요. 그래서 주방을 꾸밀 바엔 차라리 응접실이 크고 넓은 게 나은 것 같아요. 우리집의 얼굴이잖아요. 가족들도 그렇고 친구들이나 친척들이 놀러왔을 때 가장 오래 머무는 공간이기도 하고요." _46세, 기혼여성, 여성용품 도매업, 남편과 18세 아들, 월평균 가계소득 1만 5000위안 (270만원), 광저우 거주

외적인 요소를 중시하는 구매속성은 제품의 구매요인으로도 이어진다. 트렌디형 소비자들은 제품의 품질이나 기능보다 디자인을 가장 우선시한다. 과시적 소비의 전형이라고도 보이는데, 어떤 물건이든 남들에게

보이는 쪽에 중점을 두는 편이다. 특히 디자인은 주변 사람들의 이목을 집중시킬 만한 직접적인 요소가 되기 때문에, 제품 선택에 있어 가장 중요한 요인으로 작용한다.

> "품질은 기본이고요. 저는 무조건 디자인이 중요해요. 특이하고 예쁜 물건을 샀는데, 사람들이 예쁘다고 말해주면 정말 기뻐요. 제가 특별한 안목을 지닌 사람이 된 것 같기도 하고, 괜히 대단한 사람이 된 것 같기도 하고요. 그렇게 사람들에게 주목을 끌려면 우선 디자인이 좋아야 해요. 사실 품질은 써보지 않으면 모르는 거잖아요." _21세, 미혼남성, 베이징 유학중인 대학생, 월평균 용돈 2000~3000위안(36만~54만원), 옌타이 거주

소비목표 : 쇼핑이란 내가 숨쉬는 이유

트렌디형 소비자들은 기본적으로 쇼핑을 즐긴다. 쇼핑은 즐거움이자 행복이고 스트레스 해소수단이며 하나의 여가활동이기도 하다. 말 그대로 이들에게 쇼핑은 살아 숨쉬는 이유다.

특히 패션에 관심이 많아 언제나 유행정보를 빠르게 습득하고, 한국적인 스타일에도 높은 관심을 보인다. 쇼핑 자체를 하나의 유희과정이라고 생각하는데, 구입 순간의 쾌감과 구입 후의 성취감을 마음껏 즐기는 편이다. 구매 자체를 즐기기 때문에 패션뿐 아니라 음식, 경험재 등 품목에 상관없이 언제나 열린 마음으로 소비에 접근한다. 무엇보다 기분이 울적할 때 쇼핑보다 좋은 처방은 없다고 믿는다.

"우울하거나 기분이 안 좋을 때는 쇼핑을 해요. 돈을 쓰면 즐겁잖아요. 왠지 모르게 스트레스가 풀리는 것 같기도 하고, 물건을 구입하는 것 자체가 언제나 기분좋은 과정인 것 같아요. 어떤 친구는 물건을 고르고 사는 일이 스트레스라고 하는데, 저는 아니에요. 어떤 제품이 괜찮은지 알아보고, 물건을 결정하고, 구입해서 사용하는 모든 단계가 즐거움의 연속이거든요. 새로운 제품이 나오면 궁금하고 써보고 싶고…… 저만 그런가요?"_31세, 미혼여성, 광고회사 근무

관심사가 다양하고 타 집단에 비해 소비지식이 풍부한 것도 이들의 특징이다. 식품, 가전제품, 귀금속, 수집품, 골동품 등 영역과 범위를 넘나들며 구매욕구를 보이고, 다양한 물건의 소비를 시도한다. 즉 구매행위 자체를 제품 사용을 위해 거쳐야만 하는 과정이 아니라 또하나의 여가이자 취미라고 생각한다.

브랜드에 대한 선호도 분명하게 존재한다. 브랜드는 자신의 수준을 대변하는 표식이라는 인식도 있지만, 인지도가 높은 브랜드는 그럴 만한 이유가 있다는 생각도 강하다. 인기가 있다는 사실 자체로 제품의 가치가 입증됐다고 판단하는 것이다. 따라서 이들에게는 유명 브랜드, 해외 브랜드에 대한 막연한 환상이 존재한다. 흥미로운 사실은 높은 브랜드 선호도와 달리, 브랜드 충성도는 강하지 않다는 점이다. 괜찮은 브랜드라는 생각이 들면 계속 사용하기도 하지만, 새로운 브랜드를 체험해보고 싶은 욕망이 더 크기 때문에 특별히 한 제품만을 고집하기보다 여러 브랜드를 두루 사용한다.

소위 명품에 대한 관심도 남다르다. 단, 이들이 생각하는 명품이란 반드시 해외 유명 브랜드 혹은 고가의 제품만을 의미하지는 않는다. 말 그

대로 우수한 품질과 뛰어난 기능을 지닌 제품 또한 명품이라고 여긴다. 하지만 역시나 가장 중요한 것은, 그 제품이 다른 사람들에게 어떻게 인식되는지의 부분이다. 트렌디형 소비자들은 명품을 사용했을 때 품질이 좋아 만족스러운 측면도 있지만, 그보다 자신이 특별한 사람이 된 것 같은 기분을 느끼기 때문에 더 즐겁다고 말한다. 특히 가장 큰 쾌감은 주변에서 알아봐줄 때. 남들에게 부러움을 샀을 때, 비로소 쇼핑의 목적이 진정으로 달성되는 셈이다.

> "지금 중국은 한국 화장품 열풍이에요. 가격이 비싸든 싸든, 그건 문제가 아니에요. 한국 화장품은 가격이 좀 비싼 편이잖아요. 그래도 상관없어요. 그만큼 품질이 좋은 것 같고요. 저는 이런 외국 화장품을 가지고 다닐 때 사람들이 알아봐주면, 체면이 선다고 해야 하나? 그런 느낌이 있어요. 그래서 외국 브랜드를 사용하게 되는 것 같아요."_44세. 기혼여성. 자영업

쇼핑을 좋아하는 만큼 충동적인 성향도 강하다. 구매에 대한 욕구가 늘 존재하기 때문에 예쁜 물건을 보면 그냥 지나치지 못한다. 물론 경제적 여유가 뒷받침되는 이들이기에 충동구매를 해도 크게 후회가 남지는 않는다. 현재의 만족이 미래의 행복으로 이어진다고 보기 때문에 지금 즐거움을 만끽했다면 그것으로 충분하다는 태도다. 그런데 그 만족이나 즐거움은 궁극적으로 타인에 의해 좌우된다. 제품을 구매하고 사용하며 느끼는 나의 만족보다 그 제품을 누군가 알아봐줬을 때의 쾌감을 더 중요하게 생각하기 때문에, 순전히 과시를 위해 불필요한 구매를 하는 경우도 많다.

"지나가다가 예쁜 물건을 보면 고민 없이 사는 편이에요. 충동구매도 가끔 하는데, 특별히 후회해본 적은 없어요. 그렇게 산 물건들을 잘 하고 다니는 경우가 더 많고, 오히려 그때 안 샀으면 큰일날 뻔했다고 생각한 적이 더 많아요. 사람들이 어디서 샀느냐고 물으면 짜릿하기까지 한걸요. 다 즐겁기 위해서 일하고 돈 벌면서 사는 거잖아요. 그런 즐거움이 없다면 무슨 재미로 살아요. 저는 가끔씩 백화점 같은 데 가면 사고 싶은 물건이 너무 많아서 '열심히 일해서 돈 많이 벌어야겠다'며 동기부여가 되더라고요." _31세. 미혼여성. 광고회사 근무

이처럼 남들의 시선과 체면이 중요한 트렌디집단은 구매과정에서도 체면에 상당히 신경을 쓰는 모습을 보인다. 뒤에서 살펴볼 실속형 소비자들이 체면을 차리지 않고 할인 등 실속을 챙겨 합리적인 쇼핑을 추구하는 반면, 트렌디형 소비자들은 아무리 자신에게 금전적인 이익이 주어진다고 하더라도 체면이 손상되는 상황은 용납하지 못한다. 즉 가격을 깎아달라며 점원과 실랑이를 하는 광경은 이들에게는 상상조차 할 수 없는 일이다. 구경만 하고 가게를 빈손으로 나서는 일도 드물다. 환불도 거의 하지 않는 편이다. 트렌디형 소비자들은 대부분 고급 쇼핑공간을 즐겨 찾고, 점원들에게 극진한 대접을 받는 고객서비스를 원하는데 이 역시 체면을 중요하게 생각하는 속성과 밀접한 관련이 있다.

소비 지향성 : 패션이란 우월감의 표현수단

타인 지향성 측면에서 트렌디형 소비자들은 뒤에 나올 열망형 소비자들

과 비슷한 양상을 띤다. 단, 열망형 소비자들이 타인의 시선을 의식하는 이유가 나를 이상하게 보지 않을까 걱정하는 '체면 유지'에 있다면, 트렌디형 소비자들은 남들의 부러움을 사기 위해 타인을 의식한다. 한마디로 표현하자면 남들보다 앞서고 있다는 사실을 인정받아야 직성이 풀리는 셈이다.

외모에 신경을 쓰는 이유도 외적인 요소가 자신의 우월감을 단적으로 표현하는 하나의 수단이라고 생각하기 때문이다. 타인에게 인정받기 위해서라면 과감한 패션도 수용 가능하며, 성형수술도 마다하지 않는다. 이들에게 패션은 자신의 우월감을 드러내 타인의 인정을 받고 부러움을 사는 수단이다.

그리고 바로 이 점에서 중국의 트렌디형 소비자들은 한국의 트렌디형 소비자들과 구분된다. 한국의 트렌디형 소비자들은 유행을 선도하는 역할을 넘어 자신만의 독특한 개성을 중시한다. 남들과의 비교가 아닌 자신만의 기준으로 물건을 구매하고 자신을 꾸민다고 할 수 있다. 트렌디형 소비자들에 대한 추종에서도 중국과 한국은 차이가 있다. 한국에서는 특정한 유행 아이템에 대해 맹목적으로 따라 하려는 성향이 점차 사라지고 있는 추세다.

사실 예전에는 한국에서도 연예인들이 인기 드라마나 방송에서 독특한 아이템을 착용하고 나오면, 순식간에 '국민 아이템'으로 등극하는 모습을 심심치 않게 발견할 수 있었다. 나아가 다른 사람들이 모두 소유한 아이템을 혼자만 갖고 있지 않다는 것은 유행에 뒤처지는 일이라는 인식이 있었다. 하지만 최근의 양상은 다르다. 물론 지금도 유행 아이템이라는 것이 존재하긴 하지만, 과거만큼 열광적이지는 않다. 이제는 남들도 다 따라 하는 아이템, 즉 유행중이라는 자체가 오히려 식상하고 그를 따르는 일이 촌스럽다는 입장을 취하는 사람들이 늘어나고 있다. 유행보다 개성이 중요시되는 것이다.

이러한 현상은 한국 패션이 그만큼 개성화되고 있다는 증거일 수도 있다. 유럽이나 서구권에서는 유행 아이템이라는 것이 아시아권만큼 강하게 퍼지지 않는다. 오히려 자신만의 개성을 추구하고 자신에게 어울리는 아이템을 고수하는 안목이 진정한 패션이라고 생각한다.

그런데 중국 트렌디형 소비자의 모습은 과거 우리의 모습과 매우 흡사한 양상을 보인다. 남들이 모두 구매하는 제품이라 식상하더라도 그런 아이템을 '먼저' 소장해야 트렌디하다고 여기는 것이다. 여기에 동조성이 강한 사회주의적인 성향까지 결합해, 준거집단의 사람들이 모두 유행하는 아이템을 갖고 있는 경우 자신만 갖고 있지 않은 것은 '튀는 행위'이기 때문에 구매하는 것이 마땅하다고 생각한다. 트렌디형 소비자들에게는 패션이 우월감의 상징인 동시에 소속감의 상징으로 작용하는 것이다. 다시 말해 유행과 집단에서 소외되고 싶지 않은 마음이 구매로 이어진다고 할 수 있다.

> "제가 유행에 민감하긴 하지만 그렇다고 저 혼자 튀고 싶지는 않아요. 오히려 제가 하고 있는 스타일을 주변 친구들도 같이 했을 때 더 기분이 좋아요. 제 스타일을 따라 하는 이들이 더 많이 생긴다면 더 기쁘겠죠."_31세, 미혼여성, 광고회사 근무

추종세력의 동조성향에 대한 생각도 한국의 소비자와는 다소 다르다. 한국의 트렌디집단은 자신의 스타일을 모방하는 추종세력을 그다지 달가워하지 않는다. 자신의 스타일이 대중적인 스타일이 되기보다는 나만

의 개성을 살린 독특한 스타일로 유지되기를 바라기 때문이다. 반면 중국의 트렌디집단은 추종세력의 모방을 즐겁게 받아들인다. 더불어 지지하고 모방하는 사람이 많을수록 자신의 패션이 더 크게 인정받고 있다고 인식한다.

정리하자면 중국의 트렌디형 소비자들은 자신이 속한 준거집단의 소비패턴에 맞게 위신을 표현하는 소비를 추구하는 동시에, 추종집단에 대해서는 본인의 스타일을 과시하면서 우월감을 느끼고 그들의 모방을 통해 쾌감과 희열을 만끽한다.

> "밖으로 보이는 것은 아무래도 외국 제품을 더 선호하게 되는 것 같아요. 좋은 제품이라는 걸 사람들이 다 아니까요. 알아봐주면 기분이 좋아요. 실제로 품질이 좋기도 하고요. 그런데 저 혼자만 사용하거나 저만 볼 수 있는 것, 보디클렌저나 비누, 샴푸 같은 건 중국 제품을 써요." _44세, 기혼여성, 자영업

시사점 : 소속감과 우월감을 동시에 자극하라

트렌디형 소비자들은 소비를 삶의 기쁨으로 여기는 이들이다. 또한 패션이라는 외적 수단을 통해 소속감을 표현하고 우월감을 과시하면서, 유행을 받아들이는 동시에 전파하는 특성을 보인다. 이러한 점을 잘 이해한다면 구매력이 강한 이들 소비자들에게 쉽고 빠르게 접근할 수 있다. 그렇다면 트렌디형 소비자들을 대상으로 한 시장에 진입하기 위해서는 어떤 점을 중점적으로 고려해야 할까?

우선 개인보다는 그룹, 즉 이들이 속한 준거집단을 공략하는 전략을

취해야 한다. 타인의 시선과 소속감을 중시하는 트렌디형 소비자들은 준거집단의 소비자들이 사용하는 제품이라면 일단 구매하고 보는 속성이 있기 때문이다. 이때 주의할 점은 모든 소비자가 아닌 트렌디형 소비자만을 위해 특화된 제품으로 어필해야 한다는 사실이다. 트렌디형 소비자들은 소속된 그룹이 향유하는 특정 제품을 구매하면서 소속감을 느끼지만, 다른 한편으로는 자신들을 모방하는 추종그룹과의 차별화를 통해 우월감을 성취하고 싶은 열망이 있기 때문이다. 트렌디집단이 제품을 선택하는 표면적인 이유 외에 숨겨진 구매목적을 깊이 살피는 세심함이 필요하다.

다음으로 매장에서는 지나치다 싶을 정도의 친절마케팅을 구사해야 한다. 중국은 아직 한국 같은 극진한 서비스정신이 보편화돼 있지는 않다. 구매력이 강한 소비자집단이 증가하면서 차츰 친절서비스의 중요성을 깨닫고 있는 중이다. 그런데 트렌디형 소비자들은 자신이 특별한 사람으로 대접받는다는 느낌을 중요시한다. 그들을 치켜세우고 체면을 존중해주는 친절함과 배려가 구매의 결정적 요인으로 작용할 수 있는 것이다. "이런 제품은 고객님 정도의 수준이라면 하나쯤 가지고 계셔야 한다. 아무나 어울리는 제품이 아니다" "바로 고객님만을 위한 제품이다" 같이 우월감을 심어주는 언변과 행동으로, 이들의 과시적 행동을 거들고 받들면서 판매자 스스로 낮추는 자세를 보인다면 상상할 수 없을 만큼의 끈끈한 신뢰를 형성할 수 있다.

제품에 대한 호기심이 강한 집단이기에 가격 할인보다는 최대한 다양한 제품을 경험할 수 있는 기회를 제공하는 시용試用 전략이 더욱 효과가 크고 중요하다. 샘플마케팅은 초기에는 비용 발생적인 측면이 매우 강하다. 하지만 트렌디형 소비자들은 샘플 체험을 통해 좋은 제품이라는 판단을 내리면, 직접 구매로 이어질 가능성이 높은 집단이다. 고객 체험단과 같은 소비자그룹을 통해 적극적인 마케팅을 펼치면, 유행에 민감하고 우월감에 대한 욕구가 높은 트렌디형 소비자들에게 효과적으로 다가설 수 있을 것이다.

Summary 트렌디형 소비자 완전정복

주요 연령층	30~40대 여성 중심
소득수준	중산층(중상), 중중, 중하)
취미	국내 및 해외 신상품 정보 탐색, 트렌디 제품 쇼핑하기
특기	좋은 제품을 알아보는 안목, 나에게 어울리는 스타일링
관심사	패션, 유행, 성형, 자녀의 사교육, 여행
행복의 근원	타인의 인정 속 행복, 남보다 앞서가는 우월감, 추종집단의 지지
불행의 근원	대접받지 못하고 체면이 깎일 때, 남들의 부러움을 사지 못할 때
신뢰채널	1. TV 및 각종 매체의 광고, 2. 준거집단의 의견
소비목표	남보다 앞서가는 유행 선도적 역할, 품질 좋은 다양한 제품 경험
브랜드 민감성	매우 민감함, 브랜드는 나의 신분을 표현해주는 대리적 역할
체면 중요도	나를 치켜세워줄 수 있는 과시적 체면이 중요
과시욕	과시욕이 매우 강하며 성취 지향적인 집단
소비 지향성	타인 지향적(타인의 평가가 나의 만족을 결정함)
인생 만족도	85%(삶의 여유가 있고 자신감이 넘치며 인정받는 삶)
민감한 단어	체면, 과시, 유행, 트렌드, 인정, 리더, 패션(좋아함)

트렌디형 소비자집단의 두드러진 소비특성

- 대세를 이끌어가는 선도적 소비자들, 남보다 앞서고 인정받아야 직성이 풀림
- 개방적이고 진보적인 성향이 두드러지고 다양성을 추구하는 소비자집단
- 타인의 부러움과 인정이 없는 소비는 무의미, 우월감은 소비동력
- 브랜드는 나의 위신을 지켜주고 나를 대변해주는 하나의 수단
- 나의 소비품을 동조그룹이 추종할 때의 기쁨을 추구, 이때 비로소 쇼핑의 목적이 달성

"내 속엔 계산기가 너무도 많아."

실속형 소비자

특징

- 스마트한 소비는 내 인생의 즐거움.
- 미래도 중요하지만 현재도 중요.
- 쇼핑은 보물찾기과정이자 또하나의 유희.
- 브랜드보다 제품의 제공가치에 중점.

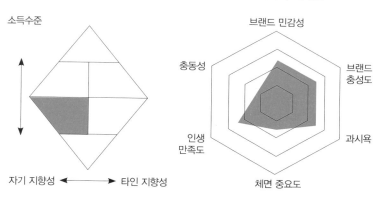

- 소비자 세그먼트 다이아몬드

소득수준

자기 지향성 ◄──► 타인 지향성

- 6대 소비가치 헥사곤

브랜드 민감성

충동성

브랜드 충성도

인생 만족도

과시욕

체면 중요도

마트쇼핑

마링(馬玲), 34세, 기혼여성, 공무원, 남편과 2세 딸, 청두 거주

주로 질끈 동여매고 다님.

인터넷 아기엄마 카페에서
공동구매를 통해 구입한
한국 제품.
가격이 저렴한 제품을 발견하면
충동구매하는 습관이 있음.

화장기 없는 얼굴.
하지만 피부는 매우 좋음.
색조화장보다는
피부관리에 신경쓰는 편.
라네즈 화장품 즐겨씀.

브랜드 창고세일에
특가 제품으로 구매.
보행기, 유모차 등 아기용품은
모두 같은 방식으로 구입했다.
아기용품은 무조건 싼 것보다
브랜드 제품을 싸게 사는
방법을 선호.

한국산 기저귀, 호주산 분유,
할인전단지, 할인쿠폰,
적립카드 등. 기저귀는
2+2 행사로 대량구매.
다른 친구와 나눠 구입하는
방식으로 공동구매 성공.
마트는 주로 할인을 위해
심야시간에 이용하지만,
언제 무슨 일이 생길지 몰라
할인과 관련된 것들은
모두 가지고 다님.

온라인 쇼핑몰
타오바오(淘寶)에서 저렴한
가격으로 딸아이 것과 함께
득템한 탐스(TOMS) 슈즈.
신발도 사고 기부도 하는
실용적인 소비라는 생각에
만족도 높음.

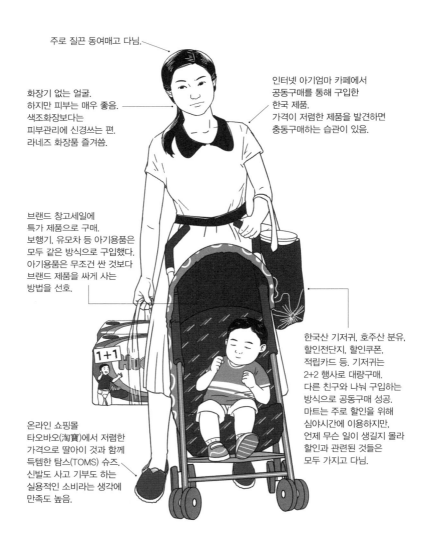

지지난주부터 딸아이가 감기를 앓는 통에 그동안 집밖에 나오지 못했다. 먹을 것도 다 떨어졌고 기저귀도 사야 하고, 겸사겸사 마트에 가기로 했다. 늘 그렇듯 구매 리스트를 정리하고 인터넷 검색으로 할인 가능한 쿠폰도 몇 개 다운받고 가격 비교까지 완료했다. 내 사전에 충동구매란 없으니까! 사실 요즘처럼 물가가 오를 때는 1+1 쿠폰보다 할인율이 큰 쿠폰이 더 유용한데, 아무리 찾아봐도 찾을 수가 없다. 결국 포기. 대신에 그동안 모아둔 각 마트별 전단광고를 펼쳤다. 1위안이라도 비싸게 사면 잠이 안 오는 성격 탓에, 전단지를 볼 때마다 그 마트에서 사는 것이 가장 저렴한 제품들을 표시해두는 습관이 생겼다. 요즘엔 전단지를 보면 무의식적으로 빨간 펜을 집어드는 나를 발견한다. 조금이라도 비싸게 사는 것만큼 억울한 일도 없고, 조금이라도 싸게 사는 것만큼 즐거운 일도 또 없으니까!

전단지를 비교해보니 두부, 양고기, 우유는 메이하오자위안美好家園이란 중형마트가 더 싸고, 기저귀, 치약, 생리대는 바이자百佳 마트가 더 싸다. 월마트는 지난번 구매한 아이의 내복을 빨고 나니 올이 다 풀려 있어 신뢰가 안 가기도 하고, 환불해달라고 진상까지 떨었던 통에 다시 가기가 꺼려진다. 체면은 좀 구겼지만 어쨌든 환불받았으니 지금 생각해도 후회는 없다. 메이하오자위안에서 바이자까지는 거리상 2킬로미터 정도 떨어져 있기는 하지만, 요즘처럼 생활이 팍팍할 때는 발품이라도 팔아야지 별수 없다. 2+2로 판매하는 기저귀를 나눠 사기 위해 류웨이의 엄마와 같이 갔다. 역시 류웨이의 엄마는 좋은 공동구매 메이트다. 육아용품부터 시작해서 채소, 각종 식료품까지 같이 사서 나눠 쓰고, 정보 교환도 자주 하다보니 훨씬 더 가까워진 것 같다. 참, 얼마 전 광고에서 메이하오자위안은 밤 열시 이후에 쇼핑할 경우, 식료품을 더 많이 할인해준다고 했지. 아홉시쯤 출발해 바이자에 먼저 들렀다가 시간 맞춰 가면 될 것 같다.

고등학교 친구들과의 만남

신톈톈(辛田甜), 28세, 미혼여성, 해외유학 준비중, 톈진(天津) 거주

관리가 쉬운 단발.
1년에 두 번 정도 미용실 방문.
미용실은 싸고 머리만 잘하면 OK.

한국 제품 '아이오페' 사용.
가격 대비 품질이 좋음.
색조화장은 하지 않고
기초관리만 신경쓰는 편.
특히 노화관리에 집중.

잔스포츠(Jansport) 백팩.
친구가 쓰는 것을 보고
실용적이라고 생각하다가
마침 세일하길래 구매.
글로벌 브랜드에 대한
신뢰가 높음.

지난겨울 백화점 폭탄세일 때
구입한 흰색 오리털 점퍼.
정가 100위안(1만 8000원)인
상품을 10위안(1800원)에 구매.

포인트 적립카드 : 친구들과 함께 적립 및 사용.
저축통장 : 유학자금 마련.
할인쿠폰 : 저녁 약속 때 자주 이용.
델(DELL) 소형 노트북 : 가격 대비 성능이 좋고,
글로벌 브랜드 중 가장 저렴해서 구매.
석류즙 : 노화방지를 위해 복용, 세일 때 구입.
비타민 : 건강관리 위해 상시 복용.

인터넷으로 구매한 청바지.
일주일 동안 정보 탐색 후
구매후기 등이 우수해서 구입.
바지는 브랜드 필요 없음.
왜? 보이지도 않으니까.

그냥 사면 비싸기 때문에,
호주에 사는 지인을 통해
직접 구매한 호주산 리얼 어그부츠.
진짜 양털이 아니므로
유사품은 사절.

어느새 출국까지 2주일밖에 남지 않았다. 한 번도 외국에 나가본 적 없는 내가 3년 동안 한국에서 학교를 다닌다니, 부담이 정말 크다. 하루에도 수십 번씩 그냥 결혼이나 해서 편히 살까? 하는 생각으로 미쳐버릴 지경이지만, 사실 결혼할 남자도 없다. 차라리 한국에서 새로운 사람을 만나는 편이 빠를지도……

지난 3년간 회사를 다니면서 아르바이트까지 하며 열심히 돈을 벌었다. 사고 싶은 것 안 사고, 먹고 싶은 것 안 먹고, 아끼고 아껴 유학자금을 모았는데, 막상 그 돈을 유학비용으로 날리려니 아깝기도 하고 뿌듯하기도 하고 만감이 교차한다. 어차피 이렇게 된 거, 정말 열심히 공부하는 수밖에!

오늘 구입한 노트북을 끝으로 이제 모든 준비는 다 된 것 같다. 그나저나 델 노트북은 참 현명한 선택이었다. 요즘 우리나라 저가 노트북도 많지만 사촌언니가 사용하는 걸 보니까 고장도 많이 나고 성능도 확실히 떨어지는 것 같았다. 싼 게 비지떡이라는 말이 괜히 있는 게 아니니까, 조금 무리해서라도 좋은 제품을 사기로 했다. 고장 없이 오래 쓰면 오히려 그게 더 절약하는 방법인 것도 같고. 솔직히 진짜 갖고 싶은 제품은 맥북이었는데, 가격이 너무 비쌌다. 5555(우는 상태를 의미하는 중국의 이모티콘. 우리말의 ㅠㅠ에 해당). 그 정도의 고급 노트북까진 필요한 게 아니라서 글로벌 브랜드 중 비교적 저렴한 델로 샀다. 디자인도 쌔끈하고 평소 신뢰하는 타오바오의 구매후기를 보니 평도 좋았고. 인터넷 최저가를 확인한 뒤 전자제품매장 열다섯 군데 정도를 돌아본 후에 가장 저렴한 곳에서 득템! 그것도 인터넷 최저가보다 153위안(2만 7000원)이나 싸게 샀다. 아싸!

저녁에는 송별회도 할 겸 고등학교 동창 두 명을 만났다. 회사 다니느라 바쁜 리위粟宇와는 거의 두 달 만이고, 아기 키우느라 정신없는 왕징王京과는 무려 네 달 만이다. '공동구매 사이트'에서 구입한 쿠폰으로 청두에서 꽤 유명한 훠궈집에서 저녁을 먹었다. 가격이 비싸 쉽게 갈 수 없는 곳인데 쿠폰으로 50% 할인된 가격(1인당 125위안, 2만 2000원)으로 먹으니, 왠지 더 맛있게 느껴졌다.

우리 셋은 어린 시절 자매처럼 붙어다녔지만, 성인이 되고 난 후부터 생각이나 가치관의 차이가 분명해졌다. 요즘엔 이상형과 결혼관도 많이 다르다. 나는 남자의 외모보다 인성을 중요하게 생각하고, 그다음이 학력이나 능력이다. 돈이라는 건 있다가도 없어지는 법인데, 능력이 있는 사람은 언제든 위기를 헤치고 상황을 유리하게 바꿀 수 있다고 생각한다. 외모는 아무짝에도 쓸모가 없다는 엄마의 말에 완전히 동의하는 건 아니지만, 사는 데 있어서 중요한 건 아니라고 믿는다. 다만 뚱뚱한 남자는 사절이다. 몸매는 건강한 생활습관의 반영이자 자기 관리의 지표니까.

　　그런데 먼저 결혼한 왕징은 곧 죽어도 남자의 외모는 포기할 수 없다고 한다. 고등학교 때부터 그러더니, 결국 결혼도 가진 것 없지만 잘생긴 남자랑 했다. 자존심을 건드릴까봐 물어본 적은 없지만 요즘 형편이 좋아 보이지는 않는다. 반면 리위는 외모보다 돈을 따진다. 요즘 만나는 남자친구는 사업가인데 살짝 이야기를 들어보니 부모 잘 만나 흥청망청 쓰고 다니는 '푸얼다이富二代(부모에게 막대한 부를 물려받아 명품만 구입하는 이들)'인 것 같다. 나로서는 둘 다 이해할 수 없지만 굳이 말하지 않는다.

　　신나게 수다를 떨다가 리위가 "신톈톈만 빼고 우리 다 어그부츠 신었네"라고 말했다. 사실 소비에 있어서도 우리의 가치관은 다르다. 합리적이고 실용적인 소비를 중시하는 나와 달리 리위는 다소 충동적인 소비를 즐기는데, 이 때문에 의견충돌이 생겨 언성을 높인 적도 있다. 사실 나도 작년 겨울에 한정판으로 나온 어그부츠가 정말 사고 싶었다. 한정판이어서 그런지 가격이 너무 비싸 좀 더 싸게 살 수 있는 방법은 없는지 알아보는 동안, 매진되는 바람에 결국 살 수 없었던 것이다. '아, 그때 그냥 살걸' 하는 후회가 밀려오지만, 유학자금을 모으던 때였고 그게 아니더라도 성격상 비싼 물건을 별다른 망설임 없이 살 수는 없었다. 내 사정을 뻔히 알면서 그런 이야기를 하는 리위가 순간 얄미웠다. 이런 내 마음을 알아서 그런 건지 왕징은 자기 것은 진짜 어그부츠가 아니라며 짝퉁을 산 곳을 추천해준다. 사실 왕징은 아기엄마가 되더니 온통 짝퉁으로 치장하고 다닌다. 나는 안 사면 안 샀지, 짝퉁은 싫다. 품질이 좋으면 모르겠는데 그렇지도 않으니 말이다.

그래도 리위보단 왕징이 낫다는 생각이 든다. 요즘 리위는 정말 가관이다. 회사를 다니고 동료들과 어울리면서 사치가 심해졌다. 얼마 전에는 세 달 월급을 모아 루이비통 가방을 사더니 이번에는 구찌 신상을 메고 나왔다. 기본적으로 우리나라 사람들은 체면을 중시하고 과시하길 좋아해서 주변 사람들이 '좋은 것'이라고 알아주는 것을 구입해서 자랑하기를 좋아한다. 오랜 시간 형성해온 문화 중 한 단면이기에 결코 나쁘다고 생각하지는 않는다. 하지만 리위처럼 분수에 맞지 않게 구매하는 것은 지나친 사치임이 분명하다.

나는 현재 상황을 고려해 적절한 소비를 하는 것이 최선이라고 생각하고, 남들이 한다고 해서 군이 그것을 따라 할 생각은 더더욱 없다. 물론 나도 좋은 물건을 구매하고 싶은 욕구가 있기 때문에 그런 욕구에 충실할 때도 있고, 그것을 최대한 저렴한 방법으로 살 수 있다면 주저 없이 그 방법을 택한다. 다만 현재 상황에서 무리가 되는 소비행위라면 아무리 좋은 제품을 싸게 살 수 있어도 사지 않겠다는 것이다.

그런데 어그부츠는 하나 사긴 사야 할 것 같다. 날도 춥고 발도 시린데 친구들이 정말 따뜻하고 편하다고 하니 더이상은 못 참겠다. 아무래도 얼마 전 호주로 유학 간 리시쥐안李谿娟에게 부탁해봐야겠다. 호주에서 직접 구입하면 거의 절반 가격으로 살 수 있다고 하니. 올겨울엔 천연 양모 어그부츠를 사야지. 호호.

일반적 특징
: 상황에 따라 모습을 달리하는 카멜레온 같은 성향

카멜레온은 적을 피하기 위해 주변 색에 맞춰 자신을 위장하는데, 중국
의 실속형 소비자들은 상황에 따라 자신의 소비성향을 얼마든지 바꿀 수
있다는 점에서 카멜레온과 비슷하다. 이들은 기본적으로는 절약이 몸에
밴 중국 전통적 소비자들의 생활방식을 추구하면서도, 자신이 원하고 가
치가 있다고 판단하는 품목은 오랜 고민과 계획 끝에 과감히 지른다. 즉
치약을 살 때는 1위안도 아끼는 극성을 보이지만, 정서적 만족을 위한
가족여행에는 1만 위안 이상도 과감히 쓰는 것이 바로 실속형 소비자들
이다. 무조건 아끼는 것이 아니라 평소에 잔돈을 아껴, 쓸 때는 확실히
쓰자는 것이 이들의 소비철학인 셈이다.

또한 이들은 품질이 가장 중요하다면서도, TV를 구매할 때조차 기능
적 특성 외에 심미적 요소 혹은 정서적 요소까지 따지고 든다. 브랜드는
중요하지 않고 품질만 만족시켜준다면 브랜드가 없는 제품도 기꺼이 구
입하겠다고 하면서도, 막상 품질은 동일한데 가격 차이가 크지 않다면
좀더 비싸더라도 브랜드 제품을 선택하겠다는 입장을 보인다. 이들에게
브랜드란 사회적 위신을 대변하는 표식이 아니라 품질에 대한 보증으로
인식되기 때문이다.

> "다른 게 아니라 품질 때문에 브랜드 제품을 선택하는 것 같아요. 브랜드가
> 유지된다는 건 그럴 만한 이유가 있다는 거잖아요. 특히 식품브랜드 같은 경
> 우는 늘 고집하는 게 있어요. 우유는 청두에서 나온 '쥐러菊樂'만 마셔요. 신
> 선하고, 역사도 길고, 잘 아는 제품이니까요. 식품 안전문제도 심각한데 팬

히 다른 제품을 선택하는 모험을 하고 싶진 않아요. 저희 엄마도 저랑 비슷한데 식초나 간장 같은 걸 살 때 보면 긴 역사를 가진 브랜드의 제품을 사시더라고요." _22세, 미혼여성, 직장인, 월평균 개인소득 5000위안(90만원), 칭다오 거주

유행에 대한 태도도 이중적이다. 유행을 맹목적으로 따르거나 타인의 시선을 신경쓰는 것은 좋지 않으며 중요한 것은 자기만족이라고 이야기하면서도, 정작 유행이 활황기에 이르면 마지못해 제품을 구입해 유행에 편승하고 만다. 유행에서 동떨어져 혼자만 튀고 싶지는 않다는 생각에서다.
실속형 소비자들은 상황에 따라, 처지에 따라 그들이 원하는 가치를 근거로 때로는 '초절약'을, 때로는 '초지름'을 실천한다. 마치 '지킬 앤 하이드'처럼 이중적인 소비면모를 지닌, 중국의 실속형 소비자들을 만나보자.

소비목표 : 합리적 구매가 최대 목표

실속형 소비자들의 머릿속에는 수십 대의 계산기가 동시에 작동한다. 기본적으로 이들은 사고가 매우 합리적이고 이성적이며 특히 잇속에 대한 계산이 철저한 편이다. 감정에 치우쳐 특정인을 쉽게 믿는 일이 거의 없고 자신만의 판단기준이 상당히 명확하다. 친구들과 식사를 할 때도 자리에서 일어날 때쯤이면 자신이 얼마를 지불해야 할지가 이미 머릿속에 계산돼 있다. 상황에 따라 밥을 사기도 하지만, 아무 이유 없이 밥을 사는 경우는 거의 없다. 그렇기에 이들이 밥을 산다고 할 때는 무슨 이유인지 따져볼 필요가 있다.

가격에 대한 성능의 합당함을 평가하는 계산기도 존재한다. 물건을 싸게 구입하는 방법에 관심이 많아, 지금 당장 구입하지 않는다고 하더라도 제품의 가격은 상식으로 알아두는 편이다. 이러한 정보가 쌓이고 쌓여 실제로 물건을 구매할 때는 어느 채널의 어느 점포에서 구입하는 것이 가장 저렴한지, 책정된 가격이 합당한지 아닌지에 대한 평가를 순식간에 내릴 수 있다. 또한 구매 후 불만족한 경우에는 당당히 환불을 요구한다. 사실 체면을 중시하는 중국인들에게 환불하는 행위 자체가 체면을 깎는 일이라 생각하는 전통적인 사고가 있는 반면, 최근에는 자신들의 권리를 당당히 요구하는 행동이라는 생각도 커지고 있다. 실속형 소비자의 경우, 지금 이 상황이 체면을 세워야 하는 상황인지 아닌지를 재빨리 판단해 체면을 차릴 때와 잇속을 따질 때를 확실하게 구분해 행동한다.

"저렴한 제품을 구입했을 때는 마음에 안 들어도 그냥 참고 사용해요. 대신 다음번에는 절대 그 제품은 안 사죠. 그런데 카메라 같은 비싼 제품을 구입했는데 마음에 들지 않으면 교환을 하거나 환불을 해요. 그건 체면이랑은 상관없는 거예요. 만약에 환불을 받지 못하면 그게 정말 억울하고 분한 일이죠."

_27세, 미혼남성, 회사원, 월평균 개인소득 4000위안(72만원), 시안(西安) 거주

이들 계산기의 특이한 점은 이득과 손실에 대한 판단이 발빠르지만, 그 기준이 언제나 동일하진 않으며 객관적인 기준도 없다는 사실이다. 실속형 소비자들의 머릿속에 내장된 계산기는 상황에 따라 상당히 주관적인 산출값을 제공한다. 예를 들어 필수재를 구입할 경우에는 초저가를 선택하게 만들지만, 가치재의 경우에는 머릿속 계산기가 알아서 허용값을 높여준다. 물론 많은 비용이 들어가는 제품을 구입할 때도 가능한 저

렴하게 획득하는 방법을 찾기 위해 최선을 다한다. 문제는 품목 간의 허용값의 차이가 너무 극단적이라는 것이다. 그렇기에 실속형 소비자들에게는 가치판단에 따른 전략적 트레이드오프trade off 현상이 매우 자연스럽게 나타난다.

> "옷이나 생필품을 살 때는 아끼려고 노력하는 편이지만, 외식에는 돈을 아끼지 않아요. 좋은 것을 먹는 일은 즐거우니까, 돈이 아깝지 않거든요." _ 22세, 미혼여성, 직장인

라이프스타일 : 모든 영역에 있어 계획이 습관화

실속형 소비자들의 주요한 특징은 매사에 꼼꼼하고 철두철미한 성격으로 실수를 용납하지 않는다는 점이다. 소비에 있어서도 그 품목이 무엇이든 계획적이고 철저한 분석을 바탕으로 실행하는 것을 원칙으로 삼으며, 기분이 내키는 대로 상황에 휩쓸려 구매하는 일은 거의 없다. 그렇기에 충동구매란 이들 사전에 있을 수 없는 일이다. 간혹 계획하지 않은 구매가 발생하는 경우는 뜻밖의 대박세일을 발견했거나 지금 사지 않으면 손해를 볼 때뿐이다.

이들에게 행복은 돈을 합리적으로 사용해 효용을 극대화하는 일이지, 소비를 통해 느끼는 쾌감과는 거리가 멀다. 감정적으로 계획에 없는 지출을 했을 때 무척 괴로움을 느끼기도 한다. 그렇기 때문에 소비에 앞서 가장 먼저 고려하는 것은 현재 본인의 재정상태와 재무흐름이다. 소비하고 남은 돈을 저축하는 것이 아니라 저축하고 남은 돈을 소비하는 것

이 이들에게 중요한 원칙이다. 이렇듯 지출액이 늘 정해져 있기 때문에 무리한 소비는 애초부터 불가능하다. 그렇다고 해서 무리한 저축을 통해 만족감을 추구하는 것은 아니다. 실속형 소비자들은 현재와 미래를 동등한 가치로 중시하기 때문에, 저축과 소비의 양도 비슷한 수준으로 설정한다. 현재를 즐기며 사는 것도 중요하고 미래를 위해 대비하는 것도 중요하다는 신념을 갖고 있어 소비와 저축이 적절한 조화를 이룰 때 가장 큰 행복감을 느끼는 것이다.

> "현재와 미래는 오십 대 오십으로 중요해요. 지금 소비를 하면 저축을 못하고 미래에 더 풍요롭게 살지 못할 수도 있죠. 그렇다고 현재의 즐거움을 포기할 수는 없어요. 왜냐면 제가 화장도 하고 옷도 예쁘게 입고 다니면 제 이미지가 좋아지는 거잖아요. 제 친구 한 명은 외투도 하나밖에 없어서 매일 그것만 입고 다녀요. 소비 자체를 하지 않죠. 남들에게 피해 주는 건 아니지만, 저는 그 친구가 자기 생활을 제대로 누리지 못한다는 느낌이 들어서 안타까워요. 돈 모으는 재미도 있지만 알뜰하게 소비하는 과정의 즐거움도 크잖아요." _22세, 미혼여성, 직장인

목돈이 드는 소비가 필요할 때는 장기적으로 계획을 세운다. 예를 들어 유학을 갈 계획이 있다면 구체적인 예산을 세워 일정한 저축액을 설정한 뒤, 지출을 줄이고 저축을 늘리는 방식으로 목돈을 만든다. 냉장고나 TV와 같은 가전제품을 구매할 때도 미리 계획을 세워 완성된 자금으로 구입하는 경우가 많다. 심지어는 값비싼 해외 명품을 구매할 때도 감정적 쾌락을 바탕으로 일단 지르고 보자는 태도는 나타나지 않는다. 이 제품을 구입해야 하는 가치판단에 근거해 필요한 돈을 차곡차곡 모은 후

에야 구매하는 나름대로의 합리적인 방식을 취한다. 구매에 앞서 현재의 상황을 고려하고 꼼꼼하게 계획하는 소비습관은 실속형 소비자집단을 대표하는 가장 큰 특징이다.

시사점 : '그럼에도 불구하고'에 주목하라

사실 그동안 중국에 진출했던 글로벌 기업들이 실속형 소비자를 공략하는 방법으로는 가격경쟁력을 내세워 접근하는 것이 가장 일반적이었다. 하지만 이제는 중국의 실속형 소비자를 두고 '혀를 내두를 정도로 싼 가격만 찾아다니는 소비자' 정도로만 인식한다면 곤란하다. 실속형 소비자들에게 가격경쟁력은 보충적 구매요인이 되고 있다. 어떤 품목의 제품이든 품질, 기능, 디자인, 서비스에 대한 요건은 기본이고 싼 가격은 덤이 되고 있는 것이다. 따라서 알뜰한 중국 소비자에 대한 관점의 전환이 필요하다. 그렇다면 이들 실속형 구매집단을 공략하기 위해 어떤 전략이 필요할까?

첫째, '기본 이상의 그 무엇'을 제공하는 것으로 큰 차이를 만들어낼 수 있다. 실속형 소비자들은 갈수록 까다로워지고 있다. 과거에는 합리적인 가격만으로도 선택이 가능했지만 최근에는 기본적인 요소 이외의 그 무언가가 구매 결정요인으로 작용하는 경우가 많아졌다. 디자인적 요소가 매우 중요한 결정요인이 되고 있고, 과거에는 사치라고 여겨졌던 감각적인 요소가 선택에 결정적 영향을 미친다. 향기의 차이, 컬러의 차이, 세련된 포장의 작은 차이마저도 소비자들의 감성을 자극하는 중요한 요소가 되고 있다. 그러므로 소비자들이 어떤 경우에 실용성을 발휘하고 어떤 경우에 감성적 충족을 원하는지, 카멜레온 같은 실속형 소비자들의 마음속을 들여다보는 능력이 매우 중요하다.

둘째, 실속형 소비자들에게 브랜드는 하나의 신뢰지표로 작용한다. 매킨지McKinsey의 한 조사에 따르면 중국인의 45%는 가격이 높은 제품일수록 품질이 더 우수하다고 생각한다. 미국 16%, 일본 18%에 비하면 월등히 높은 비중임을 감안할 때, 브랜드로 품질을 증명하는 전략은 중국의 실속형 소비자들에게 매우 설득력 있는 대안이 될 것이다.

그렇다고 해서 단순히 브랜드만을 내세우는 접근만으로는 한계가 있다. 중국인들은 브랜드로 인한 품질 연상효과는 우수하지만, 새로운 브랜드에 대한 호기심 역시 강한 관계로 브랜드 충성도가 현저히 떨어지기 때문이다. 중국 소비자에게 브랜드 개념이 자리잡은 지 오래되지 않아 발생하는 현상이라고도 해석된다. 그러므로 신뢰할 만한 브랜드라는 이미지를 갖춘 후에도 실속형 소비자들의 다양한 소구 포인트를 끊임없이 개발하는 마케팅적 노력이 필요하다.

셋째, 실속형 소비자들이 추구하는 소비가치를 다양한 시각으로 면밀히 분석해야 한다. 알뜰 소비자의 카멜레온 같은 변화무쌍함은 바로 가치소비에서 비롯된다. 따라서 특정 소비에 가치를 두는 이유가 어떤 맥락 때문인지를 구체적으로 파악해야 한다. 제품에 대한 개별 소비자의 가치는 소비자의 구매동인과 직결되기 때문에 철저한 분석이 필요한 것이다. 그들이 말하는 좋은 물건, 즉 값을 주고서라도 구매하는 물건에는 어떠한 상징이 담겨 있는지, 또 반대로 한푼이라도 아끼기 위해 '트레이딩 다운trading down'을 실천하는 품목과 그 이유는 무엇인지 등에 관해 분석해야 한다. 단순한 예상이나 직관으로 접근할 것이 아니라 소비동향 분석을 통해 구체적으로 파악해야 한다. 짠순이 소비자들이 '그럼에도 불구하고' 나름의 큰돈을 쓰기 위해 지갑을 여는 품목에 대해, 그리고 그 품목이 소비자들에게 결과적으로 어떠한 가치를 제공하는 것인지에 대해, 바로 이 두 지점을 탐구할 때 중국 시장에서 만족스러운 결과를 거둘 수 있을 것이다.

Summary 실속형 소비자 완전정복

주요 연령층	20~30대 여성 중심
소득수준	중산층 화이트칼라(중상, (중중), 중하)
취미	싼 가격 찾아 발품 팔기, 쇼핑은 유희이자 보물찾기과정
특기	가장 저렴하게 구입하는 방법을 어떻게든 찾아내기
관심사	세일정보, 할인정보, 공동구매정보, 건강정보, 노화방지
행복의 근원	폭탄세일로 상품 구입, 같은 물건을 남보다 싸게 구입, 쇼핑과정
불행의 근원	물건 구입 후 더 싸게 파는 곳을 발견
신뢰채널	1. 온라인 상품후기, 2. 지인의 추천
소비목표	합리적 구매
브랜드 민감성	크게 영향받지 않지만 품질에 대한 보조지표로 활용
체면 중요도	나의 기준에 따른 합리성이 중요, 체면보다는 실속 중시
과시욕	돈이 많다면 기꺼이 명품도 구매, 그러나 지나치면 사치라고 생각
소비 지향성	자기 지향적(타인을 크게 의식하지 않음)
인생 만족도	70%(대체로 만족하지만 저축을 해야 하는 압박감으로 인해)
대표소비족	• 하이바오쭈(海報族) : 광고포스터족. 물건을 최저가로 구매하기 위해, 여러 마트의 광고전단지를 손에서 놓지 않는 사람들을 지칭한다 • 퇀거우쭈(團購族) : 공동구매족. 좀더 저렴한 가격으로 구매하기 위해 공동구매를 하는 사람들을 뜻한다
민감한 단어	세일, 가치, 가격, 품질, 공동구매, 건강, 노화, 실용성, 환불, 원정쇼핑

실속형 소비자집단의 두드러진 소비특성

- 물건을 살 때는 여러 상점을 둘러보면서 가격을 비교하는 습관이 있다
- 물건을 살 때 제값을 다 주고 사면 손해 보는 것 같아 억울하다
- 가격에 대한 정보는 당장 구입할 제품이 아니더라도 늘 체크하는 편이다
- 가급적이면 세일기간을 기다렸다가 물건을 구입한다
- 절약도 미덕이지만 현명한 소비는 더 큰 미덕이라고 생각하는 편이다

"소비에 언제나 목마르다."

열망형 소비자

특징

- 더 좋은 제품을, 더 많이 갖고 싶다!
- 경제적 제약 속에서 접근 가능한 작은 사치(small luxury)를 추구(비싼 것은 하나만, 싼 것은 여러 개 구매).
- 다른 사람들의 시선을 의식, 무시당할까봐 두렵다.

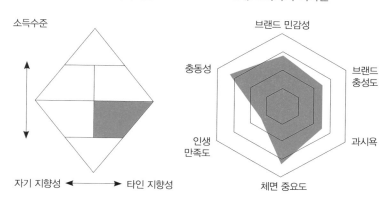

- 소비자 세그먼트 다이아몬드

소득수준

자기 지향성 ◄──► 타인 지향성

- 6대 소비가치 헥사곤

브랜드 민감성
충동성
브랜드 충성도
인생 만족도
과시욕
체면 중요도

퇴근 후 남편과 쇼핑

딩닝(丁寧), 35세, 기혼여성, 교직원, 자녀 없음, 다렌(大連) 거주

해외 유명 브랜드 디올, 에스티로더
(Estée Lauder) 제품을 사용.
비싼 것을 사용하면 피부가
더 좋아질 것 같은 기분이 든다.
가방 안에 넣어 다니기 때문에
사람들이 잘 볼 수도 없지만,
나도 럭셔리 제품을 갖고 있다는
만족감이 든다.

런민(人民) 로의 옷가게에서
친구를 기다리다 구매.
세일을 하기에 들어갔다가
부자 동네에 있는 매장에서 파는
옷이니 품질도 좋을 것 같아서
안심하고 구매. 다른 종류의 외투가
하나 더 있었으면 좋겠다고 생각.
옷을 자주 바꿔 입지 않으면
다른 사람들이 지저분하다고
흉볼까봐 걱정.

300위안(5만 4000원)에 구매.
브랜드는 없지만 디자인이
예뻐서 구입했다.
가방은 럭셔리 브랜드는 너무 비싸,
브랜드가 없는 제품이나 짝퉁을 사용.
가방 안에 있는 지갑은 선물 받은 것.
현금을 많이 갖고 다니는 편인데,
길 가다가 마음에 드는 물건이 있으면
구매하거나 친구와 식사 후
더치페이를 하기 위해서다.

편한 옷을 선호하는 편.
매일 갈아입을 수 있도록
더 많은 치마를 갖고 싶다.

3년 전에 구매한 것인데,
아직 잘 신고 있음.
굽이 좀더 높은 것으로
하나 더 사고 싶음.

오후 네시, 퇴근 준비를 한다. 중국 사람들은 야근을 하지 않는 편이어서 대부분 칼퇴근을 하긴 하지만, 나는 대학교 교직원으로 일하고 있어 퇴근이 좀더 빠른 편이다. 남편과의 약속시간보다 약간 일찍 런민 로에 도착했다. 가게에 들어가 구경할까, 잠시 생각했지만 왠지 혼자서 쇼핑하면 다른 사람들이 불쌍하게 볼 것 같아 그냥 남편이 올 때까지 기다리기로 한다.

남편을 만나 간단하게 저녁을 먹고 백화점으로 향했다. 웬만해선 백화점에서 쇼핑을 잘 안 하는 편인데, 남편 옷은 다른 사람들 보는 눈도 있고 해서 괜찮은 브랜드로 구매하려고 한다. 반면 내 옷은 싸고 디자인이 예쁜 제품으로 여러 벌 사는 편이다. 아직은 아기가 없기 때문에, 다른 집에 비해서 각자의 옷이나 화장품을 사는 데 월급의 많은 부분을 사용하고 있다. 그래도 갖고 싶은 것이 너무 많아 항상 고민이다. 옷을 구입한 뒤 잠시 화장품매장에 들렀다. 며칠 전 동료 시쥐안翕娟이 면세점에서 구매한 에스티로더 화장품을 살펴보기 위해서다. 제품을 살펴보는 내게 직원이 다가와 친절하게 설명해준다. 요즘 날씨 탓인지 피부도 건조한데, 이걸 바르면 좋을 것 같다. '무슨 일이 있더라도 돈을 모아서 다음번엔 꼭 사야지' 마음먹었다. 아무것도 사지 않고 나오려니 친절하게 응대해준 직원에게 괜히 미안한 마음이 든다.

길거리에 있는 옷가게도 몇 군데 들러보기로 했다. 한 가게에서 마음에 쏙 드는 코트를 발견! 지금 있는 코트로도 겨울을 나기엔 충분하지만, 그래도 이건 지금 코트와 길이도 다르고 디자인도 다르다. 코트가 많으면 매일 바꿔 입을 수 있으니, 한 벌 더 있어도 괜찮을 것 같다. 고민 끝에 이미 돈을 많이 썼으니 내 코트는 다음에 사기로 했다. 약간 속상하다. 대신 길가 매대에서 귀걸이 하나를 집어 들었다. 남편이 "집에 귀걸이 많잖아"라고 핀잔을 줬지만, 나는 "오늘 화장품도 못 사고 옷도 못 샀는걸. 그리고 이 귀걸이는 싸잖아"라고 대꾸했다. 다음번엔 꼭 에스티로더 화장품도 사고, 코트도 사야지.

IT기기 신제품에 대한 온라인 정보 탐색

마오웨이보(毛魏博), 24세, 미혼남성, 졸업을 앞둔 대학생. 쿤밍(昆明) 거주

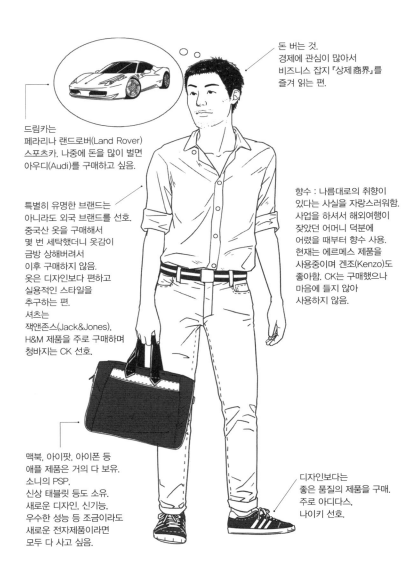

돈 버는 것.
경제에 관심이 많아서
비즈니스 잡지 『상제商界』를
즐겨 읽는 편.

드림카는
페라리나 랜드로버(Land Rover)
스포츠카. 나중에 돈을 많이 벌면
아우디(Audi)를 구매하고 싶음.

특별히 유명한 브랜드는
아니라도 외국 브랜드를 선호.
중국산 옷을 구매해서
몇 번 세탁했더니 옷감이
금방 상해버려서
이후 구매하지 않음.
옷은 디자인보다 편하고
실용적인 스타일을
추구하는 편.
셔츠는
잭앤존스(Jack&Jones),
H&M 제품을 주로 구매하며
청바지는 CK 선호.

향수 : 나름대로의 취향이
있다는 사실을 자랑스러워함.
사업을 하셔서 해외여행이
잦았던 어머니 덕분에
어렸을 때부터 향수 사용.
현재는 에르메스 제품을
사용중이며 겐조(Kenzo)도
좋아함. CK는 구매했으나
마음에 들지 않아
사용하지 않음.

맥북, 아이팟, 아이폰 등
애플 제품은 거의 다 보유.
소니의 PSP,
신상 태블릿 등도 소유.
새로운 디자인, 신기능,
우수한 성능 등 조금이라도
새로운 전자제품이라면
모두 다 사고 싶음.

디자인보다는
좋은 품질의 제품을 구매.
주로 아디다스,
나이키 선호.

오늘은 애플에서 아이패드 신모델을 출시하는 날이다. 몇 달 전부터 자주 가는 인터넷 동호회를 통해 새로운 모델이 나올 예정이라는 소식을 전해 듣고, 오늘 만을 손꼽아 기다려왔다. 아침 일찍부터 전자제품 리뷰 게시판을 들락거리며 신모델 구입에 성공한 사람들이 남기는 후기를 반복해서 읽고 또 읽었다. 정말 부럽다. 나도 저것을 살 수 있다면 그 누구보다 더 잘 사용할 수 있을 텐데⋯⋯ 게시판은 이미 구매한 사람들이 자랑하는 글과 그들을 부러워하는 글로 도배되고 있다.

아무리 부러워도 지금은 신제품을 구매할 만한 경제적 여력이 없다. 설령 무리해서 구매한다고 해도 부모님께 엄청난 잔소리를 들을 게 분명하다. 아마 내가 가지고 있는 IT기기들(아이폰, 맥북, 소니 PSP, 삼성 스마트폰, 구글폰, 그리고 며칠 전 구매한 태블릿 PC에 이르기까지)을 가리키며 내 등짝을 한 대 후려치실지도 모른다. 하지만 그건 부모님께서 잘 모르셔서 그러시는 거다. 이번 신제품은 기존 제품과 완전히 다른 차별화된 제품이다. 액정은 물론이고 성능 측면에서 엄청나게 개선된 제품이다. 이런 차이점을 부모님은 물론이고 친구들에게 설명해봐야 잘 이해하지 못한다. 나처럼 IT제품에 대한 전문지식이 많은 사람들, 내가 자주 가는 인터넷 게시판에서 만나는 사람들 수준 정도는 돼야 간신히 이야기가 통하니까.

물론 나도 처음부터 전자제품에 푹 빠진 건 아니었다. IT제품에 대한 관심이 급격하게 높아진 것은 작년 여름 미국 대학으로 교환학생을 다녀오면서부터다. 그곳에서 만난 친구들은 온갖 종류의 IT제품들을 가지고 있었다. 친구들과 주로 나누는 대화주제도 신제품에 대한 정보나 제품을 사용해본 경험에 대한 것이었다. 중국에 있을 때보다 다양한 제품을 직접 만져볼 수 있는 기회가 많아지고, 또 주변 친구들 모두 신제품에 대한 관여도가 높다보니 나 역시 관심이 생기기 시작한 것이다. 이렇게 아는 것이 점점 많아지면 많아질수록, 계속해서 더 좋은 제품, 더 많은 제품을 갖고 싶은 마음도 간절해졌다.

부모님처럼 나를 잘 이해하지 못하는 사람들은 "이미 노트북이 있는데 왜 다른 노트북이 필요한지 모르겠다"며 반문한다. 하지만 이것은 일종의 '차별화된 취향'의 문제라고 생각한다. 이건 마치 향수의 종류에 대해 잘 아는 사람과 잘 모르는 사람 사이에 존재하는 문화적 차이와 같다. 나는 해외출장이 잦았던 부모님 덕분에 아주 어릴 때부터 향수 선물을 많이 받았는데, 그 덕분에 지금도 향수를 즐겨 사용한다. 중국인들이 잘 알지 못하는 향수브랜드를 많이 알고 있고, 그것들에 대해 좋고 나쁘다는 선호도 가지고 있다. 하지만 주변의 대다수 사람들은 아직 향수에 대해 잘 모르며, 남자가 무슨 향수냐면서 필요성조차 느끼지 못한다. 나는 이런 것이 일종의 고급 취향의 문제라고 생각한다. IT기기에 대한 지식도 이런 것과 유사하다.

문제는 내가 이토록 고급 취향과 지식을 가지고 있는데도 불구하고, 이것을 모두 충족시킬 만한 상황이나 여건은 못 된다는 데 있다. 나는 아직 졸업을 앞둔 학생이고, 또 앞으로 취직을 하게 되더라도 미래를 위해서 부지런히 돈을 모아야 할 것이다. 부모님 사업도 예전 같지 않아 경제적으로 풍족하게 지원해주시기 어렵다. 그러니 갖고 싶은 것이라고 해서 모두 다 가질 수는 없다. 너무너무 안타깝다. 결국 난 오늘도 게시판에 글을 남긴 다른 구매자들의 후기를 읽으며 '언젠가 나도 사고 말 테다'란 의지만 불태운다.

돈이 많다면 얼마나 좋을까. 갖고 싶은 것을 걱정 없이, 고민 없이 전부 살 수 있다면 정말 행복할 것 같다. 물론, 하나를 가지면 또다른 하나가 갖고 싶어질 테고, 그렇게 계속 구매욕은 커져가겠지만 말이다. 어쨌든 지금 당장은, 아이패드 신모델부터 사고 싶다.

일반적 특징 : 더 많이 갖지 못해 슬픈 사람들

중국인들의 성격을 묘사할 때 자주 등장하는 단어 중 하나가 바로 '낙천적인'이라는 형용사다. 겨울이 지나가면 언젠가는 봄이 올 것인데 왜 그렇게 조바심을 내느냐는 것이 중국인들의 일반적인 성향이다. 비현실적인 것보다는 현실을 중요시하는 현세주의적 성격이나 분수를 지키며 현실에 만족하는 안분지족적 성격은 중국인들이 지닌 대표적 기질로 묘사된다. 중국인들이 평소에 자주 사용하는 말인 '문제없다'는 뜻의 '메이원티没問題' 역시 특유의 낙천적인 성격을 잘 보여준다.

이러한 기질 덕분일까? 중국인들에게 '현재에 만족하는가' 혹은 '지금 행복한가'라는 질문을 던진다면, 대부분의 중국인들이 '그렇다'고 대답한다. 지금껏 살펴본 소비자유형에서 공통적으로 현재를 중시하고 현재에 만족하는 모습이 나타난 것도 그러한 이유에서다.

다른 글로벌 도시와 견주어도 손색이 없을 만큼 엄청난 규모의 소비도시로 성장한 베이징과 상하이, 그리고 아직은 2선도시의 여유를 가지고 있는 청두와 칭다오 소비자들이 느끼는 소비생활 만족도는 한국의 서울과 비교할 때, 월등한 수준으로 높다. 우수한 품질의 제품을 쾌적하게 쇼핑할 수 있으며 객관적인 구매력 측면에서도 중국보다 더 높은 수준을 자랑하는 서울의 소비자들에 비해, 소득 불평등과 각종 안전문제와 다양한 소비자문제에 시달리고 있는 중국 대도시 소비자들의 소비 만족도가 더 높다는 사실은, 중국 소비자들에게는 '더 많이 가져서 행복하다'는 물질주의적 가치보다 '가진 것에 만족해 행복하다'는 정서적 가치가 아직은 더 유효함을 의미한다.

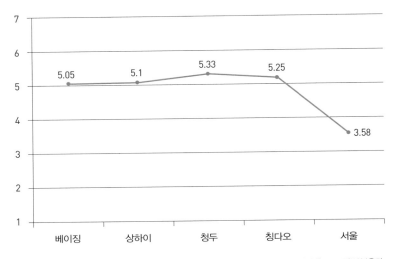

• '현재의 소비생활에 만족하십니까?'에 대한 중국·한국 소비자의 반응(7점 리커트 척도)

자료 : 베이징, 상하이, 광저우, 충칭, 청두 등 도시 20~40대 남녀 총 2045명 중복응답.
월평균 가계소득 4000위안 이상으로 제한, CTC 미간행 보고서(2012 조사)

이처럼 현재에 대해 만족감이 큰 편인 중국 소비자들 중에서도 다소 독특한 성격을 가진 집단이 바로 열망형 소비자집단이다. 이들을 한마디로 정의하면, '현실에 불만족하는 소비자'라고 할 수 있다. 이들은 항상 지금보다 더 많은 재화를 소유하고 사용해보기를 열망한다. 긍정적이고 낙천적이며 물질적 욕망을 겉으로 잘 드러내지 않는 것을 미덕으로 여기는 보통의 중국 소비자들과 달리, 자신의 소비욕망을 적극적으로 표현할 줄 아는 소비자들이기도 하다.

"지금 행복하냐고 하면, 보통이에요. 돈이 많지 않아서요. 돈을 더 많이 갖고 싶어요. 돈이 많으면 더 행복할 것 같아요. 지금도 행복하지만 돈이 많으면 사고 싶은 것을 살 수 있으니까, 분명 더 행복해질 거예요. 더 갖고 싶어요. 노트북도 있는데 더 좋은 걸로 바꾸고 싶어요. 옷도 가방도 많지만 더 갖고 싶어요." _35세, 기혼여성, 교직원, 자녀 없음, 월평균 가계소득 8000~1만 위안(144만 ~180만원), 다롄 거주

자신이 가진 욕망을 솔직하게 표현할 줄 아는 열망형 소비자들은 자신이 바라는 '수준'과 현재 처해 있는 '상태' 사이에 상당한 괴리가 존재하는 경우가 대부분이다. 원하는 것을 모두 구매할 수 있을 만큼 경제적 부가 뒷받침되지 못하므로, 항상 결핍감에 시달린다. 그렇다고 해서 이들의 경제적 수준이 그렇게 낮은 것은 아니다. 월평균 소득수준은 거주하고 있는 도시의 평균 정도로, 기본적인 의식주를 해결하는 데 큰 어려움이 없을 뿐만 아니라 다양한 문화적 혜택을 누리는 데도 별다른 지장이 없다. 그럼에도 불구하고 이들이 항상 '부족하다'고 느끼는 이유는 늘 지금보다 '더 많은 것'을 소망하기 때문이다.

이들은 비교적 소비화의 진전이 많이 이루어진 1선도시나 2선도시에 거주하며, 소비의 즐거움을 이미 알고 있다. 경제적 이유로 도심 한가운데 거주하기보다는 주택가격이 비교적 저렴한 외곽의 대규모 거주단지나 신흥 개발지역, 적은 평수의 주택에 살고 있는 경우가 많다. 주거지역과 상업지역 구분이 불분명한 아파트단지, 엘리베이터가 없는 좁은 면적의 연립아파트 등 주거환경에 대해 '쾌적하다'라고 말하기는 어렵지만, 거주하고 있는 주택이 '자가 소유'라는 점에서 이들의 소득수준이 평균 이하라고 할 수는 없다.

또한 열망형 소비자집단은 상당히 젊은 소비자들로 구성돼 있다. 지금 막 사회생활을 시작해 소득이 생기기 시작한 20대 초반의 남녀나 가정을 꾸리고 어린 자녀와 함께 살고 있는 젊은 부부들이 대부분이다. 즉

사회적으로 지위가 상승하고 본격적으로 소득이 증가하기 바로 이전의 단계에 머물러 있어, 아직 원하는 것을 쉽게 구매할 수 있을 만큼 형편이 넉넉하지는 않다. 이들은 자신이 가지고 있는 자원의 제약 속에서 최대한 소비의 즐거움을 누리고자 하는데, 갖고 싶은 것이 많은 사회 초년생들은 최소한의 자기만족적 소비인 '작은 사치재'에 적극적으로 투자하며 젊은 부부들은 어린 자녀들을 위해 최소한의 프리미엄 제품을 적극적으로 구매한다.

심리적 측면에서도 상당히 외부 의존적이다. 자신의 개인적 의견을 가장 중시하는 일반적인 중국 소비자들과 달리, 타인의 시선을 많이 의식하는 편이다. 하지만 이들이 타인의 시선을 지각하는 이유는, 타인보다 자신이 우월하게 보이고자 하는 과시적 속성보다는 타인에게 자신이 얕잡아 보이지는 않을까 하는 두려움과 공포에 뿌리를 두고 있다.

브랜드 민감성 : 좋은 제품을 더 많이 가질수록 행복하다

그렇다면 이들이 갖고자 열망하는 재화는 어떤 것일까? 우선 품질이 '월등히' 좋은 제품이다. 흥미로운 점은 열망형 소비자들이 말하는 품질이 좋은 제품이란, 대부분 유명 브랜드의 제품이며 가격 또한 비싼 편이라는 사실이다. 이들은 가격과 품질의 상관관계보다 브랜드와 품질의 상관관계를 더 높게 평가한다. 가격이 비싸다고 해서 품질이 좋은 것은 아니지만, 브랜드 인지도가 있는 것은 품질이 좋고 가격도 비싸다는 논리를 가지고 있다. 열망형 소비자에게는 브랜드의 후광효과가 다른 어떤 제품 속성보다도 강하게 작용한다.

Q '비싼 제품은 품질이 좋다'라는 주장에 대해 어떻게 생각하세요?

A "옛날엔 그런 생각을 했는데 지금은 아니에요. 명품 같은 것은 광고비 때문에 비싼 거잖아요. 저도 화장품 같은 것을 많이 써보면 다 비슷한데 명품이 훨씬 더 비싸잖아요. 광고비 때문이에요."

Q 그렇다면 '유명한 브랜드의 제품은 품질이 좋다'는 주장은요?

A "네, 그렇게 생각해요. 아무래도 사람들이 많이 산다는 건 기본적으로 품질이 보장된다는 거니까요." _36세, 기혼여성, 남편과 함께 자영업, 시부모, 친정아버지와 동거, 월평균 가계소득 1만 8000위안(324만원), 청두 거주

열망형 소비자들이 갖고 싶어하는 브랜드 인지도가 높은 제품은, 대부분 해외 브랜드 제품들이다. 해외 브랜드에 대해 갖는 믿음이 확고한 편인데, 이러한 믿음은 국내외 다양한 제품을 직접 사용해본 경험으로부터 비롯된다. 다시 말해 이들이 해외 브랜드를 선택하는 이유는 글로벌 제품에 대한 막연한 동경이나 기대 때문이 아니라, 글로벌 제품이 보유한 우수한 품질에 대한 믿음 때문이라고 볼 수 있다.

Q '해외에서 만들어진 브랜드는 좋을 것이다'라는 주장에 대해 어떻게 생각하세요?

A "사실 중국 제품을 사는 것은 별로 안 중요해요. 중국 제품 중에 좋은 것도 물론 있지만 지금 중국에는 싼 제품이 되게 많고 품질도 안 좋아요. 그래서 중국인 모두가 돈이 많다면 아마 모두 다 외국 제품을 살 거예요. 일본이나 한국 전자제품이 좋고 유명하잖아요. 품질이 중요하니까요." _35세, 기혼여성, 교직원

Q 중국 제품도 좋은 것이 많은데 왜 아디다스 같은 해외 제품을 구매하세요?
A "이건 소비습관이라고 해야 할 것 같아요. 사실 국내 제품 중 어떤 것들은 품질이 좋지 않아요. 중국 브랜드 옷 중에 홍싱얼커鴻星爾克(중국 의류브랜드)에서 만든 옷이 있어요. 여기서 옷을 사서 몇 번 입고 세탁을 했는데 옷이 다 늘어지고 망가졌어요. 안 좋은 인상을 남긴 거죠. 외국 제품 같은 경우는 품질 보증이 확실히 되니까 사게 되는 거 같아요. 중국 속담 중에 '좋은 물건 제대로 잘 사면 오래 간다'라는 말이 있어요. 전 가능한 한 믿음이 가는 제품을 사고 싶어요." _24세, 미혼남성, 대학 졸업반, 월평균 용돈 1500~2000위안(27만~36만 원), 쿤밍 거주

열망형 소비자들이 더 많이 갖고자 하는 이유에는 품질 좋은 제품을 한번쯤 사용해보고 싶은 자기만족적 측면이 강하게 내재해 있다. 예를 들어 이들은 명품 소비에 대해서는 사치하는 행동으로 치부하며 부정적인 태도를 보인다. 돈이 아주 많다고 가정하더라도 사치품은 다른 사람들에게 과시하려고 사는 것이기 때문에 바람직하지 않다는 것이다. 이 때문에 이들이 정의하는 사치품의 개념은 상당히 모호한 편이다. 아주 오랫동안 꿈꿔온 고가의 페라리 스포츠카는 사치품이 아닐 수 있다. 다른 사람에게 잘 보이기 위해 갖고 싶었던 것이 아니라, 그것을 가지고 있는 자신의 모습이 마음에 들어 갖고 싶었기 때문이다. 반면에 가격과 상관없이 어떤 제품을 다른 사람에게 보여주기 위해서 구매한다면 그것은 사치품이며, 그러한 구매는 바람직하지 못한 행동이라고 생각한다. 일견 매우 모순적인 생각인데, 이는 아직 소비가치가 확실히 정립되지 않은 상황에서 소비에 관한 열망이 높아진 결과라고 해석할 수 있다.

Q 차를 사고 싶다고 하셨는데 사고 싶은 브랜드가 있나요?

A "제가 정말 돈이 많다면 페라리 스포츠카하고 랜드로바 스포츠카를 사고 싶어요. 그냥 약간 돈이 많다면 졸업하고 회사 취직한 뒤에 아우디나 폭스바겐Volkswagen을 사고 싶어요."

Q 만약 사게 된다면 주변 사람들이 부러워하겠네요?

A "아니요, 자기만족이죠. 다른 사람들의 시선은 별로 신경 안 써요."

Q 돈이 많다면 명품도 사고 싶으세요?

A "돈이 많다면 살 수도 있겠죠. 그런데 꼭 필요한 건 아니잖아요. 이걸 꼭 사야겠다는 간절함이 있는 건 아니에요. 명품을 살 수 있는 능력이 된다면 좀더 품질이 좋은 걸 살 것 같아요. 그렇다고 사치스럽게 막 아무 물건이나 산다는 의미는 아니에요."

Q 사치품을 사는 게 돈이 아깝다고 생각하세요?

A "네. 엄청 낭비라고 생각해요. 브랜드 있는 사치품을 사는 건 대부분 다른 사람에게 보여주기 위함이 클 테니까 사실 큰 의미 없는 거죠. 그럴 만한 가치는 없어요."

Q 페라리와는 어떤 점이 다른가요?

A "제가 말한 건 페라리는 제가 다른 사람의 부러움을 얻기 위해서 일부러 산다는 게 아니고 제 만족을 위해서 사고 싶다는 거예요. 그런데 많은 사람들이 들고 다니는 명품도 비싸긴 하지요. 그렇지만 제가 필요하진 않은 거죠."_24세, 미혼남성, 대학 졸업반

라이프스타일 : 만사에 다른 사람들의 시선을 의식

과시하는 것에 대해서는 부정적인 입장을 취하면서도, 동시에 다른 사람들의 시선은 상당히 의식한다는 것이 열망형 소비자의 두번째 특징이다. 이들이 의식하는 타인의 시선은 부러워하는 눈빛이 아니라, 나를 이상하게 보지 않을까 걱정하는 체면 유지의 측면이 강하다. 열망형 소비자들은 혼자서 쇼핑하는 것보다 다른 사람과 함께하는 것을 선호하는 편인데, 그 이유는 다른 사람들이 자신을 이상하게 볼까봐 두렵기 때문이다.

> "쇼핑하러 갈 때는 남편하고 가기도 하고 친구와 가기도 해요. 혼자서는 잘 안 가요. 혼자 가면 좀 어색하잖아요. 불쌍해 보이기도 하고. 그렇다고 함께 간 사람의 의견을 곧이곧대로 받아들이진 않아요. 그냥 외로우니까 같이 가는 거죠. 친구가 별로라고 하면 그때는 안 사요. 고민하겠죠. 그렇지만 다시 가서 살 거예요." _35세, 기혼여성, 교직원

자신의 체면을 지키기 위해 다른 사람의 시선을 의식하는 것은, 열망형 소비자들이 더 많은 재화를 갖고자 희망하도록 하는 원동력이 된다. 대부분의 중국인들이 다른 사람들이 어떻게 생각하든 상관없다는 입장을 취하는 것과 달리, 이들은 다른 사람이 나를 평가하는 데 상당히 예민한 편이다. 따라서 열망형 소비자들은 하나의 카테고리에서 비교적 다양한 제품을 완비하길 희망하는 편이다. 예를 들어 비싼 부츠 한 개를 갖는 것보다 저렴하더라도 다양한 디자인의 부츠를 여러 개 갖는 것을 더 선호한다.

Q 지금 당장 사고 싶은 것이 있나요?

A "코트를 하나 사고 싶어요. 제가 입고 있는 건 제가 볼 때는 괜찮아요. 그런데 하나로는 부족해요. 두 개 있으면 좋잖아요. 계속 하나만 입으면 좀 그렇잖아요."

Q 기분 때문에 그런가요?

A "사실 제 기분은 괜찮은데 옆 사람들한테 영향을 받아요. 매일 하나만 입고 다니면 빨래도 안 한다고 생각할 수도 있고요. 이틀, 사흘 동안 똑같이 입고 다니면 다른 사람이 더럽다고 생각할까봐 매일매일 바꿔 입어요. 사실 부츠도 하나 더 사고 싶어요. 굽이 더 높은 것을 사고 싶어서요."_36세, 기혼여성, 남편과 함께 자영업

쇼핑하는 공간의 고급스러움과 친절한 서비스는 타인으로부터 무시받을까 두려워하는 이들에게 안도감을 제공한다. 꼭 고가의 브랜드만을 고집하는 것은 아니므로, 쇼핑공간 그 자체는 열망형 소비자들이 브랜드에 부여하는 기능인 '최소한의 구매 실패' '최대한의 품질 보증'의 역할을 대신할 수 있다.

Q 이 옷은 어디서 사신 거예요?

A "다롄의 런민 로에서 샀어요. 약속이 있어 나갔는데 옷가게가 있어서요. 세일도 하고 또 부자 동네니깐 여기는 왠지 품질도 좋을 것 같아서 샀어요. 마침 세일도 한 게 컸지만요."_35세, 기혼여성, 교직원

자신의 체면을 위해 다른 사람의 시선을 의식하는 특징은, 환불행동에

서도 찾아볼 수 있다. 중국인들은 대부분 구매 후 환불을 하지 않는 편이다. 체면을 중시하는 기본적인 성향 탓도 있지만 그보다 더 큰 이유는 중국 유통시장에 아직 환불시스템이 제대로 갖춰지지 않아 과정이 번거롭기 때문이다. 그런데 열망형 소비자는 여기에 하나의 이유를 더 추가한다. 바로 '다른 사람들, 즉 종업원이 자신을 안 좋게 볼까봐 두렵다'는 것이다.

> "물건이 마음에 안 들어도 이미 샀으니깐 그냥 입어요. 바꾸러 가거나 그러진 않아요. 한 번 정도는 환불한 적 있어요. 입어보니까 사이즈도 안 맞고 디자인도 마음에 너무 안 들었어요. 백화점에서 사서 비싸기도 했고요. 하지만 제가 좀 귀찮아하는 게 있어요. 상대방도 얼마나 귀찮겠어요. 그 사람이 어떻게 생각하는지가 신경이 쓰여서요. 돈이 없다고 생각할 수도 있고. 이미지 관리도 해야 하잖아요." _24세, 미혼남성, 대학 졸업반

소비목표 : 적은 자원으로 최대한의 효과를 누린다

열망형 소비자들이 지닌 경제적 자원의 수준은 안타깝게도 유명 브랜드를 구매하고 또 사용해보고 싶은 열망을 충족시키기에는 턱없이 부족하다. 이 격차를 해소하기 위해서 이들이 자주 사용하는 전략은 바로 '작은 사치'를 활용하는 방법이다. 이는 경제수준이 어려운 상황에서 저렴한 비용으로 개인의 소비욕망을 가장 잘 충족시킬 수 있는 수단을 구매하는 현상인 '립스틱효과lipstick effect'와도 유사하다. 저가 제품 선호추세라고도 할 수 있다. 고가의 해외 브랜드를 자주 구매하기에는 경제적인 부담이 크기 때문에, 비교적 접근 가능한 가격범위에 있는 립스틱처럼 저가

지만 마치 그 브랜드를 사용해본 것과 같은 대리만족을 얻을 수 있는 제품을 대신 구매하는 것이다.

역시 소비열망을 손쉽게 충족시키는 아이템은 화장품이나 향수처럼 자기만족적 성격이 강한 패션재화가 대부분이다. 한 가지 흥미로운 사실은 열망형 소비자들이 관심을 갖는 제품은 가방이나 옷처럼 브랜드가 겉으로 명확하게 드러나 다른 사람들의 눈에 쉽게 띄는 상품이 아니라는 점이다. 이들은 사용하는 사람에게 개인적인 만족감을 제공하는 상품을 더욱 선호한다. 다시 말해 열망형 소비자들이 타인을 의식하는 이유로서, 상대방에게 자신을 과시하기 위한 목적은 그렇게 크지 않다고 할 수 있다.

"지금 사용하고 있는 화장품은 모두 외국 브랜드인데, 피부가 안 좋아서 이런 것을 쓰면 더 좋아지지 않을까 해서 사서 써요. 제 가방보다 비싼 것이지만, 그래도 괜찮아요. 보통 화장품보다 두세 배 비싸긴 하지만, 그 정도 가치는 있는 것 같아요. 제가 가방에 넣어서 가지고 있으니까 사람들이 좋은 화장품을 쓰는지도 몰라요. 그래도 제 만족이니까요. 옛날에 한번 사봤는데 좋더라고요."_35세, 기혼여성, 교직원

해외 유명 브랜드의 화장품이나 향수는 자기만족적인 가치를 제공할 뿐 아니라, 고급 취향에 대한 동경심을 충족시킨다는 측면에서도 의미를 갖는다. 예컨대 향수는 개인만의 독특한 취향을 잘 표현할 수 있는 제품군이다. 마치 고상한 취미를 어릴 적부터 익숙하게 즐겨온 것처럼, 제품에 대한 기호 자체가 문화와 취향의 새로운 차별화 도구로 사용될 수 있는 것이다. 이 역시 열망형 소비자집단이 자신이 가진 한정된 재화 안에

서 최대한의 소비 만족감을 경험하기 위해 노력한 결과물이다. 왜냐하면 이러한 제품들은 '나는 비록 고급 취향의 제품을 손쉽게 구매할 수 있을 만큼 경제적으로 부유하지는 않지만, 적어도 그것들을 구별해낼 수 있는 기호와 취향, 안목은 남들 못지않다'는 것을 은근하게 드러낼 수 있는 수단이 되기 때문이다.

> "에르메스 향수를 주로 써요. 예전에 미국 갔을 때 갓 출시된 물건이었죠. 그리고 겐조도 좋아하구요. CK는 완전 실패예요. 지금은 그냥 방향제로 쓰고 있어요. 향수는 어릴 때부터 썼는데, 엄마가 외국에 출장을 나갔다 오시면 하나씩 선물을 해줬어요. 커서도 향수 쓰는 게 상대방을 존중하고 배려한다는 의미가 있기 때문에 좋은 것 같아요. 어떤 사람들은 향수 뿌리는 것보다 땀냄새가 더 남성답다고 하지만, 저는 향수냄새가 퀴퀴한 냄새보다 훨씬 좋아요. (사진을 보여주며) 이건 미국에서 막 출시됐을 때 산 건데 그때 30밀리미터를 샀거든요. 이번에 이것을 다 쓰면 100밀리미터를 사려고 해요. 제가 연달아 두 번 쓰려고 마음먹은 건 이 향수가 처음이에요."_ 24세, 미혼남성, 대학 졸업반

시사점 : 다양성과 미끼상품으로 공략하라

열망형 소비자들은 소비 자체에 대해 상당히 우호적인 태도를 지니고 있기 때문에, 경제적 상황만 뒷받침된다면 폭발적인 소비를 할 가능성이 가장 높은 집단이다. 다만 현재 자원이 부족하기 때문에, 자신이 처한 상황에서 가능한 소비를 하고 있는 것뿐이다. 이들을 타깃으로 하는 기업

이라면, 이들이 갖길 희망하는 제품의 특성이 양 축으로 나뉘는 점을 주목해서 살펴봐야 한다.

먼저, 가격이 싸지만 개인적인 만족을 주는 제품은 동일한 카테고리라고 하더라도 반복해서 구매한다. 손쉽게 욕망을 만족시킬 수 있기 때문이다. 가령 길거리에서 판매하는 값싼 액세서리들은 이들에게 수시로 즐거움을 제공할 수 있다. 가격도 싸기 때문에 별다른 심리적 저항 없이 쉽게 구매하는 편이다.

이때 원하는 것은 다양성이다. 한 제품 카테고리 안에서도 다양한 종류의 상품들을 사용해보고자 하는 것이다. 예를 들어 높낮이와 디자인에 따라 다양한 형태의 구두를 갖고 싶어하며, 외투도 색깔별, 원단별로 다양하게 구비하길 희망한다. 따라서 이 경우에는 제품의 사용상황을 다양하게 제안하고, 상황에 맞춰 각각의 제품이 가지고 있는 핵심속성을 강조할 필요가 있다. 똑같은 마스카라라도 볼륨을 원할 때와 길이감을 원할 때 각각 다른 것을 사용해야 한다고 설명하며 구매를 유도하는 전략이 좋은 예다.

반면 가격이 비싸며 개인적인 만족을 제공하는 제품에 대해서는 신중하게 고민하지만 일단 결정을 내리면 과감하게 구매하는 편이다. 경제적 제약으로 인해 자주 구매하지는 못하지만, 구매할 수 있는 여건만 갖추어진다면 별다른 죄책감 없이 즐겁게 소비한다. 흥미로운 사실은 좋은 제품, 유명 브랜드 상품을 더 많이 갖길 희망하면서도 브랜드 충성도는 낮은 편이란 점이다. 해외 유명 브랜드에 대해 높은 선호를 보이는 것은 해외 제품에 대한 동경 때문이 아니라, 좋은 제품을 사용해보는 다양한 경험 자체에 더 큰 기쁨을 느끼기 때문이므로, 언제든 새로운 브랜드로 옮겨갈 준비가 돼 있다.

따라서 열망형 소비자들에게 단순히 고가의 브랜드가 갖는 과시적 측면만을 부각해서는 별다른 효과를 얻을 수 없다. 이들은 좋은 품질의 비싼 브랜드를 사용함으로써 얻을 수 있는 자기만족감에 더 큰 관심을 보인다. 그렇기에 문화적 취향을 표현할 수 있는 제품군 중에서도 이들이 지불 가능한 범위에 있는 제품이 무엇인지 고민하고 그것에 '역량을 집중하는 것이 중요하다. 하나의 브랜드 안에 열망형 소비자들이 구매 가능한 적절한 가격수준의 엔트리entry 상품을 최소한 하나 이상 보유하는 것이 좋은 예다. 호기심 충만한 이들이 적은 자원을 투자해 마치 그 브랜드를 사용하는 것과 같은 기분을 최대한으로 만끽할 수 있도록 지원하는 것이다.

마지막으로, 열망형 소비자들은 다른 사람들로부터 부정적으로 평가받지 않고자 소비한다는 점에도 주목해야 한다. 즉 이들에게 더 많은 제품을 판매하고 싶다면, 사람들 사이의 '관계'에 집중해 이로부터 파생되는 제품군에 관심을 가지는 것이 유효하다. 옷과 같은 패션제품이 대표적이다. '격식을 갖추는 자리에서는 ○○브랜드 옷을 사는 것이 좋다'는 식으로 사용상황에 대한 프레임을 미리 제안할 수 있어야 한다.

타인의 시선으로부터 자유롭지 못한 열망형 소비자들에게는 대인서비스가 판매의 중요한 속성이 될 수 있다. 판매자로부터 무시받는 것에 대해 두려움을 가지고 있기에 친절한 서비스를 받으면 자신의 체면을 생각해 쉽게 거절하지 못하고 물건을 구매할 가능성이 높다. 앞서 말한 '진실의 순간'을 최대한 활용해 이들의 지갑을 여는 영리함이 필요하다.

열망형 소비자들은, 더 많은 제품을 소유하고 싶어한다는 점에서 소비화된 다른 국가의 소비자와 유사한 모습을 보인다. 하지만 이들이 원하는 것은 단순히 '더 많이 가진 것을 과시하겠다'는 바람이 아니라 '더 많은 제품을 경험해보겠다'라는 욕구란 사실을 기억해야 한다. 이는 중국의 열망형 소비자집단만이 가진 독특한 특징이다. 한정된 재화 안에서 소비의 기쁨을 최대화하길 열망하는 이들은, 중국 소비자들 중에서도 '소비의 즐거움'을 가장 크게 향유하는 사람들이라고 할 수 있다.

Summary 열망형 소비자 완전정복

주요 연령층	20대 중반의 젊은 회사원에서부터 어린 자녀를 둔 30대 초반의 부모까지
소득수준	중산층(중상, (중중), 중하) 평균 정도의 소득수준이나, 모든 것을 마음껏 누릴 수 있는 수준은 아님
취미	구매 가능한 럭셔리 제품 탐구(화장품), 값싼 패션제품 수집
특기	소비와 구매 자체를 즐긴다
관심사	패션영역 중 특히 화장품, 향수 등에 관심, 트렌디형 소비자를 추종
행복의 근원	좋은 제품을 더 많이 갖는다면 행복할 것
불행의 근원	돈이 부족해 갖고 싶은 것을 구매하지 못하는 것
신뢰채널	직접 경험
소비목표	더 많은 소유, 더 많은 제품 사용 경험
브랜드 민감성	접근 가능한 수준에서 민감(예. 가방은 럭셔리 제품이 고가이므로 브랜드에 신경쓰지 않거나 짝퉁 사용도 가능하나, 화장품은 럭셔리 브랜드 사용)
체면 중요도	다른 사람에게 무시받을까 두려움
과시욕	다른 사람에게 과시하고 싶은 마음이 생각보다 크지 않음, 경제적 상황으로 과시하기 어렵기도 함
소비 지향성	타인 지향적(타인의 시선을 의식)
인생 만족도	40%(대체로 불만족하며, 미래에는 더 좋아지길 희망함)
대표소비족	디댜오더서화(低調的奢華) : 소박한 사치, 품위 있는 삶을 즐기며, 명품을 좋아하지만 남에게 보여주기 위한 것이 아님. 자신의 품위에 맞는 제품을 선호한다는 뜻. 직역하면 '좋은 제품을 사용하고 있다는 것을 내색하지 않는다'는 의미
민감한 단어	사용하는 제품에서 느껴지는 수준, 다른 사람의 평가

열망형 소비자집단의 두드러진 소비특성

- 더 좋은 브랜드, 더 많은 제품을 구매하고 싶지만, 경제적 제약이 있다
- 스몰 럭셔리 제품(화장품이나 립스틱, 향수)을 가끔 구매해 상위집단에 대한 선망을 표출하는 한편, 필수재는 아니지만 값싼 패션재화 등을 여러 개 구매해 욕망을 해소
- 과시욕구보다는 다른 사람이 나를 욕하지 않을까(매일 똑같은 옷을 입는 것 등)에 대한 두려움이 더 크다
- 점원의 서비스나 다른 사람들의 평가에 민감하다

"안 쓰는 게 버는 것."

검약형 소비자

특징

- 티끌 모아 태산이라는 신념.
- 현재보다는 미래의 행복이 중요.
- 소비의 최소화, 저축의 최대화.
- 욕망의 부재와 욕망의 절제.

• 소비자 세그먼트 다이아몬드　　　　• 6대 소비가치 헥사곤

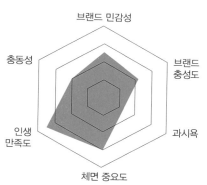

소득수준

자기 지향성 ◄──► 타인 지향성

브랜드 민감성

충동성

브랜드
충성도

인생
만족도

과시욕

체면 중요도

오랜만에 집을 찾은 아들과의 불화

리젠궈(李建國), 51세, 기혼남성, 공기업 사원, 부인과 대학생 아들, 창춘(長春) 거주

삶의 중요한 가치는
자녀교육, 노후준비, 건강.

20년째 착용중인 낡은 금테안경.
교체할 필요성을 느끼지 못해
계속 착용. 시력은 어차피 나쁘고
좀더 잘 보이는 것이
크게 의미 없다고 여기는 편.

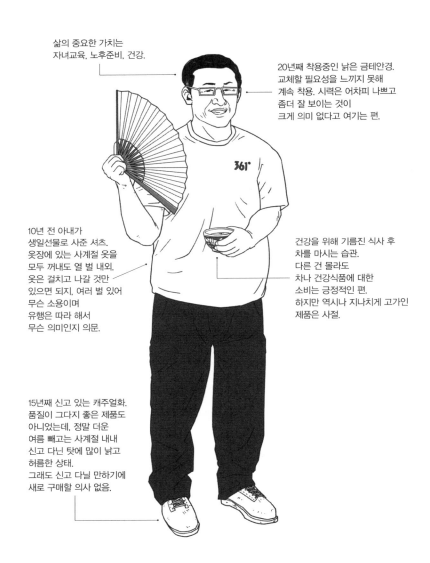

10년 전 아내가
생일선물로 사준 셔츠.
옷장에 있는 사계절 옷을
모두 꺼내도 열 벌 내외.
옷은 걸치고 나갈 것만
있으면 되지, 여러 벌 있어
무슨 소용이며
유행은 따라 해서
무슨 의미인지 의문.

건강을 위해 기름진 식사 후
차를 마시는 습관.
다른 건 몰라도
차나 건강식품에 대한
소비는 긍정적인 편.
하지만 역시나 지나치게 고가인
제품은 사절.

15년째 신고 있는 캐주얼화.
품질이 그다지 좋은 제품도
아니었는데, 정말 더운
여름 빼고는 사계절 내내
신고 다닌 탓에 많이 낡고
허름한 상태.
그래도 신고 다닐 만하기에
새로 구매할 의사 없음.

리썬李森이 대학에 들어간 지도 벌써 2년이 흘렀다. 형편상 넉넉하게 키우지 못해 늘 미안한 마음이었는데, 녀석은 대견하게도 우리를 실망시키는 법이 없었다. 책임감이 넘치고 배려심이 깊은데다 리더십까지 갖추고 있어 친구들에게 인기가 많았고 덕분에 학급 반장을 놓친 적이 없다. 공부는 또 얼마나 잘하던지 우리 창춘 지역 대표로 이름을 날리더니, 대학도 수재 중의 수재만 입학한다는 칭화 대학에 합격해 동네잔치까지 벌였다. 리썬은 늘 보잘것없는 우리 부부의 유일한 자랑이었다. 그런데 이게 무슨 일일까. 녀석이 대학에 들어가더니 달라져도 너무 달라졌다!

지난 주말 리썬은 친구 두 명을 데리고 오랫만에 고향을 찾았다. 친구와 함께 집에서 식사를 하겠다는 이야기에 며칠을 준비했다. 아들 체면을 생각해서 일주일 전부터 메뉴를 고민했고 시장에서 미리 장까지 봐뒀다. 아내는 근검절약이 몸에 배 백화점이나 마트 같은 곳은 쳐다보지도 않는다. 시장에 가면 뭐든지 더 싸게 살 수 있다는 사실을 잘 알기 때문에, 귀찮더라도 거의 모든 물건을 시장에서 구입한다.

사실 우리는 소비에 대한 욕망이 크게 없는 것 같다. 식료품은 매일 구매하는 편이지만, 그 외에는 그다지 필요하다고 느끼는 것이 없다. 옷도 있고 신발도 있고 가방도 있고, 계절별로 하나씩 있을 건 다 있는데 뭐…… 그런데 이번에 장을 보러 가서는 아내가 양품점 앞에서 쉽게 발을 떼지 못했다. 마음에 드는 원피스가 있는지 넋을 놓고 바라보고 있었다. 필요하면 사라고 했지만, 그냥 한번 본 것이라며 발길을 돌리는 아내. 사실 요즘 젊은 사람들이 '유행'이라는 말을 자주 사용하는데, 우리처럼 평범한 사람들이 유행 찾고 멋내다가는 지금 같은 생활을 유지하기도 쉽지 않다. 아들 대학등록금도 내야 하고 노후준비도 해야 하고, 앞으로도 돈 들 일투성이라 허리띠를 졸라매도 부족한 판에 유행이라니…… 우리 같은 서민에게는 배부른 소리다.

주말에 아내는 아들 친구들을 위해 정말 상다리가 휘어지게 음식을 차렸다. 종류가 열두 가지는 족히 넘는 것 같았는데, 나도 평소에 구경하기 힘든 메뉴도 많았다. 결국 음식이 반 이상 남아 아내가 원하던 체면치레에 성공한 듯 보였다. 본래 우리 세대는 손님이 접시를 다 비운 것만큼 대접을 제대로 못한 경우도 없다고 생각한다. 음식이 모자랐다는 뜻이니 말이다. 평소에는 자린고비처럼 아껴도 손님 초대에서는 음식이 남을 정도로 풍족하게 차려내는 것이 상대에 대한 존중의 표현이라고 여기는 것이다.

그날 저녁, 친구들이 돌아가고 모처럼 아들과 대화를 나눴다. 녀석은 얼마 전에 새로 구입한 스마트폰을 꺼내 우리에게 보여줬다. 나는 처음 보는 디자인과 브랜드였는데 젊은 사람들 사이에서 인기가 좋은 '아이폰'이라고 했다. 무슨 기능이 있고, 무슨 장점이 있고 설명을 늘어놓지만 도무지 알아들을 수가 없다. 휴대전화가 통화만 잘되면 되지…… 얼마를 주고 샀느냐고 물으니 세상에, 6000위안(108만원)이 넘는다고 한다. 처음에는 잘못 들은 줄 알았다. 내 한 달 월급도 훨씬 넘는 금액이니 말이다.

리썬은 '애플'이라는 브랜드가 미국의 글로벌 브랜드이며 성능이나 디자인이나 비싼 돈을 지불할 가치가 충분히 있다고 이야기했다. 하지만 나는 조금도 동의할 수 없었고 우리 분수에는 절대 맞지 않는 소비라고 생각했다. 아까 집에 들어올 때 보니 운동화도 새로 사 신었던데, 잘은 모르지만 친구들에게 듣기로 엄청나게 비싸다는 '나이키' 같았다. 결국 내가 불편한 심기를 내비치자 녀석이 하는 말이 가관이다.

"아버지 어머니도 이제 그만 좀 아끼시고 두 분을 위해 즐기며 사세요. 두 분은 정말 소비관이 잘못된 거예요. 아까 저녁도 음식을 너무 많이 차려서 결국 절반 이상 남았잖아요. 그게 얼마나 낭비예요? 그러면서 정작 본인을 위해 쓰는 돈은 왜 그렇게 아끼는 거예요? 그게 합리적이지 못한 소비인 거죠. 요즘은 아무도 그렇게 안 살아요. 자기를 위해 쓰죠. 이젠 바뀌실 때가 됐어요."

기가 막히기도 하고 서운한 마음에 나도 큰소리가 나올 수밖에 없었고, 그렇게 우리는 서로의 가슴에 대못을 박고 말았다. 리썬이 최근에 아르바이트로 돈이 조금 생기자 마음대로 돈을 쓰기 시작한 것 같은데, 정말 마음 같아서는 당장 용돈을 끊고 싶다. 우리는 자기를 위해 웬만큼 아파서는 병원에 가지 않고 참으며, 안 입고 안 쓰면서 살고 있는데, 누구 때문에 지금 이렇게 대학 공부까지 하는지도 모르고……

그동안 나는 자식을 위해 희생하고 한푼 두푼 저축하며 사는 것이 행복인 줄로만 알았다. 형편이 어려워서이기도 했지만, 설령 돈이 많았다고 하더라도 마찬가지였을 것이다. 절약하는 생활습관이 곧 미덕이라고 생각했으니까. 특별히 부족하다고 느낀 적도 없고, 가족이 건강하고 아들이 성공한다면 그것으로 충분하다고 믿었다. 그런데 이런 우리를 오히려 무시하는 듯한 녀석을 보니 야속하기 짝이 없다.

불현듯 며칠 전 아내가 원피스에서 눈을 떼지 못하던 모습이 떠오른다. 사고 싶어하는 마음을 알면서도 그냥 집에 와버린 내가 못난 남편 같다. 내일은 시장에 가서 아내를 위해 원피스를 사야겠다. 얼마 전부터 아내가 상하이로 여행 다녀온 친구 부부 이야기를 계속했는데, 이번 휴가 때는 반드시 아내와 함께 상하이로 여행도 갈 것이다.

아들아, 너의 충고대로 이제 우리를 위해 인생을 즐기며 살아보마.

동네 계모임

우슈리(吳秀麗), 47세, 기혼여성, 회사 관리직, 남편과 딸, 선양 거주

관리가 쉬운 커트머리 선호.
스타일링에는 신경쓰지 않는 편.

저축통장

쇼핑은
주로 시장에서 식료품 위주로.
매일 장 보는 습관이 생활화.

휴대전화는 노키아(Nokia).
외국 브랜드인지조차
잘 모름. 단지 저렴하고
품질이 좋아서 구매한 것.
통화만 잘되면
그만이라고 생각.

시장에서 구입.
편하게 자주 입을 수 있는 옷이 최고!
흠잡힐 일 없이 깔끔하기만 하면
문제없다는 생각.

7년째 신던 신발이
망가져서 딸이 선물로
사준 신발. 디자인보다는
편한 신발 선호.

결혼해서부터 지금까지 맞벌이를 해온 우리 부부는 소득이 일정하다보니 수준에 맞춰 알뜰하게 쓰면서 여윳돈은 최대한 잘 굴리는 것이 재미이자 보람이었다. 재테크로 돈을 번다는 것은 부자들에게만 해당되는 이야기인지, 적극적으로 투자해도 큰돈을 벌지는 못했지만 우리가 그나마 이렇게라도 살 수 있는 것은 그간의 노력 덕분이라고 믿는다. 사실 그동안 돈을 굴리기 위해 안 해본 것이 없다. 주식, 부동산, 채권, 적금은 물론이고, 최근에는 계모임까지 시작했다.

며칠 전에도 처우구湊股(한국의 계모임과 유사)가 있었다. 동네에서 친분이 두터운 아줌마들끼리 만든 모임이다. 각자 목표는 다른데, 나는 새로 건설되고 있는 충칭의 신도시 근처에 아파트를 하나 얻는 데 필요한 목돈을 마련하기 위해 시작했다. 계모임 인원은 열 명, 곗돈은 월 3000위안(54만원)이다. 돈을 타는 순서는 입찰방식으로 정한다. 나는 돈이 급하다보니 입찰가격을 2만 5000위안(450만원)으로 불렀고 결국 가장 먼저 곗돈을 받게 됐다. 사실 내가 2만 5000위안을 받게 되면, 나머지 아홉 명의 사람들은 2500위안(45만원)만 내면 되기 때문에 각자 500위안(9만원)씩 이득을 보는 셈이다. 또 곗돈을 미리 받은 사람은 다음달부터 무조건 3000위안씩 내야 하기 때문에 마지막에 곗돈을 타는 사람이 가장 큰 이익을 취하게 된다. 얼핏 보면 내가 손해 보는 장사를 하는 것 같지만, 곗돈으로 부동산에 투자해 성공하게 되면 훨씬 큰 이익을 취하게 되니 리스크를 감수하면서라도 시도해볼 만하다. 나로서는 꼼꼼히 따져보고 선택한 투자 방법이다.

곗돈을 탄 기념으로 차를 대접할 겸 계원들을 우리집으로 데려왔다. 맑게 우려낸 우롱차를 마시며 본격적인 이야기 삼매경이 시작됐다. 사실 우리 나이에 자식자랑은 빠질 수 없는 코스이지만, 후자루의 자식자랑은 언제나 변함이 없어 좀 질리기까지 한다. 얼마 전에는 그녀의 딸이 첫 월급을 받아 냉장고를 바꿔줬다고 한다. 지난달에 우리집도 10년 만에 냉장고를 하이얼海爾 제품으로 바꿨는

데 성능이 어떤지 꼬치꼬치 물어본다 싶더니…… 결국 똑같은 냉장고로 구입했다고 한다. 사실 난 다른 제품은 브랜드에 크게 신경쓰지 않지만, 가전제품은 오래 써야 하기 때문에 브랜드를 고집하는 편이다. 품질이 보증되니까.

다음은 남편자랑 코스. 금실 좋기로 소문난 주메이는 못 보던 가방을 들고 왔다. 얼마 전 남편에게 국산 브랜드 '진리라이金利來' 가방을 선물 받았다고 한다. 디자인도 마음에 들고 수납공간도 실용적이고 가격도 합리적인 것 같다. 사실 그동안은 뭐든 절제하고 유행도 신경쓰지 않고 살려고 노력해온 편이다. 그런데 이제 나이가 들다보니 가방 하나 정도는 좋은 것을 들고 싶다. 해외 유명 명품은 우리 수준에 사치이고 그런 소비가 좋아 보이지도 부럽지도 않다. 그냥 우리 분수에 맞고 나이에 맞는 차림에 기품을 더해주는 정도라면 무엇이든 만족한다. 다음에 백화점에 가게 되면 진리라이 매장을 한번 둘러봐야겠다. 뒷집에 사는 구즈顧芷는 얼마 전 신장이식 수술을 받고 건강 회복을 위한 삶을 살아가고 있다. 우리 나이에는 모든 게 부질없고 그저 중요한 게 건강이다. 건강을 잃게 되면 모든 것을 잃게 된다는 구즈의 체험담을 전해 들으면서 나도 가족의 건강에 지금보다 더 신경써야겠다는 생각이 들었다. 아줌마들과 오랜만에 이런저런 수다를 떨다보니 지나온 인생을 다시 한번 돌아보게 된다. 크게 넉넉한 편은 아니었지만 매사에 절제하고 아껴 쓰고 저축하며 살다보니 팍팍한 생활에도 늘 만족하며 지금까지 온 것 같다. 나도 여자인지라 가끔 치장하고 싶고 꾸미고 싶은 욕망이 꿈틀댈 때가 있었던 것은 사실이다. 남편이나 아들은 내가 외모에는 아예 관심이 없는 사람인 줄 알지만 스타일이나 유행에 둔감해서 이러고 산 것은 아니다. 나도 돈이 아주 많다면 이렇게까지 절제하고 살지는 않았겠지. 그럼에도 불구하고 가족을 위해 헌신한 지금의 내 삶에 온전히 만족한다. 행복한 우리 가정, 든든한 우리 아들, 건강한 우리 가족이 있는 지금 이 환경에 감사하는 마음이다. 오늘은 문득 그런 생각이 든다. 나는 참 행복한 여자라는……

일반적 특징 : 전통형과 현대형의 양립

중국의 검약형 소비자집단은 크게 두 가지 정도로 분류할 수 있다. 첫번째는 초절약이 몸에 밴 전통형 절약 소비자집단이다. 40~50대 중국 소비자들의 전형적인 모습이며 과거부터 가장 많이 존재했던, 중국을 대표하는 소비자유형에 속한다. 이들은 매우 검소한 생활이 습관화돼 있어 자신의 생활이 검소한 것인지조차 인식하지 못한다. 늘 그렇게 살아왔기 때문에 새삼스러울 것이 없다는 반응을 보인다. 또한 생활 속의 절약을 몸소 실천하고 있으며 돈이 많고 적고를 떠나서 그것이 미덕이라 여긴다. 자녀의 성공, 가족의 건강과 행복을 인생의 목표로 삼으며, 자신의 현재 여건에 대한 만족도가 상당히 높고 다른 집단에 비해 행복감이 높은 편이다. 자신보다는 가족을 위한 소비에 관심이 많고 매사에 가족을 위한 희생정신이 투철하다. 자신의 상태를 다른 사람과 비교하는 삶을 원치 않으며 세상의 기준은 나를 통해 시작되며 내가 만족하고 행복하면 그만이라는 식이다.

두번째는 전략적으로 검소한 생활을 추구하는 현대형 절약 소비자집단이다. 역시 40~50대 소비자들에게서 주로 나타나며 전통형 소비자들보다 현대적 시류의 영향을 많이 받은 새로운 유형의 절약 추구집단이다. 이들의 검소한 생활방식은 구체적인 목표하에 이루어진다. 아끼고 절약하며 사는 것이 행복이라는 전통형 절약집단과는 달리, 이들은 목표가 있기 때문에 절약할 수밖에 없다는 입장이다. 의도적인 절약이 결국 미래의 행복으로 완성되기 때문에, 원하지 않더라도 매사에 절제하며 살아간다. 소비를 최소화시키는 방법보다는 저축을 최대화시키는 재테크 방법에 관심이 많고 어떻게 하면 재산을 더 크게 불릴 수 있을지에 관해 혈안이 돼 있다. 전통형 소비자들이 소비보다 저축이 더 즐겁다고 말한다면, 현대형 소비자들은 저축보다는 소비가 명백히 더 즐겁지만 미래를 위해 참고 인내할 뿐이라고 토로한다.

라이프스타일 : 무의식적 절약(전통형) VS. 의식적 절약(현대형)

전통형 절약 소비자집단과 현대형 절약 소비자집단의 가장 두드러진 차이는 절약의 동인에서부터 시작된다. 전통형 절약 소비자들은 생활이 검소함 그 자체다. 채소나 과일을 씻을 때 물을 최대한 아끼는 것은 기본이고, 그 물을 화장실에서 재활용한다. 변기 물은 두 번 이상 사용한 후에 내리거나, 전기 콘센트는 사용 후 무조건 뽑아놓는 등 생활 속의 절약 실천이 몸에 배 이를 당연하다고 여긴다. 절약을 위해 의도적으로 노력한다고도 생각하지 않는다. 절약하는 생활을 지극히 일상적인 생활습관이라고 받아들이며 살아왔기 때문이다. 따라서 절약은 특별한 목적을 위한 것이 아니라 무의식적으로 생활화된 것이다.

> "절약을 위해 특별히 하는 행동은 없어요. 먹는 것 이외에는 크게 돈을 쓰지 않는 거죠, 뭐. 옷 같은 것을 잘 안 사기도 하지만 하나 사면 싼 걸로 사는 편이고, 작은 병이면 병원도 잘 안 가고 약국에서 약 사 먹는 걸로 대신하고요. 콘센트 뽑고 전기 아껴 쓰는 건 다 기본 아닌가요? 저만 이렇게 사는 게 아니라 다들 이렇게 살기 때문에 제가 특별히 절약하며 산다고 생각해본 적 없어요."_51세, 기혼남성, 공기업 사원, 부인과 대학생 아들, 월평균 가계소득 6000위안(108만원), 창춘 거주

반면 현대형 절약 소비자집단은 절약의 목적이 분명히 존재한다. 좀더 넓은 아파트로 이사할 예정이라거나 가족끼리 여행을 갈 계획이 있다거나 자녀의 뒷바라지를 위한 구체적인 목표가 있다거나 하는 식으로, 그들 나름의 뚜렷한 저축의 목표가 있다. 따라서 이들의 절약은 그 동기부터가 철저히 의도적이고 전략적인 것이다. 사실 돈이 많다면 절약하며 살고 싶지도 않고 그럴 필요성도 못 느끼지만, 주어진 현실과 상황으로 인해 어쩔 수 없이 절약을 실천하며 살아갈 수밖에 없다는 입장이다. 그렇기 때문에 평소에는 형광등 하나도 철저히 끄고 살지만 또 써야 할 때는 과감히 쓰는 성향을 보이며, 돈을 쓸 때 크게 아깝다고 생각하지도 않는다.

> "당연히 소비할 때가 더 좋죠. 저축은 아들의 공부나 결혼 같은 미래와 맞물려 있으니까 어쩔 수 없이 하는 거죠. 돈이 엄청 많다면 왜 저축하겠어요. 저축할 필요가 없겠죠. 그렇지만 우리 같은 사람은 돈이 많지 않으니까 저축을 해야죠." _ 48세, 기혼여성, 은퇴 후 무직, 남편과 딸, 월평균 가계소득 6000위안(108만원), 충칭 거주

전통형 절약집단의 궁극적인 목표가 가족의 행복과 건강이라면, 현대형 절약집단의 목표는 지금보다 더 윤택한 삶을 영위하는 것이기 때문에 타인과 비교하는 삶에도 익숙한 편이다. 또한 현대형 절약집단은 주어진 소득범위 안에서 절약해 소비하고 최대한 저축하려는 원칙은 있지만, 실속형 소비자집단처럼 소비를 더 효과적이고 현명하게 잘하기 위해 연구하고 발품을 파는 적극성은 다소 떨어진다. '안 쓰는 것이 돈 버는 것'이라는 입장이 강한 집단이라 '수동적 실용주의자들'이라고도 표현할 수 있다. 그렇지만 무리한 기준을 세워두고 그 집단을 좇아가려고 열망하는

편은 아니기 때문에 전반적인 삶의 만족도는 전통형 절약집단과 마찬가지로 높은 편이다.

과시욕 : 욕망의 부재(전통형) VS. 욕망의 절제(현대형)

평범한 보통 서민의 삶을 살아가는 전통형 절약 소비자들은 미래를 위해 일정한 돈을 저축하며, 통장에 돈이 쌓여가는 즐거움을 삶의 가장 큰 행복이라 여긴다. 또하나의 두드러진 특징은 큰 욕망도 원대한 포부도 없다는 것이다. 그렇기 때문에 무리하게 돈을 굴려 막대한 부를 취하고 싶은 욕심도 없다. 자식을 위해, 본인들의 노후를 위해 한푼 두푼 차곡차곡 모은 여윳돈만 있으면 그만이다. 이들 스스로 세워놓은 이상과 표준이 그다지 높지 않기 때문에 삶의 전반적인 부분에서 대체로 만족하며 살아간다. 따라서 사고가 상당히 건전하고 여유가 있으며 전반적으로 안정된 생활을 영위한다. 가족이 건강하고 부부가 화목하며 자식들이 성공하면 더할 나위 없는 행복이라고 여기며 살아가는 것이다.

기본적으로 소비욕망이 현저히 낮은 전통형 절약집단은 쇼핑 자체가 그다지 즐겁지 않다. 여러 상점의 물건을 비교분석해가며 발품을 팔려고 애쓰지도 않는다. 평소에 필요한 물건을 정리해뒀다가 세일찬스에 발견하면 구입하는 정도가 소비를 위한 최대의 노력이다. 소비의 욕망 자체가 정서적 결핍을 채우기 위함인데, 자신들은 인생이 만족스럽고 정서적으로 충만해 물질적으로 풍요롭지 않아도 행복하다는 입장이다. 또한 돈과 행복은 비례하지 않는다고 여기기 때문에, 돈이 많다고 행복하거나 돈이 없다고 불행하다고도 생각하지 않는다.

"쇼핑은 꼭 필요한 물건이 있을 때만 해요. 그런데 먹는 거 이외에는 사실 필요한 게 없어요. 필요한 건 지금 다 있어서 뭐가 특별히 사고 싶지도 않아요. 옛날에는 돈이 없어서 못 샀지만 지금은 돈이 있다고 해도 필요한 게 없어요."_51세, 기혼남성, 공기업 사원

반면 현대형 절약 소비자집단은 전통형과는 달리 소비의 이상이 원대하다. 다만 미래의 목표를 위해 상황상, 형편상 절제하며 살아가는 것뿐이다. 이들에게 미래에 대한 두려움은 절약의 가장 큰 동인이며 어떤 다른 집단보다 미래 지향적인 사고가 짙은 특징이 있다. 따라서 경제적 목표 때문에 욕망을 절제할 뿐이지 자신을 어떻게 가꾸고 어떻게 소비할지를 몰라서 안 쓰는 것이 아니다. 만약 복권이라도 당첨돼 물질적 풍요가 허락된다면 누구보다도 뽐낼 줄 알고 쓸 줄 아는 소비자가 될 것이다. 그러나 최근 들어 중년의 나이로 접어들다보니 억눌리고 절제된 욕망이 점차 고개를 들며 스스로에게 조금씩 관대해지고 있다. '그동안 자식과 가족을 위해 헌신했으니 이제는 나를 위해 조금 써도 돼'라는 사고가 꿈틀대고 있는 것이다.

"돈이 많다면 가족끼리 여행도 가고 싶고 집도 예쁘게 인테리어하고 싶고, 자동차도 사고 싶어요. 친구들이 폭스바겐이랑 합작해 만든 상하이 다중上海大衆이 좋다는 얘기를 많이 하더라고요. 부모님도 계시고 딸 앞에 들어갈 돈도 많고 해서 자제하는 중이에요. 그래도 요즘 들어 드는 생각이 이제 저도 좋은 물건 하나 정도는 갖고 싶어요."_47세, 기혼여성, 회사 관리직, 남편과 딸, 월평균 가계소득 5000~6000위안(90만~108만원), 선양 거주

소비목표 : 소비의 최소화(전통형) VS. 저축의 최대화(현대형)

'안 쓰는 게 돈 버는 것!' 전통형 절약 소비자집단의 심리를 한마디로 표현하는 문구다. 이들은 다른 절약보다 소비를 최소화하는 것을 최우선순위로 여긴다. 그렇기 때문에 주된 소비품목은 의식주와 관련한 생활필수품 위주다. 있으면 좋은 물건들에는 관심을 가지려고도 하지 않으며 반드시 없어서는 안 될 물건만 소비한다. 그마저도 쇼핑 자체를 자주 하지 않기 때문에 꼭 필요한 물건이 있을 때만 겨우 구입한다. 따라서 매일 먹는 식료품에 가장 많은 지출이 발생하며 의류 소비는 가장 작은 부분을 차지한다. 외적인 치장을 하는 것에 애초부터 관심이 없기도 하거니와 옷은 말끔하게 정돈하고 격식만 차리면 된다고 생각하기 때문이다.

전통형 소비자들은 브랜드에도 무관심하다. 가격 대비 품질이 좋아 오래 쓸 수 있는 가치 있는 물건을 구입하되 분수에 맞는 소비를 하는 것이 더 중요하다. 해외 명품에 대한 인식도 매우 부정적이다. 값비싼 명품 구입은 쓸데없는 허영심이 낳은 마음의 병이라고 생각하며, 남과 비교해 외면적으로 우월하고 싶은 환상에서 비롯된 것이라 여긴다. 반면 소비의 최소화라는 목표하에서도 한 가지 관대해지는 부분이 있다면 바로 체면과 관련된 소비다. 체면을 지키는 소비는 상대방에 대한 존중의 의미이자 배려이지 낭비가 아니라고 생각한다. 상대방에 대한 표현이나 성의에 대한 행동이 인색하다면 체면이 깎인다고 생각하기 때문에 체면과 관련된 소비에서만큼은 대범한 모습을 유감없이 발휘한다.

"평소에는 소비 자체를 안 하는 편이지만 친구나 친척, 동료 만나서 술 마시거나 식사할 때는 꼭 제가 대접하려고 해요. 사실 돈을 내는 것이 능력과 관

련 있는 건데 체면을 굽힐 수 없잖아요. 능력이 없으면 그런 자리에 안 가는
게 낫죠." _51세, 기혼남성, 공기업 사원

한편 현대형 절약 소비자들은 씀씀이를 줄이는 것보다는 재테크를 충실
히 해 저축액을 최대화하는 방법에 더 큰 관심이 있다. 욕망이 존재하기에
소비를 줄이는 것에는 한계가 있다고 여긴다. 돈을 쓸 때는 확실히 써줘
야 하기 때문에 좀더 실리적인 방법으로 재테크에 열중한다. 전통형 절약
집단이 적금을 붓거나 통장에 차곡차곡 목돈을 모으는 방식을 선택한다면
이들은 부동산, 주식, 채권 등 다양한 방법으로 부를 축적하기 위해 최선
을 다한다. 경제와 관련된 이슈에 늘 관심이 많고, 때로는 리스크를 감수
하는 대범함을 보이기도 하며, 노력하는 만큼 성과를 거두기도 한다.

"안 해본 투자가 없어요. 그중에서도 부동산 투자를 가장 많이 했어요. 좀 있
으면 지금 살고 있는 집은 월세 주고 좀더 큰 집으로 이사 갈 거예요. 주식
투자도 집에 있을 때 재미 삼아 자주 해요. 어떨 땐 이익 보고 어떨 땐 손해
보는데 요즘엔 손해를 좀더 많이 보는 것 같아요. 그래도 결과적으로는 이익
이죠." _48세, 기혼여성, 은퇴 후 무직

시사점 : 한 집단 내 두 유형, 각기 다른 전략이 필요

검약형 소비자는 한 집단 내에 전통형과 현대형이라는 두 가지 유형이 공
존한다. 절약을 추구한다는 점에서 같지만, 그 목표나 기본적인 속성이
다르기 때문에 같은 집단이라도 유형별로 다른 전략을 취할 필요가 있다.

전통형 절약집단에 다가서기

첫째, 가격 대비 괜찮은 품질로 신뢰를 다져나가야 한다. 전통형 절약집단은 브랜드에 관한 선호도 특별히 없는 편이며, 가격경쟁력 때문에 글로벌 브랜드보다는 국내 브랜드를 선호하는 편이다. 그렇지만 한번 신뢰가 형성되면 다른 집단에 비해 강한 로열티가 형성된다. 특히 품질 대비 가격은 결정적인 구매요인으로 작용한다. 특별히 높지 않은 품질기준을 가진 전통형 절약집단에게 가격경쟁력은 매우 민감한 제품 선택동인이 될 것이다. 그들을 만족시킬 만한 프라이싱pricing 전략으로 확고한 로열티를 형성하는 것이 관건이다.

둘째, 소비자를 하나의 관계적 의미로 접근하는 것이 필요하다. 이들은 연령층이 대체로 높은 집단이기 때문에 다양한 매체로의 접근도가 매우 떨어진다. 따라서 TV광고 혹은 지인의 주관적인 의견에 크게 영향을 받는다. 판매자라고 할지라도 믿을 만한 지인이라는 확신만 들면 대부분의 정보를 맹목적으로 의존하는 특성이 강하다. 따라서 제품을 판매하는 판매자의 개념을 떠나 소비자와 진정으로 소통하고 정보를 제공하는 하나의 정보원천과 같은 매체적인 역할이 필요하다. 끈끈한 관계를 바탕으로 한 신뢰는 소비자와 하나의 관시를 형성하며 고객의 충성도를 높여줄 것이다.

현대형 절약집단에 다가서기

첫째, 소비자 내면에 잠재된 구매의 욕망을 끌어내는 것이 중요하다. 사실 현대형 절약집단은 몰라서 돈을 안 쓰는 이들이 아니다. 분명한 목적이 있기 때문에 소비욕을 절제하는 것이라는 표현이 더욱 정확하다. 그들의 마음속 욕망을 어떻게 접근하느냐에 따라 소비시장에서 비중이 급

부상할 수도 있는 잠재집단이다. 이를 위해 그들이 진정으로 원하는 가치를 발굴하고 제품에 반영하고자 하는 보다 정성적인 접근이 필요하다. '가족을 위해 헌신하고 노력해왔으니 이제는 당신을 위한 소비도 할 만한 자격이 있다'는 식으로 소비의 당위성을 불러일으켜준다면 이들에 대한 접근도 어렵지만은 않을 것이다.

둘째, 구매 후 관리를 적극적으로 실행해야 한다. 현대형 절약집단은 평소에 과감하게 구매하는 집단이 아니다. 대체로 큰 결심 후에 소비하는 편이기 때문에 구매 후 인지 부조화상태가 다른 집단에 비해 비교적 높은 편이다. 다시 말해서 물건을 구매한 후에도 '내가 이 물건을 제대로 구매했을까?' 하는 의문을 꾸준히 제기한다는 것이다. 또한 이들은 절대 돈을 허투루 쓰지 않기 때문에, 중국인들의 문화적 특성상 환불까지는 아니더라도 제품에 대한 교환까지는 얼마든지 가능한 집단이다. 따라서 소비자들의 인지 부조화를 감소시킬 수 있는 다양한 노력이 필요하다. 광고나 팸플릿을 통해 제품과 서비스의 긍정적인 측면을 지속적으로 노출시키고 불만 소비자들에게 만족할 만한 사후 처리과정을 제공해야 한다. 불만 소비자에 대한 즉각적인 반응은 소비자들의 심리적 갈등을 완화시키고 제품 구매에 대한 만족감을 상승시켜 인지 부조화를 줄일 수 있는 하나의 방법이 될 것이다.

Summary 검약형 소비자 완전정복

주요 연령층	40~50대 남녀 소비자 중심
소득수준	중산층(중상, 중중, 중하)
취미	건강을 위한 운동, 요리하기, 은행 방문, 신문 읽기, 장보기
특기	목돈 만들기, 아껴 쓰고 절약하는 생활
관심사	가족의 건강, 국내여행, 부부의 정, 어른 공경
행복의 근원	쌓여가는 저축통장, 자식의 성공, 정신적 만족감
불행의 근원	불필요한 물건을 구입했을 때, 제품을 오래 사용하지 못했을 때
신뢰채널	지인의 추천
소비목표	소비의 최소화, 저축의 최대화
브랜드 민감성	영향받지 않음, 가격 대비 품질, 분수에 맞는 소비가 중요
체면 중요도	타인을 존중하고 배려하기 위한 체면이 중요함
과시욕	없음, 돈이 많아도 절약하는 생활습관은 최고의 미덕이라 여김
소비 지향성	자기 지향적(나의 만족이 가장 중요함)
인생 만족도	80%(돈은 행복의 결정요소가 아님, 정서적 행복 추구)
민감한 단어	금리, 저축, 절약, 자녀, 건강, 여행, 가격, 체면, 노후

검약형 소비자집단의 두드러진 소비특성

- 소비에 대한 욕망이 낮은 편이며 반드시 필요한 물건만 구입한다
- 미래를 위한 대비가 중요하며 현재는 미래의 행복을 위한 과정이다
- 소비보다는 저축을 통한 즐거움이 더 큰 편이다
- 물질과 행복은 비례하지 않는다고 여기며 정서적 행복을 추구한다
- 전반적인 삶의 만족도가 매우 높으며 타인과 자신을 비교하지 않는다

Summary 중국 소비자 VS. 한국 소비자

VIP형	자신이 특별하다는 사실을 인식하지 못할 정도로 럭셔리한 삶이 일상적이고 당연. 한국의 VIP형 소비자에 비해 다른 사람들에게 과시하고자 하는 성향이 약함(중국인들은 기본적으로 부를 과시하는 행위를 부정적으로 평가함). 특별한 제품을 사용하는 즐거움 자체를 즐기는 경향이 강함.
자기만족형	소비 자체를 즐기며 현재 지향적인 소비(현재 지향성은 중국인 고유의 특성이기도 함)를 한다는 측면에서, 한국의 자기만족형 소비자들과 비슷함. 다만 전체 인구수에서 자기만족형 소비자가 차지하는 비중이 한국에 비해 현격히 많은 편.
트렌디형	한국의 트렌디형 소비자는 남과 차별화되는 개성을 추구하고 특별한 취향을 중시하기 때문에 자신의 스타일이 유행하는 것을 반기지 않음. 반면 중국의 트렌디형 소비자는 자신의 스타일이 추종세력에 의해 지지를 받아야만 진정한 트렌드 리더라고 여김. 즉 한국의 트렌디형 소비자들이 개인적인 성향이 강하다면, 중국의 트렌디형 소비자들은 집단적인 성향이 강하다고 할 수 있음.
실속형	근본적으로 한국의 실속형 소비자들과 비슷하나, 정도의 차이가 존재함. 중국의 실속형 소비자들은 로케팅(rocketing, 값싼 생필품을 찾으면서도 특정 용품에는 고급소비를 집중하는 현상) 소비가 한국 소비자들에 비해 더욱 극명하게 나타남. 즉 아낄 때는 무리하게 아끼고 쓸 때는 더욱 과감하게 소비함. 한국의 실속형 소비자들이 구매수단의 합리성을 추구한다면 중국의 실속형 소비자들은 라이프스타일 자체의 합리성을 추구하는 편.
열망형	더 많은 재화를 갖고자 하는 측면에서 한국의 열망형 소비자와 큰 차이가 없음. 다만 한국의 열망형 소비자들이 더 많은 재화를 갖고자 하는 목적으로 상위 집단에 소속되고 싶은 열망이 큰 반면, 중국의 소비자들은 체면을 중시하는 중국인의 특성에 기반해 타인으로부터 무시받을까 두려워하는 경향이 더 강함.
검약형	근검절약을 실천하는 한국 기성 소비자들의 전형적인 모습과 비슷한 양상을 나타내지만, 가장 두드러진 차이는 현실에 대한 만족감. 한국의 검약형 소비자들은 기본적으로 특별한 목적하에 절약을 실천하기 때문에 현실에 대한 만족도가 떨어지지만, 중국의 소비자들은 절약하는 삶 자체가 자신들이 추구하는 이상이기 때문에 삶의 만족도가 비교적 높음.

‖ 2부 ‖

중국인의
7대 소비DNA

중국의 소비자를 더욱 깊이 이해하기 위해서는 그들이 한국을 비롯한 다른 나라의 소비자와 무엇이, 왜 다른지를 살펴볼 필요가 있다. 바로 중국인만이 갖고 있는 '소비DNA'의 분석과 검토가 그것이다. 소비DNA란 한 국가의 소비자들이 공통적으로 갖고 있는 소비에 대한 가치와 태도를 지칭하는 용어로, 이를 통해 중국인들만의 소비습관 및 동향을 보다 입체적으로 분석하고 그에 따른 전략을 세울 수 있다. 2부에서는 중국의 사회적 맥락과 개인적 가치관을 토대로 중국인의 7대 소비DNA를 추출하고, 각 소비DNA의 특성과 시사점을 논의하고자 한다.

중국의 소비자는
무엇이 다른가

소비DNA 추출

중국의 소비자는 한국을 비롯한 다른 나라 시장의 소비자와 무엇이 다를까? 이는 '중국의 소비DNA는 무엇인가'라는 질문과 직결된다. 사실 '소비DNA'라는 개념은 학술적으로 일반화된 개념은 아니다. 특정한 국가의 특유한 소비성향을 지칭할 때는 '소비문화'라는 용어를 주로 사용하고, 특정한 소비자 개인이나 세그먼트의 특성을 논의할 때는 '소비가치'라는 개념을 쓴다.

하지만 중국처럼 지역별·소비자 세그먼트별로 매우 이질적인 특성을 보이면서도 소비트렌드가 빠르게 변화하는 시장에서는 소비문화나 소비가치라는 정적인 개념보다는, 최근 중국 소비자의 소비행태에 녹아 있는 공통의 성향을 지칭할 수 있는 용어가 필요하다. 이에 이 책에서는 '소비DNA'라는 개념을 사용했으며, 이는 한 국가의 소비자들이 공통적으로 갖고 있는 소비에 대한 가치와 태도를 지칭하는 용어다.

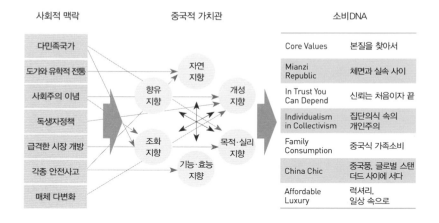

• 중국의 소비DNA를 형성하는 사회적 맥락과 가치관

특정 국가의 소비자들이 소비에 대해 갖고 있는 가치와 태도는 지형, 기후, 산업, 역사 등 인간의 생활과 관련된 실로 다양한 요인에 의해 만들어진다. 하지만 그 저변에 녹아 있는 소비DNA를 형성하는 가장 중요한 요소로는 해당 국가가 갖고 있는 사회적 맥락social context과 그 구성원들이 갖고 있는 가치관values을 들 수 있다. 중국인의 소비DNA 형성에 영향을 미친 사회적 맥락과 가치관의 관계를 그림으로 표현하면 위와 같다.

사회적 맥락 : 중국 소비DNA의 근간

중국적 가치관, 더 구체적으로는 중국인의 소비가치에 영향을 주는 사회적 맥락을 모두 상세히 밝히는 것은 쉽지 않은 일이다. 소비가치에 영향을 미치는 요인이 워낙 다양한데다가, 중국은 세계에서도 가장 거대하고 다원적인 나라이기 때문이다. 이 책에서는 역사적·사상적·정책적·경제적, 그리고 최근의 사회적 변화의 측면에서 일곱 가지 맥락을 추출해 논의를 진행하고자 한다.

다민족국가 : 복잡한 소비성향의 토대

먼저 주목해야 할 점은 중국이 영토와 인구 등, 양적으로만 거대한 것이 아니라 그 질적 구성도 매우 다양하다는 사실이다. 다민족국가인 중국은 그만큼 다양한 문화를 포용하고 있다. 중국을 상징하는 동물인 용만 봐도 그 다원성을 미루어 짐작할 수 있다. 용은 실존하지 않는 상상의 동물로, 그 형상은 아홉 가지 동물과 비슷한 모습이라고 기록돼 있다. 머리는 낙타, 뿔은 사슴, 눈은 토끼, 귀는 소, 목덜미는 뱀, 배는 큰 조개, 비늘은 잉어, 발톱은 매, 주먹은 호랑이를 닮았다는 것이다. [*] 이를 현대적으로 해석하면, 중국은 적어도 아홉 개의 토템을 모시던 민족들의 연합으로 구성됐다고 유추할 수 있지 않을까? 중국에서 '9'는 '가장 큰' 혹은 '아주 많은' 수의 의미를 지닌다. 즉 나라의 상징동물인 용이 의미하는 바는 중국이 단지 양적으로 큰 영토와 많은 인구를 가진 나라일 뿐만 아니라, 질적으로도 매우 다양한 문화를 포용하고 있는 복잡한 국가라는 사실이다.

　역사적 다원성은 소비의 영역에도 직접적인 영향을 주고 있다. 중국은 매우 복합적인 소비성향을 지닌 소비자들로 이루어진 시장이다. 소비행태에 영향을 주는 요인은 소득수준, 저축성향, 분배상황, 인구구성, 브랜드 선호도, 소비가치, 외국 문화에 대한 수용성, 과시성향, 가격민감도 등 매우 다양한데, 역사적 다원성이 강한 중국 시장에서는 이런 다양

---

[*] 중국 위(魏)나라 때 장읍(張揖)이 지은 자전(字典)인 『광아廣雅』에 기록된 표현이다.

한 요인들이 지역별, 그리고 소비자군별로 각각 다르게 작용한다. 같은 나라지만 매우 이질적인 시장이 한꺼번에 존재할 수밖에 없다. 그래서 소비시장으로서의 중국은 앞서 살펴본 바와 같이 미국보다는 유럽 시장의 이미지에 가깝다.

예를 들어 같은 1선도시라도 베이징에서 잘 팔리던 브랜드가 상하이에서는 전혀 팔리지 않는 경우가 비일비재하다. 소비시장으로 중국에 접근할 때, 해당 시장의 소비자에 대한 세심한 이해가 필요한 이유가 여기에 있다. 중국의 시장을 구분할 때는 단지 소득과 규모에 따른 1·2·3선 도시 구분이나 발전 정도에 따른 해안·서부내륙의 이분법, 혹은 지역에 따른 동북·화북·화남 등의 단순한 구별에서 한걸음 더 나아가, 소비자의 성향과 트렌드에 따른 정밀한 세분화가 필요하다.

도가와 유학적 전통 : 절제와 조화를 추구하는 소비생활

중국은 도교와 유교의 발원지다. 『먼나라 이웃나라』의 저자 이원복 교수는 한국·일본·중국·대만·홍콩·싱가포르 등 대부분의 아시아권 국가들이 유교의 영향 아래 성장해왔는데, 그중에서 중국은 유교를 만들었지만 사실상 도교문화의 국가라고 설명한 바 있다. 문화대혁명의 시기에는 전통철학이 사회주의국가 건설이라는 목표에 방해가 될 것을 염려한 정부의 압력으로 잠시 침체기를 맞기도 했으나, 최근에는 문화적 유산에 대한 국가적 관심이 재부상하면서 다시 한번 주목받고 있다.

특히 유학의 '인仁과 예禮 사상'과 도교의 '자연自然 사상'은 중국인들의 철학뿐만 아니라, 일상의 삶과 소비생활에도 큰 영향력을 행사해왔다. 이 두 사상의 근본적인 철학은 '절제와 조화로운 삶'에 있다. 도교에서 말하는 자연은 '만물의 본성을 존중하고 순리를 따르는 것'으로서

▲일상에서 자연스러움과 조화로움을 추구하고 ▲가족의 화목을 바라며 ▲태평한 국가와 사회적 안정을 기원하는 형태로 반영돼 나타난다.

실제로 2004년 공산당의 16기 4중전회에서 후진타오胡錦濤 전 주석은 '조화로운 사회주의사회를 수립한다'는 의미의 사회주의 화해사회社會主義和諧社會를 중국 사회주의의 목표인 '사회주의 시장경제·민주정치·선진문화의 발전'의 다음 항목으로 추가했는데, 화해사회의 주요 내용은 민주법치民主法治, 공평정의公平正義, 성신우애誠信友愛, 충만활력充滿活力, 안정유서安定有序 등 사람과 자연의 조화로운 상태를 강조하고 있다. 이후에도 시속 300킬로미터 이상을 자랑하는 고속철에 허셰하오和諧號라는 이름을 붙이는 등 후진타오가 강조한 화해사회의 이념이 널리 전파되고 있다.

도교와 유교의 이러한 기본정신은 중국인들의 소비생활에도 고스란히 녹아 있다. 가령 '신심을 닦고 교양을 쌓다'라는 의미를 지닌 유학의 수신양성修身養性 사상은, 평소 물자를 아끼고 절약하는 습관을 중시하면서도 휴일을 이용해 중국 방방곡곡은 물론 해외로까지 여행을 다니는 중국인들의 독특한 소비습관과 관련이 있다. 즉 평상시에는 절약하는 생활을 추구하면서도, 몸과 마음의 휴식과 견문 확대를 위한 여행에는 지갑을 쉽게 여는 다소 모순적인 소비의 뿌리가 유학에 있는 셈이다.

신체적 균형을 중시하고 일상과 조화로움을 추구하는 식생활습관도 마찬가지다. 예를 들어 중국인들은 인위적인 처방보다는 가장 근본적인 식습관을 통해 건강을 관리하는 일을 중요하게 생각하는데, 이는 '몸이 약하면 보양하고, 차가우면 따뜻하게 한다虛則補之, 寒則溫之'는 도가의 가르침과 관련이 깊다. 이 말은 '자신의 체질과 식자재 속성에 따라 음식을 조리하는 것의 중요성'을 내포하고 있는데, 이것이 식습관을 통한 건강 추구의 바탕이 되는 것이다. 그래서 차갑지 않은 상온의 맥주를 즐겨 마시는 사람도 많다.

민속신앙으로 자리잡은 도교 사상은 중국인들이 중요하게 생각하는 풍수, 점, 미신으로 나타나기도 한다. 일례로 숫자 '8'은 그 발음 때문에 중국에서 행운이 깃든 숫자로 통하는데('돈을 벌다'라는 뜻을 지닌 '파차이發財'의 '파'와 발음이 비슷), 중국 역사상 가장 현대적인 프로젝트로 손꼽히는 '2008 베이징 올림픽'이 2008년 8월 8일, 오후 8시 8분에 개막한 것은 중국인들의 사상적 특성을 반영한 결과라 할 수 있다.

사회주의 이념 : 사회주의 시장경제론의 확장

1949년 중화인민공화국 설립 이후, 1966년 문화대혁명, 1971년 UN 가입, 1978년 덩샤오핑 정부의 본격적인 개혁개방정책, 2013년 시진핑을 중심으로 한 5세대 지도부 시대의 개막으로 이어져온 중국의 사회주의체제는, 다른 사상과 이념을 모두 합친 것을 압도할 만큼 중국의 정치 · 경제 · 사회 · 문화 전반에 크나큰 영향력을 행사해왔다.

마오쩌둥으로 대표되는 초기 중국공산당은 첫째, 구사상 · 구문화 · 구풍속 · 구습관 등 '4구'를 모두 낡은 것으로 치부하며 과거, 그리고 외세와 단절할 것, 둘째, 당은 노동자와 농민을 대표하며 노동을 통한 인민들의 사상 개조를 목표로 할 것 등을 주장했다. 그러나 이후 '자본주의에도 계획이 있고 사회주의에도 시장이 있다'는 덩샤오핑의 남순강화南巡講話 이후 장쩌민江澤民과 후진타오, 시진핑으로 이어지는 실리주의 노선에 따라 '사회주의 시장경제론'이 확장되고 있다.

중국의 사회주의, 그리고 중국식 시장 개방정책은 중국인들의 삶에 직접적인 영향력을 행사하고 있다. 예를 들어 중국공산당 혁명은 유교 등 과거와의 결별을 선언하고 '계급 간 평등'과 '남녀평등'을 핵심적인 가치로 추진했다. 이에 중국 여성들은 비교적 남성 의존적인 삶을 사는 아시아의 여느 국가 여성들과 달리, 사회의 한 구성원으로서 적극적인 역할을 하고 있다. 결혼 여부와 상관없이 직업을 갖고 일하는 여성이 대부분이며, 가족 내에서 여성이 갖는 의사결정권한도 남성 못지않다. 금융 투자, 부동산 구입, 자동차 구매 등 일반적으로 남성들의 관여도가 높은 것으로 알려진 소비영역에서도 여성들의 영향력이 두드러진다.

중국의 사회주의적 전통은 집단 전체의 조화를 중요시하는 형태로 나타나기도 한다. 가령 시장자본주의가 개인의 능력에 따른 경쟁을 추구한다면, 중국에서는 소위 '철밥통'으로 표현되는 종신고용 형태의 고용 보장을 제공한다. 그래서 중국인들은 경쟁보다는 소속감, 평등주의에 더익숙하다.

독생자정책 : 개성 강한 소비세대의 출현

1971년 도입돼 1979년부터 본격적으로 시행된 중국 정부의 산아제한정책(한 가구 한 자녀 정책, 일명 '독생자정책')은 지금까지도 전 세계에서 유래를 찾기 힘든 강경한 정책으로 그 귀추 또한 주목된다. 학자들은 만약 이 정책이 없었다면 현재 13억 5000만 명인 중국의 인구가 지금보다 30%가량 더 많았을 것으로 추정하고 있어, 목표 측면에서는 실효를 거뒀다고 볼 수 있다. 다만 고령화와 생산인구 감소에 따라, 2015년경에 이르면 노동인구증가율이 총인구증가율보다 낮아져 선진국이 되기도 전에 노령화사회가 되는 '웨이푸셴라오未富先老'의 가능성이 강하게 제기되기도 한다. 장성한 자녀가 부모와 떨어져 살게 되면서 가정에는 노부부만 남게 되는 빈 둥지empty nest 현상에 대한 우려도 크다. 이러한 상황 탓인지 2013년 8월 중국 정부는 부모 중 한쪽이라도 독자일 경우 둘째아이를 허용하는 단독이태單獨二胎정책의 도입을 추진하고 있다고 밝혔다.

독생자정책은 중국 시장만이 갖고 있는 독특한 특성의 주요한 원인으로 작용한다. 이 정책 아래 태어난 1세대인 바링허우는, 부모가 하나뿐인 자녀를 극진히 키운다고 해서 이름 붙여진 '소황제小皇帝' 1세대이기도 한데, 이들이 장성해 사회에 진출하고 새로운 가정을 꾸리면서 소황제 2세대를 탄생케 했다.

우선 소황제 1세대는 시장 개방 이후 벤처 붐이 불고 외국계 기업이 중국으로 진출하면서 등장한 '경쟁·자기표현·개인주의·물질주의·소비주의' 등 시장경제의 가치를 그대로 흡수한 세대로, 기존 세대와 구별되는 개성을 가지고 있다. 이제 부모로 성장한 소황제 1세대는 전체 인구의 약 13%를 차지하고 있는 노인들의 자녀로서 이들의 소비를 대행하는 동시에 자신들의 자녀인 소황제 2세대를 위한 소비 역시 전담하며, 중국 시장의 주요 소비층으로 부상하고 있다. 실제로 중국의 주요 온라인 마켓에서 노인상품을 주로 구매하는 사람들이 바링허우인 것으로 나타났다. 부모세대와 달리, 과학적인 육아에 관심이 많은 이들로 인해 고급 유모차, 유아침대, 유기농 분유 등 영유아제품의 시장 규모 역시 매년 20%씩 꾸준히 성장하고 있다.

급격한 시장 개방 : 소비 폭발시대의 도래

1978년 시장 개방 이후, 중국 경제는 눈부신 성장을 이뤘다. 중국은 자칭 세계 최대의 개발도상국으로 유례 없이 높은 성장률을 기록했으며, 급기야는 2010년 GDP 규모에서 일본을 제치고 세계 2위를 차지했다. 향후 10년 내에 중국이 미국마저도 위협하는 세계 제일의 경제대국으로 부상할 것이라는 일각의 예측이 전혀 근거 없는 주장으로 들리지 않는다.

시장이 빠르게 개방되면서 중국 소비자들은 글로벌 소비자로 변모하고 있다. 이는 여러 가지 환경에 기인한다. 먼저 시장 개방과 더불어 글로벌·다국적 기업들이 앞다퉈 중국으로 진출했다. 맥도날드나 KFC와 같은 패스트푸드점이 동네마다 하나씩 들어섰고, 도심에 위치한 스타벅스에는 중국의 전통차 대신 커피를 마시는 사람들로 넘쳐난다.

오늘날 중국 소비자들은 주말마다 백화점과 대형쇼핑몰에서 쇼핑을 즐기는 것을 여가생활의 하나로 생각하고 있다. 실시간으로 할리우드 뉴스, 한류스타들의 소식을 접할 수 있게 되면서 헤어스타일, 염색, 패션 등에 대한 관심도 어느 때보다 높아졌다. 아이폰 등 최신 스마트폰과 '산자이山寨'라 불리는 짝퉁 스마트폰을 가진 사람들이 혼재하는 것도 이색적이다.

시장 개방과 함께 해외여행 역시 쉬워지면서, 각국의 공항 면세점은 중국 소비자들로 북새통을 이룬다. 해외 럭셔리 브랜드에 대한 관심도 높아져 중국은 세계 제일의 명품 브랜드 소비시장으로 부상하고 있다. 더 좋은 브랜드, 더 다양한 상품을 소비하고자 하는 욕망으로 가득찬 중국 시장은 그야말로 소비 폭발의 시대를 맞이하고 있다.

물론 급속한 개방으로 인한 문제점도 적지 않다. 도시와 농촌의 빈부격차 확대, 산업화로 인한 환경오염의 심화, 전통적인 가치가 서구적 가치로 대체되는 가운데 투명성과 신뢰를 확보하지 못해 발생하는 각종 부정부패, 수출 위주의 성장으로 인해 내수시장에 혜택이 골고루 분산되지 못한 계층 양극화 등, 각종 사회적 문제가 불거지고 있다. 하지만 이러한 부작용 속에서도 중국 시장의 개방은 피할 수 없는 대세로 자리잡았으며, 관건은 개방의 열기를 이어가면서 부작용을 어떻게 다스리느냐에 달려 있다.

각종 안전사고의 빈발 : '안전'이 소비키워드로 등장

고도성장의 부작용 중에서 가장 심각한 것은 각종 안전사고가 끊이지 않고 있다는 점이다. 중증급성호흡기증후군SARS을 비롯해 황사, 신종인플루엔자 등 건강을 위협하는 다양한 질병은 물론이고, 공업용 젤라틴으로 만든 약용 캡슐, 공업용 소금으로 만든 간장, 가짜 돼지고기와 달걀, 멜라민 분유, 가짜 만두 등이 버젓이 유통되면서 인재人災라고 할 수 있는 식품 안전사고도 빈번하게 발생하고 있다.

시장경제체제로의 진입 초기에 겪는 진통이라고 할 수 있는 잦은 안전사고는 사회 전반의 불안감을 가중시킬 뿐만 아니라, '나를 제외한 다른 누구도 믿지 못한다'는 저低신뢰사회로의 이행을 촉진한다. 매년 3월 15일, '중국 소비자의 날'에 맞춰 방영되는 CCTV의 소비자 고발 프로그램 〈샤오페이주장消費主張〉은 유명 상품과 기업의 부실실태를 심각하게 보도하고 있으며, 정부 역시 감독기관을 신설해 안전사고 발생을 미연에 방지하고자 노력하고 있으나[1], 시장 자체의 수준이 스스로 검열 가능한 단계로 향상될 때까지는 여전히 많은 시간이 소요될 것으로 보인다.

정부의 노력에도 시장의 불안요소가 쉽게 제거되지 않자, 중국 소비자들은 스스로 자신들의 안전을 보전하는 자구책을 마련하고 있다. 가령 조리된 식품의 경우, 직접 조리하는 과정을 지켜볼 수 있는 제품 혹은 갓 만들어져 신선한 제품을 위주로 구매한다. 일례로 잔장湛江의 외식업체들은 실시간 조리 감독시스템視頻監控廚房을 도입해, 테이블에 앉아서 주방에서 조리하는 과정을 직접 확인할 수 있는 서비스를 운영하고 있다.

제품의 안전도에 대한 불신으로 인해, 안전하다고 알려진 브랜드에 대한 소비자들의 충성도가 상대적으로 높아지는 경향도 발견된다. 멜라민 분유사건 이후, 자국산 분유에 대한 불안감으로 고가의 수입 분유의 판매가 지속적으로 증가하고 있는 현상이 대표적이다. 매일 장을 보고 수시로 신선한 식품을 구매해 가정에서 직접 요리해 먹는 것을 선호하는 특성도 이러한 불신과 의심에서 비롯된 것으로 볼 수 있다. 두유 제조기, 과일이나 채소의 즙을 내는 기구, 요구르트 제조기 등 소형가전의 판매량이 급증하는 현상 역시 스스로 자신의 안전을 지키려는 소비자들의 노력에서 그 원인을 찾을 수 있다. 중국인들이 한국식 고기구이집을 외식장소로 선호하게 된 것도 테이블에서 직접 고기를 구우며 조리과정을 확인할 수 있기 때문이라는 분석도 있다.

매체의 다변화 : 소비채널의 다변화

SNS로 대변되는 개인화된 매체가 글로벌하게 영향력을 미치는 것과 마찬가지로, 중국의 매체 역시 다변화되고 있다. 2012년 중국 내 휴대전화 보급률은 67%, 모바일을 포함한 인터넷 사용자수는 약 5억 명으로 전체 인구의 36%에 달한다. SNS는 40%의 보급률을 자랑하고 있다.[2] 이에 따라 TV·라디오·신문·잡지 등 전통적인 매체와 인터넷·SNS 등 신흥 매체 사이에 공존과 경쟁의 묘한 긴장관계가 형성되고 있다.

중국은 1978년 시장 개방을 선언하고 글로벌 경제로 편입됐지만, 언론만큼은 여전히 정부의 통제가 강하다. 따라서 방송사와 신문사 같은 공적 매체를 통해 개인적인 의견이나 주장을 제기하기란 거의 불가능했다. 하지만 2010년 중국판 트위터라 할 수 있는 웨이보微博가 확산되면서 전체 중국인이 곧 1인 기자가 되는 시대가 열렸다. 온라인 역시 중국 정부의 검열을 피해 갈 순 없지만, 해외에 서버를 둔 사이트 등을 통해 개인적인 목소리를 내는 사람들이 증가하고 있다. 극단적인 경우, 동일한 안건에 대한 설문조사 결과가 전통 미디어와 온라인에서 완전히 다르게 도출되는 때도 있다. 중국기자협회 부회장이자 산시山西성 당위원회 선전부 부부장인 런셴량任賢良은 이처럼 전통 미디어가 주도하는 여론과 인터넷 여론 간의 갈등을 '두 개의 여론' 전쟁이라고 불렀다.[3]

분명한 사실은 온라인으로부터 시작된 매체의 다변화 현상이 소비생활의 영역에서도 무궁무진한 선택의 기회를 제공하고 있다는 점이다. 영토가 넓은 관계로 자신의 거주지 근처에서 생산되는 제품을 중심으로 소비할 수밖에 없었던 이들이, 이제 온라인 쇼핑과 물류시스템 개발을 통해 다른 지역의 상품들도 손쉽게 구할 수 있게 됐다. 2012년 중국 시장의 온라인 쇼핑 규모는 1조 1800억 위안(212조원)에 달하며, 2011년 중국 총소매 중 4.8%를 온라인 쇼핑이 담당했다.[4]

이미 중국 내 많은 기업들이 온라인 수요에 대응하기 위해 발빠르게 움직이고 있다. P&G는 온라인영업부를 설치해 운영하고 있으며, 국가 소유의 가장 큰 식품회사인 중량그룹中糧集團은 B2C의 온라인 쇼핑몰을 설립했다. 월마트는 '1호점1號店'이라는 온라인 판매채널을 인수했으며, 쑤닝전자蘇寧電器 역시 '쑤닝이거우蘇寧易購'라는 온라인 쇼핑몰을 설립했다.

다변화된 매체는 판매와 구매 채널의 역할만 하는 것이 아니다. 새로운 마케팅수단으로서도 활용되고 있는데, 온라인 소매기업 '1호점'은 베이징, 상하이 지역에 중국식 가상스토어를 선보여 소비자들의 관심을 자극했다. 모바일 커머스와 공동구매는 '할인'이라는 전략으로 이미 중국 소비자들이 가장 선호하는 구매방식으로 자리잡고 있다. 이제 중국 소비자들은 다변화된 매체를 활용해 다양한 지역에서 생산된, 다양한 제품을 값싸고 편리하게 구입할 수 있게 된 것이다.

중국적 가치관 : 개인적 소비성향과 태도

앞서 살펴본 사회적 맥락이 역사적이고 정책적인 '거시적 변수'라면, 지금부터 설명하고자 하는 가치관은 중국인 개개인의 '미시적 성향'에 관한 것이다. 개인적 가치관은 소비성향과 태도에 보다 직접적인 영향을 미치기 때문에 더욱 세심하게 관찰할 필요가 있다. 여기에서는 중국인 특유의 ▲자연 지향성 ▲향유 지향성 ▲조화 지향성 ▲효능 지향성 ▲실리 지향성 ▲개성 지향성을 중심으로 논의를 전개한다.

자연 지향 : 유기농 제품의 빠른 확산

중국인들은 근본적으로 자연을 좋아한다. 최근 개발이 급진전을 보이고 있는 2·3선도시 지역은 물론이고, 이미 국제적인 대도시로 거듭난 상하이 같은 1선도시에서도 나무가 우거진 공원을 쉽게 찾을 수 있다. 매연으로 악명 높은 수도 베이징만을 떠올린다면 '자연경관이 아름다운 도시'라는 설명이 다소 낯설게 느껴질 수도 있겠지만, 중국은 대체적으로 조경이 잘돼 있는 국가다. 주거단지를 고를 때도 가까운 곳에 공원이 있는지, 단지 내 녹지환경이 잘 구성돼 있는지 등을 꼼꼼하게 따지기 때문에, 최근에 건설되는 아파트들은 대부분 근사한 정원을 갖고 있다.

일상에서 자연을 가까이하고 자연으로부터 긍정적인 기운을 받아 신체적 균형을 이루는 것을 중요하게 생각하는 중국인들의 사고방식은, 앞서 설명한 도가와 유학적 전통, 즉 '내가 곧 자연이고 자연이 곧 나'인 물아일체物我一體 정신에 뿌리를 두고 있다고 할 수 있다. 차가운 음료 대신 따뜻한 차를 마시고, 계절에 맞춰 신선한 과일을 수시로 섭취하는 등, 기본과 균형을 중시하는 생활습관에서도 이러한 경향이 발견된다. 한편 전

염성 질병이 확산되고 각종 식품사고가 발생하는 등 안전과 위험에 대한 인식이 커지는 현상도, 친환경적이고 친자연적인 것에 대한 중국인들의 갈망을 부추긴다.

시장의 성숙수준에 비해 로하스LOHAS, lifestyles of health and sustainability 나 유기농 제품이 빠른 속도로 확산되는 것도 이러한 이유에서다. 자연으로부터 얻은 것을 최고로 치는 중국인들에게 친환경 제품은 서구적 가치를 지닌 프리미엄이기에 앞서, 근본적으로 '내 몸에 가장 적합하기에' 가장 좋은 제품일 수밖에 없다.

향유 지향 : 경험시장의 활황

중국인들은 경험과 즐거움을 추구한다. 같은 값이라면 남들에게 과시할 수 있는 자동차나 패션제품을 선호하는 한국인과 달리, 중국인은 기회만 있으면 방방곡곡을 여행하며 물질보다 경험에 많은 돈을 투자한다. 중국에서는 아침저녁으로 공원이나 광장에서 음악을 틀어놓고 춤을 추거나 태극권을 연마하는 사람들을 쉽게 찾을 수 있는데, 지금 이 순간 즐겁게 지내는 것이 가장 중요하다는 현세적 사고방식이 도교적 전통과 사회주의 사상의 영향을 받아 나타나는 모습이다.

이러한 향유 지향성으로 인해 중국인의 여행사랑은 유별나다. 명절 같은 휴일이 되면 누구나 쉽게 여행을 떠난다. 중국의 최대 휴일은 춘제와 국경절이다. 춘제는 한국으로 치면 음력설로 중국의 최대 명절로 꼽히는데, 일주일의 휴가가 주어진다. 국경절은 중국의 건국일로, 이때도 역시 일주일의 휴가를 보낸다. 두 번의 황금연휴 외에도 신정, 청명절, 노동절, 단오절, 중추절 등 3일씩 쉴 수 있는 휴가가 다섯 번 더 있다. 직장 근속연수에 따라 5~15일의 유급휴가도 실시중이며, 이처럼 엄청난 휴가일수가 정부에 의해 보장받는다. 중국 국무원은 '전국 명절 및 기념일 휴가방법' 개정과 '노동자 유급연차휴가 조례'를 발표하고 2008년 1월 1일부터 시행하고 있다.

추석과 설날 등의 명절에는 제사를 지내는 등 다소 전통이 엄격한 한국과 달리, 중국인들은 사회주의 사상의 영향으로 유교적 제사문화와 절차가 간소화된 탓에 명절 스트레스가 거의 없다. 휴일을 휴가의 의미로 받아들여 주로 여행을 다니거나 쇼핑하면서 보낸다. 일례로 2011년 국경절 중국 전역의 주요 상점과 음식점의 매출액은 6조 6962억 위안(1205조원)을 기록해 사상 최고 소비액을 경신했으며, 백화점·슈퍼마켓·음식점·전문 매장 모두 2010년 대비 10% 이상의 증가세를 보였다. 물론 춘제(제사)와 청명절(성묘)에 전통의식이 있긴 하지만, 주로 가족과 친척들이 함께 모여 음식을 만들거나 사온 음식을 나눠 먹는 식으로 간단하게 이뤄져, 명절로서의 의미보다는 휴가로서의 의미가 더 강하다.

조화 지향 : 수백 가지 유행과 패션의 공존

서울대 김광억 교수는 "유교 전통과 도교 전통이 중국인의 세계관 속에 하나로 융합돼 있는 것은 국가 이성과 권력의 구조적 구속에 대응해 개인이 국가와 조화를 이루면서도 동시에 개인세계를 실현하려는 욕구의 타협적 산물"[5]이라고 설명한 바 있다. 13억 5000만 중국 인구가 각자의 개성을 유지하면서도 서로의 문화를 존중하며 집단적 조화를 이루면서 살아갈 수 있는 비결은, 사상적 전통이 그들의 정신세계를 단단히 지지하고 있기 때문일 것이다. 이미 설명했듯이 중국은 유교의 발상지로 수천 년 동안 사람들의 삶에 유교적 가치가 자연스럽게 녹아 있다. 『논어』 안연편에 수록된 '군군신신부부자자 君君臣臣父父子子' 즉 '임금은 임금

다워야 하고, 신하는 신하다워야 하며, 아비는 아비다워야 하고, 자식은 자식다워야 한다'는 표현에는 자신의 맡은 바를 다하며 조화롭게 살아가는 사회에 대한 이상이 담겨 있다.

한편 중국의 사회주의 역시 개인적 감정의 표현보다는 사회적 조화를 중시하는 사회분위기를 조성하는 데 일조했다. 많은 사람들을 공포로 몰아갔던 문화대혁명을 직·간접적으로 경험한 중국인들은 그 공포감 때문에 오늘날까지도 정치적 이슈 등에 대해서는 자신의 견해를 잘 드러내지 않는다.[6] 마찬가지로 조직보다 개인의 이익을 우선시하는 이기주의나 개인주의는 중국 공산주의사회에서는 '모욕'으로 느껴질 만큼 부정적으로 받아들여진다. 집단을 위해 자신을 희생하지 못하는 사람은 체면도 잃을뿐더러 사회적으로 고립상태에 빠질 수도 있다.

이러한 조화 지향성은 56개 다민족으로 이뤄진 13억 5000만 인구가 서로의 문화를 존중하며 살아갈 수 있는 기반이 된다. 또한 상대방의 개성과 의견을 존중하기 때문에, 개인적으로는 상당히 높은 수준의 개성을 표현하면서도 그러한 개인들로 구성된 집단 자체는 평화롭고 조화로울 수 있는 비결이 된다. 한국처럼 하나의 유행이 시장을 휩쓰는 대신 수백 가지의 유행과 패션이 공존하는 이유도 바로 이러한 특성에서 연유한다고 볼 수 있다.

효능 지향 : 효과와 기능 중심의 구매기준

중국인들은 실속을 중요시한다. 과시소비를 할 때조차 이해득실을 따지는 머릿속 계산기가 작동한다. 실속적 특성은 크게 두 가지로 양분된다. 하나는 '내가 지불한 돈만큼 가치를 할 것'이고, 다른 하나는 '그것을 가장 싸게 구매할 것'이 그것이다. 내가 지불한 돈의 가치는 반드시 '효과'

로 입증돼야 한다. 다른 사람들에게 뽐내는 과시도 좋지만 실체 없는 과시는 '메이관시沒關係(노맹큐)'다. 실리의 첫번째 조건인 '효과의 입증'은 중국인들의 가치관 중 효능 지향과 일맥상통한다.

효능 지향의 다른 측면은 기능 중시이기도 하다. 중국인들은 유난히 기능과 효능에 집착한다. 만약 화장품을 산다면 무슨 성분이 어떤 형태로 좋은지를 우선적으로 따진다. 덕분에 천연 한방성분을 강조하는 중국산 화장품들은 로컬 브랜드라는 한계를 극복하고 프리미엄화에 성공하기도 한다. 전자제품도 브랜드에 의지한 프리미엄만으로는 중국 소비자들의 구매를 이끌어내기 힘들다. '어떤 기능이 구체적으로 어떤 측면에서 뛰어난지' '어떤 기술이 다른 제품과 차별화되는지' 등에 대한 합리적인 설명이 추가되지 않은 채, 단순히 '고가=프리미엄'이라는 공식은 중국에서 성립하지 않는다. 중국 소비자들은 돈을 지불할 만한 가치가 있다는 것을 직관적으로 납득할 수 있을 때, 비로소 지갑을 연다.

넓은 땅과 많은 인구만큼 수많은 제품들을 비교분석해 구매해야 하는 중국인들에게, 효용과 성분, 기능을 따져보는 구매습관이야말로 합리적 구매의 왕도였을 것이다. 최근 불거지고 있는 각종 안전사고와 새로운 매체의 등장으로 인한 정보 획득의 용이성 또한 따지기 좋아하는 중국인들의 습성을 한층 더 강화한다. 불필요한 미사여구와 수식어 대신 실용적인 가치를 중시하는 사회주의도 효능 중심주의에 일조했다. 중국식 실용주의가 지속되는 한, 중요한 축을 담당하고 있는 기능·효능 중심적 가치관 또한 지속될 것이다.

실리 지향 : 가격보다 가치에 대한 집착

앞서 살펴봤듯 중국인들의 실용주의가 갖는 또다른 특성은 '가능하다면 가장 싸게 구매할 것'이라는 원칙이다. 중국인들은 할인에 대단히 예민하다. 그것이 설사 럭셔리 사치품이라 할지라도 정가를 주고 구매하는 경우는 거의 없다. 쿠폰을 사용하거나 세일찬스를 활용하는 등, 할인 혜택을 조금이라도 받아야만 구매한다. 또한 얻을 수 있는 혜택과 할인 등의 정보가 '숫자'로 주어지는 것이 대단히 중요하다. 이는 소득이 높은 부자거나 그렇지 않거나 상관없이 적용되는 규칙이다.

할인에 예민한 중국인들에겐 가격 대비 가치의 개념이 필수적이다. 제품이 가진 가치에 근거해 조금이라도 불필요한 가격이 추가됐다면 주저하지 않고 구매를 중단한다. 가능하다면 무엇인가를 구매하거나 계약을 체결하기 전에 직접 경험해봄으로써 그 가치를 가늠해보고자 하는 모습도 보인다. 만약 그것이 여의치 않다면, 믿을 만한 가족과 친지, 동료의 경험을 간접적으로나마 체험하고자 한다. 다른 어떤 국가에서보다 '구전'이 중요한 이유가 이러한 특성 때문이다.

전 국민이 타고난 전략가인 중국인들의 생활 속에는 오래전부터 실리주의가 자리잡았다. 많은 국가들과 지리적으로 인접한 관계로 무역이나 교역이 삶의 중요한 수단이 됐고, 실로 다양한 물산이 생산되는 넓은 국토를 기반으로 수많은 물자들이 오고갔다. 덕분에 제품의 가치를 셈하는 능력이 극대화됐다고 할 수 있다. 급격한 속도로 시장 개방이 이뤄진 것 또한 중국인들의 실리적 특성을 자극한다. 전 세계의 각종 유명 브랜드들이 중국 시장으로 몰려와, 중국은 그야말로 온갖 브랜드들의 각축장이 되고 있는 상황이다. 이처럼 다양한 제품과 다양한 품질, 다양한 가격 속에서 가장 가치 있는 것을 발견해내는 능력이야말로 중국인들의 타고난 재주라고 할 수 있다.

개성 지향 : 집단에서 개인으로, 사고관의 변화

다른 국가와 마찬가지로 중국에서도 '오디션 열풍'이 불고 있다. 2005년 중국판 〈아메리칸 아이돌American Idol〉인 후난湖南위성TV의 〈슈퍼 걸超級女聲〉이 인기를 끈 데 이어, 둥팡東方위성TV의 〈차이나 갓 탤런트中國達人秀〉, 저장浙江위성TV의 〈보이스 오브 차이나中國好聲音〉 등 각종 오디션 프로그램들이 폭발적으로 선보이고 있다. 이러한 프로그램의 인기는 중국 사회에 적지 않은 충격을 안겼다. 개성과 능력만 있다면 '관시' 없이도 얼마든지 성공할 수 있다는 메시지를 시청자들에게 전했기 때문이다.

독생자정책으로 소황제로 자라났으며 시장 개방 이후 서구문물의 세례를 한꺼번에 받은 바링허우와 주링허우는, 기성세대와는 확연히 다른 그야말로 '신세대'들이다. 이들은 미드(미국 드라마)와 일드(일본 드라마), 한드(한국 드라마)를 다운받아 보며 해외가요를 따라 부른다. 가치관도 기성세대와 다르다. 일례로 '섹시하다'란 표현은 그간 중국에서 부끄럽고 심지어 수치스럽기까지 한 단어로 통용됐는데, 최근에는 부정적인 느낌은 커녕 여성이라면 갖춰야 할 매력요소라는 의미가 부여됐다.

개인의 개성을 강조하는 서구 문화의 영향력은 광고에까지 미치고 있다. 중국의 이동통신회사인 차이나모바일中國移動通信은 광고에서 "나는 할 수 있다!"란 카피를 사용했으며, 캐논 IXUS의 광고에서는 "당신의 다양한 색을 뽐내세요"란 문구가 등장했다. 집단 속에서 개인의 개성을 숨기던 과거와는 확연히 다른 모습이다.

자신만의 개성을 내세우길 좋아하는 신세대들이 주류 세력으로 성장하면서 사회의 모습도 많이 달라지고 있다. 이들은 사회적 목표 앞에 개인적 목표를 둘 줄 안다. 다른 사람들의 시선에 신경쓰지 않고 스킨십을 하기도 하고 자유연애도 즐긴다. 개인적인 목표에 맞지 않는다면 아예 결혼하지 않거나 결혼한 뒤에도 이혼하는 형태의 서구식 생활방식도 이제는 익숙하다. 중국의 사회주의로 인해 잠시 억눌렸던 개인의 개성 표현이, 글로벌 시대를 맞이하면서 폭발한 것이다. 13억 5000만 명의 인구가 조화를 이루면서도 개인의 개성을 잃지 않는 그 비결에 중국의 잠재력이 숨어 있다.

지금껏 살펴본 사회적 맥락과 개인적 가치관들이 이 책에서 일곱 가지로 정리한 중국 소비자의 소비DNA를 만들어내고 있다. 이제 중국의 소비시장을 공략하기 위해 반드시 알아야 할 중국인에게 내재된 7대 소비DNA를 하나씩 구체적으로 살펴보자.

본질을 찾아서
Core Values

중국인들은 근원적인 것을 따지는 데 익숙하다. 삶의 균형, 자연과의 조화를 중시하는 음양오행陰陽五行 사상이 삶 곳곳에 뿌리내리고 있는 것처럼, 본질적인 것을 추구하는 습관이 일상화돼 있다. 특히 최근 들어 사회의 발전과 변화속도가 빨라지면서 흔들리는 본질을 점점 더 강렬하게 갈구하고 있다. 일례로 공장에서 대량생산된 제품들이 소비자의 삶을 위협하고 각종 식품사고가 연이어 발생하자, '가공되지 않아 인체에 무해하다'는 의미의 '톈란天然'이 '프리미엄'의 의미로 통용되기 시작했다.

이제 모든 소비재의 영역에서 중국 소비자들에게 '본질적 가치에 대한 믿음을 얼마나 줄 수 있느냐'에 따라 성패가 갈리는 시점이 왔다. 근원적이고 본질적인 생활습관에서부터 시장경제로부터 파생된 제품과 서비스에 이르기까지, 본질을 중시하는 중국 소비자를 이해하는 것이 무엇보다 중요하다.

DNA구조 : 균형 잡힌 삶의 추구

중국은 당나라와 송나라 때부터, 한국에도 잘 알려진 음양오행을 바탕으로 건강한 식단의 기초를 마련해왔다.[7] 이러한 전통은 현재까지도 중국인들의 식문화에 깊은 영향을 미치고 있다. 찬 음식과 더운 음식의 조화, 채소와 생선, 고기를 골고루 갖춰 먹는 습관 등 '잘 먹음으로써 영양상태에 균형을 이뤄 건강을 유지한다'는 원칙을 여전히 고수하는 편이다.

이러한 특성 덕분에 중국인들은 인위적으로 영양분을 습득하기보다는 자연으로부터 영양분을 섭취하기를 선호한다. 비타민 같은 건강보조제로 부족한 영양분을 보충하기보다 가공하지 않은 재료를 그대로 먹는 것이 건강에 훨씬 도움이 된다고 생각한다. 과일을 통째로 가방에 넣고 다니다가 수시로 꺼내 먹는 중국인들의 모습을 어디서나 쉽게 발견할 수 있는 이유다.

중국인들에게 맛있는 음식이란 '원재료가 신선한 음식'을 의미한다. 음식을 먹을 때는 그것을 구성하고 있는 재료들, 예를 들어 원재료인 고기나 채소가 얼마나 싱싱한가에 대한 관심이 높다. 매일매일 소량씩 장을 보는 습관은 물론이고 시장과 마트가 유난히 주거공간과 가까이 위치해 있는 것도, 신선한 식재료를 사용해 바로 요리하는 것을 선호하는 중국인들의 특성을 잘 보여준다. 심지어 '냉장고에 하루 이상 보관한 음식은 먹기에 좋지 않다'는 인식까지 갖고 있다.

차가운 음료를 멀리하는 경향도 독특하다. 물이나 차, 심지어 콜라나 맥주까지도 실온상태를 선호한다. 차가운 음료가 체온을 급격히 변화시켜 몸의 균형을 깨뜨리지 않도록 조심하는 것인데, 아주 작은 식습관에서조차 '균형'과 '조화'를 중시하는 태도가 엿보인다. 비슷한 맥락으로 중국의 젊은 여성들은 어머니로부터 '여자는 찬물에 발을 담그지 말아야 한다'는 조언을 자주 듣는데, 차가운 물을 마실 때와 마찬가지로 몸의 균형이 흐트러질 수 있기 때문이다.

이들은 비단 식습관뿐만 아니라 신체 자체의 균형을 중시한다. 몸 전반의 기氣를 중시하기에, 혈액순환이나 피로해소 혹은 미용을 목적으로 한 마사지산업이 중국 소비자들의 평균 소득수준에 비해 유난히 활성화돼 있다. 중국의 마사지산업은 2005년 500억 위안(9조원)에서 2010년에는 무려 2000억 위안(36조원) 규모로 급성장했다.[8] 실제로 건물 하나가 통째로 마사지숍으로 운영될 정도로 큰 규모를 자랑하며, 건물 입구는 마치 고급 호텔의 로비처럼 럭셔리하게 꾸며져 있다. 마사지가 끝난 후 개별 PC가 연결된 안락의자에서 휴식을 취하거나 잠을 자는 모습은 한국의 찜질방과 유사해 보인다. 하지만 그 규모나 럭셔리함은 한국의 찜

광저우의 한 마사지숍. 호텔 로비와 같은 입구, 일급 요리사들이 준비한 식사를 즐길 수 있는 식당, 마사지 후 휴식을 취하는 개인공간까지 갖춰져 종합 휴식공간으로 인기를 끌고 있다. 몸의 휴식을 중시하는 중국 소비자들의 특징이 엿보인다.
(출처 : 55tuan.com)

질방과는 비교할 수 없을 정도여서 중국인들의 마사지에 대한 무한한 사랑을 엿볼 수 있다.

중국인들은 일과 여가에서도 균형을 중시한다. 중국은 시장경제가 더 일찍 자리잡은 일본이나 한국처럼 여가보다 일이 먼저인 업무 중심적인 생활보다는 '정시 출근, 정시 퇴근'의 여유로운 생활에 더 익숙하다. 공산당의 오랜 통치로 인해 일과 여가를 확실하게 분리하는 습관이 일찍부터 자리잡았기 때문이다.

베이징 지역신문 베이징천바오北京晨報의 직장인 근무실태 조사결과에 따르면, '바우허우85後(1985년 이후 출생자)'세대는 점차 더 높은 충성도를 요구하는 회사와 개인적인 자아실현을 중시하는 가치관 사이에서 큰 갈등을 겪고 있는 것으로 나타났다.[9] 중국 사회에 점차 경쟁 중심의 시장경제가 도입되면서, 삶의 균형을 중시하는 개인의 근본적인 사고와 마찰을 일으키고 있는 것이다.

소비특성의 영향 : 원천성분과 고유성에 집착

본질을 중시하는 중국 소비자의 특성은 제품을 구성하는 가장 기본적인 단위인 '성분'에 집착하거나 제품의 '원천성'에 관심을 기울이는 형태로 나타난다.

중국인들이 미美를 보는 시각을 봐도 원천을 강조하는 특성이 뚜렷하게 드러난다. 가령 대다수의 중국인들은 인공적인 아름다움보다는 근본적인 아름다움이 더욱 중요하다고 생각한다. 화장이나 성형수술 등으로 외모를 아름답게 꾸미는 일에 관심이 많기는 하지만, 이러한 과정이 '단

점을 가리는 행위'가 아니라 '기본적으로 타고난 미를 발현시키는 행위'
로 간주된다는 점에서 다른 나라의 소비자들과 확연히 구분된다. 색조화
장보다 기초화장에 더 큰 공을 들이는 것도 피부 자체를 건강하게 만드
는 것이 무엇보다 중요하다는 사고가 뿌리내리고 있기 때문이다.

> "사람마다 미에 대한 개념이 다 달라요. 저는 내면의 아름다움이 중요하다고
> 생각해요. 조금 못생겼더라도 지식이 풍부한 사람과 친구 하고 싶어요. 잘 꾸
> 미고 패션도 뛰어난 사람은 포장된 미인 거죠. 제가 생각하는 진정한 미는 자
> 연의 미예요." _42세, 기혼여성, 교직원, 남편과 중학생 아들, 월평균 가계소득 1만 8000위안
> (324만원), 상하이 거주

화장품을 구매할 때는 그 화장품의 구성성분이 본질적으로 좋은 것
인가를 가장 중요하게 따진다. 해외 고급 브랜드들이 본격적으로 중국
시장에 뛰어들면서 뷰티산업이 크게 성장하고 있는 가운데, 최근 중국
의 자생 브랜드들이 급부상할 수 있는 배경도 여기서 찾을 수 있다.
　인기 있는 로컬 브랜드들의 공통점은 신체에 좋은 성분, 즉 한방성분
을 강조하는 중약中藥화장품이라는 것이다. 2000년 중국의 유명 한의사
가 설립, 한약재를 사용한 최초의 화장품브랜드로 꾸준한 인기를 얻고
있는 샹이번차오相宜本草, INOHERB나 이와 유사하게 한약재를 사용한 화
장품으로 시장을 확대하고 있는 바이차오지佰草集, HERBORIST는 대표적
인 한방화장품이다.[10] 1998년 출시돼 중국 내 프리미엄 브랜드로 자리
잡고 있는 상하이자화上海家化, Shanghai Jahwa 역시 한방성분과 약초성분,
거기에 더해 음양이라는 중국 전통요소와 자연과의 균형을 이루는 콘셉
트를 강조함으로써 2007년에는 해외 시장까지 진출했다. 라네즈 등 한

국 화장품브랜드들이 중국에서 성공을 거둔 비결도 아시아인의 피부 자체에 적합한 제품이라는 인식 때문이라는 점에서, 동일한 맥락으로 해석할 수 있다.

> "한국 제품인 설화수와 헤라를 쓰고 있어요. 초창기에는 유럽, 미국 쪽의 제품을 선호했는데 아시아인의 피부가 서양인과는 다르기 때문에 아시아 제품을 선호하죠. 한국 드라마가 중국에 들어오고, 거기 나오는 한국 배우들이 정말 피부가 좋아서 한국 화장품을 더 좋아하게 된 것 같아요." _34세, 기혼여성, 통신회사 근무, 남편과 2세 딸, 월평균 가계소득 2만~3만 위안(360만~540만원), 상하이 거주

제품의 원천이 되는 성분을 중시하는 경향은 화장품뿐만 아니라 다양한 영역으로 확대되고 있다. 대표적으로 윈난바이야오雲南白藥 치약

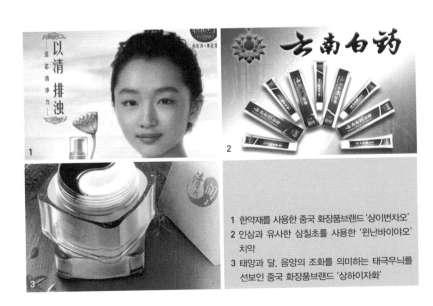

1 한약재를 사용한 중국 화장품브랜드 '샹이번차오'
2 인삼과 유사한 삼칠초를 사용한 '윈난바이야오' 치약
3 태양과 달, 음양의 조화를 의미하는 태극무늬를 선보인 중국 화장품브랜드 '상하이자화'

은 삼칠초三七草라는 성분을 사용한 한방치약으로 포지셔닝해 성공을 거뒀다.[11] 피부성분을 구성하는 것으로 알려진 콜라겐을 활용한 제품들은 2011년 중국 시장 히트상품으로 대거 선정되기도 했다.

제품의 특성에서도 원천이 중요시된다. 중국 소비자들은 소위 프리미엄 제품의 가장 중요한 조건으로 그 제품만의 '고유한 가치'를 꼽는다. 다른 기업에서 쉽게 모방하지 못하는 그 제품만의 특징이 있어야 하며, 아무 곳에서나 쉽게 구할 수 없는 희소성 있는 제품일 때에야 고급 프리미엄 제품이라는 것이다.

> "고품격 제품이라면 그 제품만의 구매가치가 있어야 할 것 같아요. 예를 들어 고품격 제품이란 아무 데서나 쉽게 구입할 수 없는 제품이라고 생각해요. 한국 제품 중에 바나나 우유가 정말 선풍적인 인기를 끌고 있는데, 이 제품도 그것만의 특별함을 가지고 있고 특정 상점에서만 판매하죠."_33세, 기혼남성, 개인사업, 부인과 2세 딸, 월평균 가계소득 2만~3만 위안, 상하이 거주

고유성과 원천성은 다른 국가에 대한 이미지나 그 국가에서 생산되는 제품에까지 확대 적용된다. 국가에 대한 이미지가 제품의 특성에 투영돼 나타나는 일종의 원산지효과와 유사하다. 가령 아름답고 청정한 대자연을 자랑하는 호주에서 수입되는 분유나 유제품은 중국 시장에서 프리미엄 제품으로 인정받는다. 유행이 빠르고 뛰어난 전자기술을 자랑하는 한국은 뷰티 관련 상품이나 가전제품에서 경쟁력을 갖추고 있다. 즉 중국 소비자들은 해당 국가가 가진 원천성에서 제품의 가치를 발견하고 판단하는 것이다.

> "한국은 전통적으로 분유를 생산하는 나라가 아니에요. 차라리 한국산 음료

수 같은 것을 더 선호할 것 같아요. 제게 한국이란 나라의 느낌은 아주 젊고 유행을 잘 따른다는 거예요. 그래서 한국산 화장품이라든지 옷은 모두 구매하겠지만 분유는 아닌 것 같아요."_34세, 기혼여성, 통신회사 근무

"이 집 말고 시내에 있는 집에서 사용하는 전자제품은 거의 모두 삼성이나 LG 제품이에요. 일본 제품과 큰 차이가 안 나는 것 같아요. 사실 중국 사람들이 애국심이 강해서 일본 제품은 배제하는 경우도 많아요. 한국 제품은 유행을 잘 따르고 디자인이 예뻐요. 솔직히 일본과 한국의 가전제품이 별 차이가 없기 때문에 세일이나 행사하는 제품을 선택해요. 기왕이면 가격이 싼 게 더 좋으니까요."_28세, 기혼여성, 회사원, 남편, 3개월 된 아들, 시부모와 동거, 월평균 가계소득 4만 5000위안(810만원), 광저우 거주

소비트렌드로의 발전 : 친환경의 프리미엄화

시장의 성숙도에 비해 친환경 제품을 찾는 경향이 빠르게 정착되고 있는 현상도 본질을 강조하는 중국인들의 특성과 관련이 깊다. 특히 환경오염 등 사회문제가 대두되면서, 본질적으로 깨끗하고 안전한 제품에 더 비싼 비용을 지불하는 자본주의적 로하스가 중국 사회에 빠르게 유입되고 있다. 녹색소비라고 번역되는 로하스 혹은 친환경 제품이 또다른 형태의 프리미엄 가치를 갖기 시작한 것이다.

식품은 로하스적 소비가 가장 강하게 나타나는 부문이다. 화학비료나 농약을 사용하지 않은 유기농 식품에 대한 관심이 빠르게 증가하고 있는데, 특히 가짜 달걀이나 분유 등 식품 관련 안전사고가 빈번히 발생하면

중국에서 인기를 끌고 있는 프리미엄 유기농 식품매장들

서 이에 대한 반등으로 친환경 제품의 인기가 날로 치솟고 있다. 일례로 베이징이나 상하이 등지에는 유기농 농장과 소비자가 직접 거래할 수 있도록 지원하는 '프리미엄 회원제서비스'가 인기다. 본질적인 것을 추구하는 중국 소비자의 특성이 시장경제와 만나면서 유기농 제품의 프리미엄화가 급속도로 진행되고 있다.

녹색소비의 일환으로 식품뿐 아니라 유기농 의류를 선호하는 사람들도 크게 늘고 있다. 친환경 의류를 선호하는 소비자들은 중국 시장에서 판매되고 있는 일반 면제품들이 여러 차례의 가공단계를 거쳐 생산됐기 때문에 천연 제품이 아니라고 인식한다. 피부에 직접 닿는 제품이기에 특히 어린 자녀들이 입는 옷에 더욱 예민하다.

유기농 의류는 인공 색소를 첨가하는 가공과정을 거치지 않기 때문에 제조과정에서부터 친환경적이다. 이에 보播, Broadcast처럼 천연 재료, 천연 염색을 표방하는 유기농 의류브랜드들은 베이징, 상하이 등 주요 대도시의 백화점에 입점돼 높은 가격으로 판매되고 있으며, 고가에도 불구하고 큰 인기를 누리고 있다.

중국에서는 아파트 등을 분양할 때 기본골조만 제공한다. 이처럼 특이한 주거문화 때문에 중국 소비자들은 실내 인테리어에 관심이 많은 편이

천연 재질, 천연 염색을 강조하는 프리미엄 로컬 패션브랜드 '보'

다. 그리고 친환경 열풍은 인테리어영역에까지 불어닥치고 있다. 스타벅스나 만커피漫咖啡, Maan coffee 등에서는 나무를 통째로 옮겨놓은 듯한 자연적인 인테리어를 선보여 소비자들로부터 좋은 반응을 얻고 있다. 또한 황사나 사스 등 환경오염에 대한 소비자들의 염려가 커지면서, 공기 청정효과가 있다고 알려진 천연 활성탄이 고가의 가격에도 불구하고 불티나게 판매되고 있다.

중국 소비자들의 로하스 소비동향에 대한 국내 연구에 따르면, 중국인들이 로하스 제품을 구매하는 이유는 ▲가격 대비 가치가 높기 때문에 ▲나에 대한 투자의 의미로 ▲새로운 제품 스타일이므로 ▲다른 사람과 구별되기 때문에 순으로 나타났다. 중국에서 친환경 제품의 프리미엄화가 '과시' 대신 '우수한 품질'의 의미를 갖는다는 것은, 비교적 시장경제에 뒤늦게 합류한 중국에서 왜 이토록 로하스 열풍이 강한가에 대한 답을 짐작케 한다. 바로 본질을 중시하는 중국 소비자의 특성 때문인 것이다.[12]

1 상하이에 위치한 스타벅스의 인테리어 모습.
  로하스 등의 단어를 사용하고 있음
2 공기 청정효과가 있다고 알려진 활성탄으로 만
  든 테이블. 고가이지만 불티나게 팔림 (출처 :
  archithing.com)
3 베이징에 위치한 만커피 매장의 친환경 인테
  리어 (출처 : nuomi.com)

시사점 : 진정성이라는 기본원칙으로 승부하라

중국 시장에서 '본질'이 중요해지고 있다. 자연과의 조화와 신체의 균형
을 중시하는 전통적 사고에 더해, 최근 중국을 강타한 '신뢰의 위기'와
'체험경제의 부상'으로 소비자들은 더욱더 본질에 집중하고 있다. 그렇기
에 중국 소비자들이 갖고 있는 고유한 본질을 이해하고 이를 반영한 제
품과 서비스를 출시하는 한편, 실제로 그 가치를 경험할 수 있도록 제품
을 통해 증명하는 적극성이 요구된다. '진정성'이라는 가장 기본적인 원
칙이 중국 시장에서 다시 한번 주목받고 있는 것이다.

 본질을 중시하는 중국 소비자를 장기적인 충성고객으로 만들기 위해서
는 무엇보다도 먼저 삶의 균형을 중시하는 라이프스타일을 이해해야 한
다. 스타벅스의 경우를 살펴보자. 미국에서는 출근하는 직장인들의 테이

크아웃 수요에 맞춰 작은 매장을 운영하고 있지만, 중국에서는 매장의 규모를 크게 확장하는 동시에 여러 명이 함께 앉을 수 있는 테이블을 두는 형태로 인테리어를 수정했다. 천천히 차를 마시며 여유롭게 시간 보내기를 좋아하는 중국인들의 일상을 이해한 것이다.[13]

다음으로 중국 소비자들이 원하는 본질이 무엇인지를 고민하는 과정도 중요하다. 스타벅스의 음료 중 딸기 프라푸치노는 인공 색소 대신 연지벌레 분말로 만든 코치닐색소를 사용한다. 한국 등 다른 국가에서는 천연 색소를 사용한다는 점에서 크게 환영받았으나, 중국에서는 채식주의자를 비롯한 약 6500명이 이를 문제 삼아 결국 중국 내 딸기 프라푸치노 판매를 중단했다. 무조건 본질을 강조하기보다 '중국인들이 원하는 본질'에 대한 고민이 선행돼야 함을 보여주는 사례라 할 수 있다.

셋째, 해당 제품이 지닌 원천기술, 고유성, 독자성을 강조하는 전략 역시 중요하다. 중국 소비자들은 제품이 갖고 있는 아이덴티티에 대해서도 원조와 같은 본질성을 추구하기 때문이다. 오랜 역사를 갖고 있는 제품, 쉽게 구하기 어려운 희귀성을 지닌 제품이 각광받는다. '이 나라는 ○○로 유명하다'는 식의 전문성도 중국 소비자들에게 어필하는 요소다. 만약 국가 이미지나 브랜드에서 독자성과 고유성을 빌려올 수 없다면, 특정 분야의 전문가나 세계경기에서 두각을 보인 운동선수 등 독창적인 아이덴티티를 지닌 광고모델을 기용함으로써, 본질의 이미지를 차용하는 전략을 사용하는 것도 한 가지 방법이다.

마지막으로, 중국 사회에서 발생하는 각종 사건사고로부터 친환경 제품의 성장기회를 발견할 수 있어야 한다. 전 세계 생수 판매량 3위를 기록하고 있는 네슬레Nestlé는 역설적이게도 플라스틱 생수병으로 인한 쓰레기가 환경을 오염시킨다는 우려로 서구 시장에서는 매출상승률이 점차 둔화되고 있다. 반면 중국 시장에서는 호수와 강의 70%가 공장 폐수에 의해 오염됐다는 보도 이후 생수를 찾는 소비자들이 급증해 2012년에만 90억 달러의 매출을 기록했으며, 2017년에는 160억 매출을 예상하고 있다.[14] 아직은 '사회적으로 이로운 친환경'보다 '개인적으로 이로운 친환경'의 속성을 더 중요하게 생각하는 단계인 중국 시장의 특성을 이해하고, '100% 유기농' '천연성분' '로하스' '녹색' 등의 수식어가 지닌 프리미엄의 가치를 본격적으로 소구하는 전략이 필요하다.

체면과 실속 사이

Mianzi Republic

체면 차리기라면 한국도 빠지지 않지만, 중국만큼 체면을 중시하는 나라도 없을 것이다. 흔히 중국을 이해하기에 앞서 그들의 체면문화에 익숙해져야 한다고 말할 정도로 중국인들에게 몐쯔面子(체면)는 그들 삶의 시작과 끝이다. 그런데 이토록 중요한 중국의 체면문화를 우리는 과연 얼마나 정확하게 이해하고 있을까? 중국의 몐쯔는 한국의 체면과 비슷하면서도 상당히 다른 개념이다.

아마도 한 번쯤은 '체면이 밥 먹여주냐'라는 말을 들어봤을 것이다. 이는 한국인들에게 체면이 생존에 필수적인 먹는 행위와 비견될 정도의 중요한 의미이며, 밥 이상의 가치를 지닌다고 생각하는 사람이 많다는 사실을 역설적으로 보여준다. 한국 젊은이들의 비속어인 '쪽팔리다' 외에도 '비단옷 입고는 구걸 못한다' '가난할수록 기와집 짓는다' '냉수 먹고 이 쑤시기'같이 체면과 관련된 속담도 매우 다양하다. 한국의 체면문화는 타인 지향적 감정, 즉 과시와 허영 혹은 허세와 겉치레가 강조된 경우가 많다.

한국인들의 체면이 타인 의식적이며 세속적인 평가를 고려하는 행위에 집중됐다면, 중국인들의 체면은 좀더 자기 지향적이며 비세속적이다. 그들에게 체면은 거룩하고 신성한 '예'와 '의', 그리고 '염치'를 지키는 행위다. 자신의 삶을 지탱하게 하는 '자존심'에서부터 시작된 것이기도 하다. 단순히 보여주기식의 과시 목적도 없지 않겠지만 그보다는 존재의 의미를 규정하는 개인적 신념의 의미가 더 크다. 그렇기 때문에 중국 소비자들에게 체면은 내재화된 생활습관이자 때로는 목숨과도 바꿀 수 있을 만큼의 중요한 가치다.

눈여겨볼 지점은 시대적 흐름 속에서 체면에 대한 인식이 차츰 새로운 방식으로 규정되고 있다는 사실이다. 요즘 중국의 젊은 사람들은 체면만 차리다가는 실속을 놓치기 쉽다고 생각하는 경향이 있다. 체면과 현실의 가치가 선택적으로 조화를 이루고 양립하는 현상은 향후 중국 사회의 주목할 만한 트렌드로 발전될 것이다. 현대 중국인에게는 새로운 딜레마가 등장하고 있다. '체면이냐 실속이냐, 그것이 문제로다.'

DNA구조 : 중국 소비자의 체면 차리기 유형

중국인들에게 체면이란 구체적으로 무엇인가? 그들은 어떨 때 체면을 차리는가? 사실 체면이란 단어만큼 일상생활에서 흔히 쓰이면서도 정확히 이해하기 어려운 말도 드물다. 영어로는 'social face' 정도로 번역되며 말 그대로 '사회적 얼굴'을 뜻한다. 하지만 체면은 아시아권의 독특한 관념이기 때문에 서구권에서는 의미가 명확하게 존재하지도 않을뿐더러, 남의 시선을 크게 의식하지 않는 서구 문화의 특성상 구체적인 개념 자체가 쉽게 이해되지도 않을 것이다.

중국에서 체면은 크게 두 가지 유형으로 구분되는데 '얼굴'의 의미를 지닌 '롄脸'과 '이미지'라는 뜻의 '몐쯔'로 나뉜다. 롄은 도덕적 인격과 관련된 체면을 뜻하는데, 이때 말하는 체면은 예와 격식 혹은 존중을 의미한다. 우리가 흔히 중국어로 체면이라고 알고 있는 몐쯔는 사회적 성취와 관련 있는 능력과 권위를 위한 체면을 뜻한다.[15] 종합해보면, 중국에서 체면이란 '내적으로는 도덕적·인격적 조화를 이루어 인간으로서 도리에 맞는 행위를 지탱해나가는 것을 의미하며, 외적으로는 사회적 성취를 위한 타인의 긍정적 평가 및 인정에 대한 기대심리가 표출되는 현상'이라고 볼 수 있다.

그렇다면 중국인들이 이토록 중시하는 체면은 소비와 어떤 관계가 있을까. 소비와 연관해 체면 차리기 유형을 분류하면 크게 도덕적 체면, 존중의 체면, 세속적 체면, 실속의 체면, 네 가지 정도로 생각해볼 수 있다.

도덕적 체면 : 체면 지키기

중국 전통의 유교적 가르침에 의하면 예의염치를 아는 사람만이 도덕적으로 인격을 갖춘 사람이라고 한다. 특히 청렴과 부끄러움을 아는 태도인 '염치'는 성숙한 인간이라면 반드시 지녀야 할 미덕으로 통한다.

유교적 사상 덕분인지 체면 차림에 있어 중국인들이 가장 중시하는 부분은 바로 도덕적 측면이다. 도덕적 체면은 자신의 행동을 부끄러이 여기고 이를 탈피하고자 하는 내적 성찰의 과정이며, 이러한 도덕적 체면의 완성이야말로 인격적인 성숙을 의미한다. 체면을 차리는 일이 인간의 기본적 도리를 실천하는 근간이 되는 것이다. 따라서 중국인들에게 도덕적인 체면은 개인의 자존심 혹은 자존감과 상통하며, 존재의 의미를 부여할 만큼 절대 포기할 수 없는 신념이다.

과거부터 전해내려오는 중국의 역사적 사례를 살펴보면 체면 때문에 죽음까지 자처한 경우를 여럿 발견할 수 있다. 나라를 빼앗기는 굴욕을 겪느니 산에 들어가 굶어죽는 편을 택한 백이와 숙제, 유방에게 패하고 도망가는 대신 자결한 항우는 모두 체면 때문에 죽음을 선택한 역사적 인물들이다.[16]

이러한 도덕적 체면 차리기는 소비생활에서도 고스란히 나타난다. 한국의 꼼꼼한 소비자들은 옷을 사기 전에 수십여 개의 상점을 돌고, 상점에 들어가서도 수십여 벌의 옷을 입어본다. 설사 아무것도 사지 않고 나오더라도 전혀 부끄럽게 생각하지 않는다. 그 정도의 서비스는 당당하게 요구할 수 있는 행위이자 예비고객으로서의 권리라고 여기기 때문이다. 구매한 물건의 교환이나 환불에 거리낌이 없는 것도 같은 맥락에서다. 반면 중국 소비자들은 여러 상점에 들어가 품질과 가격을 비교하는 '발품팔이' 정도는 할 수 있어도, 이것저것 착용해보고 그냥 나오는 경우는 일부 몰염치한 사람에게나 있을 법한 일이다. 중국의 전통적인 소비자들은 사지 않을 옷이라면 입어보지도 않는 것이 상식적인 예의라고 생각한다. 또한 구입한 제품이 만족스럽지 않을 경우에도 웬만해서는 교환이나 환불을 하지 않는 것이 체면을 지키는 일이라고 여긴다.

물건을 구매할 때도 한국인들처럼 치열하게 흥정하지 않는다. 너무 따지고 비교하는 것 혹은 너무 아끼려는 것도 '샤오치小氣', 즉 인색하고 통이 작으며 체면이 없는 행위라고 여기기 때문이다.[17] 이러한 문화적 차이로 인해 한국에서 통하는 현명한 소비행동이 중국에서는 몰상식한 소비행동으로 전락할 수 있다. 중국인들은 흥정을 할 때도 상인들의 자존심을 건드리지 않는 것이 도덕적 체면을 갖추고 염치를 아는 행동이라 여긴다. 또한 같은 맥락으로 중국인들에게 계산적이고 논리적이라는 평가는 매우 부정적인 이미지를 지닌다. 이는 주로 남방 사람들에게 두드러진 특징인데, 그러한 이미지 자체를 호방하지 못하고 쩨쩨하다는 식으로 인식해 도덕적 체면에 손상을 입은 것으로 받아들이곤 한다.[18]

전 세계적으로 중국인들은 이재에 밝고 금전에 대한 욕망이 뿌리깊은 민족으로 알려져 있다. 하지만 정작 중국인들은 알뜰하게 돈을 모으는 행위나 부자가 되고 싶다는 욕망을 되도록 외부로 표출하지 않는다. 돈을 좋아한다는 이미지가 그들을 물질에 집착하는 '샤오치'로 보이게 하며, 이 역시 도덕적 체면을 깎아내리는 부끄러운 행위로 인식하기 때문이다.

이런 도덕적 체면에 대한 신념 때문인지 그들의 축의금문화는 조금 특별하다. 중국의 한 신문이 대도시 시민을 상대로 축의금 액수 관련 조사를 실시한 결과, 200위안(3만 6000원)이 가장 많은 58%를 차지했고, 500~800위안(9만~14만원)을 낸다는 사람이 약 30%로 두번째로 높았다고 한다.[19] 일반 직장인의 월급이 4000위안(72만원) 미만인 것을 고려하면 실로 어마어마한 액수다. 친분이 두텁지 않은 경우라도 결혼식에 초대받았는데 참석하지 않는 것은 예를 갖추려는 기본적인 염치가 없는 사람으로 인식되기 때문에, 되도록 참석한다. 중국인들에게 체면은 허리가 휘어지더라도 반드시 지켜야 하는 자존심인 셈이다.

존중의 체면 : 체면 지켜주기, 체면 세워주기

도덕적 체면이 스스로 부끄럽게 생각하는 염치를 알고 자존심을 지키기 위한 자기 자신의 신념이 표출된 행위라면, 존중의 체면은 타인의 체면을 지켜주고 세워주는 행위로서 상대에 대한 배려로 인식된다. 즉 상대방을 인정하고 승인하고자 하는 태도에 의미를 부여하며, 상대의 지위나 신분에 기대되는 체면형식을 취함으로써 그의 존엄성을 인식하고 있다는 것을 간접적으로 표현하는 행동이다.

이때 주의할 사실은 상대의 체면을 세워주는 것도 중요하지만 깎아내리지 않는 것을 더 중요하다고 생각한다는 점이다. 만약 제품 구매과정중에 판매원으로부터 모욕감을 느꼈거나 체면이 구겨졌다고 생각한다면, 그 파급효과는 우리가 상상하는 것 이상이다. 그렇지 않아도 충성도가 낮은 중국 소비자들이 그 업체를 두 번 다시 방문하지 않을 것임은 충분히 예상 가능하다. 문제는 구전효과에 강한 영향을 받는 중국 소비자들이 타인의 부정적인 경험을 더 확대시켜 받아들이는 경향이 있다는 사실이다. 체면을 손상당한 소비자의 입김은 각종 SNS를 타고 퍼져 업체의 생사를 결정짓게 만들 정도의 눈덩이효과snowball effect를 가져오게 된다.

중국에서 선물문화가 특히 발달한 이유도 존중의 체면을 통해 설명 가능하다. 한국 사람들은 선물을 할 때 어떤 대가성을 고려하고 목적과 의미를 부여하는 경우가 많기에, 선물을 받는 사람과 주는 사람 모두 부담을 느끼곤 한다. 그러나 중국에서 선물의 의미는 그저 당신을 존중하고 있다는 표현이며, 매우 일상적으로 이루어지는 행위다. 선물로 인해 부채감을 갖거나 대가를 제공해야 한다는 부담을 느끼지 않기에, 기분좋게 받아들이는 경우가 대부분이다. 대신 내가 존중받았다는 감정은 매우 소중하게 기억되며, 따라서 서로의 신뢰를 구축하는 관계 형성에 큰 도움이 되는 수단이다.

공식적인 자리에서 거절의사를 표할 때도 존중의 체면은 매우 중요하게 여겨진다. 중국인들은 구입을 결정하는 순간에 "고려해보겠다考慮一下

(카오루이샤)"라는 표현을 자주 사용한다.[20] 한국에서 고려하겠다는 말은 분명 긍정적 표현이며 고려한다는 고객들 대부분이 구입을 결정하는 경우가 많다. 그러나 중국 소비자들에게 고려는 주로 거절의 의미로 사용된다. 속내를 들여다보면 구입하고 싶지 않지만 사람이 많은 장소에서 상대의 체면을 손상시키지 않겠다는 배려 차원의 표현이다. 체면문화의 발달로 웬만해서는 속내를 보이지 않는 중국 소비자들을 대할 때는, 그들의 의사표현을 액면 그대로 받아들였다간 낭패를 볼 수 있다는 점을 명심해야 한다.

관시가 발달한 배경도 존중의 체면문화와 깊은 관련이 있다. 중국인들은 문제가 발생했을 때, 혹은 도움을 청해야 할 때 누군가의 소개를 받아서 왔다고 한다면 여간해서는 거절하지 않는다. 부탁을 들어주지 않는다면 소개한 사람의 체면을 짓밟는 행위라고 생각하기 때문이다. 이처럼 중국의 관시문화와 체면문화는 그 맥을 함께하는 상호적인 관계를 형성하며 발달했고, 두 가지 문화는 중국을 이해하고 접근하는 바탕이 되고 있다.

세속적 체면 : 남의 눈 의식하기

중국에서는 특별한 경우를 제외하곤, 아무리 형편이 어려운 사람도 식당에서 먹다 남은 음식을 포장해 가는 일은 찾아보기 힘들다. 체면이 깎이는 행동이라고 인식하는 탓이다. 이는 타인의 시선을 의식한 체면 세우기에서 비롯된다. 즉 세속적 체면이란 남에게 비치는 자신의 부정적 모습을 부끄러이 여기는 현상을 뜻하며, 여기서 발생하는 내적 충돌을 탈피하기 위해 자기 연출로 승화시키는 체면형식을 의미한다. 자신의 능력이나 성취를 과시하고자 하는 체면형식이 바로 세속적 체면의 경우에 해당된다.

세속적 체면은 한국 사람들에게도 두드러지게 나타나는 양식이다. '남 부끄럽게' '쪽팔리게' 등 우리가 일상생활 속에서 흔히 접할 수 있는 표현 들을 보면, 한국인들이 타인의 시선과 평가에 민감하고 체면을 차리는 준거기준을 외부에서 찾는다는 사실을 알 수 있다. 그러므로 한국의 체 면 개념과 중국의 몐쯔 개념이 만나는 교집합이 바로 이 '세속적 체면'이 라고 할 수 있을 것이다.

타인에게 체면을 세우고자 하는 과시적 욕망은 중국인들도 크게 다르 지 않다. 이러한 심리적 요인 때문인지 중국인들은 한국에서 쇼핑할 때 도 스케일부터 남다르다. 일본인들이 리스트를 작성해가며 꼼꼼하고 계 획적인 쇼핑을 한다면 중국인들은 수천만원짜리 물건도 주저 없이 지르 는 호방한 스타일을 과시한다.[21]

얼마 전 광고기획사 이노션이 서울·베이징·상하이의 자동차 소유자 500명을 설문조사한 결과 "자동차는 사회적 신분이나 지위를 나타내는 중요한 수단이다" "내 체면을 지키기 위해 중요하다"는 항목에 서울 응 답자의 44.2%와 37.8%가 "그렇다"고 답한 반면, 베이징과 상하이에서 는 60% 이상이 동의했다고 한다. 특히 베이징의 소비자들에게는 자신의 체면과 위신을 차에 연관짓는 현상이 두드러지게 나타난다는 사실을 확 인할 수 있었다.[22]

"큰 차에서 내릴 때 다른 사람들이 부러워하는 시선을 보내면 기분이 좋아 요. 사업 파트너를 태울 때도 그렇고요." _47세, 기혼남성, 부동산사업, 월평균 가계소 득 50만~100만 위안(9000만~1억 8000만원), 충칭 거주

세속적 체면을 중시하는 중국인들에게 고급 담배는 자동차와 마찬가지로 신분을 상징하는 도구로 통한다. 400가지 이상의 중국 담배 중 신분과 체면을 내세우기 좋은 담배는 바로 '다슝마오大熊猫'와 '중화中華'다. 모두 덩샤오핑이 좋아했던 담배로 예전에는 고위관료가 아니라면 구하기도 어려웠다고 한다.[23] 담배 한 개비가 일반 담배 한 갑 가격과 맞먹기에 아무나 피울 수 있는 기호품은 아니다. 이러한 상징적인 의미 때문일까. 길가에서 담배를 피우던 사람이 잘못해서 지나가던 행인과 부딪혔는데, 오히려 피해자인 행인이 납작 고개를 숙이고 사과했다는 일화가 있다. 가해자가 피우고 있던 담배가 '중화'였기 때문에 높은 관료로 지레짐작하고 그런 행동을 했다는 것이다. 담배가 지니는 상징적 의미 때문에 비즈니스 관계에서도 고급 담배를 권하는 것이 상대의 멘쯔를 세워주는 최고의 방법으로 통용된다.

실속의 체면 : 체면 접어두기

최근 중국의 젊은 소비자들을 중심으로 새로운 소비가치가 관찰되고 있다. 바로 '체면보다 실속'의 성향이다. 요즘 젊은 소비자들은 굳이 체면만 내세우는 허례에 얽매이지는 않는다. 그래서 등장한 새로운 유형이 바로 '실속의 체면'이다. 이 다소 모순적인 표현은 기본적으로는 체면을 내세우려는 고유의 뿌리는 남아 있지만 현실과 타협한 일부 젊은이들의 새로운 변화를 지칭한다.

실속은 외견상 체면과는 반대되는 개념이다. 하지만 최근 젊은 세대들에게는 체면이라는 의미 자체가 타인의 평가를 위한 것이 아니라 스스로의 만족에 기인한 문제이기 때문에, 양자가 상충할 경우에는 체면과 실속이 함께 갈 수 있다는 이중적 입장을 취한다. 한마디로 체면을 차릴 때는 차리되 그 속에서 실리 또한 따지겠다는 것이다. 팍팍한 생활로 곤궁함이 더해진 젊은이들, 혹은 물질주의에 흡수된 젊은이들은 이제 더이상 무모하게 체면만 내세우지 않는다. 그래서 체면을 하나의 사회적 기술로 인식하는 이들은 체면에 대해서도 치고 빠질 타이밍을 적절히 잘 포착한다.

> "중국인들은 체면만 차리기 위해서 절대 허튼 돈을 쓰지 않습니다. 중국인들에게 체면과 실속은 공존하는 가치입니다." _43세, 기혼남성, 개인사업, 월평균 가계소득 2만 위안(360만원), 창춘 거주

예를 들면 이런 것이다. 중국에서 손님을 접대할 때 음식을 넉넉히 주문해야 한다는 것은 젊은 소비자들에게도 예외 없이 적용되는 체면의 문제다. 그래서 누군가를 접대해야 한다면 성대하게 요리를 대접하기는 하겠지만, 그 방법론에 있어서는 대접해야 할 근거가 매우 타당해야 하며 금전적 손실을 최소화하는 식으로 조금 까다로워진다. 이를테면 쿠폰, 할인카드 등을 총동원해 대접하는 것이다. 한국에서라면 누군가를 접대하면서 쿠폰과 할인카드를 잔뜩 들고 나가면 오히려 체면이 깎인다고 할지도 모르겠다. 하지만 중국에서는 이러한 체면과 실속의 절묘한 절충이 종종 일어난다.

덩샤오핑이 '검은 고양이든 흰 고양이든 쥐만 잘 잡으면 된다'는 흑묘백묘黑猫白猫 이론을 주창한 이후로 중국인들은 본격적으로 물질주의 사상에 흡수됐고 모두가 물질주의 열풍에 휩싸였다고 해도 과언이 아닐 정도였다. 세대의 도덕적 가치관과 인생관이 새롭게 바뀌었고 '앞을 보라'는 혁명의 구호가 '돈을 보라'는 구호로 바뀔 정도로 실용적 가치관이 팽

배해졌다.[24] 따라서 개혁개방 이후 진보적인 성향의 세대들 사이에서는 지나친 체면 차리기는 낡은 권위와 허례허식일 뿐이며 중국 사회가 더욱 발전하기 위해서는 '정신적 허영'인 체면을 버려야 한다는 주장이 점차 힘을 얻고 있다는 점에 주목할 필요가 있다.

시사점 : 존중의 체면을 바탕으로 한 고객서비스

중국에서는 춘제 때 한 해의 액운을 물리치라는 의미로 대학 입학 전까지의 학생들에게 '훙바오紅包(축의금이나 세뱃돈을 넣는 붉은 종이봉투를 뜻하는 용어로, 일반적으로 축의금의 의미로 사용)'를 주는 풍속이 있다. 그런데 체면을 중시하는 성향 탓에 훙바오의 금액이 천정부지로 치솟고 있어 일반인들은 더이상 감당이 되지 않는 수준에 이르렀다고 한다. 보통 조카들에게 한 명당 1000위안(18만원)씩 주고, 친구의 자녀들에게 500위안(9만원)씩 주고 나면 5000위안(90만원) 정도의 월급이 바닥날 지경이라는 것이다.[25] 사정이 이렇다보니 세뱃돈을 주지 못해 체면이 구겨질 바에야 고향에 안 가고 말겠다는 '쿵구이쭈恐歸族(고향에 돌아가는 것을 두려워하는 사람들)'가 늘고 있다.

세뱃돈문화만 봐도 짐작할 수 있듯이 중국을 논할 때 체면을 제외한다면 그들 소비에 기반이 되는 문화적 습성을 충분히 이해하기 어렵다. 역사적으로 중화사상이 뿌리깊은 민족에게 체면은 관념적으로 내재화된 민족적 특성이다. 중국에 대한 자부심, 스스로에 대한 자존심은 고스란히 체면 차리기로 반영되며, 중국인들의 가치관을 지배하는 신념이 된다. 또한 평등주의에 익숙한 그들에게 체면이라는 명분을 내세워 남보다 두드러지게 인정받고 싶은 욕망은 소비생활에도 그대로 나타난다. 그러므로 중국의 소비자들을 설득해내기 위해서는 그들의 특수한 문화적 현상인 체면을 이해할 필요가 있다.

중국과 한국에서 체면은 매우 비슷하면서도 다르게 이해되는 경향이 있다. 예를 들어 '화'를 대처하는 방식에서도 큰 차이가 나타난다. 한국 사람들의 경우, 쇼핑을 하다 부당한 대우를 당했거나 억울한 일을 겪게 되면 보통은 그 자리에서 화를 내곤 한다. 즉시 화내지 않으면 체면이 더 손상된다는 방어적 차원에서일 수도 있고, 스스로 화를 참지 못하는 통제 불능의 상태에 이르렀기 때문일 수도 있다.

반면 중국 사람들의 경우 웬만해서는 일단 화를 참고 본다. 화를 내는 행위가 자기 통제를 못한 결과이기에 체면이 더 손상된다고 생각하기 때문이다.[26] 하지만 화를 내지 않았다고 해서 문제가 없는 것은 아니다. 언젠가는 그들이 당한 이상으로 되갚아주기 때문이다. 중국 소비자들의 자존심은 그들 존재의 이유임을 항상 기억해야 한다. 그러므로 기업의 서비스 교육에 대한 강화는 향후 중국 시장 진출의 성패를 판가름하는 하나의 척도가 될 수 있다. 중국 소비자가 진심으로 존중받고 있다는 느낌을 받게 된다면, 체면을 중시하는 그들을 고객으로 확보하는 데 절반은 성공했다고 볼 수 있다. 존중의 체면은 그 어떤 서비스 전략보다 먼저 새겨야 할 덕목이다.

더불어 실속의 체면에 대해서도 지속적인 관심과 대응이 필요하다. 앞서 살펴봤듯, 최근의 실속 있는 젊은 세대들은 실용적이고 실리적인 사고를 체면보다 앞세우는 경향이 있다. 이들의 등장은 향후 중국 소비시장의 빅뱅을 예고할 만큼 영향력 있는 사건임에 틀림없다. 최근 중국 소비자들은 체면을 차리다가도 실속이 유리하다는 판단이 들면 언제라도 과감히 체면을 접을 수 있다. 체면과 실속 사이, 선택은 어디까지나 소비자들에게 달려 있다. 결국 그 선택을 예의주시하고 긴밀하게 대응하는 기업만이 그들의 마음을 사로잡을 수 있을 것이다.

신뢰는 처음이자 끝
In Trust You Can Depend

요즘 중국에서는 '짝퉁'이 범람하는 현실을 풍자하는 이야기가 유행이다. 예를 들면 이렇다. 한 농부가 봄에 종자를 사서 뿌렸는데 아무리 기다려도 싹이 나지 않았다. 알고 보니 농부가 산 씨앗이 모두 가짜였다. 이에 재산을 잃고 상심한 농부가 자살을 하려고 농약을 마셨는데 웬일인지 죽지 않았다. 그가 마신 농약조차도 가짜였던 것이다.

흔히 중국을 '짝퉁 천국'이라고 하지만 그냥 웃어넘기기에는 이야기가 풍자한 현실이 심상치 않다. 중국 뉴스를 접하다보면 가짜 상품이 끝없이 출시됨을 알 수 있다. 가짜 달걀, 가짜 두부, 가짜 새우, 가짜 만두, 가짜 오리알, 가짜 샥스핀…… 이러한 가짜 상품의 범람은 중국 사회를 믿을 사람이라곤 오직 자신뿐인 저신뢰사회로 향하게 하고 있다. 경제 발전의 속도와 사회적 성숙이 발을 맞추지 못하면서 신뢰의 위기가 찾아오고 있는 것이다.

DNA구조 : 누구도 믿을 수 없는 저신뢰사회

무엇도 액면 그대로 믿을 수 없는 저신뢰사회에서 중국 소비자들의 정신적 황폐함은 날로 가중되고 있다. 성장에 대한 무리한 욕심이 낳은 사회적 결과라지만, 사회 전반적으로 퍼져 있는 불신요소들은 이제 성장을 가로막는 제약요소로 반작용한다. 더욱 안타까운 사실은 이러한 현상이 단순히 사회에 대한 불신으로 끝나지 않는다는 점이다. 신뢰의 위기는 오늘날 젊은이들의 도덕적 사고와 공동체의식에까지 부정적인 영향을 미치고 있다.

중국의 서우두징마오 대학, 런민 대학, 중앙차이징 대학이 공동으로 실시한 '중국 사회 신뢰문제에 대한 여론조사'에 따르면 중국인의 87%가 길가에 쓰러진 노인을 방치하는 이유로 '섣불리 나섰다가 괜히 덤터기 쓸까봐' 걱정돼서라고 응답했다.[27] 의로움을 중시하는 공자의 나라 중국에서 쓰러진 노인을 보고도 피해를 볼까봐 방치하겠다니, 놀라울 따름이다. 사람에 대한 불신으로 인해 의리와 도리가 설 자리가 좁아졌다는 방증이다.

기업에 대한 불신은 더욱 심각하다. 시장에서 판매되는 각종 소비재들도 문제지만, 생명과 직결되는 의약품과 건강식품, 그리고 의료시장에 대한 신뢰문제는 중국 소비자들을 더욱 무력하게 만든다. 한 조사에 따르면 어느 외국계 제약회사 제품의 경우 유통되고 있는 물량의 5~10% 정도가 가짜였다고 한다. 심지어는 가짜 주사액을 투여받은 환자가 신장이 완전히 망가지는 사건이 일어나기도 했으며, 심한 경우 목숨을 잃는 일도 허다하다고 한다.[28] 특히 돈벌이에 혈안이 된 병원들의 의도적 오진사례는 소비자들에게 '불신'을 넘어 '분노'를 자아내고 있다. 단순 염증을 두고 암 판정을 내려 항암치료를 받게 한 사례, 생후 3일 된 영아의 단순 장염을 선천성거대결장증으로 진단해 수술 조치한 사례, 맹장염에 걸린 임산부에게 자궁외임신 진단을 내리고 나팔관 제거수술을 감행한 사례 등[29]으로 인해, 중국 소비자들은 회복 불가능한 불신의 늪에 빠져들고 말았다.

한편 저신뢰사회의 또다른 요인이 되고 있는 부유층의 부정부패가 인민의 불신을 가중시키고 있다는 지적도 쏟아져나오고 있다. 사실 중국 사회에서 부자들의 이미지는 그다지 좋지 않다. 개혁개방 이후 초고속으로 성장한 자본주의로 인해 비정상적인 과정을 통해 부를 축적했거나, 관시를 이용했거나, 부패에 연루됐다는 부정적인 이미지가 강하다. 미국의 경제지 『포브스』가 매년 발표하는 중국의 100대 부호 명단은 '구속범죄자 명단'과 다름없다는 우스갯소리가 나올 정도다.[30]

정부의 지나친 인터넷과 언론 통제 역시 신뢰문제에서 빠질 수 없는 뜨거운 감자다. 전 세계인의 소통의 장이 되고 있는 트위터와 페이스북을 차단하는 것도 모자라, 최근에는 중국판 트위터인 웨이보를 정부가 직접 관리·감독하겠다는 입장을 밝혔다.[31] 관계자에 따르면 사회적으로 민감한 사건에 관련한 글들을 즉각 삭제함은 물론이고, 필요할 경우 웨이보를 차단하는 조치까지 취할 것이라고 한다. 최근에 웨이보에 실명제를 도입한 것도 비슷한 맥락인데 사실상 자유로운 언론분위기를 강력히 통제하겠다는 정부의 속내가 드러난 것이다. 네티즌들은 무엇이 두려워 그토록 인터넷 정보의 흐름을 통제하려 드는지 오히려 정부에 대한 신뢰의 근본이 흔들린다는 반응을 보이고 있다.

과연 무엇이 그들을 이토록 의심할 수밖에 없게 만들었을까? 왜 중국 사회에 신뢰의 위기가 찾아온 것일까? 그 원인을 좀더 구체적으로 살펴보자.

첫번째로 돈이 되는 것이라면 무엇이든 할 수 있다는 식의 성장 지상주의와 그 속에서 형성된 소비자와 기업의 상호작용을 들 수 있다. 사실 모든 가짜 상품의 출현은 단가를 무리하게 낮춰 이익을 높이려는 욕망에서 비롯된다. 그러다보니 생산자는 제품의 품질을 통해 소비자와 신뢰관계를 구축하기보다는 제품의 표면적 재현을 통해 소비자를 현혹시키는 방법에 더 관심을 둘 수밖에 없었다.

겉보기에 그럴싸한 제품을 소비자에게 선보임과 동시에 저렴한 가격으로 그들의 마음을 훔치겠다는 발상이 당장은 통했을지 모른다. 과거 어려운 경제환경에서는 저렴한 가격을 절대적으로 중시하는 중국 소비자의 성향이 이러한 기업의 검은 의도와 맞아떨어졌던 것이다. 그러나 최근 중국 소비자들의 생활수준이 현격히 나아지면서 그들이 품질에 눈을 뜨기 시작했다. 이제 소비자들에게 좋은 품질을 제공하는 기업의 신뢰성이 무엇보다 중요한 요소가 됐다. 결국 그들에게 신뢰의 위기는 찾아올 수밖에 없는 결과였던 것이다.

두번째로 정부를 비롯한 사회 지도층의 뿌리깊은 부패 역시 중국인들의 불신 현상을 가중시킨다. 최근 중국인들은 턱없이 높아져만 가는 물가와 낮은 임금수준의 이중고를 겪으며 고위관료들에 대한 불신이 극에 치달은 상태이다. 심지어는 주룽지朱鎔基 전 총리가 "중국 각 성의 간부들을 포상한다고 운동장에 모아놓고 모조리 총살시켜야 부패의 뿌리가 뽑힐 것이다"라는 말을 남겼던 적도 있다.[32]

정부가 인민을 배려하고 부자보다는 가난한 자를 위한 평등하고 투명한 정책을 내세우고 있다고 생각하는 중국인은 그다지 많지 않다. 혹 그런 사람이 있다면 눈과 귀를 닫고 사는 오지인이거나, 나이가 많이 든 사람이거나, 혹은 배움과 지식이 짧아 판단능력이 부족한 사람이라고 생각할 정도다. 대부분의 사람들은 공산당의 정책을 지지하면서도 한편으로는 인민을 위한 복지정책을 세워야 할 관료들이 오히려 자신들의 재산을 빼앗고자 혈안이 돼 있다고 여긴다.[33]

세번째로 중국인들의 문화적 성향인 '개인주의'와 '무관심' 역시 신뢰의 위기를 조장하는 원인이 되고 있다. 중국인들이 처세술을 언급할 때 '사오관셴스少管閑事'라는 표현을 자주 사용한다. '쓸데없이 남의 일에 참견하지 말라'는 뜻이다. 전통적 주택 건축양식인 '쓰허위안四合院'의 하늘 높이 쌓은 담장과 사방이 막힌 폐쇄적인 구조만 봐도 중국인들의 개인주의 성향은 매우 뿌리가 깊은 습성임을 알 수 있다.

이웃이 치한으로부터 위험한 일을 당하고 있을 때도, 교통사고로 사람이 위급한 상황에 처한 경우에도, 심지어는 줄을 서고 있는데 새치기를 하는 사람들에게도 무관심하다. 자신의 이익과 크게 상관없는 일이라면 덤터기 쓰지 말고 애초부터 신경을 끄자는 것이 그들의 지론이다.[34] 또한 위조품으로 피해를 입더라도 피해 구제 자체가 어렵다고 생각하기 때문에, 이를 바로잡으려는 정의감에 불타기보다는 차라리 몸조심에 만전을 기하자는 분위기가 팽배하다.[35]

이러한 성향이 결국 부도덕한 방법으로 돈을 버는 것을 뻔히 보고도 '내가 알 바 아니다'는 식으로 받아들이게끔 하고, 정부에서 부당한 정책을 펼쳐도 분노하지 않게 하는 원인이 된 것이다. 결국 사회적 불신과 신뢰의 위기는 중국인들의 개인주의 혹은 타인에 대한 무관심과 맥이 닿아 있다.

소비특성의 영향 : 의심이 습관화된 소비자들

중국 상인들은 지폐를 받으면 반드시 햇빛이나 불빛에 비춰보거나 지폐의 끝을 맞춰보거나 비벼보는 습관이 있다. 사실 그 정도는 약과다. 위폐식별기는 개업하면 가장 먼저 구입해야 하는 품목으로, 손님에게 받은 지폐를 한장 한장 식별기에 넣고 확인하는 경우가 대부분이다. 시중에 위조지폐가 워낙 많아서 개인적으로 피해를 입는다고 하더라도 구제받을 길이 없기 때문에, 위폐 확인이 습관처럼 자리한 것이다.

위조지폐뿐만이 아니다. 생필품과 명품, 가전에서 시작된 가짜 제품들이 최근에는 자동차, 의약품, 대학졸업장, 신분증에 이르기까지 그 범위가 다양해졌다. 중국산 가짜 부품을 이용한 전투기가 출시돼 논란을 일으키더니 심지어 세계문화유산으로 등재된 도시까지도 그대로 복제해내겠다고 밝혀 화제다. 광둥廣東 성의 부동산 개발업체 우쾅五鑛건설은 후이저우惠州의 2만 제곱킬로미터 부지에 60억 위안(1조 800억원)을 투입해 오스트리아 할슈타트를 그대로 본뜬 주택단지 '우쾅 할슈타트'를 짓기로 하고 착공식까지 가졌다.[36]

한편 지식재산권에 무감한 사회분위기는 중국의 질적 성장을 가로막는 장애요인이라는 자성의 목소리가 나올 정도로 심각하다. 중국에서는 주목을 끄는 출판물이 출시되면 인터넷 검색 몇 번으로 어렵지 않게 '짝퉁판'을 찾을 수 있다. 제 돈을 내고 원본을 구매하는 소비자들이 오히려 바보 취급을 당하는 분위기다. 스티브 잡스 자서전이 전 세계 동시출간됐을 때도 발매 당일부터 무료 다운로드 사이트에서 중문판과 영문판 모두 버젓이 활개를 쳤다.[37] 게다가 출판물의 경우 내용이 100% 일치하게 되면 제재를 받을 수도 있기 때문에, 무료판의 내용이 실제와 다른 경우가 대부분이다. 인터넷 해적판을 이용하는 소비자들은 잡스의 자서전이 아니라 누군가의 소설을 읽고 있는 것인지도 모를 일이다.

불신의 골이 극에 달한 분야는 무엇보다도 식품시장이다. 급속도로 진행된 자본주의문화가 만들어낸 사회적 부작용이라고 치부하기에는 그 심각성이 생명에 위협을 가하는 수준에 이르렀다. 멜라민 파동 이후 생후 5개월의 영아가 분유를 먹고 사망하자 불안은 더욱 고조되고 있다. 외국산 분유를 찾아나선 열혈엄마들 덕분에 수입 분유 품귀 현상을 빚은 것은 물론이고, 아기용품 원정쇼핑이 하나의 트렌드가 될 정도였다. 그런데 맹신하던 수입 분유에서조차 벌레가 나왔다는 소식이 떠돌자, 중국 소비자들이 문제가 된 네덜란드 분유업체를 상대로 손해배상을 요구하고 나선 일도 있다. 업체에서는 벌레 사체의 국적이 네덜란드임을 확인한 뒤 배상을 하겠다는 답변을 내놓았고, 네티즌들 사이에서는 '벌레 국적을 증명하려면 벌레를 잡아다가 고문하고 신분증을 대조해야 한다' '벌레의 지문을 검사하면 나온다' '벌레 지문을 검사해 전과가 있는지 없는지를 확인해라' 등 이를 비난하는 각종 풍자의 글귀가 연일 화제가 되기도 했다.[38]

생명을 위협하는 식품은 늘 소비자들 가까이에 있다. 1급 발암물질인 아플라톡신이 함유된 식용유가 대거 적발돼 논란이 된 적도 있다. 신화통신新華通訊은 "광둥 성 품질감독검사검역총국이 최근 유통식품과 식용유에 대한 품질검사를 실시한 결과, 20개 업체의 식용유에서 기준치를 초과한 곰팡이 독소 아플라톡신이 검출됐다"고 보도했다.[39] 제초제성분이 함유된 식용 소금도 대량 유통됐다. 제조 일당은 농약 생산과정에서 발생한 찌꺼기를 헐값에 구매해 공업용 소금을 식용 소금으로 유통시킨 것으로 드러났다.[40] 짠 음식, 튀긴 음식을 즐겨먹는 중국 소비자들에게

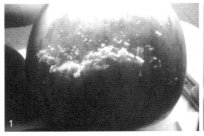

1 중국 네티즌이 QQ에 직접 올린, 광택을 위해 사과 표면에 공업용 왁스를 칠한 사과
2 시멘트로 만든 가짜 호두(출처 : CZTV 보도화면 캡처)

정말 무시무시한 소식이었을 것이다.

식품을 동일하게 재현하는 기법도 남다르다. 왁스 사과, 젤라틴 새우
에 이어 시멘트 호두까지 등장했다. 중국 언론에 따르면 호두에서 알맹
이를 빼고 대신 시멘트 조각을 넣은 가짜 호두가 정저우鄭州에서 유통됐
다고 한다. 상인들은 호두를 흔들었을 때 소리가 나는 것을 방지하기 위
해 껍데기와 시멘트 사이에 종이까지 대어놓는 치밀함을 보였다.[41] 이득
을 위해서라면 못 만들어내는 것이 없을 경지에 이르렀다고 해도 과언이
아니다. 중국 소비자들은 믿고 먹을 것이라고는 없는 세상이라며 한탄하
지만, 한편으로 이러한 현상은 그들이 만들어낸 자본 지상주의의 결과이
기에 사회적 불신과 의심은 감내해야 하는 숙명이라 여긴다.

소비트렌드로의 발전 : 행동하는 소비자들의 등장

이러한 신뢰의 위기 속에서 중국 소비자들은 이제 스스로 행동하는 방향
으로 변화하고 있다. 신뢰를 찾아나서기 위해 적극적으로 행동하는 소

비자들의 대응방식은 크게 세 가지 정도로 유형화할 수 있는데 첫째, 구전정보에 의존하거나, 둘째, 제품을 직접 공수하는 등 스스로 발로 뛰거나, 셋째, 보다 적극적으로 불매운동에 참여하는 것이다.

구전에 의존하는 소비자들 : 정보 검색도 철저하게

중국 소비자들의 가장 큰 특징 중 하나는 브랜드 충성도가 상당히 낮다는 점이다. 상품 구매 후 분명 만족했다고 하더라도 '그 브랜드의 제품을 다시 구매하겠느냐'는 질문에는 '그렇지는 않다'고 대답하는 소비자들이 대부분이다.

일반적으로 의심이 많은 중국 소비자들은 제품이 대체로 만족스러웠다고 하더라도 브랜드에 강한 신뢰를 보이지 않는다. 우연히 그 상품이 괜찮았을 뿐이고 얼마든지 더 좋은 상품이 있으리라고 생각하기 때문이다. 합리적인 중국인들은 특정 브랜드에 강한 애착을 지니기보다는 더 만족스러운 제품을 찾기 위해 언제나 준비상태를 유지한다.

그렇다면 제품에 대한 새로운 경험을 하기 위한 준비상태에서 이들이 가장 신뢰하는 정보는 무엇일까? 매킨지의 2010년 조사에 따르면 중국인들의 60% 이상은 구매 결정시 친구나 가족구성원이 주요한 상품정보 제공자라고 응답했다고 한다.[42] 이는 앞서 언급한 브랜드 충성도가 낮은 이유와도 맥락을 함께하는데, 기본적으로 정보를 제공하는 기관이나 기업을 신뢰하지 못하는 탓이 크다. 또한 브랜드의 종류가 워낙 다양하고 신제품 출시가 빨리 이뤄지는 것도 하나의 원인으로 작용한다.

정보력을 갖춘 최근의 젊은 소비자들은 구전을 통해 추천받은 상품이라도 이를 한번 더 검증하는 치밀함까지 보이고 있다. 한 조사에 따르면 중국 소비자의 25%는 제품을 구매하기 전에 반드시 인터넷으로 미리 정보를 확인한다고 한다.[43] 언제부터인가 소비자들이 구매를 결정할 때, 지인의 의견은 기본이고 온라인을 통한 제품 평가 확인이나 가격 검색은 필수가 됐다. 온라인 제품후기도 알바를 고용한 마케팅이라고 생각해 곧 이곧대로 믿지 않는 경우가 대부분이다. 따라서 평소에 신뢰가 두터운 사이트에서 제공하는 정보를 참고하는 수준이다.

최근 SNS가 등장하면서 시장에서 의견과 정보를 형성하는 소비자의 권력이 크게 확대되고 있다.[44] 따라서 기업은 소비자 스스로가 긍정적 구전마케팅을 할 수 있도록 유도해야 한다. 이를 위해서는 제품을 통해 소비자의 신뢰를 확보하는 것 말고는 달리 방법이 없다. 신뢰를 기반으로 한 소비자와의 소통이 그만큼 중요해진 것이다.

직접 나서는 소비자들 : 나만 믿는다! 내가 진리요!

불신의 팽배로 지인조차 믿을 수 없다며 직접 해결에 나선 소비자들도 있다. 이들은 오로지 자신의 정보 검색과 가치판단만 신뢰하며, 스스로가 꼼꼼히 알아보고 선택한 제품만이 진리라고 생각한다.

먼저 연일 터지는 식품 안전문제를 접하면서 설명서의 작은 글귀 한 줄, 제품의 성분표시 하나도 놓치지 않고 꼼꼼하게 읽고 분석하는 소비자가 늘어나기 시작했다. 몸에 유해한 성분이 있다면, 그 성분이 포함된 업체의 제품과 그렇지 않은 업체의 제품 리스트를 만들어 하나하나 확인하고 정리하는 수고도 아끼지 않는다. 혹자는 이를 두고 호모 도큐멘티쿠스(설명서 읽는 사람)의 시대를 맞이했다고 표현하며, 앞으로는 성분표시를 꼼꼼히 확인하지 않는다면 생존을 위협하는 불신의 시대에서 살아남을 수 없게 될 것이라고 경고한다.[45]

스스로 문제를 해결하려는 소비자들의 두번째 특징은 중국산 제품보다는 품질과 성능 면에서 우수하다고 소문난 해외의 상품을 찾아나선다는 것이다. 이러한 현상 때문인지 제품 구입을 목적으로 한 해외 원정쇼핑이 인기를 끌고 있다. 일례로 최근 한국으로 여행을 오는 중국 관광객의 대부분은 주요 백화점과 마트의 큰손 역할을 톡톡히 하고 있다. 과거 한국에서 쇼핑을 하는 중국 소비자들의 대부분이 중국에 비해 값이 저렴한 해외 명품 구입에 큰 관심을 보였다면, 요즘은 생필품, 식료품뿐 아니라 심지어는 가전제품 구입에도 열심이다. 한국산 고무장갑이나 한방생리대가 한국인들보다 중국인들에게 더 불티나게 판매되고 있는 것도 특이한 현상이다. 구매를 할 때도 세일기간 확인에 사은품까지 챙기는 것은 기본이고, 때로는 컴플레인까지 하는 깐깐한 소비자의 면모를 유감없이 발휘한다.[46]

꼼꼼한 성분 확인도, 품질 좋은 해외 제품 구입조차도 불안한 소비자들은 직접 제품을 제조하는 방식으로 문제를 해결하기도 한다. 2011년 중국의 히트상품을 살펴보면 요구르트 제조기, 두유 제조기 등 건강식품 제조기가 큰 인기를 끌었다는 사실을 확인할 수 있다. 멜라민 파동 이후 우유 제조과정에 대한 신뢰가 무너진 소비자들이 대체식품인 두유나 요구르트에 눈을 돌리기 시작했고, 더 안전한 방법으로 집에서 직접 만들어 먹는 이들이 증가하면서 나타난 현상이다. 분유가 아기의 생명에 직접적인 위협을 줄 수 있다고 느낀 엄마들 사이에서는 모유수유가 유행하고 있다. 이런 상황에 편승해 모유를 판매하는 전문 업체들도 우후죽순 생겨나고 심지어는 대리 수유 사이트도 성업중이다. 자신이 원하는 취향대로, 원하는 성분대로, 가장 안전한 방법으로 직접 해결하겠다는 중국의 DIY족 'DIY쭈DIY族'의 활약은 앞으로 더욱 진화할 것으로 전망된다.

불매운동에 참여하는 적극적인 소비자들 : 내 권리는 내가 지킨다

중국의 가장 권위 있는 소비자단체인 중국소비자협회는 최근 베이징과 전국 45개 도시 소비자들을 대상으로 '소비자권익 보호상황'에 관한 설문조사를 실시했다. 조사에 따르면 손해배상을 요구한 경험을 묻는 질문에 47.8%가 경험이 있다고 답했으며 이들 중 72.8%는 배상이 해결됐다고 응답했다.[47] 생각보다 많은 소비자들이 자신의 권리를 실현하기 위해 구매 후 불만족 현상에 적극적으로 대응하고 있다는 사실을 알 수 있다. 그동안 체면 때문에 권리 행사에 미온적이던 중국에서도 적극적으로 행동하는 소비자들이 증가하면서 소비자주의consumerism가 조금씩 자리잡고 있는 것이다.

행동하는 소비자의 가장 적극적인 유형은 불매운동에 직접 참여하는 것이다. 중국에서 인기 있는 독일 전자업체 지멘스Siemens는 얼마 전 큰 곤욕을 겪었다. 지멘스는 중국에 출시한 냉장고의 문이 제대로 닫히지 않는 품질 결함문제가 빈번하게 발생했지만, 리콜은커녕 잘못도 인정하지 않았다. 결국 화가 머리끝까지 난 중국 소비자들이 베이징 거리 한복판에서 냉장고를 부수며 대규모 시위를 벌이고 말았다. 이들은 해외의 명품 브랜드가 중국 시장에만 오면 품질이 떨어진다며 분통을 터뜨렸다.[48] 중국 소비자들의 눈높이가 빠른 속도로 높아지고 있음에도 불구하고 이들의 수준을 평가절하했던 해외 브랜드들이 서서히 곤경에 빠지기 시작한 것이다.

쓰촨 성 지진 때는 더욱 노골적인 시위가 네티즌들 사이에서 확산됐다. 이들은 외국 기업의 성금 기부액수를 두고 구두쇠 랭킹을 뽑아 성금을 적게 내는 기업의 제품은 구매하지도 말자며 불매운동을 펼쳤다. 기업 입장에서는 성금을 내고도 뭇매를 맞아 억울하기 이를 데 없겠지만,

중국인들의 극단적 애국심이 적극적인 소비자운동으로 발현된 것이라고 볼 수 있다.[49] 사실 중국인들의 외국 제품에 대한 불매운동은 어제 오늘의 일이 아니다. 국제적으로 민감한 정치사안이 발생할 때마다 중국 소비자들은 막강한 소비자파워로 이에 응수하곤 한다. 이제는 국가 간 정치적 상황조차도 중국 소비자들의 눈치를 보고 행동해야 할 만큼 그들의 위상이 높아지고 있는 것이다.

시사점 : 오직 신뢰만이 마음을 얻는 비결

최근 무너진 신뢰를 회복하기 위한 중국 정부의 움직임이 눈에 띈다. 얼마 전 장시江西 성 간저우贛州 중급인민법원은 뇌물수수죄 등으로 기소된 탕청치湯成奇 전 당서기에게 사형판결을 내렸다. 탕 전 서기는 난창南昌 시 부시장으로 재직하면서 국유지 사용권을 저가로 내주는 수법으로 3901만 위안(70억 2000만원)을 챙기고 이로 인해 국가에 28억 위안(5040억원)의 손실을 끼친 혐의가 드러났다.[50] 법원이 뇌물수수 혐의 정도로 사형이라는 극형을 선고한 이유는, 인민의 무너진 신뢰를 회복하고 국가 지도부의 부정부패를 뿌리뽑고자 하는 의지로 해석된다.

잊을 만하면 등장하는 식품 안전사고에 대해서도 강한 근절의지를 보이고 있다. 원자바오溫家寶 전 총리는 "식품 부정사건은 중국 사회에서 윤리와 신용문제가 얼마나 심각한지를 잘 보여준다. 중국이 진정으로 존경받는 강국이 되려면 가짜 식품문제부터 해결해야 한다"며 중국의 가짜 식품문화에 대해 경고했다. 이에 리커창李克强 총리도 "단호한 조치로 식품에 불법첨가물을 넣는 행위를 단속하겠다"고 언급하며 법집

행을 총동원해 불량식품이 사라질 수 있도록 강력히 대응하겠다는 의지를 밝혔다.[51]

그런가 하면 얼마 전 미국무역대표부USTR가 중국 최대의 전자상거래 사이트인 타오바오를 위조 및 해적상품을 많이 거래하는 '악명 높은 시장notorious market'으로 분류한 데 대해 중국 정부가 공식적으로 반대 입장을 밝히기도 했다. 중국은 미국의 결정에 "크게 우려하고 강력히 반대한다"는 입장을 분명히 하면서 "지식재산권 보호를 위한 중국의 노력과 그에 따른 진전을 고려해 미국이 보다 종합적이고 객관적이며 공정한 평가를 해줄 것을 촉구한다"는 뜻을 전했다.[52] 더 이상 지식재산권에 둔감한 국가라는 오명을 쓰기 싫은 중국 정부가 신뢰 회복을 위해 최선의 노력을 다하는 모습이다.

소비자와 신뢰를 구축하기 위한 기업의 움직임 역시 그 어느 때보다 절실해 보인다. 최근 중국 기업들은 산자이문화를 반성하자는 목소리를 높이고 있다. 사실 그동안 중국 기업들은 산자이를 지식재산권을 침범하는 범죄이자 경멸의 대상이라고 인식하기보다는, 단순 모방을 넘어 독창성을 추구하는 하나의 문화라고 합리화하곤 했다. 또한 정부 입장에서도 경제 발전에 기여하고 있는 측면을 감안해 슬그머니 묵인하던 것이 사실이었다. 그러나 중국제품품질협회는 세계적 유명 브랜드를 모방한 중국 위조품의 품질 불량, 지식재산권 침해 등으로 중국 기업의 신뢰도가 떨어져 입는 손실액이 연간 5855억 위안(105조원)에 달한다는 보고서를 냈다. '중국 기업에 대한 신뢰를 떨어뜨려 질적 성장을 가로막는 걸림돌이 됐다'는 자성의 움직임이 시작된 것이다.[53]

그렇다면 중국 시장에 진출하는 우리 기업의 입장에서는 어떻게 중국 소비자들의 신뢰를 확보할 수 있을까?

첫번째로 기업의 사회적 책임corporate social responsibility, CSR 활동을 통해 소비자의 신뢰를 얻어야 한다. 중국 소비자들은 2008년 쓰촨 성 지진을 계기로 기업의 CSR활동을 인식하기 시작했고, 기업 역시 그때부터 소비자의 기대에 부응하기 위해 본격적으로 움직였다. 중국사회과학원이 1000명의 베이징 시민을 대상으로 길거리 설문조사를 한 결과, 47%가 외자 기업의 사회적 책임에 대해 인지하고 있다고 응답했으며 외자 기업의 사회적 책임에 대해 좋은 평가와 동시에 높은 기대감을 보인다는 사실이 드러났다.[54] 따라서 소비자들의 신뢰를 확보하기 위해서는 사회적 책임의식과 윤리성을 적극적으로 피력해야 한다. 재난, 환경보호, 교육과 같은 이미 익숙한 활동보다는 독자적으로 주목받을 수 있는 소비자 지원활동으로 차별화하는 노력도 필요하다. 회사의 이미지 제고를 위해서 장기적으로 치밀한 계획을 수립해야 하며 이를 통해 소비자의 두터운 신망을 얻어내는 것은 무엇보다 중요한 과제다.

두번째로 품질 향상을 최우선으로 하는 선택과 집중 전략은 불신에 빠진 소비자의 마음을 달래기 위한 가장 중요한 작업이다. 신뢰의 위기가 불어닥친 중국 소비시장에서 가장 중요한 요소는 이제 가격경쟁력에서 품질경쟁력으로 옮겨가고 있다. 중국의 전통적인 먹거리인 만두와 두부는 물론이고, 김, 김치와 같은 전통 한식제품, 그리고 프리미엄 한식 레스토랑의 중국 진출에 앞장서고 있는 CJ제일제당의 브랜드 '비비고'는 '가격'에 민감한 중국인들의 구매패턴을 '신뢰'와 '안전'으로 옮겨온 전형적인 사례다. '한국식의 꼼꼼하고 안전한 생산관리체계를 중국 공장에 적용한다'는 원칙을 내세워, '다른 제품보다 약간 더 비싸지만 믿을 수 있는 고급 제품'으로서의 이미지를 구축하고 있는 것이다.

중국 소비자들이 가격에 민감한 것은 누구나 인정하는 사실이지만, 결과적으로 가격경쟁력이 품질의 위기를 만들었고 이는 고스란히 소비자가 감당해야 할 몫으로 돌아갔음을 이제는 인식하고 있다. 의식 있는 중국의 소비자들은 돈을 좀더 지불하더라도 신뢰할 수 있는 기업의 품질 좋은 제품을 구매하길 원한다. 품질에 대한 신뢰는 결국 기업의 질적 성장에 원동력이 되며 고객과 기업 간의 로열티를 형성하는 근간이 된다. 나아가 품질의 향상은 소비자 스스로가 전파할 수 있는 바이럴마케팅 viral-marketing에 힘입을 수 있도록 해야 한다. 입소문에 크게 영향받는 중국 소비자들에게 구전정보의 전파는 매우 중요한 요소다.

집단의식 속의 개인주의

Individualism in Collectivism

『손자병법』을 보면 중국인은 인간관계를 '집을 짓듯' 한다고 한다. 집을 지을 때 한층 한층 기초부터 탄탄하게 쌓아올려야 하듯이 인간관계도 오랜 시간을 두고 공을 들여야만 비로소 완성된다는 의미다.[55] 이 때문인지 중국인이 인간관계를 맺는 방식은 알면 알수록 복잡하다. 중국인들과 이야기를 하다보면 처음에는 '좋다'고 말해놓고, 나중에는 '싫다'고 말하는 경우도 종종 발생한다. 좀처럼 속내를 내비치지 않는다.

중국 소비자도 마찬가지다. '나만의 기준'이 제일 중요하다고 말하지만, 아시아의 어느 소비자보다도 '다른 사람과의 관계'에 신경쓴다. 단순한 설문조사나 인터뷰로는 중국 소비자의 진심을 읽어내기 어렵다. 그래서 중국 소비자를 이해하기 위해서는 그들이 보여주는 독특한 개인주의를 이해하고, 그런 개인주의가 집단주의와 만나 어떤 형태로 융통성을 갖는지를 파악하는 것이 중요하다.

DNA구조 : 세상의 기준은 바로 '나'

"다른 사람의 시선은 신경쓰지 않아요.""제가 만족하면 그만이에요."
대부분의 중국 소비자들은 제품을 구매할 때 다른 사람의 시선 따위는
전혀 신경쓰지 않는다고 말한다. 유행이나 트렌드가 '일반 대중과의 동
조'라는 의미를 내포하고 있기에, 중국 소비자들은 '유행을 따른다'거나
'트렌디한 사람이 되고 싶다'는 말을 부정적으로 해석하는 것처럼 보인
다. 비록 자신이 최신 유행하는 옷을 입고 있다고 하더라도, '유행하기
때문'이 아니라 '내 마음에 들기 때문'이라고 설명한다.

현대 소비사회로 접어들면서 중국도 한국 못지않게 개인주의가 만연
하고 있지만, 중국의 개인주의와 한국의 개인주의는 그 양상이 다소 다
르다. 한국의 개인주의 소비가 다른 사람의 시선을 상당히 신경쓰면서
'혼자' 하는 소비라면, 중국의 개인주의 소비는 다른 사람의 시선을 전혀
신경쓰지 않으면서 '함께' 하는 소비다.

한국 소비자는 쇼핑을 가서 '다른 사람들은 무슨 제품을 제일 많이 구
매하는지' 점원에게 물어보곤 한다. 함께 쇼핑하는 동료의 의견도 구매
에 상당한 영향력을 미친다. 반면 중국 소비자들은 쇼핑을 함께 간 친구
들이 자신과 다른 의견을 제시하면 상당히 곤혹스러워한다. 친구의 반
대로 제품을 구매하지 못한 경우에는 나중에 다시 매장을 방문해 기어이
마음에 드는 제품을 구매하기도 한다. 노래방 풍경도 한국과 중국은 사
뭇 다르다. 한국의 노래방에서는 다른 사람이 노래를 부를 때, 대부분의
사람들이 따라 부르거나 박수를 치는 등 분위기를 맞춰준다. 반면 중국의
10대들이 노래방에서 노는 모습을 살펴보면, 다른 사람이 노래를 부르는
동안 각자 스마트폰으로 SNS를 하는 등 개인활동을 하느라 바쁘다.

단순히 '개성'이라는 단어로는 모두 함축하기 어려운 이러한 현상을 '집단적 개인주의' 정도로 명명해볼 수 있을 것이다. 중국 소비자들에게 집단이란 단순히 동질적인 취향을 가진 사람들의 모임을 의미하는 것이 아니라, 내가 편안하게 개성을 표현할 수 있는 울타리와 같은 개념으로 이해된다. 집단에 속해 있더라도 근본적으로 '개인의 기준'이 더 중요하다는 의미다. 여기에 중국 소비자에게서 엿보이는 자기중심적 사고가 고스란히 녹아 있다.

자기중심적 사고와 개인주의는 다른 사람보다 자신의 안위를 더욱 중요시하는 중국식 사회주의에 기반을 두고 있는 것으로 볼 수 있다. 중국 정부의 독생자정책으로 인해 가족 내에서 자녀가 갖는 중요성이 커진 것 또한 젊은 중국인들이 높은 자존감을 지니는 데 일조했을 가능성이 크다.

중국 소비시장에서 다양한 정보채널이 미치는 영향력의 크기를 비교해보자. 중국 소비자들이 가장 신뢰하는 정보채널은 TV광고·인터넷 후기·친구의 구전이 아닌, 바로 '나의 직접 체험'이다. 최근 인터넷환경이 좋아지고 스마트기기가 보급되면서 SNS를 통한 사용후기 등의 영향력이 점차 증가하고 있긴 하지만, 근본적으로 중국 소비자가 가장 신뢰하는 정보채널은 자신의 경험이다. 이는 제품 품질의 신뢰문제나 안전문제 등에서 기인한 것일 수도 있지만, '내가 직접 사용해보지 않고서는 어떤 정보도 신뢰할 수 없다'는 중국 소비자들의 기본 사고방식에 기반하고 있다.

자기중심적 성향은 자기표현적인 특징으로도 연결된다. 일례로 대표적인 자기표현적 소비라 할 수 있는 '맞춤형 제품'의 인기는 한국보다 늦게 시작됐음에도 불구하고 가히 폭발적이다. 자동차 내부 장식이나 음향설비 등 자동차 관련 시장에서 출발해, 점차 의류나 신발·스마트폰·고급 아파트 등 다양한 시장으로 확산되고 있다. 중국의 신규분양 아파트만 봐도, 인테리어가 거의 돼 있지 않은 '마오페이팡毛胚房'이 대부분이기 때문에 내부 인테리어에 소비자 개인의 선호가 많이 반영될 수 있다.[56] 고급 맞춤 의류 제작 역시 중국 고소득층 소비자들을 겨냥한 B2C 사이트를 중심으로 성행하고 있다. 베이징, 항저우 등 평균적으로 소득이 높은 지역에서는 중국 고유 브랜드뿐 아니라 키톤Kiton, 까날리CANALI, 꼬르넬리아니CORNELIANI 등 세계적인 고급 맞춤 의류브랜드가 진출해 성공을 거두고 있다.[57]

맞춤 열풍의 특징은 이것이 자신만의 개성을 표현하는 하나의 방법으로 인식된다는 데 있다. 예를 들어 웨딩드레스 같은 경우, 대량생산된 획일적인 상품보다 자신만을 위한 맞춤 예복을 선호한다. 미국 등지에서 맞춤식 웨딩드레스가 비싼 값으로 판매되고 있는 데 비해 중국에서는 상대적으로 저렴한 가격으로 공급되면서, 오히려 한국 소비자들이 중국 사이트에 들어가 직구(직접구매)를 하는 사례도 등장하고 있다.

적극적으로 개성을 표현하는 중국 소비자들의 마지막 특징은 스스로에 대한 존중감이 다른 국가의 소비자에 비해 월등히 높다는 점이다. 여성 소비자들의 외모 만족도도 굉장히 높은 편이다. 일례로 한국 여성들은 화장을 함으로써 자신의 작은 눈이 좀더 커 보인다거나, 코가 좀더 오똑하게 보인다거나, 혹은 얼굴이 더 작아 보이기를 희망한다. 반면 중국 여성들은 화장을 함으로써 본래 타고난 자신의 아름다움이 더욱 도드라져 보이길 원한다. 화장이란 나의 아름다움을 인공적으로 수정하는 것이 아니라 내가 타고난 피부를 더 돋보이게 하는, 타고난 아름다움을 더욱 강조하기 위한 수단일 뿐이다. 외모에 대한 투자도 '열등감 해소'가 목적이 아니라 '나는 투자를 받을 만한 자격이 있기 때문'이라는 생각을 바탕으로 한다. 이들에게 비교적 비싼 편인 한국을 비롯한 해외 브랜드의 화장품을 사용하는 이유를 물어본다면, "좋은 화장품을 써서 내 가치를 올리는 느낌이 좋다"는 대답을 듣게 될 것이다.

"여자에겐 아무래도 자신감이 제일 중요하다고 생각해요. 품위 있는 모습도 아름답죠. 사실 저는 회사에서 커리어우먼의 힘찬 모습을 보여야 하기 때문에 화장을 하는 것이지, 외모가 중요하다고 생각지는 않아요."_34세, 기혼여성, 통신회사 근무, 월평균 가계소득 2만~3만 위안(360만~540만원), 상하이 거주

중국 소비자들의 높은 자존감은 중국인들이 좋아하는 여성상에서도 나타난다. 같은 아시아권이지만 한국과 중국, 일본의 미인상은 약간씩 차이를 보인다. 일본은 작고 귀여운 여성을 좋아하고 한국은 지적이고 차분한 여성상을 선호하는 반면, 중국은 당당하고 적극적인 여성상을 미의 기준으로 삼는다. 소극적이고 수줍은 태도를 여성스럽다고 여기는 한국과 달리, 당당하게 자신의 목소리를 내는 사람을 더 멋있다고 생각하는 것이다.

중국식 트위터인 웨이보에서 팔로어 숫자 1위로 꼽힌 영화배우 야오천(姚晨)은 활발하고 독립적인 이미지로 사랑받고 있다

소비특성의 영향 : 관계 맺기 수단으로서의 소비

자신의 개성과 의사가 가장 중요하다는 중국 소비자들, 이들이 여럿 모인다면 어떤 모습일까? 언뜻 생각하면 저마다의 목소리를 내어 무척이나 시끄러운 상황이 떠오른다. 하지만 중국 소비자들이 만들어내는 집단문화는 생각보다 평화롭고 조용하다. 내가 중요한 만큼 상대의 개성도 존중하는 '조화로운 집단 안의 나'를 추구하기 때문이다.

인간관계를 중시하는 나라로 중국은 단연 독보적이다. 중국에서 취안쯔圈子라는 말은 '자기를 둘러싼 지인그룹'이란 뜻을 지닌다. 이와 관련해 컨설턴트 캐멀 야마모토는 30대 후반의 한 중국인 비즈니스맨의 취안쯔 포트폴리오를 예로 들어 설명한다. 그의 취안쯔는 세 부류다. 첫째, 스포츠 등을 함께하는 놀이친구로 4~5명이, 둘째, 함께 공부하는 친구들로 10~20명이 구성된다. 마지막으로 비즈니스 파트너인 취안쯔는 100명 이상이다.[58] 취안쯔가 얼마나 다양하고 많은지에 따라 개인의 인생이 전개되는 모습이 달라진다고 할 만큼 중국은 근본적으로 '관시', 즉 관계에 기반을 두고 모든 일이 전개된다. 여기서 관시란 단순히 친구나 조직을 의미하는 것이 아니다. 중국인들이 생각하기에 자신의 영향력이 미치는 범위, 서로 호혜적인 도움을 주고받을 수 있는 개인적 관계의 범위를 뜻한다. 관시는 개인의 사사로운 정보다는 물질적인 도움을 주고받음으로써 형성되는 경우가 많기 때문에 중국만의 독특한 집단주의 소비문화를 이루는 기초가 된다.

집단과 관계를 중요시하는 중국 소비자들의 특징 때문에 중국에서는 몐쯔, 즉 나의 체면과 상대방의 체면 차리기, 그리고 약간의 과시가 중요하게 작용한다. 예를 들어 중국인들은 식당에서 주문할 때, 사람 수보다 약간 더 많은 요리를 주문한다. 먹고 남을 만큼의 음식을 주문하는 것이 상대방에 대한 예의라는 것이다. 혼자 식사할 때는 싼 음식을 먹더라도 다른 사람과 함께 식사할 때에는 비싼 요리를 주문해 즐기는 것이 대단히 중요하다.

이러한 특징은 선물을 주고받을 때에도 쉽게 발견된다. 중국 소비자들은 다른 사람들에게 고급 선물을 자주 하는데, 선물을 굉장히 화려하게 포장한다. 식품업계와 화장품업계에서 오랫동안 만연해온 '과대포장'을 억제하기 위해 중국 정부는 '식품 및 화장품 과대포장 제한규정'을 발표하면서, 포장이 세 겹을 넘지 않으며, 포장 속의 빈 공간이 60%를 넘지 않고, 포장비용이 판매가의 20%를 넘지 않도록 규정하는 등 여러 방면으로 애쓰고 있다. 하지만 기본적으로 체면을 중시하는 중국 소비자들의 선물 교환습관으로 인해 화려한 포장문화는 차나 술, 건강식품 등으로 점점 더 확산되고 있다.[59] 이러한 선물문화 덕분에 중추절이나 춘제가 지나면 엄청난 호황을 누리는 업계도 있다. 바로 연휴 동안 주고받은 선물을 현금화하기 위한 사람들로 붐비는 전당포다. 연휴 후 전당포에서는 금·고급 시계·노트북·디지털카메라·아이패드 등 다양한 물건을 현금화해 가는 소비자의 모습을 쉽게 발견할 수 있다.[60]

중국 소비자의 관계 맺기는 바링허우, 주링허우의 독특한 출생배경과 맞물려 새로운 소비동향으로 발현되기도 한다. 형제가 없는 바링허우와 주링허우는 가족 이외의 또래친구들이나 동료들과의 의사소통을 대단히 중요하게 생각한다. 비슷한 취향을 가진 친구들과 함께 소비와 관련된 경험을 공유하기 때문에 소비는 관계 맺기의 중요한 수단으로 사용된다. 최근에는 이러한 경향이 사이버공간으로까지 확산되고 있다. 상하이의 한 친목 커뮤니티의 경우, 이 사이트에서 사진 찍기란 단순한 취미가 아니라 새로운 관계 맺기의 진입로 중 하나로 여겨진다. 유명 리뷰 사이트인 더우반닷컴Douban.com이나 웨이보에서 직접 찍은 사진을 공유하는 모습도 다른 국가 젊은이들보다 훨씬 적극적이다.

중국의 젊은 소비자들은 온라인과 오프라인의 경계를 자유롭게 넘나든다. 온라인에서 만난 사람들을 초대해 호화로운 생일파티를 열기도 하는 등 적극적으로 관계 맺기를 주도한다. 예를 들어 '아이칭궁위愛情公寓, www.ipart.cn'는 능력 있는 비즈니스우먼과 여대생들을 중심으로 운영되는 친구 찾기 사이트다. 이 사이트는 여성들이 좋아하는 미니게임이나 사진첩 기능 등을 제공하는데, '온라인 동거'라는 개념을 최초로 만들어 회원들이 온라인상에서 집을 짓거나 애완동물, 화초를 키우면서 다른 회원과 감정적으로 교류할 수 있도록 도와준다. 이성친구에게 선물하기 기능 등 다양한 유료서비스를 제공하면서 이미 100여 개가 넘는 화장품, IT제품, 쇼핑몰 등의 업체들이 아이칭궁위와 함께 사업을 진행했다. 이 사이트의 광고수익은 2010년 1억 위안(180억원)을 넘어섰다. 흥미로운 점은 이러한 온라인 관계가 인터넷이 아닌 실제생활에까지 이어진다는 것이다. 아이칭궁위와 스타벅스 신톈디 지점은 2009년 6월, '8분 스피드 데이트'라는 이벤트를 성공적으로 개최해 세간의 관심을 모으기도 했다.[61]

시사점 : 독특한 소비성향 이해가 필수

중국 소비자의 제품과 서비스 사용경험이 누적되면서, 중국만의 독특한 소비성향이 서서히 자리잡고 있다. 여러 선진 아시아권 시장의 소비트렌드가 중국 소비시장으로 전파된다고 생각하기보다는, 중국 소비자만이 보이는 소비트렌드에 좀더 집중할 필요성이 절실하다. 얼핏 봐서는 모순돼 보이는 중국 소비자의 집단주의적 개인주의 성향, 그 간극을 누가 더 잘 이해하느냐에 따라 기업활동의 성공과 실패가 결정될 수 있다.

먼저 자존감 높은 중국 소비자 개개인을 존중하는 자세가 필요하다. 중국 소비자를 대할 때는 미리 상대의 특성을 규정하지 말고, '당신은 세상에 단 하나의 취향을 지닌 사람'이라는 태도로 임해야 한다. 혹자는 이를 '섬기는 자세'라고 설명하기도 한다. 중국인들이 갖고 있는 본래의 아름다움을 칭찬하는 노력도 요구된다. 본래 타고난 아름다움을 극대화하는 데 도움을 준다는 제품 콘셉트가, 약점을 보완하는 데 도움을 준다는 콘셉트보다 훨씬 더 유용하게 작용한다는 사실을 기억하자.

판매하는 제품의 특성을 명확히 하는 것도 중요하다. 중국 소비자들은 같은 제품이라도 그 제품이 사용되는 목적과 맥락에 따라 다양한 가격을 지불한다. 자사가 판매하는 제품이 개인화를 확실하게 지원하는 제품인지, 타인과의 관계 맺기를 지원하는 제품인지 고민하는 작업이 선행돼야 한다. 중국 소비자들은 자신이 사용하는 제품을 통한 과시보다는 다른 사람들에게 선물하는 제품을 통한 과시를 더 중요하게 생각한다는 점도 간과해서는 안 된다. 중국 소비자들이 다른 사람에게 '선물로 주고 싶어 할 만한' 제품은 이미 그 시장에서 성공한 제품이라고 해도 과언이 아닐 것이다.

마지막으로 구전을 관리해야 한다. 중국 소비자들이 가장 선호하는 정보채널은 바로 '직접 체험'이며 이것이 다양한 채널을 타고 전파된다. 대형마켓이나 백화점, 슈퍼마켓 등 고객 접점에서의 체험마케팅을 통해 소비자의 신뢰를 얻고 이것이 다시 구전으로 순환되도록 마케팅의 큰 그림을 그려야 한다. 누차 강조하지만 중국 소비자들은 글로벌 브랜드를 선호하면서도 브랜드에 대한 충성도는 낮다.[62] FMCG[*]시장은 세계 어디를 막론하고 가장 치열한 기업경쟁의 각축장이다. 2008년 이후 중국 시장에는 체란伽藍, 바왕霸王, 샹이번차오 등 많은 중국 내 FMCG기업들이 경쟁하고 있지만, 여전히 중국 시장에서 상대적으로 우위를 점한 브랜드는 없다. 다들 도토리 키 재기 수준에서 치열한 경쟁을 벌이고 있다.[63] 이러한 현상은 중국 소비자들이 새로운 상품군을 적극적으로 구매해 사용하려는 의지가 강한 동시에, 다양한 제품을 사용함으로써 브랜드경험을 최대화하고자 하는 단계에 있기 때문이라고 해석할 수 있다. 체험을 통한 구전의 생산과 그러한 구전이 확산되는 소비자들 사이에서 형성되는 '관계'의 범위를 우리 회사의 제품특성에 맞춰 규정하는 작업이 반드시 필요하다.

※ fast moving consumer goods의 약자로, 상대적으로 낮은 가격에 높은 구매빈도를 보이는 재화들을 일컫는다. 음료수, 담배, 의약품, 화장품, 욕실용품 등 우리가 슈퍼마켓에서 흔히 살 수 있는 것들을 생각하면 된다.

중국식 가족소비
Family Consumption

한나라 말의 정치철학서 『신감申鑑』에서 "가족은 천하의 기본이다"라고 강조했듯, 예로부터 중국은 가족을 세상의 무엇보다 중요한 것으로 여겼다. 모든 의사결정은 '우리 가족의 안위를 지키고 위신을 세우는 데 해가 되지 않는가'를 바탕으로 내려졌다.

오늘날에도 중국 청소년들은 어릴 적부터 부모에게 '나에게 해가 된다면, 절대 남의 일에 참견하지 말라'는 가르침을 들으며 성장한다. 여기서 나의 범위는 '내 자신과 나를 둘러싼 가족'이다. 지나칠 정도의 가족 중심주의 때문일까? 때로 중국인들은 '옆에서 사람이 죽어가도 신경쓰지 않는다'는 비판을 받기도 한다. 하지만 가족이 관계되면 상황은 완전히 달라진다.

중국의 전통적인 가족상은 시장 개방과 함께 급속한 변혁기를 맞이하고 있다. 경제 개방을 본격적으로 경험한 세대들이 40~50대로 접어들고 바링허우들이 새로운 가구주로 성장하면서, 중국의 기성세대가 교체되고 있는 것이다. 특히 중국 정부의 강력한 산아제한정책이었던 독생자 정책이 시행된 지 30년을 맞이하면서 새로운 형태의 가족구조와 소비문화를 양산하고 있다. 당시 한 자녀로 태어났던 인구가 성인으로 성장해 새로운 가족을 형성하면서 그들이 낳은 자녀 한 명과 부부, 그리고 양가 부모가 구성원인 '4－2－1(4명의 노인－2명의 부부－1명의 자녀)' 구조의 가족구성이 보편화되고 있다.[64]

따라서 중국의 과도기를 거쳐온 노년층, 자녀양육에 대한 의지가 강한 30대, 개인적 성취를 중요한 가치로 생각하는 20대 등, 변혁기를 맞고 있는 중국의 가족구조와 그로부터 파생되는 중국 소비자의 변화에 주목해야 한다.

• '2-1 가족'에서 '4-2-1 가족'으로 변화

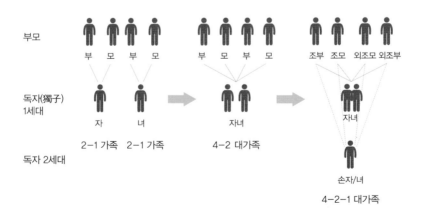

자료 : '중국 바링허우 독자의 소비트렌드', 삼성경제연구소, 2010. 8.

DNA구조 : '2-1'에서 '4-2-1'로 가족구성의 변화

2011년 집계된 중국의 60세 이상 노인인구는 1억 8500만 명이며, 2015년에는 2억 2100만 명으로 늘어나 총인구의 16%를 차지할 것으로 예측된다.[65] 2010년 통계청에서 발표한 한국의 총인구가 4941만 명이라는 점으로 미루어본다면 실로 엄청난 수치다.

중국은 전통적으로 '자식을 키워서 노후에 대비한다'는 사상이 뿌리깊게 박혀 있다. 월스트리트저널이 '중국인들은 퇴직 이후의 생활에 대해 세계에서 가장 낙관적인 국민'이라고 표현할 만큼[66], 현재 노년기에 접어든 세대는 부모가 연로하면 자녀가 부양하는 것을 당연하게 받아들인다.

이와 별개로 가족구성원 중 조부모에 해당하는 중국의 노년층은 나이가 무색할 만큼 경제인으로서의 면모를 갖추고 있다. 쉬기보다는 일하는 것을, 소비하기보다는 저축하는 것을 선호하는 전통적인 생활태도가 습관화돼 있어 나름의 경제력을 갖고 있기 때문이다. 보유한 재산이 많거나 아직 직업 일선에서 물러나지 않은 부유한 조부모의 경우에는 성인이 돼 새로운 가정을 꾸린 자녀에게 물심양면으로 지원을 아끼지 않는다. 특히 성인 자녀들은 부모의 금전적 지원을 소황제 2세대인 자신들의 자녀를 위해 주로 사용하기 때문에 '조부모+부모+자녀'가 함께 사는 주거형태는 노부모의 부양보다는 지원 받기를 목적으로 하는 경우가 많다.

자녀들에게 지원해줄 금전적 재산이 없는 경우라 할지라도 일방적으로 가족의 보살핌을 받기보다는 가능한 한 가족들에게 도움이 되고자 노력한다. 남성과 여성 모두 직업을 가지고 사회활동에 참여하는 것이 당연한 중국 사회의 특성상, 대부분의 가사는 함께 사는 조부모의 몫이다. 중국 소비자들은 채소와 같은 신선재료들은 구매한 지 만 하루만 지나도 싱싱하지 않다고 생각하기 때문에 끼니때마다 시장에 나가 새롭게 구매하는데, 할머니뿐 아니라 할아버지까지도 가정 내에서 이러한 구매자의 역할을 자연스럽게 담당하고 있다.

직업 일선에서 물러난 노인이라면 가정을 돌보는 일 외에 자신만의 여가시간을 즐기는 것도 중요하게 생각한다. 상하이 최대 번화가인 난징南京 로에 나가면 낮시간 동안 음악에 맞춰 흥겹게 춤추는 노인 여러 쌍을 만날 수 있다. 상하이뿐만 아니라 중국의 어느 도시에서도 흔하게 볼 수 있는 풍경이다. 한국의 노년층과 비교해보면 중국의 노년층은 상당히 적극적이고 즐겁게 여가시간을 보내고 있음을 알 수 있다.

때로는 기업의 비즈니스공간이 노년층을 위한 여가공간으로 변신하기도 한다. 스웨덴 인테리어 가구업체 이케아IKEA는 가족 단위로 쇼핑을 즐기는 중국 소비자의 입맛에 맞춰 매장을 리테일테인먼트retailtainment* 공간으로 디자인했는데, 매장 내 카페테리아에서 공짜 커피를 제공할 뿐만 아니라 소비자들이 가구를 직접 사용해볼 수 있는 체험공간을 꾸며놓아 노년층이 여가시간을 보내는 사랑방 역할을 하고 있다. 노인 소비자들이 이케아 매장 안에서 집에서 가져온 음식을 나눠 먹으며 즉석 만남을 갖거나 삼삼오오 모여 홈비디오를 시청하는 모습은 상당히 이색적이다.[67]

중국인들은 친지와 친족이 가까이에 살며 서로 왕래하는 문화를 가지고 있다. 이러한 전통에 익숙한 중국의 조부모세대는 여전히 대부분의

---

* retail과 entertainment의 합성어로, 쇼핑하면서 재미를 느낄 수 있도록 매장 내에 오락적 장치를 더해 고객들의 점포에 대한 충성도를 높이는 마케팅 전략을 의미한다. 최근 아트테인먼트(arttainment), 엑서테인먼트(exertainment), 애그리테인먼트(agritainment), 스포테인먼트(spotainment) 등으로 그 의미가 확장되고 있다.

상하이 최대 번화가 난징 로 한복판에서 음악에 맞춰 춤추고 있는 노인들

일상을 친척들과 공유한다. 함께 모여 음식을 만들어 먹거나 쇼핑을 같이 하는 등 각자의 가정을 꾸리면서도 수시로 안부를 묻고 일상적인 소비생활을 함께 해나간다. 형제자매도 중요하다. 독생자 1세대를 길러낸 부모로서 자녀가 학업이나 취업을 위해 다른 지역으로 떠난 경우엔 나이든 부부끼리만 거주해야 하며, 성인 자녀와 함께 거주하는 경우라 할지라도 직장에 다니는 자녀들과 일상을 공유할 시간적 여유가 별로 없기에, 대부분의 시간을 함께 보내고 의지하는 친족이 바로 형제자매들인 것이다. 최근에는 조부모세대의 시간적·심리적 여유가 증대되면서 친족들과 함께하던 활동들의 상당 부분이 산업화되고 있기도 하다. 친척 집에 모여 음식을 함께 만들어 먹던 문화에서 맛있는 식당을 찾아 함께 외식을 하는 문화로 변화하고 있는 것이다.

조부모세대가 현재와 미래에 대해 낙관적인 태도를 보이기는 하지만 사회 전반에 걸쳐 시장경제 원리가 확산되면서 새로운 문제가 도래하기도 한다. 장성한 자녀가 부모와 떨어져 살면서 가정에 노부부만 남게 되는 빈 둥지 현상은 국가 차원에서나 조부모 개개인에게나 큰 부담이다. 이미 중국 정부는 60세 이상 노인인구의 약 절반 정도가 자녀와 떨어져 혼자 살고 있으며 이중에는 자활능력이 없는 사람도 약 2000만 명에 이른다고 밝힌 바 있다. 경제력 없는 부모의 부양문제가 심각한 사회문제로 부상하자 급기야 중국 정부는 2011년 부모와 떨어져 사는 자녀가 부모를 자주 찾아보지 않는 등 보살핌에 소홀할 경우, 그 부모는 자녀를 상대로 소송을 제기할 수 있다는 '노인인권보장법 개정안'을 발표하기에 이르렀다.[68]

노인층이 자녀와 함께 거주하는 형태에서 자녀와 떨어져 혼자 거주하는 형태로 가구구조가 변화하고 있는 가운데, 이를 제품 개발에 반영한 발빠른 움직임도 포착된다. 미국 최대의 노인아파트·양로호텔 건설업체인 이메러터스Emeritus는 2011년 중국에 지점을 내고 중국 개발업체와 합자회사를 설립해 중국식 노인아파트 모델 개발에 박차를 가하고 있다. 모건스탠리의 한 애널리스트는 "변화하는 가구구성에 따라 새롭게 등장하는 니치시장을 겨냥한 상품을 아직까지는 중국에서 찾아보기 힘들다"면서 이러한 분야가 곧 새로운 기회요인으로 부상할 것이라 설명하고 있다.[69] 여전히 많은 중국 젊은이들은 부모를 모시고 효를 다하는 것을 당연하게 생각하고 있지만, 사회의 변화와 독생자정책의 여파로 가족 개념역시 변화하고 있다. 사회의 구조적 변화와 그것으로부터 파생되는 소비자 개개인의 삶의 변화, 그리고 그것이 다시 소비자의 가치관으로 반영되기까지 걸리는 시차를 파악하는 것이 무엇보다 중요한 시기이다.

소비특성의 영향 : 자녀−부모−자신을 위한 삼중 소비

중국의 계획생육計劃生育, 즉 독생자정책이 시행된 지 약 30년이 지나면서 독자로 태어난 세대가 새로 가정을 형성하고 자녀를 낳아 기르는 시기가 도래했다. 세대 구분으로 살펴보면 1980년대에 태어난 독자 바링허우는 현재 결혼을 했거나 결혼을 앞두고 있는 세대이며, 1990년대에 태어난 독자 주링허우는 이제 막 사회에 진출한 세대다. 이들은 중국이 경제적으로 성장하던 시기에 자랐났기에 부모세대에 비해 상대적으로 풍요로운 청소년기를 보낸 소황제세대로서 부모의 전폭적인 지원을 받고 컸다. 올림픽과 같은 중국의 변화를 '최초로' 목도했으며, 사랑과 이별, 결혼과 이혼 등 자유연애에 기반한 변화도 '처음' 경험했다. 덕분에 이들은 소비의 즐거움을 알고 이를 적극적으로 향유하면서도, 동시에 부모를 봉양해야 한다는 의무감에 시달리는 등 상당히 이질적이고도 시대적인 고민을 껴안고 있다.

새롭게 가정을 꾸려나가고 있는 젊은 부모의 소비는 크게 세 부문에 집중된다. 먼저 '자녀양육'과 관련된 소비부문이 중요하다. 중국의 부모들은 '출발선에서부터 아이를 지게 만들 수 없다'는 생각이 강하다. 특히 소황제 1세대들은 스스로가 유복하게 자랐기에 누구보다도 자신들의 자녀를 최고로 기르고 싶어한다. 자녀를 가진 중국 가정에서는 가계소비의 약 3분의 1을 자녀를 위해 사용하고 있는데, 조부모의 지원을 받는 경우에는 그 규모가 몇 배로 급증한다. 2007년 '황금돼지 베이비'와 2008년 '올림픽 베이비', 2010년 '엑스포 베이비' 등의 이름을 가지고 태어난 유아들이 영유아시장의 주요 고객으로 등장하면서, 중국의 아동복시장은 약 650억 위안(11조원), 어린이 가구시장은 약 120억 위안(2조원), 영유

아 보조식품시장은 약 100억 위안(1조 8000억원)으로 시장의 규모가 확대되고 있다.[70]

자녀와 관련된 소비의 화두는 단연 '고급화'다. 고가의 글로벌 브랜드를 중심으로, 200~300위안(3만 6000~5만 4000원)의 분유, 400위안(7만 2000원)의 아동용 청바지, 2000위안(36만원)이 넘는 유모차, 2만 6800위안(482만원)의 아기침대 등 자녀를 위한 제품들은 '비쌀수록 잘 팔린다'는 공식이 적용된다.[71] 특히 중국산 제품에 대한 소비자들의 불신이 극에 달하면서 경제적 여유가 있는 가정에서는 자녀를 위한 제품을 모두 해외에서 조달하는 것이 유행처럼 번지고 있는데, 해외에서 공수한 유기농 야채와 유기농 우유를 먹이고, 나이키와 아디다스 같은 해외 브랜드를 입히며, 피아노나 미술 등 다양한 과외활동에 열을 올리는 모습을 쉽게 발견할 수 있다. 상황이 여의치 않은 경우라 할지라도, 옷은 중국산 브랜드를 사 입히는 대신 식품만이라도 해외 브랜드를 구매하는 등 가능한 범위 내에서 자녀양육에 최선을 다한다.

'과학적 육아'에 대한 젊은 부모들의 호기심도 극에 달하고 있다. 어떤 분유를 먹이는 편이 더 좋은지, 언제 이유식을 먹여야 하는지 등 과학적인 육아를 최초로 시도한 세대이기 때문에 이러한 정보를 얻는 데 대단히 적극적이다. 이는 육아서적 『좋은 엄마는 좋은 선생님을 능가한다好媽媽勝過好老師』가 2011년 종합 베스트셀러 2위를 기록한 것이나, 육아 관련 강좌와 학원이 항상 문전성시를 이루는 현상만 봐도 쉽게 확인할 수 있다. 외동인 젊은 부모들은 육아 고민을 함께 공유할 형제나 자매가 없기 때문에 인터넷을 고민 해결의 창으로 적극 활용하기도 한다. 육아일기를 쓰고 육아지식을 공유하는 엄마들의 사이트인 '바오바오수寶寶樹'는 웨이보와 같은 SNS 출현이 무색할 정도로 계속해서 가입

1 중국 최대 인터넷서점인 당당(當當)닷컴 선정 2011년 종합 베스트셀러 2위, 육아서적 『좋은 엄마는 좋은 선생님을 능가한다』
2 젊은 부모들이 육아 지식과 경험을 공유하는 사이트 '바오바오수'

자가 늘어나고 있다.[72]

젊은 부모의 소비가 집중되는 두번째 영역은 '나이든 부모를 위한 소비'다. 이들은 부양할 자식이 본인들밖에 없기에 남편과 아내 양쪽 부모를 모두 책임져야 한다는 의무감에 시달리고 있다. 특히 결혼하기 전에 살 집을 장만하는 것을 당연하게 생각하는 중국 사회에서 노부모와의 동거문제는 예비부부들에게 심각한 고민거리다. 젊은 부부들에게 '만약 지금 돈이 많다면 무엇을 가장 사고 싶은가'라는 질문을 던진다면, 이에 대한 대답으로 '부모님과 함께 살기 위한 큰 집을 구매하는 것'을 꼽는 경우가 많다. 가능하기만 하다면 1인 2주택을 소유해 자신의 집 근처에서 부모를 모시고 싶어한다. 대도시를 중심으로 베이징, 상하이 등 1선 대형도시의 소득 대비 주택가격 비율price income ratio, PIR이 20배에 육박하면서[73], 월급의 대부분을 주택 구매자금으로 사용해야 하는 젊은 부부들의 고민은 한층 더 심각해질 것으로 예상된다. 주택문제뿐만 아니라 노령화된 부모를 위한 연금보험이나 각종 질병에 대한 관심도 증대할 것으로 보인다.

젊은 부모들의 세번째 소비영역은 바로 '자신'과 관련된 부문이다. 외

• 소득 대비 주택가격 비율

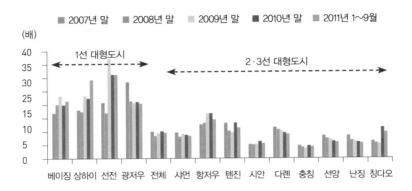

자료 : CEIC

• 중국인들의 부모부양 현황[74]

(N=328)

특성	구분	빈도(명)	백분율(%)
노부모와의 동거	동거	141	43.0
	비동거	187	57.0
접촉빈도	거의 만나지 않는다	20	6.1
	연 1~2회	67	20.4
	월 1~3회	57	17.4
	주 1~3회	43	13.1
	매일 (동거 포함)	142	43.3
노부모와의 지리적 근접성	국외	24	7.3
	다른 지역	67	20.4
	같은 도시 다른 동네	57	17.4
	한동네	43	13.1
	옆집	7	2.1
	함께 산다	130	39.6

동으로 자라난 이들은 역시 외동인 자녀를 키우는 과정에서 심각한 외로움과 고독감을 호소한다. 서로의 고민을 공유할 만한 형제나 자매가 없기 때문이다. 이들이 외로움을 해결하기 위해 사용하는 방법은 같은 고민을 공유하는 친구들과 새로운 유대감을 형성하는 것이다. 특히 소비는 이들이 친구를 사귀기 위한 손쉬운 가교로 활용된다. 취향이 비슷한 친구들끼리 쇼핑경험을 공유하거나, 비슷한 선호를 가지고 있다는 이유만으로 온라인에서 새로운 관계를 형성하는 등 소비를 통한 비접촉 유대를 확대함으로써 새로운 돌파구를 찾는다. 구매한 상품 리스트, 사진, 구매 후기 등을 인터넷에 공개하는 사람이라는 의미를 지닌 '사이커쭈曬客族'라는 단어는 이러한 현상을 함축하고 있다.

결혼과 육아, 그리고 부모의 봉양이라는 시대적인 부담을 떠맡은 젊은 부부들의 고민은 대중문화에 고스란히 반영돼 나타나기도 한다. 예를 들어 TV드라마 〈귀가의 유혹回家的誘惑〉은 젊은 부부들이 직면한 사랑과 결혼, 이혼 등 당대의 고민을 주제로 다루어 큰 인기를 얻었다. 2011년 히트했던 영화 〈세상 끝까지 사랑한다將愛情進行到底〉는 바링허우들의 캠퍼스 사랑이야기를 다루었던 동명의 드라마 후속편으로 제작됐는데, 13년이 지난 지금 그때의 커플이 가정을 꾸려나가는 스토리가 중심이 돼 젊은 부모들의 공감을 이끌어냈다.[75] 급격한 변화 속에서 상대적 박탈감과 불안을 경험하고 있는 1980년대생의 자화상을 다루는 에세이집 『청춘靑春』도 베스트셀러 상위에 올랐다.

시사점 : 중국식 가족경제를 이해하라

1980년대생, 1990년대생의 세대 구분이나 청년과 노인이라는 나이 구분에서 한걸음 더 나아가 중국 특유의 가족구조 변화를 이해한다면, 중국 소비자의 행동 뒤에 숨어 있는 비밀을 포착할 수 있다. 유난히 가족과 함께하는 활동을 선호하는 중국 소비자들을 공략하는 가장 손쉬운 방법은 바로 가족과 함께하는 활동을 지원하는 것이다. 중국 소비자들은 국내여행 혹은 해외여행을 갈 때도 가족끼리 함께 가는 편이다. 베이징에서는 명절날 가족이 함께 모여 새 옷에 새 모자 차림으로 외식을 나가는 관습이 있다. 패밀리 잠옷을 입는 것은 부의 상징으로 여겨지기도 한다. 일본의 대형가전제품 판매업체인 야마드Yamad는 선양과 톈진에 매장을 열면서 바로 이 점을 공략했다. 야마드는 가전매장이면서도 건물의 꼭대기 층에 푸드코트와 놀이방 등을 만들어 고객들에게 충분한 휴식공간을 제공했다. 이렇게 온 가족이 즐거운 쇼핑을 할 수 있도록 지원함으로써 중국의 가전제품 판매업체의 대표주자인 궈메이國美, 쑤닝과 감히 경쟁할 수 있는 토대를 만든 것이다.[76]

부모세대가 가지고 있는 특성이 가족소비에 어떠한 형태로 반영되는지 파악하는 것도 중요하다. 예를 들어 인터넷 사용에 익숙한 젊은 부모들은 자녀들을 위한 용품을 온라인으로 구매하는 데 대단히 적극적이다. 특히 인터넷 쇼핑의 발달은 임신 전 영양제·육아서적·태교용 CD·분유와 침구 구매에서부터 출산 후의 육아 도우미 구하기에 이르기까지 영유아시장을 더욱 세분화시키는 원동력이 되고 있다.

실제로 2012년 상반기 중국의 임신·육아 관련 온라인 쇼핑몰의 거래 규모는 200억 위안(3조 6000억원)을 넘어섰으며 1년간 약 86%가 성장해,

전자상거래 중 가장 경쟁이 치열한 시장으로 꼽히고 있다. 이에 중국 최대 가전 유통업체인 쑤닝은 임신·육아 전문 온라인 쇼핑업체 '홍하이쯔紅孩子. redbaby.com.cn'를 인수해 공격적인 전략을 펼치기도 했다. 이처럼 중국의 젊은 부모들이 해외 선진국의 육아방식을 자녀들에게 적용하는 데 대단히 적극적이라는 사실은, 글로벌 브랜드와 글로벌 문화가 빠른 속도로 중국 시장 안에 확산되는 데 영유아시장이 중요한 통로로 작용할 수 있음을 시사한다.

소비뿐 아니라 생산에서도 가족의 힘이 중요하다. 중국은 가족이 함께 경영하는 가족기업의 힘이 대단히 세다. 『포브스』에 따르면 상하이와 선전 2개 증시에 상장된 가족기업은 460개로 민영 상장기업(1268개)의 36.28%를 차지하고 있다.[77] 이는 중국에서 가족이라는 단어가 특유의 성실함과 신뢰관계, 그리고 경제적 교류관계라는 의미를 지니기 때문이다. 중국 소비자들이 가족기업 타이틀을 지닌 생산자에 대해 어떠한 태도를 가지고 있는지 파악한다면, 중국의 가족문화를 이해하기 위한 한걸음을 디딘 것이라 할 수 있다.

쑤닝이 인수한 임신·육아 전문 쇼핑몰 '홍하이쯔'

가족은 생활의 처음이자 끝이라고 할 만큼 중국인들의 삶에서 중요한 비중을 차지한다. '중국인들은 왜 이런 형태의 소비활동을 하는가'에 대한 질문에 대한 대답을 가족에서부터 유추해보자. 나의 확장판인 가족, 중국식 가족경제의 원리를 파악한다면 중국 시장을 보다 효율적으로 공략할 수 있을 것이다.

중국풍,
글로벌 스탠더드 사이에 서다

China Chic

글로벌 시장에서 중국의 위상이 하루가 다르게 높아지고 있다. 일본에 이어 세계에서 두번째로 큰 사치품시장으로 등극한 것으로도 모자라 최근에는 와인시장, 예술품시장, 골동품시장에서도 세계의 큰손으로 부상하고 있다.

콧대 높은 글로벌 기업들은 막강한 경제력을 지닌 중국 소비자를 고객으로 모시기 위해 분주하게 움직이고 있다. 때로는 브랜드의 고유성보다도 '중국적인 것'에 우선순위를 두는 일도 불사한다. 중국 소비자가 얼마나 중요한 고객으로 인식되는지를 보여주는 방증이다. 경제적 G2 반열에 진입한 중국은 이제 문화적으로도 G2가 되기 위한 도약을 시작하고 있다. 바야흐로 '진격의 중국풍'이 시작된 것이다.

DNA구조 : 중국, 세계의 큰손으로 문화를 호령하다

중국 소비자가 글로벌 소비자로 부상하고 있다. 특히 와인시장에서 중국
의 존재감은 실로 엄청나다. 와인 소비 붐은 일반적으로 경제 성장과 밀
접한 관계가 있는 것으로 알려져 있는데 실제로 1970년대에는 미국에
서, 그리고 1980년대에는 일본에서 고도성장과 함께 와인을 즐기는 인
구가 급증했다.[78] 중국도 급속한 경제 성장과 함께 매년 20% 이상 증가
하는 폭발적인 소비력을 보여주고 있다.

와인에 대한 중국인의 관심은 통 큰 중국식 투자형태로 나타나기도 한
다. 금이나 자원과 같이 와인을 투자상품으로 간주하고 이를 이용해 차
익을 남기는 것인데, 1982년산 라피트 와인의 가격은 지난 10년간 열
배 이상 뛰어 국제 금가격 상승폭의 네 배 이상을 기록하기도 했다. 이
러한 중국인들의 와인사랑에 힘입어 2011년 딩홍鼎紅펀드는 보르도·부
르군디산 고급 와인에 투자하는 와인투자펀드를 처음으로 조성했다.[79]

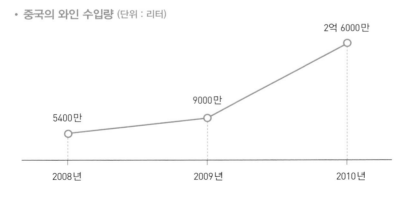

• **중국의 와인 수입량** (단위 : 리터)

2억 6000만

9000만

5400만

2008년   2009년   2010년

자료 : 국제와인주류연구소·중국 관세청

원자재를 사들이듯 아예 프랑스 와인농장을 통째로 구매해버리는 경우도 있다. 프랑스 서남부 보르도 지방의 경우, 2008년 '라투르 라귀앙스', 2009년 '리셸류', 2010년 '셰뉘 라피트'에 이어 2011년 '샤오 비오'와 '샤토 롤랑 뒤코' 와인농장이 모두 중국의 국영회사나 젊은 부호의 손에 넘어갔다.[80]

미국과 유럽을 중심으로 성장하던 예술품시장에서도 중국 소비자의 영향력은 점차 커지고 있다. 10년 사이 열 배 상승이라는 기록을 세우며 폭발적인 성장세를 보이던 중국 예술품시장은 2011년 세계 예술품시장 점유율 39%를 기록하며 당당히 1위 자리를 꿰찼다.[81] 특히 중국 부호들 사이에서 고가의 예술품을 소장하는 것이 개인의 품위와 기업이미지를 제고하는 수단으로 부상하면서, 2010년 6월 경매에서 700만 달러에 판매된 피카소의 작품 〈에페를 쥔 남자〉(1969년 작)와 1800만 달러에 낙찰된 〈키스〉(1969년 작)의 구매자는 모두 중국인이었다.[82]

와인시장과 예술품시장에서 나타나는 중국 소비자의 막강한 파워는 이제 세계 문화시장에서 중국의 위상을 바꿔놓는 힘으로 작용하고 있다. 그동안 가격부문에서 상위권을 차지하던 서구 작품을 비싼 가격에 사들이는 동시에, 중국 예술품은 그보다 더 높은 가격에 책정해 거래함으로써 중국 예술품의 가치를 상승시키고 있는 것이다.

프랑스 미술정보업체 아트프라이스Artprice가 발표한 '2011년 세계 미술시장 분석'에 따르면, 2011년 총 5억 달러의 낙찰액을 기록한 중국 작가 장다첸張大千이 피카소(3억 2000만 달러)를 누르고 가장 잘 팔리는 작가로 떠올랐다. 14년 동안 1위를 지켜온 피카소는 장다첸은 물론이고 치바이스齊白石(4억 4500만 달러)에게도 밀려 3위로 떨어졌다.[83] 2011년 3월 프랑스 툴루즈 경매에서 1240만 유로(195억원)에 중국인에게 낙찰돼 지

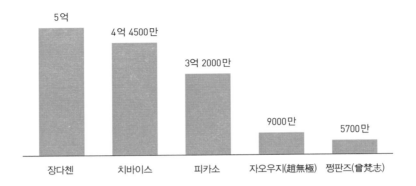

• 2011년 작가별 경매 낙찰액 톱5(단위 : 달러)

5억 / 장다첸
4억 4500만 / 치바이스
3억 2000만 / 피카소
9000만 / 자오우지(趙無極)
5700만 / 쩡판즈(曾梵志)

금까지 경매에 나온 중국황제 옥새 중에서 최고가 기록을 경신한 청나라 건륭乾隆 황제의 옥새는, 12월 베이징 경매에서 다시 1억 6100만 위안(280억원)에 낙찰되며 세계 최고가 기록을 재경신하기도 했다.[84] 2011년 홍콩에서 열린 우표 경매에서도 마오쩌둥의 모습을 담은 우표 네 장이 110만 달러에 낙찰되는 기염을 토했다.[85]

이제 세상에서 제일 좋은 것, 제일 비싼 것은 무조건 중국 소비자가 구매하는 시대가 됐다고 해도 과언이 아니다. 중국의 표준China standard이 곧 세계의 표준global standard이 되고, 중국의 1등이 곧 세계의 1등으로 이어지고 있는 것이다.

기업 전략의 영향
: 중국 소비자만을 위한 차이나 에디션의 탄생

중국풍의 인기는 단지 예술품시장에 국한되지 않는다. 일반 제품시장과 서비스시장에서도 열풍이 이어지며, 바야흐로 '메이드 인 차이나made in China' 시대에서 '메이드 포 차이나made for China' 시대로 세상이 바뀌고 있다.[86] 이는 해외 시장에서 중국 소비자를 대하는 태도만 봐도 명확하게 드러난다. 힐튼호텔은 2011년 7월부터 세계 각지 30개 지점에서 중국어 체크인서비스를 시작했고 객실 내에는 중국인들의 취향에 맞는 중국 전통차와, 중국 TV채널, 중국풍 슬리퍼, 중문 서비스 가이드를 구비해놓았다. 런던 중심가의 해롯Harrods 백화점은 중국어 구사가 가능한 70명의 직원을 채용했으며 75개 입점매장에 중국 인롄銀聯카드 기계를 구비해놓았다.[87] 중국여행총국 추산, 2011년 중국인 해외여행자 수가 6500만 명을 훌쩍 뛰어넘었고 2015년에 이르면 미국을 넘어 관광객 수 세계 1위를 기록할 것이라 하니, 중국 소비자는 그야말로 글로벌 소비자라 해도 지나치지 않다.

아예 중국 소비자만을 위한 신규 브랜드를 출시하는 글로벌 브랜드도 있다. 프랑스의 명품회사 에르메스는 2010년 9월 상하이에 '상샤上下'라는 브랜드를 론칭했다. 중국의 유명 디자이너인 장충얼蔣瓊耳과 손잡고 중국 전통 수공예기술을 접목시킨 가구·의류·장식품·보석류 등을 판매하고 있는데, 에르메스의 간판제품인 실크스카프 대신 명나라풍 의자와 도자기 등 중국인이 좋아할 만한 제품을 판매한다. 제품을 만드는 데 사용되는 재료 역시 중국 현지의 옻이나 몽골산 캐시미어 등 철저히 중국 현지에서 조달한다는 점도 이색적이다.[88] 글로벌 진브랜드인 리바이스Levi's 역시 중국인들의 마른 체형에 어울리도록 디자인한 '데니즌'이라는 브랜드를 2010년 8월 상하이에 론칭했다. 데니즌이 중국 시장에서 성공을 거두자 오히려 이를 미국에 다시 역수입하는 흥미로운 현상도 나타났다. 이외에도 GM이 중국 상하이자동차上海自動車, SAIC그룹과 합작해 바오쥔寶駿이라는 소형차브랜드를 선보이는 등[89] 콧대 높은 명품 브랜드들이 줄지어 중국인의 기호와 특성을 제품에 반영하는 맞춤 전략으로 중국 시장에 공을 들이고 있다.

중국 소비자만을 위한 제품을 만드는 가장 손쉬운 방법은 바로 한정판을 출시하는 것이다. 한정판은 일반적으로 중국인들이 좋아하는 색상이나 무늬로 디자인해 그들의 마음을 사로잡는다. 샤넬은 2009년 파리─상하이 공방 컬렉션을 시작으로 매년 중국 소비자만을 위한 특별한 디자인을 선보이고 있다. 일본의 카메라업체인 캐논 역시 유명 영화배우 청룽成龍을 모델로 내세우며 중국 한정판 카메라를 판매했는데 모델명과 숫자 등에 금색을 칠하고 '龍(용)' 등을 새겨넣어 중국 소비자의 관심을 끌었다.[90] 독일 자동차업체 BMW는 'M3 타이거 에디션'을 중국에서만 250대 한정판매했으며, 이탈리아의 람보르기니Lamborghini 역시 중국 시장을 겨냥해 고급 스포츠카 '무르시엘라고 LP670─4 슈퍼벨로체'의 중국 한정판 10대를 출시했다.

중국인들이 좋아하는 숫자와 발음을 이용해 한정판을 선보이기도 한다. 2010년 10월에 열린 홍콩 소더비 와인 옥션에서 프랑스 보르도 지역의 고급 와인인 '샤토 라피트 로쉴드'는 병에 한자로 숫자 '8八'을 새긴 2008년산 제품을 선보였다. 8이 행운의 숫자로 통하는 현상을 이용한 전략이다. 이날 경매에 나온 1869년산 샤토 라피트 로쉴드 세 병 모두 중국계 인사에게 병당 23만 달러에 입찰돼 중국 소비자의 통 큰 소비력을 다시 한번 확인시켰다.[91]

전통을 강조해온 유럽의 콧대 높은 명품 브랜드들이 중국 소비자의 입맛에만 맞는다면 자사의 고유 디자인까지도 기꺼이 포기하는 모습은 다소 낯설게 느껴질 수 있다. 이는 중국 소비시장의 힘과 성장 가능성을 방중하는 것이라고 볼 수 있다.

소비특성의 영향 : 전통문화와 자생 브랜드에 대한 관심

중국풍에 대한 관심이 세계적 현상으로 이어지고 있는 가운데, 중국 소비자 스스로 중국적인 것에 관심을 갖는 현상도 두드러지고 있다. 몇 년째 지속되고 있는 '공자 열풍'이 대표적이다. CCTV 종합채널의 만화영화 〈공자孔子〉를 비롯해 중국의 유명 감독인 한강韓剛이 제작한 30부작 연속극 〈공자〉, 그리고 세계적인 배우 저우룬파周潤發가 주연한 영화 〈공자 ─춘추전국시대孔子─春秋戰國時代〉에 이르기까지 각종 대중문화에서 공자가 회자되고 있는 가운데, 중국 정부 역시 세계 96개국에 공자학원을 설립해 중국어와 중국 문화 등을 전파하기 위한 기지로 삼고 있다.

이런 현상은 공자에 그치지 않는다. 사실 중국인들이 생각하는 대표적인 문화 아이콘은 바로 '한자'다. 베이징 사범대학의 '문화 소프트파워 발전 전략 연구팀'이 2010년 24개 대학에 재학중인 대학생 2000명을 대상으로 조사한 결과, 한자·공자·서법書法·만리장성 등이 중국을 대표하는 270개 문화 아이콘 가운데서 상위권으로 선정됐다.[92] 현대 과학기술의 아이콘인 수학자 천징룬陳景潤, 가전업체 롄샹聯想, 바이두百度 등이 모두 중위권에 머물렀다는 점을 고려할 때 중국 문화의 자부심은 '신생'이나 '첨단'보다는 '전통'에 기반하고 있음을 짐작할 수 있다.

이처럼 중국인들이 전통을 강조하는 모습은 다소 혼란스럽게 느껴질수도 있다. 중국식 사회주의 건설을 위해 유가 사상과의 철저한 단절을 꾀했던 중국 정부가 이제는 직접 나서 공자 열풍을 주도해나가고 있기 때문이다. 그러나 중국 전통문화에 관심을 쏟는 현상이 비단 중국 정부의 의도 때문이라고만 말하기는 어렵다. 많은 중국 소비자들이 전통문화에 대한 희구에 동참하고 있다. 이는 중국이 경제적 측면에서 미국과 어깨를 견줄 만큼 성장한 것과 마찬가지로, 문화적 측면에서도 중국만의 소프트파워를 발휘할 수 있다는 자신감에서 비롯된 현상이다. 동시에 중국이 급격히 시장경제체제로 전환되면서 서구적인 소비문화가 중국 내에 큰 영향을 행사하자, 이에 대한 반작용으로 중국적인 문화에 대한 정체성 확립이 필요해진 것이기도 하다.

중국 전통에 대한 관심은 곧 소비로 이어진다. 특히 글로벌 브랜드의 인기 속에 힘을 잃었던 중국 고유 브랜드들이 복고와 전통이라는 이름으로 부활하고 있다. 1960년대부터 1970년대에 이르기까지 '봉황자전거'로 시장을 풍미했던 중국의 국민 브랜드 융주永久 자전거는 2010년 복고 열풍을 타고 '융주 C'로 재탄생했다. 1927년에 창립돼 지금까지 86년의 역사를 자랑하는 중국 최장수 스포츠브랜드 '후이리回力'는 나이키와 아디다스 등 글로벌 브랜드의 인기와 리닝李寧, 안타安踏 등 중국 본토 스포츠브랜드에 밀려 부도 직전까지 갔다가 '워리어warrior'라는 이름으로 유럽 시장에 성공적으로 진출한 후 중국 시장에 재도입돼 인기를 얻고 있다. 특히 중국에서 판매되는 후이리 신발 판매량의 80%를 차지하고 있는 WB−1모델의 흰색 바탕에 빨간 무늬 디자인은 1956년에 나온 것이라는 점에서 중국 시장에 불고 있는 복고 열풍이 그대로 나타난다.[93]

전통에 대한 중국 소비자의 관심은 전통적인 것을 존중하는 브랜드에 대한 선택으로 나타나기도 한다. 윈난雲南그룹은 1902년 윈난 성을 중심으로, 뛰어난 지혈효과를 가진 흰색 가루약(바이야오白藥)을 원료로 성장한 기업이다. 소비자들은 중국의 전통적인 재료가 지니는 '지혈제' 혹은

'치유'라는 이미지 때문에 '윈난바이야오 치약'을 비싼 가격에도 불구하고 기꺼이 구매한다.[94] 고가의 중국 자생 명품 브랜드에 대한 관심도 급증하고 있다. 상하이탄 上海灘은 치파오 旗袍(중국 여성의 전통 원피스) 등 중국 전통복장의 멋을 살린 패션업체로 중국의 대표적인 사치품 브랜드로 부상하고 있다. 1930년대 상하이에서 유행하던 패션을 모티브로 1994년 처음 홍콩에서 론칭한 후 12간지 프린트나 징타이란 景泰藍(중국 전통 공예 기법)으로 만든 단추 등 중국풍 의류를 지속적으로 선보이고 있다. 중국의 많은 브랜드들이 서구식 패션을 추종하는 가운데, 상하이탄은 중국 전통의류로 인기를 끌고 있는 것이다.[95]

소비트렌드로의 발전 : 중국 전통과 글로벌 기준의 공존

중국의 문화적 파워를 강조하는 정부의 노력과 전통·복고에 대한 중국 소비자의 관심에 힘입어 중국풍의 바람이 점점 더 거세지고 있다. 그러나 중국 소비자들이 중국적인 것에 열광한다고 해서, 이러한 현상의 일면만을 봤다간 낭패를 볼 수도 있다. 전통적이며 중국적인 것이 주목받고 있지만, 여전히 중국 소비자들은 빠른 속도로 코즈모폴리턴으로 성장하고 있기 때문이다.

중국 경제 성장의 혜택을 받으며 자라난 바링허우와 주링허우는 인터넷을 통해 할리우드 패션이나 케이팝 등 해외 문화를 실시간으로 접한다. 타오바오와 같이 해외 제품을 직수입해주는 온라인채널이 성장하고, 중국 유통채널 내 입점한 수입매장의 크기가 점차 확대되는 현상도 중국 소비자들을 코즈모폴리턴으로 변화시키는 데 일조한다. 해외여행이나 해외유학 등을 통해 글로벌 제품을 경험함으로써 수입 브랜드를 사용하는 문화가 일상으로 편입되기도 한다. 해외여행이나 해외출장을 떠날 때, 글로벌 제품을 보다 더 저렴한 가격으로 대량구매하는 소비자들인 '하이와이세핀쭈海外血拼族'는 해외 브랜드 제품을 구매하고 싶어서 해외여행을 떠난다는 농담을 할 정도다.

> "일본의 어떤 관광지를 갔는데 호텔 화장실이 정말 깨끗했어요. 작은 식당의 화장실도 깨끗하고. 그래서 우리집에 돌아오자마자 화장실의 비데를 일본 제품(토토)으로 설치했어요."_28세, 기혼여성, 회사원, 월평균 가계소득 4만 5000위안(800만원), 광저우 거주

높은 품질의 해외 제품을 사용해본 중국인들은 점차 중국에서 생산되는 제품의 품질에 대해서도 더 높은 수준을 요구하고 있다. 최근 메이드 인 차이나 제품의 품질이 향상됨에 따라 자국 제품에 대해서도 긍정적으로 평가하기 시작했다. 동시에 중국만이 지닌 유구한 전통과 문화에 자부심을 느끼며, 중국 시장에 진출할 기업들이 세계 소비자로 성장한 자신들을 더 잘 대접해주기를 희망한다. 이 때문에 중국 소비자들은 자국 문화에 대한 자부심을 갖고 있으면서도 세계 시장의 소비자로서 해외 문화와 브랜드를 동경하는 이중성을 보이는 것이다.

재미있는 사례로 2010년 중국 소비자의 약 90%는 중국의 최대 패스트패션브랜드인 메이터쓰방웨이를 해외 브랜드로 알고 있었다.[96] 중국 시장에서 성공하기 위해 진출 초기 해외 브랜드로 착각하게 하는 전략을 사용했던 것이다. 이제 대다수 소비자들은 메이터쓰방웨이가 중국 브랜드인 것을 잘 알고 있으며 자국의 로컬 브랜드가 이만큼 성장했다는 사실에 자부심

• 제품 품목별 중국 소비자들의 해외 브랜드 VS. 중국 브랜드 선호 현황(2007년)

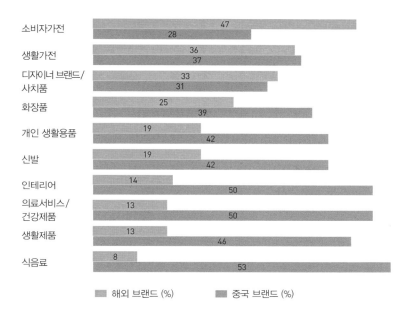

중국 소비자들이 해외 브랜드를 선호하는 제품군은
①카메라, 노트북, 스마트폰 등 전자제품(ex. 애플, 니콘, 캐논),
②디자이너 브랜드, 럭셔리 브랜드 등 사치재(ex. 구찌, 샤넬)이다.

자료 : BCG China Consumer Behavior Quantitative Research (survey of 3750 consumers in 12 cities, 2007)

을 느낀다. 광저우에서 태동한 중국의 로컬 패션브랜드인 '성위주聲雨竹'와 '이이毅衣, ee'도 유사한 전략을 구사한다. 나이키 혹은 아디다스와 같은 글로벌 브랜드의 매장 바로 옆에 자사 매장을 개설하는 등, 해외 브랜드와 직접 경쟁함으로써 중국 자생 브랜드의 제품 품질과 브랜드경쟁력을 글로벌 수준으로 끌어올리겠다는 의지를 피력하고 있다.

1 글로벌 브랜드인 나이키 매장 바로 옆에 위치한 '이이'. 2005년 광저우에서 태동한 중국 로컬 브랜드
2 글로벌 브랜드인 아디다스 매장 옆에 위치한 '성위주'. 2010년 광저우에서 태동한 중국 로컬 브랜드

시사점 : 진정한 의미의 중국풍이란 무엇인가

중국풍을 활용해 중국 시장을 공략하기 위해서는 진정한 의미의 중국풍이 무엇인지를 알아야 한다. 해외 브랜드가 중국적인 것에 소구하기 위해서는 해외에서 성공한 제품을 그대로 중국에 들이는 것도, 오직 중국 소비자만을 겨냥한 제품을 만드는 것도 지양해야 한다. 중국인들의 취향과 선호에 대한 철저한 조사를 바탕으로 하되, 해외에서 성공한 제품을 중국인 취향에 맞도록 생산하는 것이 중요하다. 세계 유명 자동차회사들은 이를 잘 실천하고 있는 모범사례다. 예를 들어 BMW는 중국에 '5시리즈'를 출시하면서, 몸집이 큰 차량을 선호하는 중국인들의 특성을 고려해 차량의 길이를 더 늘린 '뉴5시리즈 롱휠베이스 모델'을 선보여 좋은 반응을 얻었다.

이는 해외 브랜드가 가지고 있는 품질경쟁력에 대한 중국 소비자들의 선호가 여전히 높기 때문이다. 또한 외제품 역시 중국에서 생산됐기 때문에 중국산이라고 생각하는 소비자, 아예 국산 브랜드와 외국 브랜드를 구분하지 못하는 소비자들도 많다. 이처럼 중국 소비자들은 다른 나라에 비해 외제품에 대해 보이는 심리적 반감이 생각보다 낮다.

한편 중국에서만 발견되는 중국식 현상에 대해서는 지속적으로 관심을 갖고 추적해나가야 한다. 흥미로운 사례로, 2012년 춘제를 맞아 중국에서 동충하초가 금값의 배로 뛰었던 사례가 있다.[97] 영약이라고 할 만큼 뚜렷한 치료효과가 있는 약재도 아니고, 오히려 일개 건강보조식품에 불과한 동충하초의 값이 금값의 배까지 오른 것은 상식적으로 쉽게 이해되지 않는다. 이처럼 기이한 중국적 현상은 명절선물 겸 취직이나 승진 청탁 등을 위해 상사나 고위관리 등에게 바치는 선물로 동충하초가 인기를 끌었기 때문인데, 이러한 현상은 중국식 선물 주고받기인 관시문화를 알지 못하면 이해하기 어렵다.

중국식 현상의 이해는 제품 개발뿐 아니라 판매방식에도 영향을 미칠 수 있다. 중국 소비자들은 유난히 최고, 최연소, 최장 등 '최最'자가 들어간 문구를 좋아하는데 이를 이용해 마케팅 전략을 수립할 수 있을 것이다.

중국인들이 좋아하는 색채나 숫자를 이용하는 것도 중요한 홍보방식이 될 수 있다. 붉은색은 중국인만의 민족화, 강인함, 격렬함, 남성적인 기질을 대표한다. 코카콜라는 붉은색, 펩시는 파란색처럼, 1등 브랜드는

· 중국 소비자의 국산·외제 사용이유

분류	사용이유
국산품을 이용하는 중국 소비자	• 애국심 때문에(극소수의 답변) • 국산품도 품질이 좋으므로 • 외제품을 사용하고 싶지만 경제적 형편으로 인해
외제품을 이용하는 중국 소비자	• 국산품과 외제품의 구분 자체를 못하므로 • 외제품도 메이드 인 차이나이므로 결국 국산품 • 외제 지상주의

붉은색, 2등 브랜드는 파란색이라는 표현도 있다. 녹색은 자연의 색으로 주로 유제품브랜드인 멍뉴蒙牛, 이리伊利, 광밍光明에 사용되거나 주류브랜드인 하이네켄이나 칼스버그, 쉐화雪花, 칭다오에 사용된다. 파란색은 서양에서는 가장 사랑받는 색상이나, 중국인들의 선호도는 낮은 편이다. 주로 IBM, 마이크로소프트와 같은 전자제품에 사용된다. 흰색은 병원 등을 상징해 그동안 중국인들이 별로 좋아하지 않는 색상이었으나 최근 애플의 성공과 함께 고급스러운 이미지로 사치품시장을 점유하고 있다. 이외에도 심플함과 고급스러움을 더한 검은색, 황제의 색으로 대변되는 황금색 내지 노란색이 사치품시장에서 각광받고 있다.[98]

마지막으로, 글로벌 브랜드가 보유한 선망성과 중국만이 지닌 고유한 색채를 조화롭게 결합하는 것도 좋은 전략이다. 가령 많은 중국인들에게 사랑받고 있는 한국의 화장품브랜드 아모레퍼시픽의 '설화수'는 '피부미인이 많은 한국에서 가장 인기 있는 브랜드'라는 해외적 색채에, '동양인에게 적합한 한방성분'이란 중국적 색채를 동시에 강조함으로써 '중국적 특성에 적합한 고급스러움'의 이미지를 만들어냈다. 2011년에는 중국의 성공적인 진출을 기념하는 리미티드 에디션 패키징을 선보여, 중국인들의 마음을 사로잡기도 했다.

세계 시장에서 보이는 중국의 영향력이 커질수록 '중국적인 것'의 영향력도 점차 배가될 것이다. 중국 소비자의 사소하고 특이한 취향도 세심하게 살피는 혜안이 필요하다.

럭셔리, 일상 속으로

Affordable Luxury

평균 나이 43세, 두세 대의 자가용 보유, 서너 개의 고급 시계 보유, 보석 수집이 취미, 아르마니 양복 선호.

최소 1억 위안(180억) 이상의 자산을 보유하고 있는, 약 10만 명에 달하는 중국 부유층을 묘사하는 표현들이다. 인상적인 숫자만큼이나 중국의 부유층은 그동안 중국 내 사치품, 혹은 럭셔리 제품의 소비를 주도해 온 집단이었다.

최근 세계사치품협회는 흥미로운 전망을 제시했다. 2012년 중국의 사치품 소비시장 규모는 146억 달러로 중국 인구의 약 16%에 해당하는 2억 명이 럭셔리 제품 소비자이며, 이러한 소비자의 수는 연간 25%씩 증가해 곧 중국이 일본을 제치고 세계 최대 사치품 소비시장으로 등극할 것이라는 예측이다.[99] 10만 명의 중국 부자와 2억 명의 중국 럭셔리 소비자들, 이는 이제 일상 속으로 들어온 중국의 럭셔리 열풍을 극명하게 보여준다.

DNA구조 : 럭셔리의 일상화 · 보편화 · 세분화

럭셔리를 대하는 중국 소비자의 태도가 달라지고 있다. 해외여행이나 인터넷 등을 통해 해외 명품 브랜드를 직 · 간접적으로 접할 기회가 많아지면서 럭셔리 제품에 대한 지식수준이 급격하게 향상된 것이다. 럭셔리 제품 구매도 이제는 일상적인 일이 되고 있다. 글로벌 컨설팅회사 매킨지는 2010년 럭셔리 브랜드에 익숙한 중국 소비자의 수가 2년 전에 비해 약 두 배로 증가했다고 발표했다. 예를 들어 럭셔리 의류브랜드를 세 개 이상 기억하고 있는 소비자의 수가 2008년에는 전체 응답자의 23%에 불과했던 반면, 2010년에는 약 50% 이상으로 늘어난 것이다. 알고 있는 브랜드의 종류도 다양해졌다. 2008년에는 주요 다섯 개 럭셔리 브랜드만을 기억하는 소비자가 대부분이었으나, 2010년에는 그 비중이 감소하고[100] 더 많은 브랜드들을 기억하고 있었다.

이처럼 럭셔리 제품이 일상화되고 보편화되면서, 럭셔리 제품의 주요 소비계층 역시 세분화되고 있다. 중국인 소득구성에서 상위 중산층에 해당하는 집단은 2010년 전체 럭셔리 소비집단 중 단지 12%만을 차지하고 있지만, 이들의 증가속도로 미루어볼 때 2015년에는 약 22%를 차지하는 중요한 집단으로 부상할 것으로 예상된다.[101] 일부 부유층이 제한적으로 사용하는 것으로 여겨지던 럭셔리 제품이 이제 보통 사람들도 충분히 구매해 사용할 수 있는 제품으로 소비자들의 인식이 변화하고 있는 것이다.

소득구성에서뿐만 아니라 나이 측면에서도 중국 럭셔리 소비자만의 독특한 특성이 발견된다. 즉 중국 럭셔리 구매자들의 평균연령은 다른 국가에 비해 상당히 젊다. 세계명품협회는 2011년 중국 명품 소비

• 중국 소비자의 럭셔리 브랜드 인지

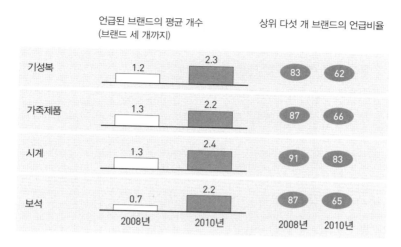

언급된 브랜드의 평균 개수
(브랜드 세 개까지)   상위 다섯 개 브랜드의 언급비율

기성복   1.2   2.3   83   62

가죽제품   1.3   2.2   87   66

시계   1.3   2.4   91   83

보석   0.7   2.2   87   65

        2008년   2010년   2008년   2010년

자료 : McKinsey Insight China – Wealthy Consumer Studies(2008, 2010)

• 가계소득별 중국 내 럭셔리 소비비중

연간 수입, 2010년 실제 위안(*)

■ VIP 부유층(>소득 혹은 자산이 1000만)   ■ 중상층(10만~20만)
■ 부유층(30만~1000만)   ■ 중하층(5만 5000~10만)
■ 대중적 부유층(20만~30만)   ■ 열망층(<5만 5000)

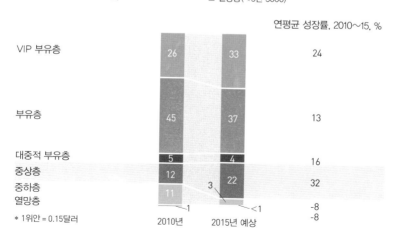

연평균 성장률, 2010~15, %

VIP 부유층   26   33   24

부유층   45   37   13

대중적 부유층   5   4   16
중상층   12
중하층   22   32
열망층   11
                          3
* 1위안 = 0.15달러   <1
                                          -8
          2010년   2015년 예상   -8

자 가운데 약 73%가 만 45세 이하이며(미국의 경우 약 50%), 이중에서도 18~34세 소비자가 45%를 차지했다고 발표한 바 있다(서유럽의 경우 약 28%).[102] 또한 3~5년 내에 중국의 사치품 구매자들의 연령이 25~30세까지 내려갈 것으로 전망하고 있다.

이처럼 사치품 소비자의 평균연령이 젊다는 사실은 럭셔리를 대하는 중국 소비자들이 향후에도 계속 호의적인 태도를 취할 것임을 시사한다. 젊은 사치품 소비자들은 럭셔리 제품을 단순히 신분이나 재력을 과시하는 수단으로만 생각하지 않는다. 사치품을 하나쯤 가짐으로써 삶의 즐거움과 기쁨을 얻을 수 있다고 여긴다. 럭셔리 제품을 구매할 능력만 된다면 품질 좋은 제품을 하나쯤 가지는 것은 그다지 문제될 것 없다는 태도다.

그렇다면 중국 시장에 럭셔리 바람이 거세게 불고 있는 이유는 무엇일까? 먼저, 중국 전역에 만연한 '배금주의'를 들 수 있다. 일반적으로 중국인들은 물질적인 것을 추구하는 태도를 전면에 내세우는 행위를 썩 좋아하지 않는다. 일례로, 최근 중국에서 큰 인기를 얻고 있는 미혼 남녀의 짝짓기 프로그램에 출연한 한 여성이 "BMW에 앉아 울지언정 자전거 뒤에 앉아 웃지 않겠다"고 인터뷰해 시청자들로부터 엄청난 비난을 받기도 했다.[103] 여성 출연자가 배금주의적 발언을 직접적으로 입에 올린 것이 못마땅하다는 것이다. 그러나 이러한 점잖은 태도와는 달리, 돈이 최고라는 물질 중심적 태도는 이제 중국 젊은이들 사이에 보편화돼 있다. 광저우에 거주하는 대학생을 대상으로 한 설문조사에서 응답자의 50%가 '가난뱅이와는 절대 결혼하지 않겠다'고 대답한 것처럼, 이제 중국 사회는 '좋은 직장을 갖는 것'보다는 '잘난 부모를 두는 편'이 훨씬 나은 사회

로 변화하고 있다.[104]

둘째로, 배금주의와 맥락을 같이하는 '허무주의' 역시 사치품 소비를 부추긴다. 중국의 젊은 사치품 소비자인 바링허우와 주링허우는 중국의 고도성장기에 자라났다. 이들은 중국이 부흥하는 시기에 성장했기에 절대적인 가난을 경험하지 않았다. 즉 가계소득이 증가하고 자산의 가치가 오르는 것만 목격했기에 미래를 대비해 저축하는 가치관보다 현재를 즐기고 소비하는 가치관에 더 익숙하다. 쇼핑이 곧 여가인 셈이다.

여기서 한걸음 더 나아간다면, 이들은 급속한 개방과 개혁으로 자고 일어나면 벼락부자가 속출하는 시대를 살고 있다. 스포츠선수·연예인·IT사업가가 중국 청소년이 되고 싶어하는 희망직군으로 자주 등장하는 것도 이러한 이유에서다. 동시에 중국 사회는 젊은이들에게 공정한 기회를 제공하지 못하고 있어, 학업을 통한 신분 상승은 점점 더 어려운 일이 되고 있다. 즉 계층 이동의 사다리가 무너진 사회에서 미래를 걱정하기보다는 현재를 즐기는 것이야말로 현명한 삶의 방식이라는 가치관이 구매력 낮은 젊은층을 명품시장의 큰손으로 끌어당기고 있다. 어차피 올라가지 못하는 경제적 신분의 사다리에서 내가 가진 돈으로 최대의 효용을 누리는 방법은 결국 소비뿐이며, 나에게 선물할 수 있는 유일한 보상인 셈이다. 이런 현상을 이른바 '허무주의적 소비'라고 부를 수 있을 것이다.

다음으로는 중국인들 특유의 '돈 쓰는 습관'을 들 수 있다. 전통적으로 중국 소비자들은 목숨을 걸고라도 돈을 모으는 습성이 있다. 다른 국가에 비해 높은 저축률을 보이는 것도 이 때문이다. 대신 이들은 '죽어라 모아서 통 크게 쓴다'. 평소에는 안 쓰는 전기 코드를 뽑고 최저가 검색으로 쇼핑에 드는 비용을 아끼며 알뜰살뜰 돈을 모으지만, 명절과 같이 돈을 써야 할 경우가 생기면 '가장 비싸고 가장 좋은 제품'을 구매하는 것이 현명한 소비라고 생각한다.

중국 소비자들의 이러한 습성에 비추어볼 때, 사치품 구매야말로 이들의 소비습관과 가장 잘 들어맞는다. 평소에 열심히 돈을 모으고 해외여행 때 엄청난 양의 사치품을 구매해버리는 소비성향이 이러한 습성에서 비롯된 것이다. 중국의 럭셔리 소비자가 사치품 구매이유로 '열심히 일해 성공한 것에 대한 상으로서 사치품을 구매한다'는 자기 보상적 근거를 대는 것도 이와 유사하다. 실제로 매킨지 조사에서 '평소에 돈을 모아 생일이나 연말에 자신이 눈여겨본 상품을 구매한다'고 응답한 소비자가 2008년 약 25%에서 2010년에는 약 36%로 증가했다.

소비특성의 영향 : 열정적 구매, 조용한 향유

중국 소비자들은 해외 명품 브랜드, 특히 프랑스산 브랜드에 열광한다. 중국 재계정보 제공기관인 후룬胡潤은 '2012년 중국 부자들의 브랜드경향 보고'에서 중국 부자들이 선물용으로 선호하는 10대 명품 브랜드를 소개했다. 프랑스 브랜드가 다섯 개로 가장 많았고 이탈리아 브랜드가 두 개, 미국과 스위스 브랜드가 각각 한 개씩을 차지했으며 중국 토종 브랜드로는 바이주白酒(중국 전통술)인 구이저우 마오타이貴州茅臺가 유일하게 이름을 올렸다.[105]

중국 소비자들이 이처럼 해외 럭셔리 브랜드를 선호하는 이유를 단순히 해외 브랜드가 가격이 비싼 사치품이기 때문으로 생각해서는 안 될 것이다. 오히려 중국 소비자들은 '사치품'에 대해 부정적인 정서를 갖고 있

순위	브랜드 명칭	유형	소속 지역	비율(%)
1	루이비통	패션	프랑스	14.9
2	까르띠에	보석류, 시계	프랑스	10.8
3	에르메스	패션	프랑스	8.0
4	샤넬	패션, 향수	프랑스	6.2
5	마오타이	주류	중국	5.9
6	애플	전자제품	미국	5.7
7	디올	패션	프랑스	4.6
8	프라다	패션	이탈리아	3.9
9	롤렉스	시계	스위스	3.6
10	아르마니	패션	이탈리아	3.4

는 편이다. 예를 들어 10대 명품 브랜드로 선정된 중국 브랜드 마오타이의 경우, 100대 사치품기업으로 선정되기 위해 세계사치품협회에 자격 신청을 했다는 사실이 밝혀지자, 소비자들의 비난을 피하기 위해 신청 사실을 공개적으로 부인하기도 했다.[106] 실용성을 강조하는 중국인들의 생활태도로 미루어볼 때, 사치라는 단어는 '필요 이상의 돈을 쓰거나 분수에 지나친 생활을 추구함'이라는 다소 부정적인 의미로 통용되기 때문이다.

럭셔리 제품을 구매하는 중국 소비자들에게 '왜 해외 브랜드를 선호하는가'를 질문하면, 바로 '품질이 좋기 때문'이라는 대답을 가장 즐겨한다. 매킨지 조사에서 2008년에는 약 36%만이 럭셔리 제품 구매이유로 품질을 꼽았으나, 2010년에는 약 50%의 응답자가 품질이 우수하기 때문에 럭셔리 제품을 구매한다고 응답했다.[107] 이는 짝퉁을 찾는 중국 소비자가 점차 감소하고 있는 현상과도 맥락을 같이 한다. 2011년 시장조사업체인 차이나마켓리서치CMR가 실시한 설문조사에서 28~35세 중국 여성의 95%는 '가짜 핸드백을 들고 나가면 창피함을 느낄 것'이라고 응답했다.[108] 매킨지의 조사에서도 '가짜 보석을 사고 싶다'고 답한 중국 소비자는 2008년 31%에서 2010년 12%로 줄었다. 이는 짝퉁을 구매해서라도 럭셔리 브랜드가 주는 후광을 느끼고 싶다는 열망보다, 진품을 구매함으로써 품질적인 만족감을 느끼고자 하는 열망이 더 커지고 있음을 의미한다.

사실 중국 소비자들은 럭셔리 제품을 통해 자신의 부를 과시하는 것을 품위 없는 행동이라고 생각한다. 미국 소비자의 약 27%가 사치품을 자랑하는 것은 저속한 행동이라고 응답한 것에 비해 중국 소비자의 약 41%가 이러한 응답을 했다는 사실은 대단히 인상적이다. 또한 2010년에는 약 50%의 응답자가 눈에 띄지 않는 스타일의 럭셔리 제품을 구매하고 싶다고 응답해 2008년의 32%에 비해 비약적으로 증가한 수치를 나타냈다. '중국인들은 과시하고 허세 부리기를 좋아할 것이다'라는 일반적인 오해와는 달리, 중국 럭셔리 소비자들은 굉장히 개인적이고 조용하게 사치를 즐기는 집단인 셈이다.[109]

브랜드를 향유하는 태도에서는 조용한 면모를 보이는 반면, 구매하는 모습에서는 전혀 다른 양상이 펼쳐진다. 최근 중국인 관광객들이 미국·유럽·한국·일본 등 현지에서 럭셔리 제품을 싹쓸이하듯 구매해 연일 화제가 되고 있다. 중국 주간지인『경제관찰보經濟觀察報』는 홍콩에서 명품 쇼핑관광을 즐기는 중국인들이 증가하면서, 중국 표준어인 푸통화普通話를 쓰는 고객이 현지 광둥 사투리를 쓰는 고객보다 더 대접받는다고 보도한 바 있다. 심지어 이러한 차별로 인해 중국인 쇼핑객과 홍콩 현지인들 사이에 갈등이 빚어지기도 하는데, 홍콩 광둥 로에 있는 이탈리아 브랜드 돌체앤가바나D&G가 중국 관광객이 매장 앞에서 사진 찍는 것은 허용하면서 홍콩인들이 촬영하는 것은 금지해 현지 주민의 원성을 샀다.[110] 유럽 명품시장에서도 중국 소비자는 단연 큰손이다. 영국 런던 셀프리지Selfridges 백화점에서 2011년 연말세일인 '박싱 데이Boxing Day' 가 시작되자마자 마치 중국 재래시장을 방불케 할 정도로 엄청난 규모의 중국 소비자들이 몰려들기도 했다.[111]

이처럼 중국인 관광객들이 해외에서 명품 쇼핑을 즐기는 이유는 무엇일까? 품질 대비 가격을 따지기 좋아하는 중국 소비자의 일반적인 특성이 럭셔리 소비행태에도 그대로 반영돼 나타나기 때문이다. 중국 정부의 관세정책으로 중국에서 판매되는 럭셔리 제품들의 가격은 다른 국가에 비해 상대적으로 비싸다. 따라서 해외여행은 명품을 싼값에 구매할 수 있는 좋은 기회인 셈이다. 특히 위안화의 가치가 계속해서 오르고, 중국 소비자들 사이에 해외여행이 유행처럼 번지면서 해외에서 직접 사치품을 구매하는 빈도 역시 증가하고 있다.

온라인을 통한 럭셔리 구매행동 또한 이와 맥락을 같이한다. 일반적으로 럭셔리 브랜드들은 이미지 실추를 우려해 온라인으로 제품을 판매하는 것을 선호하지 않는 편이다. 그러나 최근 럭셔리 브랜드들이 중국에서 보이는 행보는 이와는 전혀 다르다. 제냐Zegna · 발렌티노Valentino · 구찌 · 버버리Burberry · 토즈TOD'S 등 수많은 럭셔리 브랜드들이 최근 중국내 온라인 판매를 촉진하고 나서면서[112] 이러한 통념을 무너뜨리고 있는 것이다. 중국 소비자들은 다른 국가의 소비자들과 달리, 온라인에서 럭셔리 제품을 구입하는 것에 대해 별다른 거리낌이 없다. 값싸게 럭셔리 제품을 구입했을 때 얻는 만족감이 오프라인 매장을 직접 방문해 구입한 경우의 기쁨을 충분히 상쇄하고도 남는다는 것이 그들의 주장이다.

중국 소비자들은 럭셔리 제품이 고가의 사치품이라는 사실이 무색할 만큼 가격에 민감하게 반응한다. 중국 내 매장에서 구매하는 경우와 온라인으로 구매하는 경우, 해외에서 세금을 환급받았을 때의 가격을 아주 꼼꼼하게 비교분석하고 최적의 구매 시나리오를 찾아낸다. 한번 구매할 때 매장을 싹쓸이해버리듯 하는 중국인들의 통 큰 소비습관 때문에 마치 이들이 충동구매를 즐기는 것처럼 보이지만, 실상은 철저하게 가격 분석을 끝낸 결과라 할 수 있다. 중국 럭셔리 소비자는 세계에서 제일가는 보물사냥꾼treasure hunter*인 셈이다.

소비트렌드로의 발전 : 중국 사치품 소비자의 네 가지 유형

중국 내 럭셔리 제품 소비가 점점 증가하면서, 럭셔리 제품을 구매하는 소비자 역시 다양한 형태로 세분화되고 있다. 제품을 구매하는 성향과 소득수준 등을 기준으로 볼 때, 중국의 사치품 소비자는 다음 네 가지 형태로 유형화할 수 있다.

태생적 럭셔리 소비자 : 럭셔리 제품에서 럭셔리 경험으로
중국 사치품 소비자 중 첫번째 집단은 태생적으로 부를 타고난 집단에서 발견된다. 전형적인 중국의 부유층으로서 자산을 많이 보유하고 있기 때문에 럭셔리 소비는 이들의 일상이요, 평범한 구매형태일 뿐이다. 이들이 구매하는 사치품의 총금액은 전체 사치품 소비자 중 월등히 높은 수

---

* 보물을 찾듯이 진취적, 적극적으로 상품을 발굴하는 소비자. 제품 하나를 사기 위해 발품 팔기를 주저하지 않으며, 컴퓨터 앞에서 수시로 클릭을 해가며 정보 탐색전에 뛰어든다. 발로 취재하는 '기자'와 예리한 분석이 돋보이는 '애널리스트'의 면모를 모두 보인다.

준이지만, 보유한 자산의 총규모가 워낙 크기 때문에 사치품 구매에 사용하는 금액이 전체 소득 중 차지하는 비중은 그리 높지 않다. 엄청난 돈을 '아무렇지 않게' 펑펑 쓰는 족속이라는 뜻의 '후이진쭈灰燼族'가 이 집단에 포함된다.

태생적 럭셔리그룹은 다시 크게 세 가지로 구분되는데, 홍색귀족, 신흥 귀족, 2세 귀족으로 나눌 수 있다. 먼저 홍색귀족은 공산당 최고 간부의 자손들로, 처음부터 부모의 후광과 부, 명예를 움켜쥔 채 태어난 이들이다. 주로 해외유학을 거쳐 고급 교육을 받고 성장하며 귀족 부럽지 않은 취향을 가지고 살아간다. 고위지도간부나 대기업 경영자, 사유대기업주 가문에서 주로 발견되며, 역사적으로 오랜 시간 중국의 상류층을 형성해온 사람들이 해당된다. 이들은 바쁘게 생활하기 때문에 럭셔리 브랜드에 대한 정보를 얻고 비교할 시간적인 여유나 관심이 별로 없다. 이미 자신이 선호하는 럭셔리 브랜드가 결정돼 있으며 그것을 계속해서 구매함으로써 높은 로열티를 보인다. 브랜드 품질이나 서비스가 좋다면 가격에는 신경쓰지 않으며, 대신 편리함에 대해서는 프리미엄을 지불할 의사가 있는 상대적으로 높은 구매력을 보인다. 이에 반해 신흥 귀족은 부동산과 주식 폭등으로 떼돈을 번 졸부들이 해당된다. 맨손으로 출발해 부를 이뤘기 때문인지 씀씀이가 남다르며 초호화 명품과 사치품에 가장 관심이 많은 소비자집단이다.

마지막으로 부모의 재력을 통해 부자가 된 2세 귀족을 들 수 있다. 전통적인 부유층의 자제이거나 다국적 기업의 매니저, 혹은 개인 사업활동을 통해 새로 부유층에 진입한 집단이다. 연령대는 바링허우, 주링허우들이며, 개성 넘치는 사고방식에 부족함 없이 제공되는 금전이 결합되면서 새로운 소비 바람을 일으키고 있다. 이들은 공격적이라고 할 만큼 쇼핑 자체에 열광하며 대부분의 럭셔리 소비분야에서 자신을 돋보이게 하는 제품을 선택할 줄 아는 트렌드세터trendsetters에 해당한다. 럭셔리 제품에 대한 정보 검색에도 대단히 적극적이지만, 검색의 이유가 가격과 품질을 비교하기 위해서라기보다는 주로 자신의 라이프스타일이나 패션을 돋보이게 할 새로운 정보를 습득하고 즐기려는 데 있다. 부모세대인 전통적 럭셔리집단의 소비성향을 어린 시절부터 보고 체득해왔기 때문에 이들 역시 중·고등학교에 다니는 어린 나이 때부터 루이비통과 같은 고가의 해외 브랜드를 친구들에게 아무런 거리낌 없이 선물한다. 부모의 막대한 부를 물려받아 명품만 사용한다는 푸얼다이, 부모의 재력에 의존해 돈에 무감각하며 사치가 지나친 라서쭈辣奢族, 부모 밑에서 혜택을 받아 인생에 간절함이 없고 넉넉하게 살아간다는 라테쭈牛奶咖啡族 등이 모두 2세 귀족에 해당된다.

이 집단이 구매하는 사치품의 종류는 다른 집단과 확연한 차이를 보인다. 다른 집단에서 구매하고자 희망하는 제품인 고가의 가방이나 시계 등은 이들의 관심을 끌지 못한다. 이러한 제품들을 워낙 일상적으로 사용하기 때문에, 생일이나 명절날 친구와 동료들에게 가볍게 선물하는 성의 표시 정도의 의미밖에 지니지 못한다. 대신 이들의 관심은 포르쉐와 같은 수입 명차, 요트, 더 나아가 자가용 비행기 구매에까지 확대되고 있다. 원저우溫州와 상하이, 선전 지역을 중심으로 태생적 럭셔리집단 사이의 유행어가 "너 아직 자가용 비행기 안 샀니?"였다고 할 만큼 이들은 초고가의 럭셔리 제품을 선호한다.[113]

이처럼 럭셔리 제품이 일상화되다보니 이제는 럭셔리 경험luxury expe-rience에 눈을 돌리기 시작했다. 고급 레저나 호화 해외여행 등 삶의 질을 높이는 여가활동뿐 아니라, 해외 선진국가에서의 거주경험이라든지 자녀들을 미국이나 캐나다, 영국 등지로 유학 보내는 교육적 사치로 럭셔리의 의미가 확대되고 있다.

유행에 민감한 신조류 소비자 : 수입의 대부분을 럭셔리 구매에 사용

중국의 럭셔리 소비자 중 두번째 유형은 유행에 민감한 신조류 소비자들이다. 이들을 한마디로 설명하자면, 수입의 대부분을 럭셔리 구매에 사용해버리는 패션 크레이지fashion crazy집단으로, 월급을 소비하는 데 모두 써버리는 사람인 '웨광쭈月光族'가 바로 이들이다.

대부분 나이가 젊은 편으로, 주로 여가시간이 많고 안정적인 봉급을 받는 기업 사무직이나 공무원에서 발견된다. 수입이 많지 않지만 럭셔리 제품에 대한 정보는 어느 집단보다도 많은 편이다. 패션잡지를 구독해 정보를 얻고, 새롭게 유행하는 스타일에 대해 비교적 민감하게 반응하는 트렌드팔로어trend followers나 얼리어답터early adopter와 유사한 소비패턴을 보인다. 쇼핑몰이나 백화점보다는 전문숍이나 부티크 등 제한된 장소에서 덜 대중화된 럭셔리 제품을 구매하는 것을 좋아하는, 이른바 럭셔리에 대한 대중의 의견을 선도하는 집단이다. 소득을 모두 럭셔리 구매에 사용할 만큼 현재를 지향하며 새로운 정보의 습득과 구매과정, 그리고 구매경험을 SNS 등을 통해 공유하고 확산해나가는 과정 전체를 즐긴다.

열망하는 신흥 중산층 소비자 : 럭셔리 제품 구매가 곧 성공을 상징

세번째 집단은 비교적 최근에 럭셔리 구매에 동참한 집단이다. 이들은 2·3선도시에 거주하는 중간계층으로, 다른 집단에 비해 럭셔리 브랜드를 사용해본 경험이나 정보가 적은 편이다. 소득 중 럭셔리 제품을 구매하는 데 사용하는 금액의 비중 역시 높지 않지만, 전체적인 가계소득 자체도 다른 집단보다 낮은 편이어서 럭셔리 제품을 구매하기 위해서는 다른 소비를 줄여야 한다. 이들은 '열망집단'이라는 표현 그대로 럭셔리 제품을 구매하는 것이 곧 자신의 성공을 상징한다고 생각할 만큼 상류층에 진입하고자 하는 열망을 간직하고 있다.

사치품 구매를 통해 나도 쓸 만큼의 돈은 있다는 것을 다른 사람들에게 과시하고 싶어하는 '부차첸不差錢', 혹은 가난해도 명품 하나쯤은 있어야 한다고 생각하는 '럭셔리 푸어luxury poor족'이 이 집단에 해당된다. 다른 집단에 비해 대단히 신중하게 럭셔리 제품을 구매하는 편이며, 다소 대중적인 럭셔리 브랜드를 선호하는 경향을 보인다. 럭셔리 제품을 갖는 것 자체가 목적이므로 중고 럭셔리 제품이라도 적극적으로 구매하는 특성을 보이기도 한다.

중국식 럭셔리 소비자 : 가격 대비 품질을 중시하는 알뜰 소비족

중국 럭셔리 소비자 중 가장 많은 비중을 차지하는 집단으로, 가격 대비 품질을 중시하는 가치 추구자value seekers들이다. 주니어급의 사무직이나 공무원 등에서 찾아볼 수 있으며, 소득이 증가하면서 자연스럽게 더 좋은 품질의 제품, 더 나은 서비스를 구매·사용하고자 하는 니즈가 생긴 집단이라고 할 수 있다. 이들이 럭셔리 브랜드를 구매하는 주요 이유는 지위를 상징하기 위한 과시욕보다는 더 좋은 품질의 제품을 사용하고 싶은 욕구 때문이다. 따라서 상대적으로 비싸지 않은 럭셔리 제품들이나 최신 유행이 아닌 제품이라도 적극적으로 구매하며 제품의 디자인보다는 가격 대비 품질을 가장 중요하게 생각하는, 럭셔리 소비자 중 가장 알뜰한 소비족이다. 신상품보다는 세일하는 제품을 구매하거나 브랜드의 프로모션 기간을 기다렸다가 구매하는 가격 민감형 소비동향을 보이며,

주로 다양한 제품을 비교할 수 있는 백화점이나 쇼핑몰에서 쇼핑하는 것을 선호한다.

　이처럼 중국의 럭셔리 소비자가 다양한 형태로 유형화된다는 사실은, 럭셔리가 상위층에서 일반 대중으로 확산되면서 럭셔리의 개념 자체가 지속적으로 변화하고 있다는 점을 시사한다. 기존에 프리미엄으로 인정받던 가치들이 급속한 속도로 매스티지mastage화되면서 럭셔리의 초기 사용자들은 이제 럭셔리에 눈뜨기 시작한 일반 소비자들과 구별되는 새로운 가치를 찾아나선 것이다. 단 새로운 가치는 단순한 감정적 가치가 아니라, 차별적이고 구체적이며 명확한 또다른 형태의 '효익'이어야 한다. 그리고 그 효익은 ▲낯설고 ▲제한적이며 ▲경험의 가치로부터 출발한다.

　중국 럭셔리의 최근 변화방향으로 먼저 브랜드의 세분화 현상이 관찰되고 있다. 비교적 이름이 많이 알려진 해외 럭셔리 브랜드들이 일반 중국인들 사이에 확산되면서, 소위 VVIP계층들은 비교적 덜 알려진 럭셔리 브랜드에 대한 선호를 보인다. CMR의 대표이자『값싼 중국의 종말 The End of Cheap China』의 저자인 숀 레인Shaun Rein은 "명품시장의 성장세가 전체적으로 둔화되고 있지만 중국 소비자들은 여전히 명품에 돈을 쓰고 있다. 경제적 최상층은 버버리와 루이비통보단 덜 알려졌고, 흔하지 않은 보테가 베네타Bottega Veneta와 에르메스 등을 선호하는 것 같다"고 말한 바 있다.[114] 중국어 '디댜오더서화'는 품위 있는 삶을 즐기며, 명품을 좋아하지만 남에게 보여주기 위한 것이 아니라 자신의 품위에 맞는 제품을 선호하는 행동을 의미한다. 직역하면 '소박한 사치'이며, 해석하면 '명품을 사용하고 있다는 것을 내색하지 않는다'는 뜻의 이 단어는 '사람들이 모를수록 가치가 올라간다'는 측면에서 역설적이다.

두번째 변화방향은 럭셔리 브랜드로의 '접근의 제한성'이 강화된다는 것이다. 이것은 특정한 프라이빗 클럽에 소속되는 것과 유사하다. 쉽게 구하기 어려운 고급 제품을 소비하는 자격 자체가 하나의 럭셔리요소가 된다. 아무런 광고 없이 기존 회원의 소개만으로 가입할 수 있는 회원제 유통서비스나 돈을 주고도 구매할 수 없는 특정 집단만이 받아보는 럭셔리 잡지서비스가 대표적인 사례다. 이처럼 높은 회원가입비를 요구하며, 가입을 위해 어느 정도 높은 사회적 신분을 요구하는 회원제도를 일컬어 '가오먼젠 회원제'라고 부른다. 이것은 단순히 제품과 서비스에만 해당하는 것이 아니라, 생활과 라이프스타일 전체로 확장되기도 한다. 예를 들어 일반 사람들의 출입이 엄격히 통제되는 VVIP들만의 주거단지는, 단순히 아파트단지나 빌라단지만 관리하는 것이 아니라 커뮤니티(동네) 자체를 관리한다. 주거공간, 쇼핑공간, 학교 등 마을 자체에 대한 진입이 엄격하게 관리된다. 같은 라이프스타일을 가진 준거집단 안에서만 정보를 공유하는 '샤오중성휘쿵'이 가장 엄격한 형태로 발현된 모습이다.

마지막 변화방향은 '지식과 경험의 자산화' 경향이다. 일반 소비자들이 한두 번 럭셔리 제품을 사용해서는 쉽게 알기 어려운, 오랜 기간 럭셔리 제품을 소비함으로써 획득한 '제품 사용경험에 기반한 지식과 정보, 스토리'가 최상위층의 '보이지 않는 잉크invisible ink'로 사용되는 것이다. 원래 보이지 않는 잉크란 세련된 테이블 매너, 예술에 대한 고급 취향, 유서 깊은 가풍처럼 단시간에 습득할 수 없는 문화적 유산이 개인에게 체화된 것을 뜻한다. 단지 많은 돈을 준다고 해서 구매할 수 있는 것이 아니며 오랜 기간의 경험이 누적돼 나타나므로, 전통적으로 상류층 사람들이 다른 사람들에게 자신의 혈통적·문화적 우월성을 은근히 드러내는 수단으로 사용됐다. 그리고 이제는 이러한 문화적 취향의 잉크가, 오랜 기간 럭셔리 제품을 사용한 경험으로부터 획득한 지식과 취향의 '보이는 잉크'로 대체되고 있다.

시사점 : 사치품 소비자의 유형별로 달리 접근하라

세계 럭셔리 산업의 관심이 중국으로 집중되고 있다. 세계 제일의 럭셔리 시장으로 성장하고 있는 중국, 럭셔리의 대중화가 시작되고 있는 중국에서 이들의 마음을 사로잡기 위한 전략은 무엇일까?

첫째, 럭셔리의 범위를 확장해야 한다. 럭셔리 소비를 가장 오랫동안 해온 집단인 태생적 럭셔리 소비자들을 중심으로, 이제 럭셔리의 범위가 가방이나 옷·시계·자동차와 같은 물질적인 것에서 교육·여행·해외에서의 체류 등 경험적인 것으로 확대되고 있다. 오늘날 중국인들은 럭셔리를 단순히 '소비'하는 것이 아닌, 일종의 '투자'의 의미로 발전시켜나가고 있는 것이다. 고급 화장품은 사용하고 나면 사라져버리지만, 1년짜리 피부관리 회원권은 그 결과가 내 몸에 고스란히 남는다는 것이 이들의 생각이다. 럭셔리 경험은 나를 성장시키는 일종의 무형자산으로서의 '자기 투자'인 셈이다. 와인이나 미술품과 같은 고가의 예술품 역시 럭셔리의 확장된 형태로 등장하고 있는데, 역시 금전적인 투자의 의미를 지니기 때문이다.

이제 중국 시장의 럭셔리는 물질적인 것을 넘어 비물질적인 가치, 즉 편리함·건강·시간 절약과 같은 무형의 가치로 그 범위가 확장돼나갈 것이다. 단지 건강검진을 안전하게 받기 위해 오스트리아나 미국을 방문하는 중국 부호들의 라이프스타일이 일반 대중들에게는 어떤 형태로 확산될지 상상해볼 수 있어야 한다.

둘째, 온라인에서 사업기회를 확대하는 것이 필요하다. 온라인 사이트에서 가장 활발한 토론이 일어나는 브랜드는 곧 중국 럭셔리 시장에서 가장 잘나가는 브랜드라고 해도 과언이 아니다. 루이비통은 중국 온라인 사이트에서 가장 자주 언급되는 브랜드이고, 샤넬은 웨이보에서 가장 관심도가 높은 브랜드이며, 버버리는 소비자와 기업의 상호교류가 가장 활발한 브랜드인 것으로 알려져 있다.[115] 그만큼 중국 소비자들이 구매하고자 열망하는 브랜드인 것이다. 온라인에서 소비자들 스스로 만들어내는 구전은 다른 소비자들에게 브랜드에 대한 관심을 불러일으킬 뿐만 아니라, 럭셔리 브랜드를 사용하고 있는 소비자들에게도 새로운 형태의 만족감을 제공한다. 소비자 스스로 브랜드 홍보대사를 자처하는 가운데 브랜드 로열티 역시 제고되는 일거양득의 효과가 발생한다. 중국 시장에서 럭셔리의 대중화가 시작되는 지금, 온라인에서의 성공이 곧 브랜드의 성공으로 이어질 수 있음을 명심해야 한다.

셋째, 럭셔리가 주는 만족감을 극대화해야 한다. 여전히 많은 소비자들이 점원의 태도나 상품 진열, 분위기와 같은 매장 내 경험이 럭셔리 제품 구매에 결정적으로 작용한다고 응답하고 있다.[116] 럭셔리 제품 자체도 중요하지만 그것이 내포한 고급스러움과 사치스러움을 함께 소비하고자 하기 때문이다. 일반 제품과 럭셔리 제품의 차이는 실제로는 굉장히 작은 것에서부터 비롯된다. 제품의 포장에서부터 구매 후 회원관리에 이르기까지 럭셔리의 기쁨이 극대화될 수 있는 사소하고 디테일한 지점을 찾아내는 것이야말로 럭셔리의 출발점이다. 차별화된 럭셔리로 중국 소비자에게 새로운 환상과 가치를 선물할 수 있어야 한다.

중국은 그야말로 극단적 가치가 공존하는 시장이다. 급격한 성장 속에서 다양한 가치가 혼재하기 때문에, 대부분의 소비에 대해서는 상당히 절약하면서도 가치가 있다고 생각되는 제품에 대해서는 선뜻 지갑을 여는 놀라운 모습을 보인다. 다른 사람들과 관계 맺기, 선물하기, 결혼하기 등 럭셔리가 적용될 수 있는 중국인들의 생활상을 포착하고 그 안에서 기회를 잡아야 한다.

T R E N D ★ ∴ C H I N A

‖ 3부 ‖

중국 소비시장의
최근 트렌드

지금까지 우리는 중국 소비자에 집중해 논의를 진행했다. 1부에서는 중국 소비자를 여섯 가지로 세분화한 후 각 유형별로 무엇에 열광하고 있는지를 살펴봤고, 2부에서는 사회적 맥락과 가치관에 입각한 7대 소비DNA에 대해 논의했다. 1부와 2부의 논의가 중국 소비자의 일반적인 특성에 관한 분석이었다면, 3부는 최근의 시장흐름에 관한 논의다. 지난 5년 정도의 기간 동안 중국 시장에서 보이고 있는 특성들을 ▲'삶의 질' 추구 소비의 증가 ▲새로운 니치시장의 대두 ▲중국식 신실용주의의 등장이라는 세 가지 키워드를 통해 살펴봤다. 이어 중국 사회에 등장하고 있는 소비 관련 신조어를 분류해 소개함으로써 중국 시장의 최근 트렌드를 엿볼 수 있도록 했다.

지금 중국 시장은
어떻게 움직이고 있는가

최근의 3대 변화

1부와 2부를 통해 우리는 중국 소비자는 다른 나라의 소비자들과 무엇이 어떻게 다른지에 대해 심도 있게 살펴봤다. 그렇다면 남은 논의는 이런 소비자들이 만드는 최근의 소비트렌드가 어디로 어떻게 흘러가고 있느냐의 문제다. 중국 소비자에 대해 전반적으로 이해하는 일이 시장에 진입하기 위한 타깃 분석이었다면, 소비트렌드를 예측하는 것은 중국 시장에서 미래 전략을 수립하는 것과 맥이 닿아 있다.

소비트렌드는 소비자 개개인의 구체적인 소비행태라기보다는 그 소비행태를 만들어내는 사회분위기나 문화, 혹은 개인 정서의 변화에 가깝다. 그렇기에 소비트렌드를 도출하기 위해서는 한 국가의 사회적·문화적·정치적·경제적인 흐름과 더불어, 국민의 의식이나 정서의 변화까지 총체적으로 고려할 필요가 있다. 이 책에서는 지난 5년간 중국 시장에서 뚜렷하게 드러난 소비적 특징들을 분석하기 위해 문헌 연구, 소비가치

분석, 설문조사, FGI, 현지 취재, 심층면접, 신조어 분석 등 다양한 트렌드 분석방법론을 사용했다.

그 결과 서울대 소비트렌드분석센터가 도출해낸 3대 키워드는 ▲'삶의 질'에 대한 관심 증가 ▲새로운 니치시장의 대두 ▲중국식 신실용주의의 등장으로 요약된다. 물론 지금껏 누차 강조했던 것처럼 소비트렌드 역시 지역이나 소비자유형에 따라 세분화된 형태로 나타날 것이다. 하지만 여기에서는 중국 시장에 비교적 공통적으로 적용할 수 있는 가장 현저한 트렌드 세 가지를 제시하고자 했다. 소비트렌드가 단순화되고 있다고 받아들이기보다는 커다란 흐름이 각 소비자유형에게 공유되는 가운데, 그 흐름이 반영돼 나타나는 세부 양상은 각기 다르다고 이해하는 편이 맞을 것이다. 더불어 말미에 정리한 최근 중국 소비시장에 등장한 신조어들은, 이러한 소비트렌드가 실제로 시장에서 어떻게 발현되는지를 보여주는 단초가 될 것이다.

영선반보領先半步. 성공하려면 반걸음만 앞서나가라는 뜻이다. 이는 트렌드에도 적용된다. 소비트렌드에 너무 앞서도 혹은 너무 뒤처져도 시장에서 성공할 수 없다는 의미다. 우리가 트렌드를 읽는 이유는 현재 시장이 어떻게 변화하고 있으며 향후 어떻게 변화할 것인가를 '반 발짝' 앞서서 파악하고자 하는 데 있다. 중국의 3대 소비트렌드 키워드와 신조어들을 통해 중국 시장의 변화를 좀더 입체적으로 예측해보자.

'삶의 질'에 눈뜨다
Level up to 'Quality of Life'

여러 차례 언급했듯이, 중국인은 행복을 중시한다. '2011년 중국 가정 행복감 조사'의 결과에 따르면 중국인의 70% 이상은 일상생활에서 행복을 느낀다고 응답했다.[1] 중국 소비자에게 인생의 최종목표나 지향점에 관한 질문을 하면 언제나 하나의 결론으로 수렴된다. '더 행복해지고 싶다'는 것이다. 절대빈곤의 상태에서는 행복을 이야기하기 어렵다. 즉 행복이라는 단어가 자주 언급된다는 사실만으로 그들의 생활수준이 높아지고 있음을 짐작할 수 있다.

에릭슨Ericsson의 트렌드 조사에 따르면 중국인의 54%가 인생의 재미를 추구하는 것으로 나타났고,[2] GfK로퍼컨설팅GfK Roper Consulting에서 발표한 중국 연구 보고서에 따르면 응답자의 40%가 사회적 책임이 인생에서 중요한 의미를 지닌다고 밝혔다. 이제 중국인들도 개인의 행복뿐 아니라 지속 가능한 발전과 지역사회, 그리고 국가 전체의 행복까지도 고려하는 의식수준에 이르렀다고 할 수 있다. 단순히 먹고사는 '생존survival'의 문제에서 한 단계 더 나아가 인생을 즐기며 사는 '행복 enjoyment'의 문제를 고민하기 시작한 것이다. 자신의 진정한 행복을 추구하기 위한 '레벨업 대작전', 지금 중국 곳곳에서는 삶의 질을 업그레이드하고자 하는 노력이 펼쳐지고 있다.

레벨업 #01
레저 라이프 : 즐기는 인생을 추구하는 사람들

어떻게 하면 인생을 더 즐겁고 행복하게 보낼 수 있을 것인가. 그 해답을 찾기 위해 중국인들은 여가시간을 가치 있게 보내는 다양한 방법을 모색중이다. 여러 가지 방법 중 초미의 관심사로 떠오르고 있는 것은 '여행'이다. 행복한 삶의 일환으로 '레저 라이프'를 꿈꾸는 사람들이 늘고 있다. 코트라 상하이무역관에 따르면, 중국 최대의 소비대목인 국경절에 가장 많이 팔린 품목은 여행상품이었다고 한다(2011년 기준). 통상 7일인 국경절 연휴기간 동안 중국의 관광객은 약 3억 200만 명을 기록했고, 관광수입은 전년 대비 25.1%가 증가한 1458억 위안(26조원)으로 1인당 평균 483위안(8만원)을 지출한 것으로 나타났다.[3]

보스턴컨설팅그룹BCG의 조사에 의하면 중국 내 여행시장은 앞으로도 매년 16%씩 성장할 전망이며, 2020년까지 관광수입이 3조 9000억 위안(706조원)에 이를 것이라고 한다. 그동안 국내여행을 하는 중국인들의 주된 목적은 친구나 가족의 집을 방문하는 정도였고, 여행 자체에는 크게 의미를 두지 않았다. 여행·관광시장 자체의 성숙도가 아직 초기 수준임

을 감안할 때, 레저 라이프를 꿈꾸는 이들을 위한 국내여행의 잠재가치는 무궁무진하다고 예측된다.[4]

국내여행시장이 성장하면서 반사적인 특수를 누리는 업체들도 등장하고 있다. 과거엔 가격경쟁력으로 인해 단체여행상품이 주를 이뤘지만, 최근의 중국 소비자들은 가격이 비싸더라도 가족과 함께하는 자동차여행을 선호한다.[5] 이에 국경절 같은 성수기에 여행사뿐 아니라 중소형 승용차업체, 내비게이션업체가 호황을 누리며, 렌터카업체 역시 많은 이익을 누리고 있다. 2011년 중국 내 렌터카 수는 4만여 대에 이르렀으며, 매년 20~30%씩 증가하는 추세다. '마이카 붐'으로 자동차를 소유하는 가정이 늘고 있는 것과 동시에 경제적 여유가 없는 소비자들에게 차선책으로 렌터카가 각광받는 상황을 볼 때, 향후 렌터카시장은 더욱 성장할 것으로 보인다.[6]

해외여행시장 역시 발전 가능성이 매우 높다. 지금까지 중국인들은 해외여행보다는 비교적 저렴한 국내여행을 선호했으나, 실질소득이 증가하고 위안화파워가 커지면서 젊은층을 중심으로 해외여행이 급증하고 있다. 얼마 전까지만 해도 아시아 관광객의 대부분은 일본이나 한국 사람들이었지만, 곧 중국이 세계에서 두번째로 해외여행을 많이 하는 나라가 될 것이라는 전망도 있다.[7] 특히 요즘은 신혼여행은 몰디브, 쇼핑여행은 파리, 스키여행은 스위스 같은 식으로 테마별 해외여행이 인기를 끄는 추세다.

문화흥국文化興國을 향한 국가 차원의 지원 덕분일까? 여행뿐 아니라 문화생활 전반에 대한 중국인들의 관심 역시 날로 높아지고 있다. 2009년 영화상영관이 일평균 1.6개씩 늘어난 사례가 하나의 방증이다. 한 해에 제작되는 작품 수도 눈에 띄게 증가했고, 장르 역시 기존의 주류

였던 사상 주입 영화에서 멜로, 코미디, 첩보물 등으로 다양해지고 있다. 영화의 흥행으로 인해 인기배우들의 몸값은 이미 할리우드 스타들의 개런티를 넘어섰고, 흥행감독들의 수입 역시 인기스타가 부럽지 않을 정도라고 한다.[8]

상류층의 문화생활이라는 인식이 강한 뮤지컬의 인기도 예사롭지 않다. 2012년 CJ 등 3개사의 합작법인이 주최한 한국 뮤지컬 〈맘마미아〉가 경이적인 기록을 세우며 6개월간의 200회 공연을 마무리했다. 〈맘마미아〉는 상하이를 초연으로 여섯 개 도시를 돌며 25만 명의 관객을 유치했고, 200억원의 매출과 30억원의 순이익을 달성했다.[9] 입장료가 500위안(9만원) 안팎으로 적지 않은 금액임에도 불구하고 상업적으로 성공을 거뒀다는 사실은, 중국인들의 문화성숙도가 높아지고 있음을 보여준다.

스포츠활동을 통한 여가생활도 인기다. 중국 아웃도어용품(캠핑, 등산, 서바이벌 관련 용품들)의 시장 규모는 2010년 기준으로 46억 5000만 위안(8500억원)까지 커진 상태며, 연평균 30% 이상씩 꾸준히 성장해 앞으로 5년 내에 5조원 규모에 달할 전망이다. 한 달에 2회 이상 아웃도어활동을 즐기는 인구가 무려 6500만 명을 육박하는데[10], 이러한 시장 규모에 걸맞게 2011년에만 무려 473개의 아웃도어브랜드와 3253개의 대리점이 성행했다.[11]

골프는 1990년대 초만 해도 최상위 부유층만이 즐기는 스포츠로 인식됐다. 하지만 최근 일반 소비자에게 확산되며, 매년 개장하는 골프장만해도 70~80여 개에 이른다. 수많은 골프장이 생기고 있음에도 불구하고, 새로운 골프장이 문을 열었다 하면 사람들이 몰려들어 평일에도 예약하지 않으면 라운딩하기가 어려울 정도다. 골퍼들도 해마다 20%씩 증

• 향후 10년간 중국 여행시장의 성장 전망

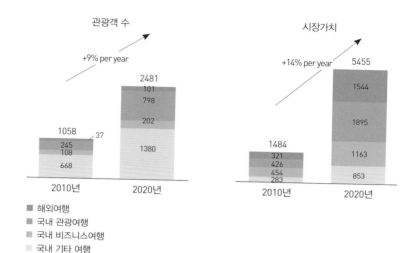

관광객 수

+9% per year

1058
245
108
668
37

2481
101
798
202
1380

2010년   2020년

시장가치

+14% per year

5455
1544

1895

1163

853

1484
321
426
454
283

2010년   2020년

■ 해외여행
■ 국내 관광여행
■ 국내 비즈니스여행
■ 국내 기타 여행

자료 : BCG China Consumer Travel Survey,
July 2010; National Bureau of Statistics of China; BCG analysis

• 2005~10년 중국 아웃도어용품의 시장 규모 변화

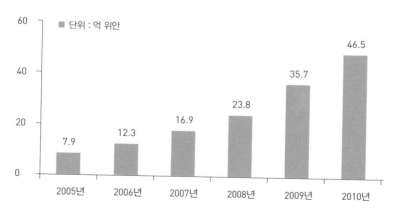

■ 단위 : 억 위안

7.9   12.3   16.9   23.8   35.7   46.5

2005년   2006년   2007년   2008년   2009년   2010년

자료 : 2010 중국 아웃도어산업 포럼

가하고 있으며, 이러한 추세라면 2020년에는 최대 5000만 명에 육박할 것이라는 예측도 있다.[12] 이제 곧 대만의 쩡야니曾雅妮 같은 걸출한 스타급 프로골퍼들이 중국에서도 여러 명 배출되는 것은 시간문제로 보인다. 스타의 등장은 또 한번 골프 열풍에 불을 붙이게 될 것이다.

삶의 질을 높이는 레저를 향한 염원은 다양한 분야에서 나타나, 최근엔 애완동물 키우기 역시 하나의 취미생활로 자리잡고 있다. 이는 중국이 점차 노령화사회로 진입하고, 가족구조 역시 핵가족 중심으로 변화하는 추세와도 맞물려 있다. 특히 여성의 출산 기피 현상과 개인주의로 인한 감정적 교류의 부족이 애완동물시장을 확대시키고 있다. 통계에 따르면, 중국의 애완동물은 2억 마리 이상으로 집계되며 매년 8% 이상씩 늘어나고 있다고 한다. 이에 따라 사료시장, 미용시장, 장례시장, 트레이닝시장 등 애완동물 관련 산업들이 신사업으로 각광받으며 특수를 누리고 있다.[13]

최근에는 애완동물 전용 스튜디오까지 등장해 화제다. 이 스튜디오는 촬영한 사진을 열쇠고리나 포스터로 제작해주며, 애완동물을 위한 옷이나 화장품도 판매한다. 촬영가격이 188위안(3만 3000원)에서 2888위안(51만원) 수준으로, 인물 촬영비용보다 비싼 금액임에도 불구하고 애완동물 애호가들의 발길이 끊이지 않는다.[14] 심지어 애완동물을 위한 공동묘지도 유행이다. 중국 시안에 위치한 한 애완동물 공동묘지의 경우 관의 유무와 묘비재질 등에 따라 가격이 1540위안(27만원)에서 3만 3600위안(604만원)까지 다양하게 책정된다.[15]

반려동물문화가 일찍부터 성숙한 홍콩의 애완동물들은 훨씬 더 호사스러운 대우를 받는다. 건강을 고려해 인공 화학물이 첨가되지 않은 천연성분의 유기농 사료를 먹는 것은 기본이고, 각종 영양소를 보충하는 서플리먼트 제품도 필수품이 되고 있다. 나아가 애완동물에게 신선한 음

1 애완동물을 위한 스타일링제품
　(출처 : petheadshop.com)
2 애완견을 위한 홈메이드 식사배달
　(출처 : wahfugu.com)

식을 제공하는 홈메이드 식사배달업도 인기몰이중이다. 애견의 패션은
주인의 자존심처럼 여겨져, 'Only for Cool Dogs(멋쟁이 개만을 위한 제
품)'라는 모토하에 출시되고 있는 스타일링제품이 절찬리 판매중이다.
이뿐 아니라 애완동물을 위한 한방침술, 초상화서비스, 스파 등 다양한
맞춤서비스가 혁신적인 아이디어와 함께 제공되고 있다.[16]

레벨업 #02
미각의 행복 : 몸에도 좋고 맛도 좋은 음식의 추구

경제적 여유가 생기고 생활이 윤택해지면서 중국의 소비자들은 음식에
대한 개념을 재정립하고 있다. 의식주 해결이 당면과제였던 원바오溫飽
시대엔 무얼 먹든 배만 부르면 그만이라는 사고가 팽배했다면, 샤오캉
小康 시대의 소비자들은 어떤 음식을 어떤 방법과 과정을 통해 먹을 것인
지에 대해 진지하게 고민하고 있다. 먹고사는 걱정이 해결되고 나니 미

각의 행복을 추구하게 된 것이다.

식문화에서 가장 크게 달라진 점은 디저트시장의 고급화다. 사실 차와 경단 같은 후식문화에 익숙한 중국인들에게 새롭게 등장한 달콤한 디저트는 거부할 수 없는 유혹이 되고 있다. 2009년 청두에 '로치Lozzi 도넛'이 오픈한 지 1년 만에 도넛 붐을 일으키자 후발주자들까지 가세, 도넛 사업이 성황을 이룬 바 있다.[17] 이 같은 열풍이 가능했던 이유는 평범한 빵이 아니라 도넛을 먹는 행위가 매우 고급스럽고 세련된 문화로 통했기 때문이기도 하다.

식후에 커피를 즐기는 사람들도 늘어나고 있다. 상하이 푸둥浦東 지역의 스타벅스 같은 '핫플레이스'에서 커피를 주문하는 손님들은 대부분 휘핑크림을 올린 메뉴를 선택한다. 커피 본연의 맛을 즐길 수 있는 아메리카노나 에스프레소를 주문하는 사람은 별로 없다. 아직까지 중국은 커피 자체에 대한 진정한 마니아층이 형성됐다기보다는 달콤한 음료의 일종으로 즐기는 문화라고 할 수 있다. 원두커피보다는 인스턴트커피가 더 큰 인기를 끌고 있는 것도 같은 맥락에서 이해할 수 있다.

그럼에도 커피시장은 빠른 속도로 규모가 확대되고 있다. 특히 외국 문화가 개방되고 젊은 사람들을 중심으로 서구 문화를 받아들이는 풍조가 확산되면서, 커피시장은 매년 15%씩 성장하고 있다. 원두커피 전문점도 지속적으로 늘어가는 추세다. 한 가지 흥미로운 사실은 한국과 달리 여성보다는 남성, 그중에서도 유독 화이트칼라층이 커피에 호의적인 반응을 보이고 있다는 것이다.[18] 한국만큼 '식후＝커피' 같은 고정적인 소비가 이뤄지는 것은 아니지만, 커피는 성공한 사람들의 개방적이고 고급스러운 디저트를 상징하고 있다. 즉 커피시장이 성장할 가능성과 잠재력은 여전히 크다고 할 수 있다.

몸에 좋다는 인식이 강한 과일주스와 곡물음료의 인기도 주목할 만하다. 그간 과일주스는 차와 탄산음료에 밀려 인기를 얻지 못했으나, 건강에 대한 관심이 고조되면서 '과일주스 시대'에 들어섰다는 평가까지 나오고 있다. 매년 30% 이상의 수요 증가추세를 보이고 있지만, 수요에 비해 생산량이 턱없이 부족해 해외에서 수입되는 제품도 덩달아 인기를 누리고 있다.[19] 곡물주스는 과일주스의 차세대주자로 평가되며, 중국 음료 시장의 뜨거운 성장동력으로 주목받고 있다. 웰빙을 상징하는 대표음료인 만큼, 앞으로의 성장 가능성은 더욱 무궁무진하다.

이처럼 미각의 행복을 찾아나서기 시작한 중국인들의 욕망은 녠예판 年夜飯(섣달 그믐날 밤의 가족 만찬)문화에도 고스란히 나타난다. 중국인들에게 음력 12월 31일은 가족, 친지와 함께 만두를 빚고 정성스레 저녁식사를 준비하며 묵은해를 보내고 새해를 맞이하는 날이다. 그런데 최근에는 고급 호텔이나 호화 식당에서 값비싼 녠예판을 즐기는 트렌드가 자리 잡고 있다고 한다. 평균 가격은 한 상에 1300위안(23만원) 정도지만 경쟁이 심화되면서 바다제비집, 전복, 동충하초, 야생자라탕 등이 식탁에 오르며 최고급 녠예판은 거의 20만 위안(3600만원)까지 이르렀다. 비싼 가격에도 불구하고 고급 음식점들은 3개월 전부터 예약이 마감될 정도로 인기다.[20]

워낙 식문화가 발달한 중국이지만 새로운 맛을 향유하려는 중국인들의 움직임은 이제 시작이다. 입안의 행복을 위한 중국인들의 '레벨업' 욕망은 앞으로 더욱 다양하게 펼쳐질 것이다.

레벨업 #03
시각의 즐거움 : 아름다움을 향한 쉼 없는 갈망

중국의 젊은 세대들을 인터뷰하다보면, 소비에서 가장 중요한 가치는 가격도 품질도 브랜드도 아닌 디자인이라는 답변을 자주 들을 수 있다. 중국 소비자들이 서서히 미적 가치에 눈을 뜨고 있다는 사실을 보여준다. 매년 11%씩 꾸준히 성장한 인테리어시장의 증가추이만 봐도 그렇다.[21] 이제 중국인들에게 집은 잠자고 밥 먹는 공간만을 의미하지 않는다. 그동안 크게 관심을 기울이지 않았던 주거환경을 아름답고 편안하며 쾌적한 휴식공간으로 꾸미고자 하는 니즈가 높아지고 있다.

> "만약 돈이 많이 생긴다면 인테리어하고 집 꾸미는 데 쓸래요. 그게 가족의
> 행복이죠." _48세, 기혼여성, 은퇴 후 무직, 남편과 딸, 월평균 가계소득 6000위안(108만원),
> 충칭 거주

미에 대한 가치에 눈을 뜨고 주거의 질을 새롭게 추구하면서, 주부들의 가장 큰 로망도 '집 꾸미기'가 됐다. 원래 중국에서는 고급 아파트나 별장에서만 벽지를 사용하고 일반 가정의 경우 주로 회칠을 했다. 그런데 최근 가정 내 벽지 사용이 눈에 띄게 증가하고 있으며[22], 홈텍스타일 분야도 덩달아 호황을 맞이하고 있다.[23] 주거공간에 대한 투자 증대와 고급 수입품에 대한 선호가 인테리어시장의 규모를 확장시키고 있으며, 외국 문화 개방으로 서구 인테리어가 빈번히 노출되면서 홈패브릭을 활용한 실내장식의 욕구를 자극하는 요인이 되고 있다.

하지만 아름다움에 대한 관심은 뭐니뭐니해도 자신을 향한 투자에서

가장 두드러지게 나타난다. 2부에서 설명했듯이 전통적인 가치관을 지닌 중국인들은 본질적으로 자기 자신의 타고난 아름다움을 유지하고 지키는 것을 미덕으로 생각한다. 따라서 과도한 화장술, 즉 메이크업을 통해 외모를 꾸미고자 하는 욕망보다는 기본적인 스킨케어를 통해 본연의 아름다움을 가꾸고자 하는 욕구가 더 크다. 이러한 인식 덕분인지 얼마 전 밸런타인데이 선물로 스킨케어 화장품이 가장 큰 인기를 끌었다고 한다. 장미 한 다발은 일주일을 못 가지만 중고급 화장품 세트는 오래 쓸 수 있기 때문에 더 경제적이라는 주장에서 실용주의도 엿볼 수 있다.[24]

마스크팩시장 역시 빠르게 성장하고 있다. '2010년 마스크팩시장 소비자 보고서'에 따르면 도시 여성의 절반 이상이 마스크팩을 구매해 사용한 경험이 있다고 한다.[25] 네일관리숍 또한 대도시의 젊은 여성들 사이에서 인기를 끌고 있는데, 코트라의 조사에 의하면 약 70%에 달하는 여성들이 네일케어를 일종의 향유적 개념으로 인식하고 있다. 피부관리숍은 한국에 비해 상당히 고가의 이용료를 지불해야 하지만, 더 아름다워지고 싶은 중국 여성들에게 각광받고 있다.

눈여겨볼 지점은, 본연의 아름다움을 가꾸고 유지하는 것이 중요하다는 전통적 사고관 자체가 근래 들어 변화하고 있다는 사실이다. 아름다워지기 위해서는 부모에게 물려받은 외모도 인공적으로 바꿀 수 있다는 인식이 번져나가고 있다. 성형인구가 400만 명에 육박할 정도로 성형미용시장이 성장하고 있으며, 젊은 여성뿐 아니라 중·노년여성, 더 나아가 남성으로까지 확대되고 있는 추세다.[26] 이러한 열풍은 한국의 성형의료관광으로도 이어지고 있으며 그 열기는 당분간 지속될 것으로 전망된다.

남성 화장품시장의 폭풍 성장도 흥미롭다. 2012년 매출액이 2억 6960만 달러에 달했고, 전체 미용과 건강 관련 지출금액 중 피부관리용 제품이

77%를 차지할 정도였다. 이용하는 제품의 폭도 넓어지고 있다. 미백, 주름개선, 노화방지, 자외선차단, 탈모방지 등, 여성제품 못지않게 그 구색이 다양하다. 한마디로 중국의 남성들이 '예뻐지고' 있는 것이다.[27]

레벨업 #04
웰빙 라이프 : 환경과 더불어 사는 건강한 삶

중국인들의 최근 화두는 물질주의의 생존경쟁에서 벗어나 건강과 행복을 통한 자기만족적인 삶을 영위하자는 것이다. 디탄쭈低炭族(저탄소족)와 러휘쭈樂活族(로하스족)의 등장은 이러한 현상을 반영하는 대표적인 사례다. 고속 성장만 바라보며 달려온 지난 세월이 물질적 풍요를 안겨주긴 했지만, 환경파괴가 위협적인 수준에 이르렀음을 중국인 스스로 인지하기 시작했다. 그런 인식이 친환경·웰빙 열풍으로 이어지면서, 1선도시를 비롯해 2·3선도시의 고소득층과 중산층을 중심으로 친환경 소비에 대한 움직임이 조금씩 확산되고 있다.[28]

환경을 의식하는 소비자들의 자발적인 움직임은 친환경 제품 선호 현상으로 즉각 반영됐다. 2011년 중국의 히트상품을 분석해보면 25위 내에 친환경 제품이 무려 다섯 개나 포진하고 있다. 5위 한방치약, 8위 가정용 두유제조기, 10위 콜라겐제품, 15위 요구르트, 25위 아로마제품으로, 모두 건강과 환경을 고려한 웰빙 상품들이었다.[29] 이뿐만이 아니다. 최근 중국에서 유행하는 친환경 상품을 살펴보면 친환경 쇼핑백, 천연 베개, 에너지 절약형 에어컨, 정수기, LED조명 등으로 영역이 확대되고 있으며, 특히 교육수준이 높은 젊은 소비자층을 중심으로 큰 사랑을 받고 있다.[30]

유기농 제품에 가장 민감한 분야는 유아시장이다. 2008년 멜라민 분유 파동 이후, 안 그래도 귀하고 귀한 소황제 유아용품시장의 키워드가 '그린'이 됐다.[31] 젖병, 분유케이스, 기저귀를 비롯해 최고의 유기농 유아용품만 구입할 수 있다면 원정쇼핑도 마다하지 않는다. 이에 더해 천연 유기농 식품시장도 많은 관심을 받고 있으며 매출액은 이미 100억 위안(1조 8000억원)을 넘겨 세계 3대 유기농 제품시장으로 부상했다.[32] 특히 선물용 식품과 건강식품시장에서 유기농 제품은 소비자들의 불신을 해결해주는 대안으로, 앞으로도 그 수요가 크게 증가할 전망이다.

중국인들은 웰빙을 위한 식생활 라이프에도 크게 관심을 보이고 있다. 한국식품연구원이 중국인의 식생활 라이프스타일을 ▲웰빙 안전 추구형, ▲정보 편의 추구형, ▲모험 가치 추구형, ▲미식가형의 네 가지 집단으로 분류했는데 그중에서도 웰빙 안전 추구형이 가장 많은 것으로 나타났다.[33] 이러한 트렌드가 의미하는 것은 이제 음식을 선택할 때도 싸다고 무조건 좋아하는 단계는 넘어섰다는 점이다. 가격이 조금 더 비싸더라도 안심하고 신뢰할 수 있다면, 나와 가족의 건강을 위해서, 궁극적으로 나와 가족의 행복을 위해서 지갑을 여는 소비자가 늘고 있다.

환경보호를 위한 자체적인 노력은 친환경 자동차 구입의사로도 반영되고 있다. 딜로이트Deloitte의 조사에 따르면 중국 소비자의 50%가 괜찮은 전기차가 있으면 구매하겠다는 의향을 밝혔다고 한다. 유럽(16%)이나 한국(13%), 미국(12%)은 물론이고 전기차를 최초로 개발한 일본(4%)에 비해서도 훨씬 높은 수준이다. 그러나 실제로 팔린 전기차는 전체 자동차 판매량의 0.1%도 되지 않는다. 이렇듯 구매의향과 실제 판매결과에 차이가 나타나는 원인을 두고 LG경제연구원은 전기차의 성능과 품질이 중국인들의 눈높이에 못 미쳤기 때문이라고 분석한다.[34] 혹은 관심은 높지만 아직 추가비용을 지불하기는 꺼리는 단계일지도 모른다. 소비자의 친환경 의식수준은 높아지고 있는데 실천이 이를 뒷받침하지 못하는 상황인 것이다. 향후 친환경 자동차의 가격과 품질이 보완된다면 중국의 대도시 전역에서 하이브리드 자동차를 심심치 않게 볼 수 있을 것이다.

시사점 : 행복을 추구하게 된 본질을 주목하라

'워싱워쑤주스쿠 我行我素就是酷(자기 생각대로 생활하는 것이 가장 멋지다).'
　중국인들의 인생관이 변화하고 있다. 한푼 두푼 절약하며 악착같이 사는 것이 미덕이라 여기던 그들이 이제는 인생을 즐기고 싶다고 말한다. 멋진 인생이란 무엇인가라는 질문에 자기만족과 삶의 질이 가장 중요하다고 자신 있게 주장한다. 이제 중국인들은 이전의 삶에서 한 단계 도약해 진정한 행복을 찾아나서기 시작했다.
　행복한 삶을 위해 '레벨업'에 열중하고 있는 중국 소비자들에게 어떻게 접근해야 할까?
　첫째, 그동안의 통념과 틀을 과감히 내던지고 현대 중국 소비자들의 변화하는 욕망을 새로운 프레임으로 바라보는 작업부터 선행해야 한다. 중국인들이 진정으로 원하는 행복은 무엇이고, 이를 추구하는 과정에서 중요시되는 질적 가치는 무엇이며, 그 행복을 느끼기 위해 어떤 노력이 필요한지를 촘촘히 따져볼 필요가 있다. 보다 세밀하게 업데이트된 소비자 조사가 필요한 시점인 것이다.
　둘째, 향유적인 인생을 갈망하고 행복을 삶의 최고의 가치로 여기는 중국 소비자들의 오감을 충족시켜야 한다. 여가를 통한 즐거움을 꿈꾸고, 눈과 귀와 입의 행복까지 갈망하는 이들의 감성을 진심으로 어루만질 수 있어야 한다는 뜻이다. 특히 차별화된 디자인을 바탕으로 한 미적 감성이 중요하다. 향후 중국 시장에서는 소비자의 감성에 소구해 행복을 제공할 수 있는 혁신적인 제품과 서비스를 보유한 기업만이 시장의 강자로 군림할 수 있을 것으로 보인다. 행복이라는 가치를 제공할 수 있는 서비스를 도입하고 소비자의 오감 만족에 특화된 상품을 개발하기 위해 지속적인 노력을 기울여야 한다.

셋째, 인생을 레벨업하는 과정 속에서도 다수의 소비자들은 여전히 욕심쟁이라는 사실을 잊지 말아야 한다. '즐기는 인생'을 위해 돈을 쓴다 할지라도 중국 소비자들의 머릿속에는 지워지지 않는 또다른 가치가 존재한다. 바로 가격이다. 아무리 오감을 만족시키는 좋은 상품이라 할지라도 그 가치의 합리성에 대해 계산기를 두드린다. 삶을 업그레이드하고 싶지만 지나친 지출은 피하고 싶다는 심리다. '저렴한 고급스러움', 어쩌면 그것이 중국 소비자들이 실질적으로 추구하는 가치인지도 모른다.

넷째, 새롭게 떠오르는 소비자군인 그린슈머greensumer를 공략할 수 있어야 한다. 중국에 불어닥친 친환경 바람은 아직 시작에 불과하다. 오가닉과 로하스 열풍은 안전성에 대한 불신과 결합해 더욱 견고하고 강력한 힘을 발휘할 것이다. 따라서 친환경 소비자를 위한 차별화된 제품 개발로 불신을 해소하고, 제품과 브랜드에 대한 로열티 제고방안 마련에 전력을 다해야 한다. 표기의 차별화로 제품인증의 공신력을 갖추는 방법도 신중히 고려하고, 소비자에게 신뢰를 줄 수 있는 꼼꼼한 품질관리 또한 확실히 제공해야 할 것이다. 지금 중국 시장에는 환경을 생각하는 그린슈머의 시대가 새롭게 열리고 있다.

니치시장의 주류화
Niche to New Mainstream

항저우. 상하이 인근의 관광도시 정도로 알려져 있지만 중국 내 명품 매출액 1위 백화점이 버티고 있는 선진도시다.

13억. 현재 중국의 전체 인구수이지만 2030년 중국 중산층 인구의 예상 규모이기도 하다.

153명은 중국 억만장자 여성의 숫자고, 2900억 위안(51조 5000억원)은 중국 주링허우들의 연간 소비 총지출액수다. 이것도 2006년 조사결과니 현재는 훨씬 더 증가했을 가능성이 높다. 중소도시, 시골, 중산층, 여성 소비자, 주링허우…… 그동안 주류 집단에 가려져 있던 중국의 신소비 집단이 부상하고 있다.

'새로운 메인스트림new mainstream의 부상'이라는 트렌드는 주류 소비 집단의 성장이 정체하고 있는 상황에서 새로운 소비동력이자 성장동력이 될 신주류 소비계층이 대두하는 경향을 말한다. 이제 중국은 의식주를 걱정하지 않고 삶의 질을 고민하는 샤오캉 시대로 접어들었다. 국민의 의식수준까지 날로 발전하고 있는 상황에서 새로운 라이프스타일과 가치관은 감지하기조차 어려운 속도로 빠르게 변화하고 있다. 그렇다면 앞으로 중국 시장을 이끌어갈 새로운 소비집단은 누구일까? 바로 여기, 주목해야 할 신주류 소비집단에 그 해답이 있다.

비주류 시장 : 새로운 소비집단의 출현

개혁개방 이후 덩샤오핑은 일부 계층이 먼저 부유해지면 곧 다른 계층으로 확산된다는 선부론先富論의 이념을 갈파하면서 사회주의식 시장경제 체제를 이끌었다. 그의 바람대로 중국의 부유층은 세계 명품시장의 큰손이 될 만큼 영향력을 과시해왔고 최근에는 그들의 부가 중산층으로 전파되고 있는 모습을 발견할 수 있다. 매킨지의 분석에 따르면 연소득 30만 위안(5400만원) 이상의 상위층이 주요 명품 소비자지만, 최근에는 연소득 10만 위안(1800만원)에서 20만 위안(3600만원) 사이 중산층의 명품 소비도 급속도로 증가하고 있다고 한다.

　주로 30~40대 중반으로 구성된 신흥 중산층이 대중소비의 주역으로 떠오르고 있다. 이들은 격동기를 고스란히 겪어야만 했던 부모세대가 투철한 근검절약 정신을 가진 것과는 달리, 소비에 대한 의욕이 매우 왕성하며 물질적 풍요와 함께 인생을 즐겁게 사는 법을 갈망하는 세대다. 일본의 경제 성장을 이끌었던 단카이團塊세대와 한국의 베이비붐세대를 연상케 하는 중국의 신흥 중산층들은 소비를 합리화하는 방식 자체도 독특하다. 이들은 가계부채가 나날이 증가하는 현실에도 불구하고 고가품을 소비하는 멘쯔 신드롬*에 집착하는 이유를 두고 '중산층은 무엇이든 평균은 해야 한다'는 심리에서 비롯된 것이라고 말한다. '다른 사람들도 다 하는데 나만 하지 않는 것도 튀는 것이다'라는 사회주의식 시장경제체제에서만 볼 수 있는 독특한 소비심리가 존재하고 있다.

사실 중국에서 중산층이라는 말을 사용한 지는 그리 오래되지 않았다. 모든 인민이 평등하다는 사회주의국가 이념하에서는 부의 정도를 층화시키는 행위가 금기시됐기 때문이다. 그런 중국이 2030년이 되면 현재의 전체 인구인 13억 규모 정도가 중산층이 될 것이라고 한다.[35] 예상 규모만 들어도 그 중요성을 가늠할 수 있겠지만, 중국 중산층을 중심으로 한 최근의 적극적인 사회적 움직임은 더욱 의미심장하다.

무엇보다 공산당 정부체제를 지지해온 중산층들이 사회문제에 눈을 뜨기 시작했다. 의식수준이 발전하면서 정부 관료들의 부정부패에 더이상 팔짱만 끼고 있지는 않겠다는 입장을 보이는 것이다. 원저우 고속철 추락 사건과 상하이 대화재 사건에서도 봤듯이, 자신들의 권리가 침해당했다고 생각되면 적극적으로 시위에 나서며 인민의 권리를 지켜나가는 데 앞장서는 중국인들이 늘고 있다.[36] 사회·경제·정치 등 분야를 막론하고 전방위적으로 중국을 변화시키고 있는 중산층의 이러한 움직임은 앞으로 더욱 확산될 전망이다.

그동안 대도시에 가려져 있었던 중소도시와 시골지역 소비자들 역시 신주류 소비집단으로 주목받고 있다. 1선도시의 경우 이미 시장이 포화되어 판매 증가속도가 둔화되고 있고, 기업 간 시장경쟁이 치열해지다보

---

* '멘쯔 신드롬'이란 중국 도시지역의 국민소득이 급격히 높아지면서 명품 구입·해외여행 등 체면을 중시하는 '과시형 소비'가 중국 내 소수 부유층 중심에서 일반 소비자들에게로 확산되는 현상을 말한다.

• 중국의 2020년 도시가계 수입 분배상황

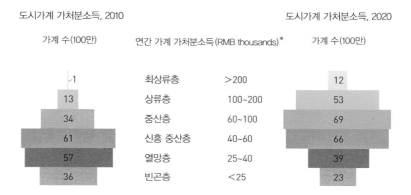

도시가계 가처분소득, 2010

가계 수(100만) 연간 가계 가처분소득(RMB thousands)* 가계 수(100만)

도시가계 가처분소득, 2020

가계 수(100만)	계층	연간 가계 가처분소득	가계 수(100만)
1	최상류층	>200	12
13	상류층	100~200	53
34	중산층	60~100	69
61	신흥 중산층	40~60	66
57	열망층	25~40	39
36	빈곤층	<25	23

* 가처분소득의 숫자는 2005년 위안화 기준.

자료 : BCG analysis

니 소비자들의 요구는 갈수록 까다로워지는 난관에 봉착해 있다. 더구나 중국 소비자의 낮은 브랜드 충성도 때문에 고객 유치비용은 갈수록 증가하고 있다.[37]

이에 반해 2·3선도시를 포함한 중소도시들은 상대적으로 판매량은 적지만 투입에 비해 산출이 우수하다는 평가를 받고 있다.[38] 판매원가가 낮은 것은 물론이고 대도시에 비해 상대적으로 경쟁이 덜 치열하기 때문에 신규고객 확보가 비교적 쉽다. 또한 최근 중소도시들의 경제 발전과 함께 성장성이 높아지면서 중소도시로의 인재 역류 현상 또한 빠른 속도로 현실화되고 있다.[39] 대도시의 턱없이 높은 생활비용과 비교할 때 중소도시의 상대적 비교우위가 부각되면서 바이링白領(화이트칼라)을 중심으로 "베이징, 상하이, 광저우에서 달아나자"라는 구호가 퍼지고 있다.

시골지역의 기회는 더 새롭게 다가온다. 사실 그동안 중국의 시골에 대한 정보는 가처분소득이 도시의 3분의 1 수준이라든지, 도시화수준을 감안할 때 시골의 인구가 더욱 감소할 것이라든지 온갖 비관적인 통계치투성이였다.[40] 그럼에도 불구하고 도시에 비해 경쟁이 덜하다는 점과 제한적인 유통망으로 더 많은 이득을 남길 수 있다는 점, 그리고 시골지역 소비자들의 소득이 증가하면서 소비에 대한 의지가 점차 강해진다는 등의 장점이 부각되면서, 시골을 충분히 매력적인 기회의 시장으로 만들고 있다.

　최근 중국의 발빠른 회사들은 시골의 이점을 파악하고 투자에 나서기 시작했다. 물론 시골지역 소비자들의 제품 소비 현황을 파악하면 도시지역에 비해 뒤처지는 것이 사실이지만, 이것은 한편으로 성장의 기회가 있음을 의미하기도 한다.[41] 이 기회를 잡기 위해서는, 시골지역의 철저한 시장 분류작업이 선행돼야 할 것으로 보인다. 특히 시골지역은 고소득집단과 저소득집단 간의 차이가 무려 30배가 날 정도로 격차가 심각하다. 이러한 소비자들을 주먹구구식으로 몽땅 푸어poor 세그먼트집단으로 분류했다가는 낭패를 볼 수밖에 없다. 소외지역에 있는 고소득층의 니즈를 빠르고 정확하게 분석해내는 기업이 넥스트 차이나 드림의 기회를 잡을 것이다.

신소비주역 : 프리미엄 실버와 주링허우

리앤펑Li&Fung 연구소는 2010년 11월 기준으로 중국 전체 인구의 13.3%인 약 1억 7800만 명의 노령인구가, 2015년까지는 전체 인구의 15%인 2억 명, 2025년까지는 3억 명 이상으로 증가할 것이라는 전망을 내놓았다.[42] 최근 중국의 노인세대는 '프리미엄 실버'라는 칭호를 얻을 만큼 소비에 대한 관심을 높여가고 있다. 개혁개방을 이끈 세대인 이들이 60대로 진입한 후 시장에서 강력한 소비파워를 형성하게 되면서 전통적인 노인의 개념을 새롭게 탈바꿈시키고 있다. 이제 노인들은 더이상 주는 대로 사용하는 소비의 객체, 혹은 자식에게 폐만 끼치는 경제적 부양의 대상이 아니다. 이들은 소비의 주체이자 경제적 자립이 가능한 신소비집단으로 분류된다.[43]

전통적인 노인 소비자들은 저축을 미덕으로 여기며 소비에 인색하고 검약을 실천하는 삶을 추구해왔다. 그런데 사회복지시스템과 노후보장 서비스에 대한 비전이 제시되면서 이들이 드디어 지갑을 열기 시작했다. 최근 중국의 히트상품을 살펴보면 가정용 의료기기, 보청기, 낫토 등 노인 관련 상품이 빠지지 않고 등장한다. 그만큼 노인 소비자들의 영향력이 커지고 있다는 증거다. 노인 관련 소비품목인 양로산업, 관광산업, 의료산업, 노인문화산업 등은 블루오션 카테고리로 더욱 활성화될 전망이다.

여성 소비자들의 움직임도 예사롭지 않다. '그녀의 경제'라는 뜻의 '타경제她經濟, She-Economy'라는 신조어가 생겨날 정도로 여성의 경제활동과 사회적 지위 그리고 소비력이 날로 증가하고 있다. HSBC에 따르면 중국의 고학력, 고소득, 전문직 여성 소비자는 2016년까지 3100만 명으로 증가할 전망이라고 한다. 이러한 여성들을 중심으로 소비패턴에도 큰 변화가 일고 있다. 도시의 여성들은 수입의 63%를 소비에 사용하는데, 특히 패션잡화, 여행, 자기계발 학습, 디지털제품 등 자신을 위한 지출에 아낌없이 투자하는 것을 발견할 수 있다.[44]

나아가 중국 여성의 사치품 소비는 이미 세계적으로도 관심의 대상이다. 상하이 소재 기업 후룬리포트胡潤百富에 따르면 억만장자인 중국 여성의 숫자가 153명에 달하며, 세계에서 가장 부유한 여성창업가 20명 중 11명이 중국인이라고 한다.[45] 남성들보다 스포츠카와 위스키를 더 선호하는 중국의 여성 소비자들을 두고 끌로에Chloe의 최고경영자는 이렇게 말한다.

"중국의 여성들은 갈수록 더 독립적이고 성공 지향적이며 시장에서 큰 힘을 과시할 것"이라고.

향후 중국을 이끌 소비자로 빠질 수 없는 또하나의 집단은 바로 개성 넘치는 10대 소비자들인 주링허우다. 베이징에서 발행되는 파즈완바오 法制晚報는 얼마 전 가정 내 소비 결정권 대부분이 주링허우에게 있다고 보도했다. 가전제품, 디지털제품을 비롯해 가족여행, 외식은 물론이고 심지어는 주택이나 승용차의 구매 결정권도 자신에게 있다고 응답한 주링허우가 30%에 달했다고 한다. 그야말로 가정 소비의 주체로 등극한 것이다.

가정 소비에 있어 치링허우70後(1970년 이후 출생자)가 부모의 결정에 따르고, 바링허우가 부모와 의견을 나눈다면, 주링허우는 직접 소비를 주도하는 세대다. 이는 개혁개방 시대를 거치면서 자녀와 부모가 평등하다는 열린 사고를 가진 류링허우60後세대, 즉 주링허우들의 부모세대로 인한 영향도 크다.[46] 태어날 때부터 디지털기기를 접하며 인터넷 검색에 능한 스마트한 소비자, 고도의 현대화된 취향과 중국의 전통적 가치관을 겸비한 주링허우세대는 도무지 종잡을 수 없을 정도로 여러 가지 색깔을 가졌다는 뜻에서 '젤리족'이라고도 불린다. 향후 중국 시장에서 주링허우의 약진이 기대된다.

마이크로 컨슈머 : 싱글족, 딩크족, 신코쿠닝족

중국판 골드미스인 성뉘剩女는 배우자를 찾지 않는(혹은 못한) 고소득 전문직 여성을 일컫는다. 이들을 두고 3S single, seventies, stuck 여인이라고도 하는데, '1970년대에 태어나 아직도 결혼을 하지 못해 궁지에 빠진 여성'이라는 조소와 풍자적 뉘앙스가 담겨 있다. '성뉘'를 위시한 싱글족의 증가는 서구화된 라이프스타일이 만연한 미국, 유럽, 일본, 한국 등에서 흔하게 볼 수 있었던 현상인데, 이제 중국에서도 심심찮게 발견되고 있다. 개인주의가 만연하고 젊은층의 독립심이 강해지면서 현재 화이트칼라 싱글족이 2억 명까지 증가했다.[47]

이들은 자신을 위해서라면 아낌없이 투자하며, 개인의 즐거움을 위한 소비에는 돈을 아끼는 법이 없다. 특히 바이링 싱글족은 자신을 끔찍하게 아끼는 성향 덕에 건강과 식단 그리고 운동에도 관심이 많다.[48] 최근 이들을 위한 소형상품이 불티나게 판매되고 있으며, 의지와 별개로 싱글족이 된 이들을 위한 온라인 결혼정보회사, 유료 연애강좌, 사교장소 제공 클럽 등도 인기를 끌 것으로 예상된다.[49] 또한 이들에게 가장 큰 적으로 인식되는 노화를 방지하기 위한 아이템, 즉 피부관리 및 안티에이징 시장은 새로운 골드러시 분야로 각광받을 것으로 보인다.

그런가 하면 아이 없이 맞벌이하는 딩크족Double Income No Kids은 1990년대부터 유행하기 시작해 최근에는 60만 가구에 이른 것으로 추산된다. 신화통신에 따르면 '아이 없이 사는 인생에 후회는 없다' '짧은 인생, 근사하게 사는 것이 중요하다' '아이를 낳을 생각도 없지만 결혼할 생각도 없다'는 의사를 털어놓는 젊은이들이 있는가 하면, 여성이 아예 결혼 전부터 남자친구에게 딩커가 될 것을 당당히 요구하는 사례도 늘고 있다고 한다.[50] 자식에게 투자하느니 본인들을 위해 소비하고 즐기며 온전하게 인생을 향유하겠다는 뜻이다.

신코쿠닝新cocooning족도 저비용, 고효율을 지향하는 젊은층 사이에서 부상하고 있는 마이크로 소비자집단이다. 최근 중국의 신조어인 자이징지宅經濟, 즉 '집경제'라는 말처럼 신코쿠닝족은 주로 20~30대에 해당하며 외출을 줄이고 집안에서 여가생활과 쇼핑을 즐기는 소비자들을 의미한다.[51] 이들의 '집순이' '집돌이' 성향은 소비시장의 판도를 흔들고 있다. 온라인 쇼핑시장이 폭발적으로 성장하는가 하면, 온라인 사교육, 게임시장도 활기를 띠고 있으며, 집에서 즐길 수 있는 식품과 여가 관련 상품들이 큰 인기를 끌고 있다. 집에서 은둔하는 성향이 강한 이들을 위한 맞춤형 서비스의 진화는 더욱 가속화될 것이다.

시사점 : 주류 소비자에 대한 접근공식을 버려라

흔히 10년이면 강산이 변한다고 하는데, 지난 10년 동안 중국은 강산만 변한 것이 아니라 경제, 사회체제, 국가기반시설, 인민의 생활수준 등, 국가 전체가 환골탈태했다고 해도 과언이 아니다. 쉼 없이 성장해온 지난 10년의 시간은 기존의 주류 시장을 포화상태로 만들었고, 차츰 성장의 한계점에 도달하고 있다. 난관에 봉착한 많은 기업이 이제 그들에게 지갑을 열어줄 새로운 소비집단을 발굴하기 위해 적극적으로 나서고 있다.

외국 문물이 개방되고 상대적으로 부유한 환경에서 성장한 신주류 소비집단의 새로운 트렌드를 예측하고 이해하기 위해서는 이들이 기존 중국의 주류 소비자와는 매우 다른 가치관과 소비성향을 가지고 있음을 인식하고 백지상태에서 이들을 파악하려는 노력이 필요하다. 저소득계층이라는 새로운 시장에 진출하기 위해 10년 동안 철저한 소비자 조사에 몰입한 P&G는 훌륭한 사례가 될 수 있다. 이들은 시장 조사를 통해 중국 저소득시장의 기회를 발견하고 저가 제품 공격으로 승부수를 던졌다. 사실 시장 진출 초기에는 브랜드 제품을 공략했으나 높은 가격이 구매의 걸림돌임을 재빠르게 파악하고 가격에 차별화를 두어 두 가지 제품을 출시했다. 결국 적절한 프라이싱 전략이 저가 상품 선호집단을 사로잡아 당시 시장의 리더였던 브랜드를 제치고 선두로 자리잡게 된 것이다.

P&G의 사례는 주류 시장이든 신주류 시장이든 가장 중요한 것은 적절한 세그먼트 분류와 그에 대한 철저한 시장 조사임을 다시 한번 각인시킨다. 이미 선언했듯이 중국의 잠재된 신주류 소비집단을 향한 기회는 무궁무진하다. 소비시장의 판도를 바꿀 중국의 신주류 소비집단, 앞으로 그들의 활약으로 변화할 중국 소비시장이 더욱 기대된다.

중국식 신실용주의의 대두
Trading Across

취안취안쭈券券族. 가능한 방법을 모두 동원해 물건을 싸게 구매하려는 알뜰족을 지칭하는 말로, 한국의 '간장녀'와 비슷하다. 반면 '바이자쭈 敗家族'라는 말도 있다. 사치품 구매에 '올인'하는 젊은 여성을 지칭한다. 한국의 '된장녀'에 해당할 것이다.

된장녀와 간장녀 사이. 어느 나라에나 절약하는 소비자와 낭비하는 소비자가 함께 존재하는 법이지만, 최근 중국에서는 이 두 가지 성향의 소비가 '한 사람'의 소비자에게서 동시에 나타나는 특이한 현상이 관찰된다. 시도 때도 없이 절약하기만 하는 '취안취안쭈'도 아니고 무턱대고 지르는 '바이자쭈'도 아니라, 그 중간 지점 어디에선가 아낄 때 아끼고 쓸 때 쓰는 '이중인격적인' 소비를 보여주는 것이다. 비싼 건 싫지만 그래도 '스타일'은 절대 포기할 수 없으며, 자신이 선호하는 품목을 소비할 때는 거침없는 대담함을 발휘하면서도 그 와중에 1위안이라도 저렴한 방법을 찾는 쫀쫀함을 함께 보인다. 두 얼굴을 가진 야누스형 소비자, 그것이 바로 중국식 신실용주의자들의 모습이다.

BCG의 실버스타인과 피스크는 새로운 럭셔리 상품으로 자기만족을 추구하고 자신의 스타일을 표현하려는 새로운 감성의 소비자들이 늘고 있음에 주목하고 이러한 고급화된 니즈를 소비의 '트레이딩 업trading up' 이라고 명명한 바 있다.[52] 이와는 반대로 한푼이라도 아끼고 절약하기 위해 염가형 상품을 구매하는 태도는 '트레이딩 다운'이라고 부를 수 있다. 하지만 최근 중국의 소비자들처럼 트레이딩 업과 트레이딩 다운을 동시에 '가로지르며' 오가는 현상을 '트레이딩 어크로스trading across' 소비라고 명명하고자 한다. 이는 전통적인 중국 소비자의 절약 지향 성향의 토양에서 소득 증대에 따른 새로운 소비욕망이 자라난 결과로서, 이른바 '신실용주의neo-pragmatism'라고 부를 수 있는 소비행태다.

사실 중국의 취안취안쭈는 가난하거나 구두쇠이기 때문에 알뜰한 생활을 추구하는 것은 아니다. 오히려 자신이 원하는 가치에 집중하기 위해 소비의 템포를 조절한다는 표현이 더 적합하다. 그렇기 때문에 이들은 소비품목에 따라서 상반된 소비가치를 지니고 있다. 생필품같이 타인의 시선을 의식할 필요가 없는 제품에는 허리띠를 조르는 이성적인 모습을 보이다가도, 자신에게 중요한 가치로 인식되는 특정 품목에는 '지름신'이 강림하는 감성적 성향을 보인다. 이러한 양면성은 제품의 구매동기와 방법에서 여실히 나타난다. 예를 들어 어느 바이자쭈가 마음에 드는 명품 가방을 구입한다고 가정했을 때, 구매동기는 과시나 자기만족 같은 감성적 욕구에서 비롯되더라도 구매방법만큼은 혀를 내두를 정도로 이성적이고 치밀하다. 어떤 경로로 구입해야 가장 저렴하게 살 수 있는지 검색하고 해외의 지인, 국내의 인맥을 총동원해 최저가를 찾아낸

후에야 비로소 구매에 돌입하며, 조금이라도 저렴하다면 원정쇼핑도 마다하지 않는 이들은 바이자쭈이면서 동시에 취안취안쭈이다. 이처럼 하나의 소비행동 내에서도 감성적, 이성적 상태를 동시에 추구하는 것이 최근 신실용주의 소비자들의 '트레이딩 어크로스'한 모습이다.

그렇다면 이러한 중국의 신실용주의 소비계층의 등장은 무엇을 의미하는 것일까?

먼저 물가 상승과 불황을 이겨내고자 하는 중산층 소비자들의 출구 전략으로 해석된다. 글로벌 경제위기로 시작된 장기불황과 폭등하는 물가가 소비자들에게 심리적 제약을 불러오면서 한 개인의 내면에 이성적이면서도 감성적인 충동이 동시에 발현되고 있다는 것이다. 급속한 성장 뒤에 빠르게 찾아온 '어둠의 현실' 속에서 중산층 소비자들은 최소한의 합리성이라도 발휘해 극복하고자 하는 나름의 탈출구가 필요했다고 해석할수 있다. 불황기일수록 소비자들에게 가해지는 제약이 증가하지만 또 반대로 소비자의 충동 역시 함께 증가하는 것이 현실이다. 따라서 트레이딩 어크로스 소비는 이성적이면서 감성적인 충동이 동시에 발현될 수밖에 없는 경제환경 속에서 나타난 중국 중산층 소비자들의 현실적 대안이다.

나아가 양극화된 신실용주의적 소비는 중국 소비자들이 날로 스마트해지고 있다는 증거로도 해석 가능하다. 최근 중국 소비자들은 저가 브랜드이기 때문에 품질이 좋지 않을 수 있다는 관용적 태도를 버리고 있다. 소비자들의 기대수준이 갈수록 높아지고 있기 때문에 저가 브랜드라고 해서 품질수준을 눈감아주지 않는다. 그만큼 중국 소비자들이 까다로워지고 깐깐해졌다는 의미다.

세계적인 SPA브랜드 자라가 중국에서 굴욕적인 사건을 겪은 적이 있다. 자라는 유럽산 프리미엄 이미지와 합리적인 가격, 그리고 그들의 최대 강점인 트렌디한 디자인을 주요 무기로 상하이에 1호점을 세웠다. 시작은 아주 좋았다. 오픈한 지 1년도 채 지나지 않아 단일 패션매장으로는 하루 매출액 최대 기록을 세우며 까다로운 중국 소비자들의 입맛을 맞추는 듯했다. 하지만 중국소비자협회에서 지난 3년간 세 차례에 걸쳐 실시한 품질검사에서 모두 불합격 판정을 받으며, 자라의 품질에 대한 신뢰문제가 도마 위에 오르기 시작했다. 비록 '트렌디'함을 메인 콘셉트로 한 중저가 브랜드이긴 하나 유럽산 글로벌 브랜드가, 다름 아닌 품질 문제로 중국 소비자들에게 지적을 받았다는 것은 자존심에 큰 타격을 입힌 사건이었다. 더불어 중국 소비자들이 중저가 제품에서도 품질을 따지기 시작했다는 사실을 여실히 보여준 사건이었다.

이제 중국인들은 체면을 중시하는 멘쯔문화의 영향 아래서도 싼 제품을 쫓아다니는 일이 체면을 구기는 행위라고 생각하지 않는다. 이들에게 저가 제품과 고가 제품은 한정된 바스켓 안에서 어떤 가치에 중점을 두느냐의 선택에 달린 문제이지, 자존심 혹은 체면의 문제가 아닌 것이다. 특히 실용적 소비자들이 저가 제품을 선택하는 것은 사실상 다른 품목에서 고가 제품을 선택하기 위한 예산 비축과정이기 때문에 오히려 합리적이고 전략적인 소비습관으로 볼 수 있다. 한마디로 특정 품목에서 무조건 싼 것만을 구입하는 이유는 돈이 없어서가 아니라 굳이 비쌀 필요가 없기 때문에 스스로 선택한 행위인 것이다. 오히려 그 돈을 절약해 다른 품목에 돈을 더 쓰겠다는 논리이기도 하다. 따라서 이들의 제품 선택은 가격이 싸든 비싸든 개인의 합리적 가치판단의 문제로 인식된다.

결국 중국의 신실용주의는 합리성을 전제로 이성소비와 감성소비를 전략적으로 추구하는 '가치소비'를 의미한다. 명품 가방을 사더라도 1위안이라도 싸게 사야 직성이 풀리는 소비자들, 불요불급한 스파지만 럭셔리한 곳에서 즐기고 싶은데 돈을 다 내기는 아까워 쿠폰에 목숨을 거는 소비자들, 외국과 국내 판매가격을 비교해 조금이라도 더 비싸다면 인터넷 직구를 감행하는 소비자들, 싸고 저렴한 제품을 찾기 위해서라면 밤샘 서핑도 두려워하지 않는 소비자들, 그리고 너무 많이 질렀다 싶을 땐 언제라도 과감히 허리띠를 조를 수 있는 소비자들이 바로 트레이딩 어크로스 소비자의 민낯인 것이다.

이제 중국의 중산층 소비자들은 과거처럼 품목이 무엇이든 무조건 싼 가격만 쫓아다니는 낡은 방식의 보물찾기에는 흥미를 잃고 있다. 가격 중심 가치에서 한 단계 더 나아가 괜찮은 제품을 더 저렴하게 구입하는 구매방법의 효용성까지 추구하는 형태가 중국만의 새로운 트레이딩 다운 현상이 될 것이다. 또한 감성적·경험적·내재적 가치를 추구하며 자신을 둘러싼 환경을 질적으로 향상시키고 지불한 돈에 대한 가치를 극대화시키는 방식으로 새로운 트레이딩 업 현상이 전개될 것이다. 이러한 관점에서 중국 소비자의 신실용주의는 소비가치에 따른 합리성에 근거해 이성소비와 감성소비를 적재적소에 발휘하는 전략적 트레이딩 어크로스의 소비성향이라고 볼 수 있다. 향후 이러한 '가치의 극대화' 현상은 중국의 똑똑한 중산층 소비자들에게서 발현되는 주목할 만한 트렌드가 될 것이다.

중국식 트레이딩 다운 소비

전통적인 트레이딩 다운이 구매가격을 절약하는 것이 목표였다면, 중국 소비자들의 신실용주의식 트레이딩 다운은 좀더 특별하다. 저렴한 가격과 품질은 기본이고 우수한 디자인에 편리성, 유행까지 모든 요소를 갖춰 극대화된 효용성을 추구하는 것이다. 다시 말해서 가치를 고려해 카테고리 내에서의 트레이딩 다운을 추구함은 물론이고, 획기적인 구매방법을 통해 비용 절약의 최적화를 지향한다. 말하자면 무조건 저렴한 제품만 찾는 것이 아니라 원하는 제품을 어떻게 하면 더 저렴하게 손에 넣을지가 그들의 고민이다.

현상 01 무조건 싸게 살 수만 있다면

"채소를 구매할 때는 아침시간을 피하는 것이 좋다. 대부분의 주부들이 아침시간에 장을 보기 때문에, 피크타임을 피해 상인들의 휴식시간 혹은 폐장시간을 이용하면 30% 이상 할인된 금액으로 구매가 가능하다. 채소를 구입하러 가기 하루 전날에 일기예보를 확인하는 것도 매우 중요하다. 내일 비가 온다는 예보가 발령되면 오늘 미리 구매해두자. 비가 오면 채소가격이 오른다는 사실을 명심하자."_차이누(菜奴)가 5위안으로 채소 사는 법

차이누菜奴(채소의 노예), 최근 등장한 중국의 노예 시리즈 중 하나이다. 팡누房奴(집의 노예), 처누車奴(자동차의 노예), 카누卡奴(신용카드의 노예) 등에 이어 등장한 신조어로서 그동안 상대적으로 저렴했던 중국의 식료품 물가 상승을 잘 보여주는 말이다. 이처럼 물가가 천정부지로 치솟다보니 '5위안으로 채소 사는 법' 등 차이누의 다양한 절약법이 인터넷에 올라오면서 어떻게 하면 가장 저렴한 금액으로 품질 좋은 채소를 구입하는지에 대해 정보를 교환하는 상황이 자주 관찰되고 있다. 배추 한 포기를 구입하더라도 1위안이라도 더 저렴하게 구입해야만 물가전쟁에서 살아남을 수 있기 때문이다.

채소 구매뿐만이 아니다. 물건을 저렴하게 구매하는 다양한 방법 중 최근 중국 소비자들에게 가장 '핫이슈'로 떠오른 것은 바로 공동구매이다. 공동구매시장은 2010년부터 2011년까지 1년 새 그 규모가 세 배나 급증했으며, 앞으로 5년 내에 20배인 300억 위안(5조 4000억원) 규모로 급성장할 것이라는 전망이 나오고 있다.[53] 중국 소비자의 공동구매는 그 품목과 방식이 매우 다양하다. 대도시에 거주하는 화이트칼라 노동자들은 핀카拼卡(카드 공유)에 푹 빠져 있다. 회원제로 운영하는 도심의 피트니스 시설, 미용실, 백화점, 마트 등의 회원카드를 여러 명이 함께 등록하고 나누어 사용하는 방식이다. 비싼 가격 때문에 혼자서는 접근하기 어려웠던 서비스를 공동구매라는 새로운 방법을 통해 좀더 효율적이며 영리하게 이용하는 것이다.

주부들 사이에서 이루어지는 비공식적 공동구매도 인기다. '터써우쭈特搜族'는 공동구매를 하는 눈치 빠른 아줌마들을 말한다. 평소에 활발하게 정보를 교환하다가 파격적인 할인가가 제시되면 단체로 특가 상품을 구매하는 식이다. 이들은 가장 저렴하게 구매할 수 있는 방법을 낱낱이 찾아본 뒤 이에 대한 정보를 커뮤니티에 공유한다. 그래서 어디의 채소가 신선하고, 어느 정육점의 고기가 육즙이 맛있는지, 어느 과일가게의 과일이 당도가 높고 저렴한지 등, 물건을 알뜰하게 구입할 수 있는 모든 정보를 공개한다. 이후 공동구매 참여자가 확보되면 파격적인 가격을 제시하며 거래를 성사시킨다.

이렇게 한푼이라도 싸게 구매하고자 하는 소비자의 심리를 파고들어 크게 성공한 쇼핑몰 업체도 있다. '판리왕返利網'이라는 사이트는 소비자에게 구매금액을 돌려주는 온라인 쇼핑몰이다. 최근 이 쇼핑몰은 자본금 10만 위안(1800만원)으로 시작해 연매출 30억(5400억원) 위안의 대규모 커뮤니티로 성장했다. 고객이 판리왕의 홈페이지를 통해 쇼핑몰에 접속해서 상품을 구매하면 판리왕이 사이트별 반환율에 따라 현금을 돌려주거나 우대권, 할인권, 포인트 적립 등 다양한 혜택을 제공하는 방식이다. 소비자들은 판리왕을 통해 상대적으로 저렴한 가격과 편리한 구매 시스템을 이용할 수 있고, 커뮤니티를 통해 다른 사람들과 자유롭게 우대권, 할인권, 적립금을 교환함으로써 더욱 경제적인 혜택을 누릴 수 있다.[54] 구매효용의 극대화를 위해 트레이딩 다운을 실천하는 소비자들에게 '환급'이라는 매력적인 링크서비스 형식의 플랫폼을 제안한 사례다.

신실용주의가 확산되면서 현명하게 소비하기 위한 스마트 소비족들도 진화하고 있다. 대량구매를 통해 가격혜택을 실현하고자 하는 하이툰쭈海囤族(대량구매족), 원하는 제품의 최저가를 찾기 위해 광고포스터를 손에서 놓지 않는 하이바오쭈(광고포스터족), 외출 전 할인쿠폰 다운이 생활화된 취안취안쭈(쿠폰족) 등 이들 모두가 구매방식의 최적화를 통한 실용성을 추구하는 소비자들이다. 온라인 구매족인 왕거우쭈網購族는 젊은층 사이에서 빠르게 확산되고 있으며, 특히 시간 절약과 편의성을 겨냥한 '온라인 장보기'는 실용적 가치를 추구하는 직장인들 사이에서 인기를 끌고 있다.[55]

제품의 사용가치를 극대화해주는 대여소비 역시 트레이딩 다운 구매 방식에 해당된다. 하쭈쭈哈租族(대여소비족)는 '구매를 통한 소유'의 차선책으로 '대여를 통한 사용'의 즐거움을 추구하고자 한다. 하쭈쭈에게 대여소비는 형식(제품의 소유)만 변할 뿐 내용(제품의 사용)은 변하지 않기 때문에 또다른 형태의 실용적 구매방법이다. 최근 신실용주의 소비자들은 비용 절약을 위해서라면 원정쇼핑도 마다하지 않는다. 물가 상승과 위안화 평가절상으로 인해, 홍콩으로의 일용품 쇼핑이 중산층 사이에서 신소비트렌드로 자리잡고 있을 정도다. 교통비를 제하고 단돈 몇 위안이라도 남는다면 그들에게 장거리 원정쇼핑쯤은 귀찮은 일도 아니다.

현상 02 저렴하지만 스타일리시한 '칩시크' 제품을 찾아서

트레이딩 다운을 감행하는 소비자들에게 사랑받는 또하나의 전략은 '칩시크cheap-chic'형 소비이다. '칩시크'는 말 그대로 저렴한데 '스타일리시'하기까지 한 매력을 지닌 제품을 의미하는 용어다. 사실 칩시크는 글로벌 금융위기가 장기화되면서 중국뿐만 아니라 전 세계적인 트렌드로 자리잡고 있다. 한국에서도 『트렌드 코리아 2012』의 키워드로 다루어졌을 만큼 일반화된 현상이다.

최근 중국의 신실용주의 소비자들 사이에서 칩시크 열풍은 단연 돋보인다. 특히 의류업계에서 칩시크 제품이 초강세를 보이고 있다. 유니클로와 자라, H&M 등 가격이 저렴하면서도 세련된 디자인과 품질을 갖춘 이른바 SPA브랜드는 최근 중국에서 큰 인기를 끌고 있다. 부동산서비스업체 CBRE는 최근 보고서에서 "아시아 소매시장에서 중저가 패션업체의 성장률은 최근 럭셔리 업체를 앞섰다"고 보고했는데, 특히 중국 소비자의 SPA브랜드 사랑이 매우 각별하다.[56] 중국 소비자들이 글로벌 SPA 브랜드를 선호하는 데는 다양한 이유가 있지만 무엇보다도 패션에 대한 소비자들의 가치 변화도 큰 몫을 했다. SNS 등 다양한 매체가 발달하면서 젊은이들은 단순히 럭셔리 브랜드나 로고를 추종하기보다는 자신의 개성 있는 패션센스를 즉각적으로 표현하고자 한다. 이렇듯 칩시크 열풍은 다양한 매체로 인한 실용적 가치 증대와 글로벌 경기 불황 등 거시환경이 복합적으로 작용하면서 발생한 자연스러운 트렌드라고 할 수 있다.

가격이 저렴하고 품질도 좋은 칩시크 화장품도 인기다. 2006년 SK-II

에서 크롬, 네오디뮴이 검출되면서 외국계 화장품이 무조건 안전한 것은 아니라는 인식이 생겨나기 시작했다. 그후 무조건 고가 제품을 선호하기보다는 실속 있는 가격대의 품질 좋은 제품을 원하는 소비자들이 증가한 것이다. 과거에는 저소득층이 토종 화장품브랜드를 주로 이용했으나 최근 중국에 불고 있는 국산품 열풍과 맞물리면서 중산층의 실용적 소비자들을 중심으로 토종 브랜드의 중고가 제품라인이 폭넓게 흡수되고 있다. 트레이딩 다운을 실천하는 이성적 소비자의 입장에서 보았을 때 글로벌 화장품브랜드의 가격대가 만만치 않다면, 저렴하면서도 전통 있는 국산품을 쓰는 것이 낫다는 생각을 하게 된 것이다. 그 결과 중국의 토종 화장품브랜드인 바이차오링百雀羚 화장품, 황허우펜자이황皇後片仔癀 진주크림, 다바오大寶 아이크림, 위메이징鬱美淨 밀크바디샴푸, 벌꽃蜂花 헤어컨디셔너, 쐉메이雙妹 화장품 등이 인기를 끌고 있다.[57]

세련된 디자인을 추구하는 홍콩의 이케아 격인 'GOD'도 칩시크 열풍의 수혜를 받고 있다. GOD는 이케아와 같은 콘셉트이지만 차별화된 제품으로 인기를 누리는 홍콩의 인테리어 쇼핑몰이다. 'Goods of Desire'의 약자인 GOD의 광둥어 발음은 '더 잘살기 위해'라는 의미를 갖고 있다. 이곳에 가면 단순히 인테리어상품만 있는 것이 아니라 의류, 잡화 등 생활 전반에 걸친 다양한 아이템들이 있다. 이케아보다는 상대적으로 비싸지만 그 가격이 합당하다고 느낄 수 있을 정도로 제품이 쿨하고 세련된 이미지를 풍기며, 실용성에 감각적인 디자인까지 겸비해 홍콩에서는 칩시크 매장으로 통한다. GOD는 중국인의 취향에 맞는 물품을 더 많이 구비하고, 홍콩인이 선호하는 세련된 '믹스 앤드 매치' 스타일로 접근해 홍콩을 찾는 내외국인 모두에게 사랑받고 있다. 이처럼 가격이 저렴하면서도 디자인까지 훌륭한 칩시크형 제품들은 재화의 효용을 극대화한다는 측면에서 신실용주의 소비자들에게 대안이 되고 있다.

중국식 트레이딩 업 소비

생활에 괴로움이 없고 비교적 풍요로운 상태인 '샤오캉 시대'의 소비자들은 감성적 가치를 바탕으로 실용성을 극대화시키는 새로운 방식의 트레이딩 업을 추구하고 있다. 즉, 중요하지 않다고 판단되는 부분에서 트레이딩 다운을 통해 예산을 절약한 소비자들이 특정 분야에서만큼은 유독 감성적 소비를 추구하며 지출을 아끼지 않는 것이다. 신실용주의 소비자들은 분수에 어울리지 않는 소비이거나, 납득이 가지 않는 가격일지라도 트레이딩 업을 감행한다. 그러나 감성적 욕구에도 불구하고 구매과정의 합리성과 구매방법의 효용만큼은 철저히 고려한다는 점이 바로 이들의 양면적 성향을 보여준다.

현상 01 감성적 요소에 이끌린 트레이딩 업

감성소비 영역을 중심으로 한 중산층 신실용주의자들의 소비열기가 뜨겁다. 신실용주의 집단은 중국의 '호모 컨슈멘스Homo Consumens(소비하는 인간)'를 대표할 만큼 소비에 열심이다. 이들은 소비를 '결핍을 채우기 위한 수고'가 아니라 '하나의 취미'로 생각하며, 따라서 자신이 원하는 품목의 소비에 쾌락적 의미를 부여하는 소비자들이다. 또한 상류층의 생활을 동경하는 이들은 브랜드가 제공하는 지위나 위신 즉, 상징적 가치를 추구하는 소비를 행한다. 다시 말해 소비수준이 향상되고 소비자들의 안목이 높아지면서 파노플리효과effet de panoplie*를 통한 대리만족에도 관심을 보이고 있다는 것이다.

이처럼 중산층의 트레이딩 업 소비로 인해 제품의 이미지와 미적 측면을 중시하는 소비생활의 감성화가 시작되고 있다. 따라서 소비자들은 가격이나 품질에 해당되는 기본적인 속성 이외에도 브랜드나 디자인과 같은 감성적인 요소를 고려한다. 가전제품이나 IT기기 등 성능 위주의 제품마저도 감성적 요소를 만족시켜주기를 원한다.

특히 그동안 큰 의미를 가지지 않았던 '브랜드'는 그들의 정체성을 대변하고 품격을 높여줄 수 있는 하나의 도구로 활용되며 중산층 실용주의 소비자들에게 소비의 방향을 제시해주는 중요한 역할을 하고 있다. 옌쉬안嚴旋 닐슨컴퍼니Nielsen Company 중국 총재는 '중국 소비자는 외향적인 성향의 소비자이자 구매 제품을 타인과 함께 누리고 싶어하고 타인이 이를 긍정하고 감상하기를 희망하는 사람들'이라고 규정한 바 있다.[58] 브랜드 중시 성향은 타인에게 공감받고 인정받을 수 있는 하나의 수단이고, 외향적인 중국인 특유의 성향과 잘 맞아떨어져 나타난 현상이다.

중산층 실용주의 소비자들의 소비 업그레이드 현상은 갈수록 고조되고 있다. 이러한 영향 때문인지 최근 중국의 고급소비를 이끄는 계층은 고소득층이 아니라 중산층이다. 닐슨이 130가구와 퍼스널케어 화장품 브랜드를 조사한 결과, 부유한 소비자보다 중간 소득자의 고급 제품 구

---

* 파노플리는 집합(set)이라는 뜻으로, 특정 상품의 소비를 통해 그 상품을 소비할 것으로 생각되는 집단에 속할 수 있다는 느낌을 갖는 현상을 파노플리 효과라고 한다. 예컨대 어린아이가 의사놀이 세트(set) 장난감을 가지고 역할놀이를 하면, 해당 장난감을 통해 마치 의사가 된 듯한 느낌을 갖게 된다. 이와 마찬가지로 소위 '명품' 브랜드와 같이 파노플리효과를 갖는 상품을 소비하면, 그것을 소비할 것이라고 여겨지는 상류층에 속한 것 같은 환상을 얻게 된다는 것이다. (김난도, 『사치의 나라 럭셔리 코리아』, 미래의창, 2007 참조)

매욕구가 더 강한 것으로 나타났다. 자동차와 관련해 1선도시 중산층(월 소득 1만~3만 위안, 180만~540만원)의 47%가 50만 위안(9000만원) 이상의 럭셔리 자동차를 구매할 의향이 있고 이를 위해 저축을 한다고 밝혔고, 53%의 소비자는 25만~50만 위안(4500만~9000만원)대 자동차를 구매 할 것이라고 응답했다.[59] 상류층의 생활을 동경하는 중산층들은 주머니 사정이 부담되더라도 이러한 '소비선망'에 이끌리기 쉽다. 또한 고급 브 랜드에 대한 이해도가 상류층에 비해 떨어지기 때문에 가격이 구매 결 정요인으로 작용하는 경우가 많아서 '매스티지' 제품의 인기가 더 높기 도 하다.

소비의 업그레이드를 위한 감성적 측면에도 불구하고 이들은 이성적 인 구매를 실천한다. 신실용주의자들의 감성적 소비활동에 반드시 전제 되어야 할 사항은 그 구매방법만큼은 지극히 이성적이어야 한다는 점이 다. 트레이딩 업 소비에서 추구하는 실용성은 할인시즌을 잘 챙기는 섬 세함에서 시작된다. 최근 중국에서는 할인행사가 불경기를 극복하기 위 한 대표적인 마케팅활동으로 자리잡고 있다. 우리에게는 '빼빼로데이' 로 유명한 중국의 대표적 할인시즌인 싱글데이(11월 11일)만 하더라도 2012년의 해당일 소매 매출액이 30억 달러로 2011년보다 무려 253%나 늘어났다. 이는 폭탄세일기간으로 알려진 미국의 추수감사절 할인시즌 매출액의 세 배에 달하는 규모이다. 전통적인 할인기간 이외에도 트레 이딩 업을 감행하는 중산층 소비자들의 구매욕을 당기기 위해 2013년 4월 1일의 '평생 너만 사랑하는 날愛你一生一世日', 4월 17일의 '같이 죽는 날一起死日' 등 듣도 보도 못한 새로운 기념일을 할인시즌으로 만들어 매 출을 올리고 있다.[60]

현상 02 식품, 교육, 결혼 : 트레이딩 업의 삼두마차

중국 중산층 실용주의 소비자들의 트레이딩 업이 특히 두드러지는 3대 부문은 식품, 교육, 결혼 관련 산업으로 경험적 소비가치가 중시되는 영역이다.

먼저 식품 소비영역이 가장 눈길을 끈다. 불량 먹거리로 식품 안전문제가 불거지면서 최근 중국에서는 정부 주도하에 건강한 식습관 캠페인이 펼쳐지고 있으며, 소비자들 사이에서도 먹거리에 대한 트레이딩 업 현상이 나타나고 있다. 유로모니터Euromonitor에 따르면 2007년부터 2012년까지 홍콩의 식품 판매량은 지속적으로 증가해 7.6%의 성장률을 보였고, 2012년에는 프리미엄 상품에 대한 홍콩 소비자들의 소비 증가로 판매액이 전년 대비 5.9%나 늘어났다. 더욱이 2011년 말에 발생한 유럽발 금융위기에도 프리미엄 건강식품 매출만큼은 타격을 받지 않았을 정도로 입지를 굳히고 있다.[61]

중국의 중산층 소비자들도 이제 실용적 소비를 위해 다른 품목의 불필요한 소비를 절제하고 가족의 건강과 식생활의 질을 개선하자는 데 동의하기 시작했다. 이렇게 건강에 대한 관심이 커지면서 관련 상품도 호황기를 맞이하고 있는데 특히 몸에 좋은 유기농 스낵을 제공하는 '건강한 자판기healthy vending machine'가 인기를 끌고 있다. 헬스어딕션Health Addiction의 건강한 자판기는 현재 홍콩에서 60대가 가동중이며, 학생들과 직장인들의 식습관을 개선하고 열량 섭취를 줄여준다는 측면에서 소비자들에게 환영받고 있다.[62] 더불어 녹색식품에 대한 열기도 뜨겁다. 발빠른 대형마트에서는 전문적인 유기농 제품 취급을 확대하고 있으며, 회원제로 운영되는 유기농 농장은 건강염려증을 앓고 있는 소비자들에게 새로운 가치를 제공해 주목받고 있다. 이처럼 소비자의 내재적 가치

추구 현상은 신실용주의식 트레이딩 업을 위한 하나의 카테고리가 될 것이다.[63]

　교육분야에 가치를 두는 트레이딩 업 또한 두드러지게 나타나고 있다. 중국의 교육열도 한국 못지않게 뜨겁다. 자녀교육에 열심인 한국 엄마들도 맹자 어머니의 나라 중국과의 대결에서만큼은 우열을 가리기가 힘들 것 같다. 특히 중국 정부의 독생자정책으로 인해 태어날 때부터 식스 포켓six pocket을 차고 나온 소황제들에게 교육부문의 투자는 어쩌면 당연한 것일지 모른다. 중국 중산층의 높은 교육열로 사교육업체들은 몇 년간 급성장했다. 개중 가장 눈에 띄는 것은 온라인 교육시장이다. 시험에 집착하기보다 자유로운 교육환경을 선호하는 엄마들이 증가하면서 온라인 교육이 대안으로 떠오르고 있다. 감성을 위한 교육 투자에도 아낌이 없다. 한 악기회사 대표의 인터뷰에 따르면 현재 중국에서 피아노를 살 수 있을 만한 소득층은 전체 인구의 5%에 불과하지만 잠재소비층은 급격히 늘어나고 있다고 한다.[64] 소비자의 의식수준이 선진화되면서 배움에 대한 투자는 신실용적 트레이딩 업의 소비물결과 함께 꾸준히 성장할 것이다.

　결혼 관련 소비 역시 중산층 소비자들의 트레이딩 업 대상으로 주목받고 있다. 중국의 호화 결혼식 풍경이 최근 들어 자주 언론에 등장한다. 외제 승용차들의 카퍼레이드가 신랑 신부의 이동수단이 되는가 하면, 결혼식에 축의금을 세는 현금계수기가 등장하기도 한다. 현금계수기를 거친 축의금을 대기하고 있던 은행직원이 수송차량에 실어나르는 진풍경도 일어난다고 한다. 문제는 이러한 일화들이 일부 부유층의 호화 결혼식 사례가 아니라는 점이다. 그리 부유한 가정이 아니더라도 결혼식에서 1억~2억원을 쓰는 것이 예삿일이 되고 있다.[65] 특히 중국 소비의 주요

계층인 바링허우와 주링허우가 결혼적령기에 들어서면서 웨딩산업은 현재 공급이 수요를 따라가지 못할 정도다. 한 조사에 따르면 부모들에게 전적으로 의존하는 바링허우들의 결혼비용은 평균적으로 상하이 140만 위안(2억 5000만원), 항저우 128만 위안(2억 3000만원), 베이징 107만 위안(1억 9000만원) 순으로 나타났다.[66] 각 도시의 1인당 GDP와 비교해봐도 엄청난 수준이다. 이러한 현상은 부모세대가 결혼을 하나의 관습이라고 생각했던 것과 달리, 이들 세대는 일생에 한 번뿐인 소중한 의식으로 여기고 평소엔 아끼더라도 결혼식에서만큼은 푸얼다이처럼 돈을 쓰는 트레이딩 업 소비를 감행하기에 나타나는 것이다.

이와 같이 경험적 가치가 중시되는 식품, 교육, 결혼에 대한 아낌없는 투자로 미루어볼 때, 경험적 가치재에 대한 소비자들의 트레이딩 업은 당분간 지속될 것으로 예상된다.

시사점 : 공감능력으로 승부하라

지금까지 중국 소비자들에게 공존하는 트레이딩 업과 트레이딩 다운 현상을 살펴보았다. 그런데 최근 이들에게 왜 이렇게 이중인격적인 트레이딩 어크로스 현상이 일어나는 것일까?

'매킨지 분기 보고서'는 잇따른 물가 상승으로 소비자들의 생활은 팍팍해지는 데 반해, 해외 상품이 공격적으로 유입되면서 더 좋은 제품에 대한 욕구가 끊임없이 자극되고 있다는 사실을 지적했다. 트레이딩 다운과 트레이딩 업을 동시에 실천하는 신실용주의자들의 등장은 현재의 거시경제환경 속에서 합리적인 소비자로 살아가기 위해 필연적으로 발생할 수밖에 없었던 시대적 요구인 것이다. 또한 이는 현실적이고 실용적인 중국인의 기질적인 특성과도 무관하지 않다. 중국인은 천부적인 금전감 각과 이재에 탁월한 민족적 기질을 지니고 있다. 금전에 대한 애착이 강 한 중국인들에게 실용주의는 선택의 문제가 아니라 내재적 습관이다. 구 매 가능 여부를 떠나 실용적 가치를 추구하는 습관 자체가 아름답고 갸 륵한 덕행이라고도 할 수 있다. 이러한 내재적 습성 위에 소비에 대한 자 본주의적 욕망이 자리잡은 결과가 트레이딩 어크로스 현상인 것이다.

그렇다면 어떠한 전략이 필요한가? 먼저 안이한 시장세분화와 타깃고 객에 대한 막연한 추측을 바로잡아야 한다. 다시 말해서 트레이딩 업 시 장에 진출하고자 한다면, '프리미엄 제품을 구매하는 중국 소비자의 소 득은 1만 위안(180만원) 이상이다' 또는 '조금 비싸더라도 품질·친절·위 생 등으로 승부하면 고소득층 소비자에게는 먹힐 것이다' 하는 식의 정 형화된 공식으로 접근하기가 어려워졌다는 것이다. 농촌에서 돈을 벌기 위해 대도시로 이주한 노동자 계급인 '농민공農民工'이라고 할지라도, 몇 달 치 월급을 쏟아부어 자신이 원하는 글로벌 브랜드의 스마트폰을 구입 하는 데 주저하지 않는 것이 현실이다. 따라서 먼저 소비자의 중점 가치 를 분석하고 그들의 감성을 자극하면서도 이성적인 대안을 마련해주는 치밀한 프로모션을 기획해야 한다.

사실 어떤 품목에 '자린고비'가 되고 어떤 품목에 '지름신'이 강림하는 지는 어디까지나 소비자 개인의 주관적인 가치에 달려 있다. 하지만 여 기에도 일정한 사회적 쏠림, 즉 트렌드가 작용하며 그러한 개인적 가치 관 역시 변화시킬 수 있다. 따라서 실용주의 소비자들의 전략적 트레이 딩 어크로스 현상에 대해 시장 참여자들은 새로운 사고로 전환해야 할 필요성이 절실하다. 이제 소비자들의 '가치'가 시장의 흐름을 결정한다.

소비의 목표가 '최소의 비용으로 얻는 최대의 주관적 효용 만족'이라는 경제학적 기본개념을 떠올릴 때, 중국의 신실용주의 소비자들은 나무랄 데 없이 현명한 경제주체인 것은 분명하다. 모든 소비자를 포섭해 히트 상품을 만들겠다는 막연한 욕심보다는 물건 하나를 만들더라도 소비자들의 가치를 정확히 반영하고 이를 진정으로 원하는 소비자층을 공략하겠다는 새로운 마음가짐이 필요하다.

지금 절실한 것은 소비자에 대한 공감능력이다. 언제 무슨 일이 발생할지 예측 불가능한, 이 변화무쌍한 중국 소비자들의 '합리적 변덕'을 예의주시해야 한다. 대만의 커피전문점 '85도C'는 잠재된 소비자의 가치를 발굴해 반보 앞서 헤아렸다는 측면에서 귀감의 대상이 되고 있다. 대만의 스타벅스라는 애칭이 붙을 정도로 현지인들에게 인기를 끌고 있는 85도C는 스타벅스의 3분의 1 가격에 음료를 제공하며 다양하고 고급스러운 제품으로 소비자들에게 다가섰다. 24시간 영업 등 서비스 측면에서도 차별화된 마케팅으로 까다로운 소비자들의 다양한 욕구를 충족시킨 점은 명백한 성공 노하우로 평가되고 있다. 이처럼 동일한 조건에서도 어떻게 소비자에게 합리적인 가치를 제공하고 잠재욕구를 만족시키는지가 중요해졌다.

변덕스러운 소비자의 모순된 소비가치를 끊임없이 추적하고 대응해나가는 공감능력이야말로 변화무쌍한 현대 중국 시장의 트렌드 쓰나미에서 살아남을 수 있는 필수 해법이다.

소비트렌드는
어떻게 발현되고 있는가

중국 소비시장 신조어 분석

최근 우리나라에서도 자고 일어나면 처음 듣는 단어들이 여러 개씩 생겨나 있을 정도로 신조어가 양산되고 있다. 누가 만들었을까 싶을 만큼 기발하고 재미있는 신조어들이 우리 사회의 변화를 실감나게 보여준다. 신조어는 한 사회를 대표하는 가장 특징적인 현상이 사람들 입에 오르내리면서 탄생하는 사회문화적 어휘다. 새로운 어휘가 만들어지고 회자된다는 것은 그만큼 큰 관심을 받았다는 뜻이다. 즉 신조어는 그 시점에 사회적으로 가장 주목받는 현상을 한 단어로 압축한 것이다. 최근 신조어의 생성과 소멸속도는 한층 빨라지고 있다. 이처럼 신조어가 빨리, 그리고 많이 만들어지고 있다는 것은 그만큼 사회 변화의 속도가 빨라지고 있다는 증거일 것이다. 그러므로 신조어 분석은 사회, 경제, 문화, 소비 등 다양한 분야에서 벌어지는 의미 있는 현상들을 한눈에 살펴보며 맥락을 파악하는 행위다.

요즘 중국에서도 다양한 신조어들이 대거 등장하고 있다. 중국 역시 트렌드가 빠르게 바뀌고 있기 때문일 것이다. 속출하는 중국의 신조어들을 좀더 체계적으로 접근하기 위해 ▲물가 ▲소비문화 ▲경제 ▲도시 ▲양극화 ▲세대 ▲문화 ▲사상 ▲환경 ▲인터넷 등 총 열 개의 파트로 나눠 살펴봤다. 이를 통해 몇 가지 공통적인 특징이 도출됐는데 간략히 정리하자면 다음과 같다.

먼저 가장 주목할 만한 흐름은 중국의 소비문화가 어느 정도 자리를 잡으면서 '스마트한 소비자'가 늘어나고 있다는 점이다. 소비자들의 생활방식이 경제적이고 합리적이며 효율적으로 변화하고 있다는 사실은, 소비자의 지적 능력, 즉 소비지식이 갈수록 진화하고 있다는 뜻이다.

둘째로 빈부격차가 더욱 심해지고 신빈곤층이 형성되는 사회분위기를 반영한 신조어가 눈에 띈다. 부동산가격이 급격히 올라 고민하는 이들, 일자리를 구하지 못해 학교 주변을 맴도는 청년들, 명절에 고향 방문을 두려워하는 사람들, 중국판 88만원 세대들은 중국 사회가 직면한 현실을 고스란히 반영하고 있다.

마지막 특징은 가치관의 질적 향상으로 인생을 즐기려는 사람들이 증가하고, 그동안 외면했던 환경에 대한 관심이 대폭 증대하며, 새로운 틈새시장이 확대되는 등, 앞서 살펴본 3대 키워드가 신조어를 통해서도 확인된다는 것이다. 이는 중국 사회가 경제적 성장을 가속화하면서 삶의 질이나 환경과 같은 질적 성숙에도 관심을 가지기 시작한 것으로 해석할 수 있다.

물가 : 치솟는 물가에 대처하는 중국인들의 생존법

중국은 경제 성장의 속도가 빠른 만큼 물가 상승의 폭도 가파르다. 물가 상승에 대한 걱정이 중국 전역을 휩쓸며, 고공물가에 대처하는 중국인들의 생존 전략을 담은 신조어들이 등장하고 있다. 농산물의 가격이 50%나 급등하자 이를 풍자한 유행어도 인기를 끌었다. 콩, 마늘, 생강 등을 과격한 어휘와 결합하는 방식은 그 아이디어만으로도 반짝인다.

어떻게든 절약해서 고물가 시대에 살아남으려는 소비자들의 눈물겨운 노력은 신조어를 통해 확인된다. 여러 명이 무리지어 구매하는 '공동구매족', 대량구매를 통해 규모의 경제를 실현하는 '대량구매족', 전단지 특가 상품에 목숨을 거는 '포스터족', 무조건 안 먹고 안 쓰고 안 입는 '구두쇠족' 등, 신조어에 담긴 다양한 양상들은 절약방법론의 경연대회를 방불케 한다. 물가는 오르는데 소득은 인상되지 않으니 자연스럽게 허리띠를 졸라맬 수밖에 없는 것이다. 이처럼 물가 상승이 서민들의 생활에 미치는 파장은 엄청나다. 당분간은 더욱 진화된 방법으로 '티끌 모아 태산'을 몸소 실천하는 소비자들이 지속적으로 늘어날 전망이며, 더불어 정부의 물가 안정대책에 대한 요구도 확산될 것으로 보인다.

어디까지 오를래? 물가 상승을 풍자하는 유행어들

| **더우니완** 逗你玩 | '장난친 거야逗你玩(더우니완)'라는 뜻의 말과 비슷한 발음으로 만들어진 인터넷상의 유행어. 최근 농식품가격이 지나치게 급등하자 '逗' 대신 같은 발음의 '콩 두豆'자를 넣어 '콩이 소비자를 우롱한다'는 의미로 사용하고 있다.

| **쏸니헌**蒜你狠 | '그래, 너 잘났다算你狠(쏸니헌)'라는 말을 변형한 신조어. 마늘값이 100배 이상 급등하자 마늘을 의미하는 '쏸蒜'자를 넣어 신조어를 만들었다. 마늘값이 입이 떡 벌어질 정도로 오른 나머지, 할말을 잃었다는 의미로 통용된다.

| **장니쥔**姜你軍 | 원래는 '넌 끝장이야! 장군이요!將你軍(장니쥔)'라는 뜻이지만, 생강값이 폭등하자 이를 풍자하기 위해 '장수 장將'을 '생강 장姜'으로 바꿔 만든 신조어다. '생강, 너 (비싼 걸로) 짱이다' 정도로 해석할 수 있다.

티끌 모아 태산, 절약에 목숨 거는 사람들

| **하이툰쭈**海囤族 | 바다처럼 많은 양을 사들인다는 의미로, 현재 유행하고 있는 '대량구매족'을 지칭한다. 이들은 대량으로 구매하면 가격이 낮아진다는 이점을 노린다. 물가가 지속적으로 상승하고 있기 때문에 추후의 초과 지출을 미연에 방지할 수 있다는 점도 매력으로 작용한다.

| **퇀거우쭈**團購族 | 일명 '공동구매족'. 공동구매의 대상 물품은 그 종류를 제한하지 않으며, 의식주, 교육 등 다방면으로 행해지고 있다. 하이툰쭈들과 마찬가지로 역시 가격의 이점이 가장 큰 유인으로 분석된다. 이에 온라인 공동구매를 내세운 소셜커머스 사이트의 약진이 이어져 월평균 거래액이 40억 위안(7100억원)에 육박하고 있다.

| **왕거우쭈**網購族 | 주로 인터넷으로 물품을 구매하는 '온라인 구매족'을 의미한다. 인터넷 보급환경의 비약적인 발전으로 인터넷 사용자가 급증

하면서 생겨난 새로운 소비풍조다. 왕거우쭈는 외출을 통한 소비활동은 하지 않고 인터넷 검색을 통해 가격을 비교하거나 구매후기를 꼼꼼하게 분석해 소비를 결정하는 특징을 보인다.

| **하이바오쭈**海報族 | 물건을 최저가로 구매하기 위해, 여러 마트의 광고전단지를 손에서 놓지 않는 '전단광고 포스터족'을 말한다. 과거에도 마트나 할인매장에서 홍보를 위해 전단지를 배포했으나, 당시에는 받는 것조차 귀찮게 여길 정도로 관심을 두는 사람이 없었다. 하지만 물가가 폭등하면서 전단지 자체가 인기상품이 되고 있다. 하이바오쭈들은 특가 상품이 실려 있는 전단지를 항상 지니고 다니면서, 점포별 할인판매일을 꼼꼼히 확인하며 이를 절대 놓치지 않고 구매한다.

| **커우커우쭈**摳摳族 | 구두쇠족을 일컫는 신조어. 이들은 절약을 위해서라면 물불을 가리지 않는 열정을 지니고 있다. 언제 어디서든 할인쿠폰 지참은 기본이고, 비용을 줄일 수만 있다면 택시를 타거나 식당에서 밥을 먹을 때도 다른 사람과의 합석을 마다하지 않는다. 특히 소셜커머스나 쿠폰 발행업체를 통해 광고홍보용 쿠폰 모으기를 생업처럼 삼는 것은 커우커우쭈의 가장 큰 특징이다.

유의어 → **취안취안쭈**券券族 : 일명 쿠폰족. 외출하기 전에 인터넷에서 할인쿠폰을 다운받아 프린트하거나 전자쿠폰을 휴대전화에 다운받아 저장한다. 레스토랑, 상점, 관광지 등 다양한 분야의 쿠폰을 통해 할인이나 우대서비스를 받는다.

→ **스커**試客 : 백화점이나 슈퍼마켓 등에서 시식을 하거나 화장품의 샘플을 받아 사용하는 행위나 사람을 총칭한다.

| **장유**賬友 | 지출장부를 함께 관리하는 친구를 뜻하는 용어. 이들은 불필요한 지출을 효율적으로 관리하기 위해 인터넷상에서 친구를 사귄다. 지출내역을 공개하고 그 내용을 공유하며 서로의 소비행동에 대한 관리·감독 역할을 수행하는 것이다. 물가가 연일 치솟는 상황에서 체계적인 지출관리를 통해 문제를 해결하고자 하는 자구책으로 해석된다.

| **터써우쭈**特搜族 | 인터넷상으로 빠른 검색을 즐기는 '스피드 검색족'을 일컫는다. 대부분 가정주부로 구성되는데, 특유의 촉과 날카로운 매의 눈초리로 정보를 분석하고 이를 공유한다. '특가 상품 정보 모으기'에도 일가견이 있다. 서로의 구매를 도와주고 최선의 선택을 도출하는 것을 목표로 한다.

소비문화 : 날로 스마트해지는 소비자들과 기업의 대응

소비문화와 관련된 신조어에서 가장 눈길을 끄는 것은 기업과 소비자의 쫓고 쫓기는 공방전이다. 실용을 생활화하는 중국 소비자들의 영리함은 갈수록 진화하고 있다. 소비에서 질적 가치를 중시하는 분위기가 형성되면서 소비수준이 향상되고 있다는 것이다. 과거 무조건 싸게 구입하는 것이 최고라는 사고가 팽배했다면, 요즘은 비싼 물건을 싸게 구입하는 방법을 연구하는 소비자들이 늘고 있다. 최근 인터넷에 떠돌고 있는 베이징 주부의 '절약법 10계명'은 엄숙함마저 느껴질 정도인데, 합리적인 소비생활을 위한 중국인들의 탐구열을 보여주는 방증이라 할 수 있다.

이러한 소비자들의 변화에 대응하기 위해 최근 중국의 기업들은 때로는 소비자를 유혹하고 때로는 소비자와 상생하는, 참신하고 적극적인 마케팅 전술을 총동원하고 있다. 가격 할인이라는 편의를 제공하면서 이윤까지 챙기는 할인쿠폰 자판기, 순간적 세일, 즉 팝업스토어 형태의 마케팅 전략 등의 영민한 아이디어들은 소비자를 사로잡기에 부족함이 없어 보인다.

• 베이징 주부의 절약법 10계명

01 구입 전 인터넷을 통한 가격 비교와 쿠폰 확인은 기본이다.

02 아기 기저귀는 시제품을 확보하라(생산업체 홈페이지 등을 통해 판촉용 시제품 신청).

03 피부보호제는 샘플을 챙겨라.

04 공동구매로 할인가격을 잡아라.

05 생활잡지 구독 증정품을 활용하라.

06 생활소비 정보 사이트에서 최신 할인정보를 수집하라.

07 피부미용카드는 '타오바오'에서 초저가로 구입하라.

08 외식은 식당 전문 할인예약 사이트를 이용하라.

09 열차, 비행기는 인터넷에서 양도표를 구하라(특가표를 더욱 싸게 살 수 있다).

10 신용카드, 휴대전화 적립 포인트를 적극적으로 활용하라.

자료 : 코트라 'Global Business Report' 09-005에서 전문 인용

영리해지는 소비자들

| 핀拼 | 핀에는 예부터 절약을 미덕으로 여기는 생활가치를 중시하는 중국 서민들의 지혜가 담겨 있다. 핀의 어원을 살펴보면 우리말로 '붙일 병'의 뜻으로 '맞붙이다' 정도로 해석된다. 중국에서는 '필사적이다'라는 뜻으로 '핀보拼博(필사적으로 싸우다)'와 같은 형태로 쓰이다가, 최근 들

어 높은 물가에 허덕이는 서민들로 인해 '함께 하다'라는 의미가 추가됐다. 핀의 종류는 매우 다양하다. 그중에서도 값비싼 예식비용을 아끼기 위해서 동료 몇 쌍이 함께 결혼하는 핀훈拼婚이나, 인터넷을 통해 모인 사람들끼리 밥을 같이 먹는 핀판拼飯은 특히 이색적이다. 과거 동료끼리 식사를 함께 하고 밥값을 나누어 내는 문화를 '더치페이'라고 했다면, 핀판은 전혀 모르는 사람이 오직 식사를 목적으로 만나서 밥값을 함께 지불한다는 점이 차이점이라고 할 수 있다. 이렇게 젊은이들 사이에서 핀이 문화로 자리잡다보니 최근에는 식당 주인들이 중국 최대의 온라인 커뮤니티인 QQ의 대화방을 통해 직접 핀판 자리를 주선하는 웃지 못할 마케팅도 펼쳐지고 있다.

유의어 → **핀처**拼車 : 차를 나눠서 타는 것.

    → **핀팡**拼房 : 방을 나눠서 쓰는 것.

    → **핀찬**拼餐 : 밥을 나눠서 먹는 행동.

    → **핀유**拼游 : 여행을 같이 가는 것.

    → **핀거우**拼購 : 물건을 같이 사는 것.

| **핀카**拼卡 | '카드卡를 공유한다拼'는 뜻으로, 공동구매족인 '퇀거우쭈'의 한 형태로 볼 수 있다. 주로 대도시에 거주하는 화이트칼라를 중심으로 유행하고 있으며, 상대적으로 가격이 비싼 도심의 고급 피트니스센터, 미용실, 백화점, 마트 등 회원제 중심으로 운영하는 곳의 회원카드를 여러 명이 함께 나누어 사용한다. 단순히 돈을 아끼기 위해 절약한다는 개념을 뛰어넘어 같은 상품도 더 영리하게 구매하려는 최근 중국인들의 소비가치를 반영하는 단어다. 기업들은 이를 금지하기보다는 실용적 소비습관으로 받아들이며 핀카쭈들을 고객으로 유치하기 위한 우대조건을

내세우면서 공동카드 발급에 주력을 다하고 있다.

| **샤이젠**曬儉 | 돈을 절약하는 다양한 방법들을 인터넷을 통해 공개하며 정보를 공유하는 문화를 말한다. 바링허우세대에서 크게 유행하기 시작했으며 낮은 임금과 높은 물가 상승에 대처하기 위한 돌파구 정도로 해석된다. 마트의 심야시간 할인혜택을 받기 위해 밤 아홉시 이전에는 일절 구매를 삼간다든지, 적립카드를 사용해 무료로 영화티켓을 구한다든지, 할인쿠폰을 활용해 손님 접대를 한다든지 등의 다양한 절약방법을 인터넷상에서 서로 교환하고 있다. 과거에 젊은이들이 자신의 높은 구매 수준을 자랑하며 서로 비교하는 '허세소비'가 인기였다면, 이제는 '내가 더 알뜰하다' '나보다 더 알뜰한 사람 있으면 나와봐' 식의 '알뜰 경연대회'의 진풍경을 감상할 수 있다.

| **하쭈쭈**哈租族 | '대여를 즐기는 사람들'이라는 뜻으로, 대도시 화이트칼라들의 새로운 소비방식으로 해석된다. 원하는 것을 구매하자면 상당한 비용이 들지만 그것을 포기할 수도 없을 때, 임대를 통해 소유의 즐거움을 맛보는 것이다. 우리나라에서 한자 '租(조)'는 전세라는 개념으로 쓰이는데, 중국어로 '租(쭈)'는 소유의 형식만 변하고 그 내용은 동일한 하나의 절약방법으로 인식된다. 그러나 최근 그 정도가 심한 하쭈쭈들의 경우 차, 가구와 같은 단순한 생활필수품을 임대하는 것은 물론, 애완견, 남자친구, 결혼식의 신부 들러리와 부모를 임대하는 등 도를 지나친 임대소비로 가치의 혼란을 불러일으키고 있다.

| **멀티플 구매**multiple purchase | 한 매장에서 다양한 영역의 제품을 한번

에 구매하는 쇼핑형식을 말하며, 항저우를 중심으로 이러한 움직임이 시작됐다. 시간도 하나의 자원이라는 인식과 분초를 다투며 바쁜 생활을 영위하는 현대인의 모습은 중국에서도 예외는 아니다. 특히 쇼핑과 장보기의 영역과 경계가 모호해지면서, 주부들은 자신을 위한 옷과 가방을 쇼핑하는 동시에 저녁 반찬거리를 구매할 수 있는 '원스톱' 쇼핑을 원하게 됐다. 무조건 다양한 제품만 구비한다고 능사는 아니다. 식료품코너라면 제품의 신선함과 구매의 편리성을 유지하면서 매장 디자인까지 고려해야 하고, 의류매장이라면 가격혜택과 더불어 스타일리시한 브랜드의 영입까지 고려해야 사랑받을 수 있다. 신세대 주부들은 쇼핑몰 안에서 모든 일을 처리하길 원하기 때문에 원스톱 쇼핑에 대한 호응은 앞으로도 지속될 것이다. 이런 식이라면 머지않아 쇼핑몰 내부에 은행과 관공서가 입점했다는 소식도 들려올 것 같다.[67]

소비자 변화에 맞춰 진화하는 기업의 마케팅 전략

| **벨로**Velo | 할인쿠폰 자판기의 하나. 최근 지하철역이나 버스정류장, 쇼핑몰, 대형 슈퍼마켓 등에서는 할인쿠폰을 출력할 수 있는 자판기가 인기다. 공짜나 할인에 민감한 중국인들에게 언제 어디서든 쿠폰을 제공해주자는 아이디어에서 비롯된 것. 일정한 비용을 지불하고 쿠폰을 구입하는 선지불시스템으로 운영되며, 학원, 피트니스센터, 노래방, 식당 등 장소와 분야를 가리지 않고 폭넓게 이용되고 있다. 대도시를 중심으로 큰 인기를 끌면서 주변 지역으로까지 급속도로 퍼지는 추세다.

| **먀오사**秒殺 | 영어로는 'instant killing'으로 표현되고 우리말로는 '순간적 죽음'을 뜻한다. 원래는 인터넷게임에서 적들을 순식간에 죽인다는

뜻으로 사용되던 용어였는데, 최근 들어 마케팅 전략에 도입되면서 '반짝세일'이라는 의미로 쓰이고 있다. 한국에서 '팝업스토어'가 유행하듯 중국에서도 '즉석경제'는 피해 갈 수 없는 소비트렌드로 보인다.

│ **광군제**光棍節 │ 독신자의 날. 11월 11일이 한국에서는 '빼빼로데이' '가래떡데이'라면 중국에서는 신세대들의 '솔로 기념일'이다. 특정한 '데이'가 만들어지는 것이 소비자들의 지갑을 열기 위한 마케팅의 일종이듯, 광군제도 기업의 '데이마케팅' 수단으로 적극 활용되고 있다. 11월 11일뿐 아니라, 1월 1일은 작은 광군제, 11월 1일은 중간 광군제로 부르며, 솔로를 위한 공격적인 전략을 펼치고 있다.

처음에는 난징 대학 근처에서 소규모 행사로 출발했으나, 지금은 소위 핫한 젊은이들 사이에서 유행으로 번지고 있다. 이날만큼은 자신이 '솔로'임을 당당히 밝히며, 커플이 되기 위한 필사적인 노력을 아끼지 않는다. 기름에 튀긴 꽈배기 네 개와 만두 한 개를 먹는 미션을 수행하기도 하는데, 그러면 '11.11'이 완성돼 독신에서 탈출할 수 있다는 미신이 있다. 이로 인해 매년 11월 11일엔 꽈배기가게와 만두가게가 문전성시를 이루며 1년 장사를 다했다고 할 정도로 큰 매출을 올리고 있다. 이밖에도 노래방에서 〈솔로의 사랑노래單身情歌〉 같은 솔로 애창곡을 부르며 그동안의 외로움을 달래기도 하고, 친구들끼리 막대기 젓가락을 선물하며 솔로 탈출을 기원하기도 한다.

유의어 → **광광제**光光節 : 독신남의 날.

　　　→ **단선제**單身節 : 독신의 날.

경제 : 테마경제가 중국을 말하다

'nomics' 혹은 '경제'가 뒤에 붙는 합성어는 이제 하나의 유행처럼 자주 등장하고 있다. 이러한 테마경제 용어는 그 시대 혹은 사회에서 중요하게 다뤄지는 산업을 함축적으로 표현하기 때문에 더욱 주목할 필요가 있다. 중국의 다양한 테마경제 관련 신조어들은 중국을 이끌 경제주역이나 소비동향과 같은 경제의 맥을 짚어보게 한다. 특히 그동안 크게 주목받지 못했던 여성, 노인, 임산부, 신생아 등이 경제의 신성장동력으로 평가되고 있다는 점은 특히 눈여겨봐야 할 부분이다. 또한 선진국형 산업의 발달과 이로 인한 경제적 부가가치를 표현하는 신조어들은 중국 사회의 경제적 성숙도를 방증한다. 일자리 부족과 노동자 부족의 문제가 동시에 발생하고 있음을 드러내는 신조어들은 중국의 노동시장이 총체적으로 경직되어 있다는 사실을 보여주는 사례다.

중국을 이끌어 갈 경제주역의 변화

| **타경제** 他經濟 | 최근 중국에서는 미녀경제, 여성경제, 타경제라는 유행어를 쉽게 찾아볼 수 있다. 한국과는 다르게 과거부터 중국에서는 여성의 지위가 높았고 '남편의 돈은 내 돈이고, 내 돈도 내 돈이다'라는 관념을 가지고 여성이 가정의 재정통제권을 쥐고 있는 것이 당연시되는 문화가 존재해왔다. 이런 사회적 통념 속에서 여성의 경제력이 확대되고 중국 정부의 내수 확대정책이 맞물리면서 여성 관련 소비품목의 내수시장이 폭발적으로 성장한 것도 타경제에 큰 몫을 한 것으로 보인다.

관련어 → **성뉘**剩女 : 우리나라의 골드미스와 비슷한 뜻으로, 배우자를 찾지 못해 '남은 여자'라는 의미다. 성스러운 여자라는 뜻의 '성뉘聖女'와 발음이 같아 '조건이 까다

로워 남성들이 쉽게 접근하지 못한다'는 뉘앙스도 실려 있다. 대부분 자기 성취욕이 높고 자신에 대해 아낌없이 투자하는 성향이 강해, 중국 경제의 새로운 큰손으로 부상하고 있다. 이들은 소득의 82%를 자신을 위해 소비하는데, 젊고 어린 외모를 유지하기 위한 소비패턴이 시장의 키워드로 부상하면서 각종 노화방지, 기능성 화장품, 피부관리 회원권 등이 인기리에 판매되고 있다.

| **싱글경제** 單身經濟 | 과학기술 사회학자인 중칭차이鐘慶才는 "21세기 들어 베이징, 상하이의 독신자는 이미 100만 명이 넘어섰으며 광저우, 우한武漢 등의 도시에서도 독신율이 점점 증가하고 있다"고 밝혔다. 중국 대도시의 화이트칼라를 중심으로 독신자들이 급속히 증가하면서 독신 소비층이 새롭게 부상하자 중국에서는 '싱글경제'에 대한 관심이 높아지고 있다. 가전제품, 보험, 엔터테인먼트, 여행 등의 산업도 싱글경제 이익을 톡톡히 보고 있다고 한다.[68]

| **실버경제** 銀髮經濟 | '저출산' '고령화'의 키워드는 국가의 미래성장을 위협하는, 전 세계 모든 정부의 중대한 고민이다. 중국은 아직까지도 산아제한정책이 존재한다는 점에서도 알 수 있듯 저출산이 사회문제로 대두되진 않지만, 고령화에 대한 고민은 피해 갈 수 없다. 최근에는 은퇴 후 경제력을 갖춘 노년층이 증가하면서 주체적 소비자로 활동하고 있으며, 실버관광, 실버생활용품, 실버주택, 실버의료서비스 등에 대한 관심이 확대되고 있다. 실버산업이 새로운 부가가치산업으로 떠오르면서 중국 실버시장은 현재 무서운 속도로 성장중이다.

| **임신부경제** 大肚子經濟 | 임신한 여성의 소비력을 나타내는 말이다. 중국

의 출산율은 연평균 1%, 전국 임신부 수는 1300만~1400만 명 수준으로 엄청난 시장 규모를 형성하고 있다. 최근 중국에서는 황금돼지해를 정점으로 임신부가 늘어나면서 그들의 구매력까지 증가했다고 전하고 있다. 특히 바링허우세대가 예비엄마로 성장해 건강, 유행, 디자인, 웰빙을 중시하고 있으며 임부복, 영·유아용 제품, 요가, 태교과정 등 관련 분야의 소비주체로 등장하고 있다.[69]

동의어 → **윈푸경제** 孕婦經濟 : 임신부경제를 뜻하는 동의어.

| **자녀경제** 寶寶經濟 | 말 그대로 경제와 자녀의 결합어로 자녀 관련 지출이 확대되면서 탄생한 용어다. 자녀에 대한 중국인들의 생각은 남다르다. 중국의 한 자녀들은 '소황제'라 불리며 상당한 구매 결정권을 행사해왔고 아낌없는 투자의 대상이 되기도 했다. 중국인들의 끔찍한 자식사랑 덕택에 2008년을 기준으로 아동 관련 소비는 총가계지출의 30%를 차지했고, 소비 평균액은 900위안(16만원)을 기록할 정도로 상당한 규모로 성장해왔다. 중국의 산아제한정책이 존재하는 한 이러한 자녀 관련 소비는 앞으로도 꾸준히 지속될 것으로 전망된다.

| **신생아경제** 零歲經濟 | 신생아와 관련한 소비가 증가하고 있음을 나타낸 신조어다. 최근 중국 부호층 사이에서는 둘째 자녀 출산이 유행처럼 번지고 있다. 산아제한정책으로 인해 둘째를 출산하면 엄청난 벌금이 부과되기 때문에, 경제적 여유를 갖춘 중국 상류층들에게는 오히려 둘째 자녀를 낳는 것이 부의 상징으로 통하기도 한다. 거액의 비용을 필요로 하는 홍콩 원정출산의 유행, 외국산 분유 품귀 현상 등은 '신생아경제'라는 말이 나오게 된 대표적인 배경이라고 할 수 있다.

선진국형 경제형태의 출현

| PET 경제 寵物經濟 | 중국의 애완동물시장이 성장하면서 PET경제라는 신조어가 탄생했다. 중국의 애완동물산업은 매년 20% 이상 성장해왔고, 2015년에 이르면 애완동물의 수가 5억 마리에 달할 것으로 예상된다. 특히 반려동물을 키우는 사람의 70%가 개나 고양이의 사료를 구매하는 것으로 나타났으며, 애완용품산업은 그 어떤 식품산업보다 빠른 증가세를 보이고 있다. PET경제의 급격한 성장은 중국인들의 가처분소득 증가와 더불어, 핵가족화, 고령화, 개인화가 뚜렷해지면서 외로움이 증폭되자 나타난 현상으로 해석된다.

| 웨딩드레스경제 婚紗經濟 | 중국은 매년 1000만 쌍이 결혼할 정도로 결혼인구가 상당하다. 또한 특유의 몐쯔문화가 발달해 타인을 의식하는 경향이 많고, 폼에 죽고 폼에 사는 과시적 소비성향이 유독 심하다. 그렇기에 일생에 한 번뿐인 결혼에 대한 투자는 그 규모가 얼마나 클지 능히 짐작할 수 있다. 이러한 문화적 현상 때문에 결혼 관련 산업이 호황을 이루게 됐고 '웨딩드레스경제'라는 신조어가 탄생했다. 결혼 관련 사업의 부가가치는 약 100조원에 이르며, 앞으로도 결혼시장은 더욱 폭발적인 호황을 누릴 것으로 보인다.

| 3대 의식 | 후진타오 주석이 언급한 3대 의식은 우환의식憂患意識, 공복의식公僕意識, 절검의식節儉意識을 말한다. 우환의식은 중국이 벌써 강대국이 된 것처럼 자만하면서 나태에 빠지지 말고 긴장감을 갖추라는 뜻이고, 공복의식은 인민을 위해 복무한다는 정신을 잊지 말고 광범위한 대중을 단결시키라는 뜻이며, 절검의식은 검소하게 절약하며 청렴하게 정

치하고 단정하게 생활하라는 의미를 담고 있다. 지나친 소비를 경계하자는 문장이지만, 최근 중국의 소비성향이 얼마나 강해지고 있는지를 역설적으로 보여준다.

날로 심각해지는 노동자문제

| **융궁황**用工荒 | 최근 노동계에 나타난 새로운 현상으로 '구하기 힘든 노동자'라는 의미의 신조어다. 과거에 중국 하면 떠오르는 이미지가 어딜 가나 구하기 쉽고 넘쳐나는 노동자였다. 그러나 최근 중국 시장에서는 노동자가 일자리를 구하기 어려운 것만큼이나 기업에서 노동자를 구하는 일도 어렵다고 한다. 여러 가지 원인이 있겠지만 젊은 도시 노동자층에서 화이트칼라 일자리를 선호하다보니 험한 일을 하려는 사람들이 상대적으로 줄어들었기 때문이며, 도시생활에 지친 노동자들이 고향으로 귀향하거나 정착하고자 하는 현상이 늘었기 때문이다.[70]

| **워차오**臥槽 | 한자어 그대로 일자리槽에 눕는다臥는 뜻이다. 최근 심각한 구직난으로 인해 '일단 회사에 들어가면 드러누워서 제 발로 나오지 않겠다'라는 우스갯소리가 유행처럼 번지고 있다. 취업난으로 인해 중국 대부분의 직장인들은 워차오를 당연한 듯 여기고, 가능하면 오래 일할 수 있는 직장을 선호한다. 또한 이직에 대한 위험부담이 상당히 커졌다고 느끼기 때문에 과감하게 사직서를 제출하는 이들도 점차 줄어들고 있다. 최근 증가하고 있는 '카오완쭈考碗族(공무원시험족)'에서 알 수 있듯이 안정적 직장에 대한 인기는 사그라지지 않고 있다.

도시 : 커지는 도시, 작아지는 사람들

중국은 얼마 전 전국인대全國人大를 통해서 다양한 국가 성장정책을 발표했다. 기존과 달라진 점의 하나는 '질적 성장'이라는 키워드가 중시되고 있다는 점이다. 특히 기존 도시들의 인프라 투자보다는 미개발 도시들, 즉 서부내륙 중심의 개발로 대도시들과 동반성장을 이루겠다는 포부를 밝혔다. 내륙과 해안, 동부와 서부의 빈부차를 줄여나가며 결과적으로는 균부론均富論을 지향하겠다는 중국 정부의 의지가 돋보인다.

중국의 도시화사업은 현재 성장가도를 달리고 있다. 1·2선도시는 어느새 세계 유수의 도시들과 견줄 만큼 비약적인 발전을 거뒀고, 이제는 3·4선도시들도 모자라 농촌 중심의 미개발 지역인 5·6선도시들까지 도시화를 위해 손을 뻗고 있다. 이런 도시화정책들은 신조어를 통해서도 찾아볼 수 있다. 한 가지 눈여겨볼 사실은 이 신조어에 도시화의 긍정적 모습뿐만 아니라 도시생활에 지친 도시민들의 힘든 상태도 여실히 드러난다는 것이다. 각박하고 개인적이며 촌각을 다투는 도시의 일상에 염증을 느낀 사람들로 인해 '탈도시화' 현상 역시 자연스러운 흐름으로 자리 잡아가고 있다.

도시의 권역화

| **메갈로폴리스**Megalopolis | '거대도시군'이라는 뜻으로 그리스어에서 유래했으며, 이 말을 최초로 사용한 사람은 프랑스의 지리학자인 J.고트망 J. Gottmann이다. 미국의 사례처럼 거대도시와 거대도시 사이를 잇는 대도시권 전역이 하나의 권역으로 도시화되는 현상을 말한다. 중국에서도 2010년 상하이 엑스포를 계기로 기존 7개의 중점 경제구역에 엑스포

구역을 추가로 선정해 '7+1'의 신성장동력을 모색해나갈 것이라고 밝혔다. 이로 인해 상하이와 연계된 인근 도시들이 관광산업, 교통인프라 측면에서 두드러진 성장을 보일 것으로 예상된다.

| **권역경제**區域經濟 | 중국은 현재 4개의 권역경제 발전전략을 추진하고 있다. 구체적으로는 '동부선도' '서부대개발' '동북진흥' '중부굴기' 전략으로 요약된다. 지역별 비교우위 활용 및 이동 활성화를 통해 지역 간 격차를 축소시키고, 현 정부의 목표인 조화사회 실현과 지속적인 발전을 추진하기 위한 지역 개발전략이다. 최근 중국은 행정구역의 개념을 뛰어넘는 광역권 개발전략을 본격화하고 있다. 하이난국제관광지건설계획, 장강삼각주지역규획, 샤먼경제특구확대규획을 발표했고 장강델타지역계획, 충칭양강신구계획, 신장자치구진흥규획, 네이멍구중장기발전계획등 권역경제 활성화를 위해 노력중이다.[71]

탈도시화 현상, 나 그만 벗어날래!

| **푸구**復古 | 요즘 중국엔 탈이념적인 복고주의retro 열풍이 불고 있다. 얼마 전 드라마에 사극 붐이 일어 〈삼국지〉 〈서유기〉 등이 큰 인기를 끌었고, 중국을 대표하는 배우 저우룬파와 저우쉰周迅이 주연한 영화 〈공자〉 〈금의위錦衣衛〉 등이 제작되면서 온통 사극물 천지라 해도 과언이 아닐 정도였다. 영화 덕택인지 최근 중국에 불고 있는 '공자 열풍'도 복고주의에 큰 몫을 하고 있다. 이 밖에도 도시생활에 지친 도시민들이 도시 외곽지역에 '스몰팜'을 만들어 주말농장을 운영하는 '농촌체험 열풍' 역시 도시를 벗어나고자 하는 현대인의 열망을 드러낸 탈도시화 현상의 대표적인 사례라고 할 수 있다. 이러한 복고주의 열풍의 원인으로는 개인화, 획

일화, 현대화된 도시생활에 염증을 느낀 중국인들이 과거로 회귀하고자 하는 본능을 드러낸 것으로 분석된다.

| **베이상광(베이징, 상하이, 광저우)에서 달아나다**逃離北上廣 | 중국의 바이링들이 외치기 시작한 "베이징, 상하이, 광저우에서 달아나자"는 구호는 이제 1선도시민들 사이에서 급속도로 확산되고 있다. 돈을 벌려는 목적으로 타지에서 온 노동자들은 경쟁이 덜 치열한 2·3선도시, 그것도 불가능하면 차라리 고향으로 귀향하길 원하고 있다. 중국 경제의 핵심인 대도시에서 달아나자는 중국인들의 외침은 그냥 흘려듣기에는 심각한 문제로 보인다. 대도시생활의 어려움은 비싼 방세, 취업 스트레스 등으로 나타났으며, 무엇보다도 대도시에 살아가면서 느끼는 심리적 압박이 가장 참기 힘든 점이라고 한다. 1선도시에 산다고 해서 무조건 행복하지만은 않다는 것이다. 지금 이 시점에서 중국이 더 큰 경제강국으로 성장하려면 베이상광, 즉 1선도시민들을 위한 정부의 특단의 대책이 필요해 보인다.

| **젠야제**減壓節 | 젠야는 직장인들의 스트레스 해소 모임을 말한다. 중국 사회의 변화속도는 상상을 초월할 정도로 빠르다. 이 변화에 대한 공포를 달래기 위한 그들만의 스트레스 해소 모임은 필수 불가결하다.

양극화 : 빈익빈 부익부, 격차의 심화

현재 중국이 고민하고 있는 가장 큰 사회문제는 빈부격차다. 상위 10%가 중국 자산의 80%를 보유하고 있다고 한다. 소득 분배의 불균형 수치인 지니계수는 보통 0.4가 넘으면 불평등 정도가 심각하다고 말하는데, 2010년 중국사회과학원의 조사결과에 따르면 중국은 지니계수가 0.5로 세계 2위를 기록할 정도로 심각한 상황이다. 결국 중국은 상위 10%와 하위 10%의 빈부격차가 매년 1.5%씩 더 벌어져 40배까지 늘어난 상태다. 이렇듯 수치로만 열거해도 중국의 양극화 현상이 심각하다는 것을 확인할 수 있다. 2015년이 되면 중국 부자의 수는 세계 1위, 사치품시장의 규모도 세계 1위가 될 것이라는 전망이 있다. 부자들은 그 어느 나라보다 빠르게 증가하고 있는 상태에서 서민들의 생활상은 그 어느 때보다 힘든 모습을 신조어를 통해서도 확인할 수 있다. 이런 정도라면 지금 중국의 부자들 중 누군가는 서민들을 향해 "밥이 없으면 고기를 먹으면 되지"라고 말하고 있을지도 모르겠다.

부자 중국, 가난한 중국인

| **핀얼다이**貧二代 | 가난한 환경 속에서 태어나 100위안짜리 지폐 열 장을 동시에 가져본 적이 없다는 의미로, 가난을 대물림한 젊은 세대들을 지칭하는 말이다. 핀얼다이는 개혁개방 30년 동안 부자 대열에 끼지 못했던 어려운 농민공(농촌에서 이주해 온 도시노동자)의 자녀들이 대부분이며, 이들은 부모로부터 물려받을 사회적 지위나 경제적 재산이 없기 때문에 스스로 생활을 개척해나가야 한다.[72]

유의어 → **푸얼다이**富二代 : 1980~90년대에 태어난 세대를 지칭하는 신조어로, 부모세대의 막대한 부를 물려받고 이미 학생 때부터 명품 차, 명품 옷 등만 사용하는 신세대를 의미한다. 푸얼다이들은 중국의 젊은이 중에서 극소수이지만 수천만 원을 들여 초호화 생일파티를 열고, 성적이 나빠도 돈으로 명문대에 입학하기 때문에 일반인들의 반감이 상당하다고 전해진다.

| **쿵구이쭈**恐歸族 | 명절에 고향에 돌아가는 것을 무서워하는 사람들을 뜻한다. 고향을 방문하는 것이 걱정과 부담으로 다가오면서 나타난 현상이다. 이러한 현상이 나타난 이유는 경제적 사정이 좋지 않아 이웃들을 만나는 것이 부끄럽거나, 결혼에 대한 스트레스를 받기 때문이다. 중국의 한 인터넷 조사에서 명절에 고향에 돌아가지 않는 이유를 물었더니, 조사대상의 44%가 "돈이 너무 많이 들어서"라고 답변했다고 한다.

관련어 → **춘제마마**春節媽媽 : 설에 아이를 돌보는 보모.

| **바이누**白奴 | 최근 인터넷상에서 '바이누의 비애' 시리즈가 눈길을 끌고 있다. 바이누는 화이트칼라로 근무하면서 더 좋은 집과 자동차 그리고 더 풍족한 생활을 영위하기 위해 노예처럼 예속된 직장생활을 한다는 의미의 신조어다. 화이트칼라로 활동하는 바링허우세대들의 경제적, 정신적 고통을 담아내 더욱 큰 관심이 쏟아지고 있다.

유의어 → **하이누**孩奴 : 아이들의 노예.

→ **팡누**房奴 : 집의 노예.

→ **처누**車奴 : 자동차의 노예.

→ **카누**卡奴 : 신용카드의 노예.

→ **정누**證奴 : 자격증의 노예.

→ **제누**節奴 : 명절의 노예.

→ **리누**禮奴 : 선물의 노예.

→ **훈누**婚奴 : 결혼의 노예.

눈앞의 현실로 다가온 부동산문제

| **자오낭궁위**胶囊公寓 | 캡슐 형태의 아파트처럼, 새로운 주거문화를 일컫

는 말이다. 직장을 구하지 못하고 떠돌아다니는 대학생들이나 방세를 절약하기 위해 함께 모여 사는 노동자들, 그리고 월수입이 낮은 노인들을 위해 생겨난 주거형태라고 한다. 이 캡슐아파트는 사람 한 명이 누우면 방이 꽉 찰 정도로 좁은 공간이며 중국의 양극화문제를 대표적으로 보여주는 사례라고 할 수 있다.

유의어 → **자오낭판관**胶囊飯館 : 자오낭판관은 상하이, 베이징 등의 대도시에 등장하고 있는 가로 1.1평방미터, 세로 2.2평방미터의 소규모 캡슐호텔을 말한다. 자신의 집이 없는 중국의 젊은 아르바이트족들이 주로 이용한다. 캡슐호텔 내부에는 특수 제작한 침대와 별도의 전원 플러그, 시계, 평면 벽걸이TV, 난방기구 및 에어컨 그리고 무선 광대역 네트워크가 비치돼 있어 더욱 인기를 끌고 있다.

| **워훈쭈**蝸婚族 | 중국 대도시의 높은 방세 때문에 부부가 이혼한 상태지만 여전히 함께 사는 상황을 의미한다. 부동산가격이 급격히 상승함에 따라 나타나게 된 현상이다. 부부가 더이상 함께 살 수 없어 이혼하고도 한집에 산다는 것은, 감정적 고통보다 경제적 고통이 훨씬 더 심각함을 여실히 보여주는 사례이다.

유의어 → **워쥐**蝸居 : 일전에 '워쥐蝸居'라는 제목의 드라마가 중국 전역에 방영되면서 많은 사랑을 받은 적이 있다. 워쥐 역시 앞서 설명한 '워훈'과 비슷한 의미로, 중국 대도시의 높은 방세 때문에 노동자 여러 명이 방을 하나만 빌려서 공동생활하는 것을 의미한다.

→ **난민쭈**難民族 : 대도시에 거주하면서 높은 월세로 인해, 방세를 못 내고 어쩔 수 없이 길거리로 내몰리는 사람들을 빗댄 신조어.

럭셔리 차이니스, 사치의 끝을 보여줘!

| **바이자**敗家 | 럭셔리에 '올인'한 중국 소비자들을 말한다. 럭셔리 소비에 광적인 행동을 보이는 소비층은 주로 젊은 여성들이다. 최근 이들은 오프라인에서뿐 아니라 온라인에서도 적극적인 소비성향을 보이고 있는데, 주로 후뎨왕hudie.com, 누런즈onlylady.com 등의 사이트를 이용한다. 바이자들을 위한 커뮤니티인 바이자쭈敗家族에서는 다양한 쇼핑정보를 제공하는데, 미국 할리우드 스타들의 '스트리트 패션' '럭셔리 쇼핑에 관한 세부적인 정보' '의상 팁' 등을 체계적으로 정리해놓았다. 명품을 구입하는 데 혈안이 된 중국인들의 수는 이미 세계 1위를 차지했으며, 앞으로 중국의 럭셔리 소비는 더욱 확대될 전망이다.

| **서치쭈**奢侈族 | 사치가 지나쳐 매울 정도라는 의미이다. 주로 바링허우 세대들에게 나타나는 소비행태로, 이들은 부모의 재력에 의존한 소비를 하기 때문에 돈에 대한 관념이 거의 없다. 돈을 직접 벌어본 적도, 모아본 적도 없으며, 오로지 써버리는 습관만 키워왔기에 상품의 가치에 대한 인식이 부족해 생기는 극단적 소비습관을 지칭한다. 이들은 하루에 10만 위안(1800만원)을 소비할 정도로 사치품 구매에 열광하며 주로 신용카드로 결제한다.[73]

| **딥 트래블**Deep Travel | 중국인들의 질적 생활수준이 향상되면서 여행에 대한 관념이 변화하고 있다. 과거에는 적은 돈으로 최대한 많은 곳을 다니는 점 찍기식 여행을 했다면, 최근에는 한 장소를 여행하더라도 깊고 풍부하게 음미하는 딥 트래블이 인기를 끌고 있다. 여유 있는 사람들의 여행방식으로 통한다.

| **메이드 포 차이나** Made for China | 중국은 그동안 '메이드 인 차이나'로 인식되는 세계의 공장 역할을 톡톡히 해왔다. 그러나 최근 들어 '메이드 포 차이나'라는 새로운 구도를 만들면서 또 한번 글로벌 기업들의 관심을 받고 있다. '메이드 포 차이나'란 '생산기지'가 아닌 '판매기지'로서의 새로운 전환을 말하며, 세계 기업에서 중국 시장만을 향한 상품 제작 움직임이 적극적으로 일어나고 있음을 단적으로 표현해주는 신조어다.

세대 : 중국도, 아프니까 청춘이다

한국 도서 『아프니까 청춘이다』가 중국어로 번역돼 아마존 차이나에서 2012년 연간 종합 베스트셀러 2위를 차지했다. 한국 청년들 못지않게 중국의 청춘 역시 아픔과 고뇌에 허덕이고 있다는 방증일 것이다. 이러한 현실은 신조어를 통해서도 확인된다. 대학을 졸업하고도, 혹은 해외에서 학위를 받아오고도 취업을 못해 학교 주변을 맴도는 청년실업자들, 취업시장이 너무 좁다보니 잠시 대학원으로 들어가 유예기간을 두겠다는 대학원 준비생들, 취업을 한다고 해도 치열한 경쟁과 퇴직이 두려워 아예 안정적 직장을 찾아나서는 공무원 준비족들, '취집'을 선택하는 젊은 여성들, 그리고 중국판 88만원 세대…… 지금 중국에서도 "아프니까 청춘"이라는 말이 현실로 나타나고 있다.

| **이쭈蟻族** | 일명 개미족. 중국판 '88만원 세대'를 말한다. 렌쓰廉思 베이징 대학교 법학과 부교수가 2년간의 심층조사 끝에 펴낸 서적에서 처음 사용한 용어이며, 높은 교육수준에도 불구하고 저임금 노동시장을 전전

하는 바링허우세대들을 지칭한다. 무리지어 거주하고 지능이 뛰어난 개미에 빗대어, 교육수준은 높지만 생활비와 방세가 싼 집을 찾아 도시 외곽에 집단 거주하는 젊은이들을 표현한 말이다.

유의어 → **펑차오쭈**蜂巢族 : 개미족의 업그레이드판 '벌집족'. 월급이 1000위안(18만원)가량인 바링허우세대로 구성되며, 한집에서 6~7명이 함께 거주한다.

| **카오완쭈**考碗族 | 공무원시험족을 말한다. 우리나라의 현실과도 비슷한데, 취업에 대한 스트레스 증대와 치열한 경쟁의 공포감이 확산되면서 나타났다. 중국에서도 좀더 안정적이고, 상대적으로 업무가 적은 직업인 공무원에 대한 선호가 증가하고 있는 것이다. 중국 젊은이들은 이제 톄판완鐵飯碗(철밥통의 평생직업)을 보장받길 원하고 무리수를 두어서라도 공무원시험에 합격하기 위해 시간을 투자한다. 그러다보니 적지 않은 시간 소요와 그로 인한 정신적 황폐함, 체력의 고갈로 힘든 나날을 보낸다. 외국 기업이나 중국 민영기업의 높은 연봉조건을 뿌리치고 단지 안정된 생활을 위해 공무원시험을 준비한다는 점에서, 중국의 인력 손실문제도 심각하다는 사실을 알 수 있다.

| **자완쭈**嫁碗族 | 안정된 결혼생활을 추구하는 젊은이들을 뜻하는 용어. 결혼을 통한 행복한 인생을 꿈꾸는 젊은이들에게 배우자의 선택기준이 외모, 집안, 학벌로 통하던 시대는 막을 내렸다. 중국의 변화속도에 걸맞게 현실의 변화에 빠르게 적응한 미혼여성들은 안정적인 직업을 갖춘 공무원을 단연 1등 신랑감으로 꼽는다. 공무원과 결혼해 평생 안정된 행복을 찾고자 하는 것이 요즘 바링허우들의 모습이다.

| **라이샤오쭈**賴校族 | 취업난으로 대학 졸업 후 구직에 실패하고 계속 학교에 남아 취업이나 진학을 준비하는 세태를 말한다. 더 나은 스펙을 쌓기 위해 동분서주하는 학생들이 늘면서 중국은 한국과 마찬가지로 외국어, 취업 관련 교육시장이 급격히 확대되고 있다.

동의어 → **샤오퍄오쭈**校漂族 : 일명 학교 표류족. 대학을 졸업했음에도 학교 도서관에서 공부하거나 비교적 값이 저렴한 구내식당 등을 이용하며 학교 주위에 맴돌고 있는 젊은이를 지칭하는 말이다. 졸업 후 사회라는 새로운 곳으로 발을 내딛지 못하고 학교를 표류하고 있다는 뜻으로 사용된다.

| **인훈쭈**隱婚族 | 기혼여성이라는 사회적 인식과 책임을 탈피하기 위해 회사에서 미혼인 것처럼 행동하는 사람들을 말한다. 법적으로는 엄연히 혼인을 한 상태지만 직장에서 겪는 차별대우가 싫어서 어쩔 수 없이 선택한 방법이다. 인훈쭈들은 자신들은 현실에 적응하기 위해 노력한 죄밖에 없으며, 정작 자신들을 이렇게 몰고 간 것은 '사회적 현실'이라고 주장한다.[74]

개성만점 바링허우의 다양한 세태

| **바링허우**80後 | 1980년대 이후 한 자녀 정책 실시로 태어난 외동아이들을 바링허우라고 한다. 이들의 현재 인구 규모는 약 2억 명에 달하며 앞으로 중국을 이끌 주역으로 평가되고 있다. 비교적 풍요로운 환경 속에서 성장해 소비에 관대하고, 자신의 개성과 의사를 분명히 표출한다. 또한 디지털과 패션을 이끄는 선두주자라는 분석도 있다. 그러나 이들의 모습을 찬찬히 살펴보면 한국의 20대 후반에서 30대 초반의 모습과 매우 흡사하다. 취업 스트레스를 안고 사는 구직자들, 안정적인 직장을 찾는

공무원족, 대학원 진학을 노리는 학생들, 유학을 다녀온 '하이구이海歸'들 등, 이들은 지금 사회·경제적으로 불안정한 구조 속에서 진로, 학업, 결혼에 관한 극심한 스트레스에 시달리고 있는 것이다.

유의어 ➡ **주링허우**90後 : 주링허우는 1990년 이후 출생자를 뜻하며 바링허우와 마찬가지로 한 자녀 정책의 수혜자로 자란 세대들이다. 2009년 중국 정부 발표에 의하면 18세 이하의 중국 10대가 거의 3억 6700만 명에 달하며, 2015년에는 5억 명 정도가 될 것이라고 한다.[75] 이들의 수적 규모만큼이나 잠재가치도 무한하며, 기성세대들과 전혀 다른 소비양식을 갖추었다는 점에서 더욱 주목된다. 태어나자마자 디지털세계를 접하면서 현대식 문물을 쉽게 받아들일 수 있었던 주링허우들은 '자본주의문화'와 '경쟁체제'에도 비교적 익숙하다.

| **웨광쭈**月光族 | 중국어로 '光'은 '바닥을 드러낸다'는 의미가 있다. '웨광쭈'란 '월급을 월말이면 모두 써버리는 중국의 신세대 젊은층'을 지칭하는 말이다. 이들은 한 번뿐인 삶을 소중히 보내자는 것뿐이라며 미래의 안정보다는 현재의 삶을 즐기는 게 더 중요하다고 말한다. 중국의 한 사회학자는 웨광쭈의 등장이 중국의 빠른 경제 성장에 따른 즉흥적 소비문화 형성 때문이라고 평가했다. 또한 어려서부터 소황제로 자라왔던 그들은 부모세대로부터 아낌없는 지원을 받는 유일한 수혜자였고, 이런 과정 속에서 자연스럽게 체화된 소비가치가 극단적으로 나타난다고 할 수 있다.

| **싼에이쭈**3A族 | 3A는 사랑, 가정, 성공을 의미하고 싼에이쭈는 이 세 가지를 추구하며 사는 사람들을 말한다. 1970~85년도 사이에 출생한 사람들로 구성되며, 이들은 자신의 목적을 달성하기 위해서 끊임없이 노력하는 사람들로 미래에 대한 꿈과 희망에 가득차 있다. 높은 물가에 상대

적으로 낮은 소득수준 때문에 집, 자동차, 취업, 그리고 자식교육 등의 현실을 감당해야 하는 아픔도 갖고 있지만 자신들의 총명한 두뇌와 강한 의지력을 바탕으로 열심히 노력하며 살아간다. 이들이 웨광쭈, 이쭈와 차이가 있다면 주어진 환경 속에서 최소한의 행복을 꿈꾸며 가족 간의 고락을 함께 나누는 '성실한 사람들'이라는 점이다.

| **하이구이쭈**海歸族 | 외국으로 공부하러 갔던 중국인들이 석사, 박사 혹은 학사를 마친 후 취업을 위해 중국에 돌아오는 현상이 급속도로 증가하고 있다. 하이구이쭈들은 해외 학위자들로 결성된 단체조직이며, 중국 경제에서 이들이 차지하는 비중이 점차 커지고 있다. 해외유학 1세대였던 하이구이쭈들은 자부심이 상당하다고 전해지나, 최근의 하이구이쭈들은 구직난 속에 좋은 학위를 받고 왔음에도 불구하고 취업을 하지 못해 애를 태운다.

| **컨라오쭈**啃老族 | 대학을 졸업한 후에도 사회에 나가지 못하고 부모에게 기대 생활하는 이들을 가리켜 컨라오쭈라고 부른다. 이들은 취업 자체가 어렵기도 하거니와 취업할 생각조차 없는 경우가 대부분이며, 부모의 경제적 능력에 대한 혜택을 당연시 여기는 경향이 있다. 어릴 적부터 애지중지 키우기만 할 뿐, 그들이 독립적이고 주체적인 생활을 하도록 교육시키지 않았던 부모세대에게도 책임이 있다는 목소리가 커지고 있다.

| **인공유산절**人工流産節 | '인공유산절'이라는 말은 중국에서 긴 연휴기간 동안 낙태를 일삼는 젊은이들이 증가하면서 나오게 된 신조어다. 또한 국경일이 인공유산절로 변해버렸다는 뜻으로 확산되기 시작했다. 중국

은 유교문화를 기반으로 삼고 있어 성문화도 보수적일 것 같다고 생각할 수 있겠지만, 개혁개방으로 인해 젊은 세대들의 성문화는 상당히 개방적인 편이다. 특히 이런 문화는 바링허우에게서 더욱 심각하게 나타나는데, 매체의 영향을 받기도 했지만 사회주의라는 철저한 통제시스템에 반항하려는 의도도 엿보인다. 결국 남녀 간의 혼전 성관계문화가 보편적으로 인식되면서, 그에 따른 부작용으로 긴 연휴를 활용해 낙태를 일삼는 비극적인 사태가 벌어진 것이다.[76]

바링허우들의 특별한 결혼관습

| **스훈**試婚 | 스훈은 혼인을 시험한다는 뜻의 한자어에서 유래한 것으로, 최근 젊은이들이 결혼을 전제로 동거하는 현상을 뜻한다. 단순한 동거가 아니기 때문에 두 사람은 반드시 필요한 조건을 갖춰야 한다. 그중 첫번째는 법률상으로 이들이 '독신'이라는 것이 확인돼야 하며, 두번째는 머지않아 함께 결혼식장에 들어가야 한다는 것이다.

| **산훈**閃婚 | '초스피드 결혼'을 뜻한다. 중국 젊은이들이 결혼을 너무 쉽게 생각하는 성향을 그대로 나타낸 단어다. 혼인을 마치 게임처럼 생각해 즐거우면 등록하고, 만약 즐겁지 않으면 삭제하고 떠나버리면 그만이라고 여기는 세태를 반영하고 있다. 한 보도에 따르면 다섯 시간 만에 전화통화로 혼인을 결정하고 4일 만에 이혼을 결정한 경우도 있었다고 한다. 머지않아 뉴스를 통해 아침에 결혼하고 저녁에 이혼했다는 소식도 전해들을지 모르겠다.

반의어 ➔ **산리**閃離 : 초스피드 이혼을 뜻하는 말.

| **뤄훈**裸婚 | 집과 차는 물론 제대로 된 결혼식과 결혼반지조차 준비하지 않고 부부의 인연을 맺는 것을 말하는 신조어다. 이들은 결혼에 필요한 여러 가지 것들 중 아무것도 준비하지 않은 채 법률상 혼인신고 절차만 밟는다. 돈이 없어도 아름답게 시작할 수 있다는 긍정적인 모습을 보여주는 반면에, 대책 없이 결혼한 뒤 오히려 주변 사람들에게 폐를 끼치는 부작용도 우려된다.

| **지훈쭈**急婚族 | 졸업 이후 취업이 어렵게 되자 취업 대신 결혼을 택하는 여성을 말한다. 한국의 '취집'과 비슷한 용어다.

문화 : 내 멋대로 사는 것이 가장 멋지다는 사람들

최근 중국 경제가 질적 성장을 하면서 국민도 질적 가치를 추구하는 모습이 돋보인다. 과거의 미덕이 무조건 아끼고 가족을 위한 희생을 감내하는 것이었다면, 최근 중국인들은 쓸 때는 쓰고 모을 때는 모으며, 무조건 희생하기보다는 나 자신을 위한 인생을 즐기자는 풍조가 확산되고 있다. '즐기는 인생'이 사회적 모토로 자리잡으면서 대부분의 사람들은 현실 속 즐거움에 대한 가치에 새롭게 눈뜨고 그것을 실천하는 모습이다. 즐기는 인생은 특히 젊은층 사이에서 급속히 퍼지고 있다. 이들은 새로운 취미생활을 통해 이를 표현하기도 하는데 그중 대표적인 것이 스타에 대한 사랑이다.

인생은 즐기는 것

| **워싱워쑤주스쿠** 我行我素就是酷 | 중국인들의 생활수준이 향상되면서 젊은이들 사이에서 '인생은 자기 생각대로 사는 것이 가장 쿨하다'는 모토가 인기를 끌고 있다. 베이징, 상하이와 같은 대도시의 대학생들 대부분은 '가장 멋진 인생이 무엇인가'라는 질문에 '독립, 자유, 창조'라고 대답했다고 한다.[77] 대표적으로 바링허우들은 기성세대들과는 다르게 성장과정부터 많은 자유와 소비가 허용된 집단이다. 따라서 이들은 자유롭게 사고하고 그 사고에 책임지는 자세로 자신의 인생을 즐기며, 삶을 행복하게 영위해나가기를 간절히 바란다. '인생을 즐긴다'는 태도부터가 악착같이 살아온 기성세대들에게 반감을 불러일으키지만 이들은 그 어떤 세대들보다 '속도'에 민감하고 '적응'에 탁월하다는 평가를 받고 있다.

| **퍄오이쭈** 漂一族 | 떠도는 젊은이들이라는 신조어다. 최근 중국은 마이카 시대가 열리면서 자가용에 대한 인식이 달라지고 있다. 특히 인생을 즐기자는 가치를 지향한다는 젊은이들이 아예 '바퀴 위에서 생활한다'는 논란이 쏟아질 정도로 자가용에 대한 수요가 높다. 이미 자가용시장의 많은 부분을 젊은 소비자들이 차지하고 있으며 특별한 소득이 없는 대학생들도 상당수 포함된다. 중국 대학생들 사이에서는 '자가용은 더이상 사치품이 아니라 이동과 생활의 편의를 제공하고 인생을 즐길 수 있도록 도와주는 필수품'이라는 인식이 팽배하다.[78]

| **푸옹** 負翁 | '넉넉한 늙은이'라는 '푸옹富翁'과 발음은 같지만 '부채負債'를 뜻하는 '負(푸)'를 써 '빚을 가진 늙은이'라는 뜻으로 풍자해 사용한다. 늙은이라는 한자가 쓰이긴 했지만 역설적이게도 요즘 대도시에서 일하는

젊은 화이트칼라들의 무분별한 과소비행태를 빗대어 표현한 유행어다. 중국의 젊은 도시민들이 상대적으로 임금이 적음에도 불구하고, 명품 소비를 즐기고 할부로 외제차를 몰고 다니며 밥값보다도 비싼 커피를 즐겨 마시는 행태를 말한다.[79] 이들이 무리한 소비를 하는 원인으로는 일과 생활의 스트레스와 사회적 책임감에 대한 부담감을 꼽을 수 있다. 과도한 소비를 하면서 일시적인 희열을 느끼고, 또 이런 행동이 남들의 이목을 끌기 때문에 일종의 스트레스 해소방법으로 선택한 것이다.

반의어 → **뤄쥐안裸捐** : 평생을 모아온 전 재산 중 최소한의 생활비만 남긴 채 자신 혹은 부인의 명의로 기부하는 형태를 말한다. 인생을 즐기는 방법으로 푸옹과 같이 자신의 재산을 방탕하게 사용하는 사람들이 있는가 하면, 기부를 통해 다른 의미의 즐거움을 추구하는 사람들도 있는 것이다.

| **라테쭈牛奶咖啡族** | 카페라테처럼 부드러운 인생을 사는 중국 젊은이들을 말한다. 이들은 부유한 부모 밑에서 특별한 혜택을 받고 자란 세대로, 절박함을 추구하기보다는 적당한 선에서 인생의 단맛과 여유를 즐기고자 하는 특성이 있다. 따라서 치열하게 일하기보다는 중립을 지키고 인생의 즐거움을 위해 인맥을 관리하며 유유자적 살아가는 젊은이들이다. 카페라테는 그들을 아주 잘 표현한 '별칭'으로 보인다.[80]

스타는 나의 힘!

| **톄간주이싱쭈鐵杆追星族** | 청소년의 개성과 자유분방함을 표현하는 대표적인 방식 중 하나가 스타에 대한 사랑이다. 중국에서는 스타를 사랑하는 이들을 톄간주이싱쭈라고 부른다. 중국의 '팬클럽'은 무서울 정도로 그 열기가 대단하다. 자신이 좋아하는 스타를 위해서라면 시간과 돈 따

위는 중요치 않다. 심지어 이들은 스타들의 세밀한 공연일정표, 스케줄표를 자체적으로 제작해 다른 이들에게 판매하기도 하고, 파파라치를 통해 얻은 사진들을 고가로 언론에 넘기기도 한다. 그뿐만이 아니다. 자신들이 노력 끝에 받은 사인이나 연예인의 사진이 담긴 옷, 모자, 앨범 등을 제작하여 대량판매하며 단순한 '팬클럽' 수준을 뛰어넘어 '사업가'로서 적극적인 활동을 벌이기도 한다.

| **하한쭈** 哈韓族 | 중국에서 한류를 사랑하는 사람들을 하한쭈라고 부른다. 이들의 한류사랑은 세계적으로도 이미 정평이 나 있다. 한국 가요는 기본이고 한국 드라마의 경우 중국판으로 방송되기 전부터 실시간으로 즐겨보는 이들이 상당히 많다고 한다. 한국 드라마와 영화를 이해하기 위해 시작한 '한국어 공부'의 열기는 식을 줄 모르고, 한국의 대형스타를 직접 만나기 위해 한국을 찾는 한류관광객들의 숫자는 연일 치솟고 있다. 하한쭈들은 한국의 패션, 음식, 문화 할 것 없이 모든 것을 선망하고 따라 하길 원하며, 한국적인 것이 아름답고 세련된 것이라는 인식이 팽배하다. 또한 스케일도 남다르다. 최근에는 한류스타 '박시후 열풍'이 중국 전역에 불면서 팬끼리 성금을 모아 '박시후 도서관'을 세우기도 했다. 이처럼 한류에 대한 중국인들의 사랑은 단순한 문화적 행위를 뛰어넘어 한국의 이미지를 제고하는 데 기여할 수 있을 것으로 기대된다.

| **차오건스타** 草根明星 | 차오건스타는 평범한 사람이 연예인이 되는 것을 말하는 신조어다. 영어로는 'grass roots'로 직역하면 '풀의 뿌리'가 된다. 그 의미를 살펴보면 주류, 엘리트문화, 엘리트 클래스와 대조적으로 상대적인 소외계층을 일컬으며 이들은 높은 학력이나 스펙 혹은 집안 배경

도 없는 아주 평범한 사람들이다. 이들이 최근에 주목받기 시작하면서 일반인들의 파워 블로그인 차오건블로그草根名博, 평범한 사람이 연예인이 되는 차오건스타가 큰 인기를 끌고 있다.

사상 : 중국의, 중국에 의한, 중국을 위한

한 중국 청년작가가 한 말이 인터넷에 떠돌며 큰 주목을 받았다. "세상을 움직이는 원리는 두 가지인데 하나는 글로벌 스탠더드이고 다른 하나는 차이나 스탠더드이다." 중화사상에 대한 자부심을 거침없이 표현한 말이다. '중화'는 중국인을 표현하는 대표적인 개념이다. 신조어에도 반영된 것처럼 '세상의 중심이 중국'이라는 사상은 소비에도 큰 영향을 미치고 있는 것으로 보인다. 이 밖에도 중국인의 독특한 문화적 습관 중 '관시'는 아직까지도 중국인들의 삶에 절대적 영향을 미치고 있음을 확인할 수 있다. 중국의 '법치法治'가 확고히 자리잡지 않는 한 관시와 관련된 신조어는 앞으로도 계속 등장할 것으로 보인다.

관시에 죽고, 관시에 살고

| **관시**關係**카드** | 사회적 성공의 요소에는 여러 가지가 있겠지만 최근 가장 중요하게 다루는 덕목은 '인간관계'이다. 영어로는 'human relationship'이라고 부르고 우리말로는 '인맥'이라는 용어를 주로 사용하는데 중국어로는 이것을 바로 '관시'라고 칭한다. 관시는 거의 절대권력과도 동일한 개념인데, 중국인들은 어떤 일을 처리하고자 할 때 가장 먼저 그 방면의 '아는 사람'부터 찾곤 한다. 따라서 관시를 확실히 구축

한 사람은 일평생을 순조롭게 보내고 그렇지 못한 사람은 평생 동안 부당한 대우에 고생하며 살아간다는 인식이 있다. 이는 중국 사회에 아직까지 분명하게 확립된 법체계가 없고 공무원들도 절대적 기준보다는 상황에 따라 일처리를 해주는 경우가 비일비재하기 때문에 나타난 결과로 보인다. 따라서 '관시카드'는 중국 사회에서 '신용카드'의 VVIP보다 높은 등급으로 표현되며 자신이 네트워크 구성원 속에서 얼마나 존재가치가 있는 사람인지를 확인하는 수단이라고도 볼 수 있다. 체면과 관계를 중요시하는 중국인들에게 관시는 중국인이라면 유지해나가야 할 숙명처럼 여겨진다.

| **핀커** 拼客 | 의향이 같은 사람끼리 짝을 지어 특정 행동을 하는 것을 말하는 신조어다. 만약 누군가가 인터넷상으로 "나랑 핀拼하자(나랑 끝까지 가보자)"라고 말한다면 이는 '나랑 한판 붙어보자'는 의미가 아니다. 그의 속뜻은 '나와 필요한 행동을 함께 해보자'라는 것이다. 핀은 중국 사회에서 중요시하는 '인맥 쌓기'의 과정이며 현대판 교제방법이라는 인식 속에 많은 사람들의 관심을 받고 있다.

유의어 ➡ **핀줘녠예판** 拼桌年夜飯 : 제야 때 서로 알지 못하는 사람들끼리 함께 모여 저녁 식사를 하는 것을 말한다. 주로 외지생활을 하면서 명절기간에도 근무하는 젊은이들 사이에서 인기를 끌고 있다.

| **여론소비** 輿論消費 | 중국에서 가장 효과적인 마케팅방법은 '구전마케팅'이다. 난무하는 짝퉁들과 가짜 제품 덕에 '불신'이 어느덧 사회적 코드로 자리잡았기 때문이다. 또한 호프슈테더Hofstede의 문화지수에 따르면 중국인의 '개성지수'는 다른 국가에 비해 현격히 낮으며, 중국인들은 단체

로 행동하고 획일화된 소비를 하길 원한다고 한다. 이는 오랫동안 축적된 사회주의의 의식 속에서 남보다 튀지 않고 남들과 비슷한 생활을 추구하는 성향이 자연스레 생겨난 결과로 보인다. 따라서 중국 시장에서는 '많은 사람들이 사니까 나도 당연히 사야지' 하는 식의 여론소비 현상이 사회적 풍조로 퍼져 있다.

글로벌 스탠더드? 차이나 스탠더드!

| **게이리** 給力 | '최고, 으뜸, 제일'이라는 의미. 직역하면 '게이리'는 준다는 의미의 '給(급)'과 힘이라는 뜻의 '力(역)'이 만나 '힘을 주다'라는 뜻을 지닌 단어다. 예부터 자신들의 것이 최고라고 생각하는 중화사상이 중국 사회의 근간을 만들었기 때문에, 이 용어는 중국인들에게는 매우 자연스럽게 들린다. 게이리는 중국의 북방지역 언어로, '최고다' '대단하다'는 뜻으로 쓰이며 'geliable'이라는 새로운 영문 용어로도 사용한다고 한다.

| **Red Army Version XXX** | 인터넷상에 떠돌고 있는 '포커페이스로 노래하는 홍위병' 동영상을 말한다. 홍위병은 잘 알려져 있듯이 중국 문화대혁명의 동력이 됐던 학생조직이다. 영어로는 'red army'라고도 부른다. 최근 무표정한 모습의 홍위병이 나온 필름을 편집해 인기 팝가수 레이디 가가, 마이클 잭슨 등의 음악과 함께 재탄생시킨 동영상이 인터넷상에서 큰 관심을 받고 있다. 딱딱한 홍위병의 이미지와 팝음악의 만남이 신선한 재미로 다가온 것이다. 이처럼 요즘 중국 젊은이들은 애국심을 상징하던 홍위병조차도 유머와 위트를 가미해 친근하게 표현한다. 중국적인 것을 더욱 친근하게 여기는 중국 젊은이들의 이러한 모습은 '중화'에 대한 또다른 표현이 아닐까 하는 해석도 가능하다.[81]

| **궈훠쿵 國貨控** | '국산품國貨을 장악控하다'라는 의미의 신조어. 외국 제품이라면 특별한 선호사상을 가지고 있던 중국인들의 화장대에 최근 특이한 현상이 나타나고 있다. 화장품시장에서 중국산 브랜드의 화장품이 선풍적인 인기몰이를 하고 있는 것이다. 고가의 유명 외국산 화장품도 중국 시장에서 좋은 반응을 얻고 있지만, 최근 대도시 거주자들의 국산품 애용이 잇따르면서 나타난 현상으로 보인다. 소비자들은 이제 중국산 제품의 놀라운 품질 향상을 인정하기 시작했고, 이러한 움직임은 화장품뿐만이 아니라 다른 소비품목에 전방위로 확대될 것으로 보인다.

| **다궈줴치 大國崛起** | 강대국으로 부상하는 중국의 모습을 다큐멘터리 형식으로 만든 〈강대국의 흥기〉라는 프로그램의 이름을 말한다. 얼마 전이 프로그램이 방영되고 나서 중국인들 사이에서는 '다궈줴치'라는 구호가 유행하게 됐다. 사실 중국인들의 마음속에는 '중국이 세상의 중심'이라는 인식이 중국의 역사만큼이나 길게 자리잡고 있다. 그렇다보니 이 프로그램이 중국인들의 중화사상에 불을 지핀 것이다. 시청자들의 뜨거운 반응에 힘입어 이 프로그램은 중국 전역에 수차례 재방송됐다.

환경 : 중국 강산도, 푸르게 푸르게

중국은 최근 인류의 생존을 위협하는 환경오염의 심각성을 인지하며 국가 정책기조를 그린화하고 있는 추세다. 도시환경을 개선하기 위해 녹색건축 프로젝트를 전개하는가 하면, '그린루프green roof'라는 도시녹화 정책을 발표하기도 했다. 대다수의 소비자들도 녹색소비에 관심을 갖고 있으며 녹색 인증된 상품과 서비스에는 추가비용이 들더라도 기꺼이 금액을 지불하겠다는 의사를 밝히기도 했다. 이러한 국가 정책은 신조어를 통해 소비자들의 삶 속에서도 확인할 수 있다. 저탄소족들이 탄생할 만큼 친환경 라이프스타일을 즐기는 저탄소운동에서는 '의식 있는 소비자'의 풍모도 보인다. 이제 친환경, 그린, 에코 라이프는 중국의 생존문제다. 앞으로도 친환경 소비의 흐름은 지속적으로 유지될 것이다.

높아져가는 중국의 환경의식

| **디탄쭈** 低炭族 | 환경에 대한 중국인들의 관심으로 등장한 '저탄소족'을 의미하는 신조어다. 저탄소 생활은 환경보호의 첫 시작이며 중국인들이 실천해야 할 중요한 덕목이다. 따라서 이들은 주변의 자원들을 본능적으로 절약하는 태도로 자신의 생활을 주체적으로 단속하며 저탄소 생활습관을 실천하고 있다. 예를 들어 엘리베이터 대신에 계단을 이용하고, 자가용 대신에 자전거를 타며, 에어컨 바람은 아래쪽을 향하게 두고, 세탁기의 탈수시간을 최소화시키는 등 다양한 양상을 보이고 있다. 러훠쭈樂活族와도 공통의 맥락을 가지고 있어 이들은 가히 '친환경 라이프스타일'의 진면모를 보여주는 소비자들이라고 할 수 있다.

| **러훠쭈** 樂活族 | 한국에서는 이들을 로하스족이라고 부른다. 중국 소비자들도 이제 소비할 때 환경에 대한 고려를 잊지 않는 것으로 나타났다. 소비가치에서 '웰빙'을 고려하되 '환경'까지 생각해야 한다는 선진국형 사고에 동참하게 된 것이다. 중국의 국가 정책기조인 질적 성장을 위한 첫걸음은 환경에 대한 새로운 인식에서 시작된다. 그런 점에서 이를 실천하고자 하는 중국인들이 크게 늘었다는 사실은 긍정적인 결과를 예상케

한다. 중국 소비자들은 실질소득이 증가하면서 양보다는 질을 추구하게 됐고 가격이 조금 비싸더라도 환경을 고려한 제품에 관심을 가지게 됐다.

관련어 ➞ **루쎄** 綠色 : 무공해, 친환경을 뜻한다.

　　　➞ **환바오** 環保 : 환경보호, 에너지 절약을 뜻한다.

　　　➞ **톈란** 天然 : 가공되지 않아 인체에 무해함을 뜻한다.

저탄소 소비습관, 그들이 달라졌다!

| **녹색소비** 綠色消費 | 최근 중국에서는 녹색소비의 일환으로 유기농 의류를 선호하는 사람들이 크게 증가했다. 우리가 주로 착용하는 면제품은 가공을 거친 상품 형태이기 때문에 천연과는 거리가 멀 뿐만 아니라, 제조과정시 환경생태에도 해를 끼친다. 따라서 중국인들은 저탄소 소비라는 시대적인 요구에 따라 유기농 면화솜을 애용하기 시작했고 이러한 의류 소비가 하나의 트렌드로 자리잡고 있다.

| **저탄소 청첩장** 低炭邀請費 | 저탄소 웨딩은 중국 젊은이들을 중심으로 크게 환호받고 있는 추세다. 그중에서도 손쉽게 실천할 수 있는 이메일 청첩장의 활용은 바링허우들에게 선풍적인 인기를 끌고 있다. 이메일 청첩장은 편리할 뿐 아니라, 비용도 절약할 수 있고 자신의 개성을 표현해 제작할 수 있다는 장점을 가지고 있다. 또한 자신의 블로그나 QQ에 영구적으로 저장할 수 있기 때문에 더욱 환영받고 있다.

도시에도 '그린 옷'을 입히자

| **도시녹화** 城市綠化 | 중국은 '도시녹화'라고 불리는 그린루프 운동을 본격적으로 시작했다. 코트라는 중국을 포함한 전 세계 평균 도시인구 비율

이 현재 50% 내외에서 2030년쯤 60%선으로 늘어날 것으로 보고했다. 따라서 교통인프라 건설을 위한 프로젝트도 확충될 것이며 도시인구가 많아지고 복잡해질수록 도시환경 개선을 향한 움직임도 더욱 커질 것이다. 정부의 핵심사업도 '도시와 자연의 조화'인 만큼 도시를 녹화하고 녹색건축을 추진하기 위한 계획은 더욱 구체적으로 진행될 전망이다.

| **그린비즈니스**green business | 전국인민대표대회에서 발표한 12차 5개년 규획에 친환경 관련 정책들이 대거 포함돼 세계인을 주목시킨 바 있다. 중국 경제도 질적 성장을 꿈꾸는 녹색성장의 시대로 발돋움하고 있다는 증거이기에, 그린비즈니스는 향후 중국 도시사업의 주요 모토가 될 것으로 보인다. 그린비즈니스는 친환경 녹색사업과 관련된 모든 분야의 사업을 총칭하며, 환경, 에너지, 교통, 통신 분야 등 그린산업에 대한 큰 수요가 있을 것으로 전망된다.

인터넷&IT : 온라인 차이나의 도래

중국의 인터넷시장은 현재 폭풍성장의 가도를 달리고 있다. 매킨지의 보고에 따르면 인터넷 사용자는 이미 5억 명을 초과했고, 2015년이면 7억 5000만 명에 이를 것으로 전망된다. 또한 디지털 소비자의 3분의 1 이상이 평균 1년에 한 번씩 모바일기기를 교체하고 있으며, 인터넷 사용시간은 일주일에 약 서른네 시간, 인스턴트 메시지instant message 사용시간은 일주일에 네 시간이라고 한다.[82]

이제 디지털매체는 중국인들에게 친숙한 존재다. 요즘 중국인들은 온라인상에서의 관계 맺기, 쇼핑 등으로, 인터넷을 생활 속에 적극적으로 활용하고 있고, 이런 현상을 나타내는 신조어들이 대거 등장하고 있다. 최근 중동과 아프리카 국가들을 중심으로 인터넷을 통한 정치 개혁의 피 바람이 불고 있는데, 중국은 정부 당국에서 인터넷을 관리·감독하고 있 긴 하지만 근래의 인터넷 열풍을 보면 중국의 민주화 바람이 온라인을 통해 불어닥칠 날도 멀지 않은 듯하다.

가상세계에서 관계를 맺는 사람들

| **사이커쭈**曬客族 | '인터넷 커뮤니티 사이트에서 자신을 알리는 사람들'이 라는 의미의 신조어. 요즘 중국의 젊은 세대들은 기성세대와 달리 자신을 알리고 표현하는 일에 익숙하다. 스스로에 대한 자신감에 차 있어 인터넷 을 통해 자신을 적극적으로 드러내고자 하는 성향도 강하다. 현실에서 채 워지지 않는 허전함을 가상세계를 통해 극복하려는 양상으로도 해석 가 능하다. 현실에 지친 젊은이들이 인터넷을 통해 자신을 표현하고 남들에 게 주목받음으로써 느끼는 만족감이 삶의 활력소가 되고 있는 것이다.

| **쮀웨쯔**坐月子 **관계 맺기** | '쮀웨쯔'는 한국말로 산후조리기간 정도로 해 석되며, 말 그대로 임신 전의 몸상태로 돌아가는 기간을 뜻한다. 보통 3~6개월 동안 외출을 자제하고 몸조리를 해야 회복되기 때문에, 육아와 더불어 따분하고 지루한 일상을 보내기 마련이다. 이에 중국 산모들 사이 에서 온라인상의 관계 맺기가 유행이다. 리바왕Liba.com 같은 사이트를 통해 같은 지역에 사는 산모들끼리 만나거나 공동구매를 하고 정보를 공 유하며 원활한 소통의 장을 마련하고 있다. 산모들만이 공감할 수 있는 주제를 이야기하면서 서로의 아픔을 이해하고 격려하며 육아의 어려움을

견디기도 한다. 산모들의 관계 맺기는 QQ나 MSN을 통해서도 이루어지며 '산모 관계 맺기 전문 사이트'도 기하급수적으로 증가하고 있다.[83]

5억 6000만을 육박하는 인터넷 사용자들

| **엔쭈** 円族 | '엔円'의 본래 뜻은 '훠비貨幣', 즉 돈을 의미하지만, 엔쭈는 엔의 글자 모양이 마우스와 비슷하다는 데 착안해 만든 단어로 인터넷 쇼핑을 광적으로 즐기는 사람들을 일컫는다. 이들은 하루에 무려 여덟 시간을 투자해 마음에 드는 상품을 찾기도 하는데, 이를 조금도 아까워하지 않는다. '인터넷 쇼핑의 즐거움에는 끝이 없다'는 것이 그들의 생각이다.

| **뤄보** 裸博 | 선정적인 나체 사진이나 동영상을 유포하는 네티즌들을 가리킨다. 이들은 주로 블로그에 성인물들을 게재하는데 그 블로그에 '뤄보'라는 낙인을 찍는다고 한다. 인터넷 강대국으로서의 중국이 지니는 부정적 단면을 시사하는 현상이라고도 볼 수 있다.

| **사이유** 曬友 | 직장인들은 자신의 임금에 민감한 만큼 각 기업의 임금수준에도 관심이 많다. 이런 궁금증을 해소해주기 위해 등장한 사람들을 사이유라고 부르는데, 기업의 연봉을 인터넷에 공개하는 사람들을 지칭한다.

| **파이커** 拍客 | '사진 찍는 손님'이라는 뜻. 취미로 사진 촬영을 하는 사람, 스스로 찍은 사진과 UCC 동영상을 인터넷에 올리는 것을 즐기는 사람을 모두 포괄하는 단어다. '파파라치'의 의미도 담고 있는데, 파이커들은 비상식적인 행동을 하는 사람들, 예를 들어 거리에 침을 뱉거나 교통질서를 위반하는 사람들의 사진과 동영상을 찍어 인터넷에 공개하기도 한다.

0부. 세계의 '생산공장'에서 세계의 '소비시장'으로

1   중국경제정보분석·김태일, 『차이나 이펙트』, 이담북스, 2010.
2   '2011년 중국 경제 8대 이슈', LG경제연구원, 2010.
3   『Chindia Journal』, 포스코경영연구소, 2010. 10.
4   'The keys to the kingdom : Unlocking China's consumer power', Boston Con-
    sulting Group, 2010.

1부. 중국 소비자는 무엇에 열광하는가

1   'A New Way of Looking at the Chinese Consumer', Goldman Sachs, 2012. 2. 8.
2   Morris B. Holbrook, 「Consumption experience, customer value, and subjective
    personal introspection : An illustrative photographic essay」, 『Journal of Business
    Research』 59호, 2006, pp.714~725.
3   김선우, 「소비문화의 차원화와 국제 비교 : 서울, 뉴욕, 스톡홀름의 소비자를 대상으로」,
    서울대학교 박사학위논문, 2007.

1 '중국 진출 기업에 공포의 저승사자는?', 조선일보, 2013. 3. 24.
2 「2012 중국 사회·경제적 변화와 소비트렌드」, 한국디자인진흥원, 2012.
3 '당심 vs 넷심, 두 개의 여론…… 시진핑 '중국 꿈' 길은 어디에', 중앙일보, 2013. 4. 29.
4 아이리서치컨설팅(艾瑞咨詢) / 중국 국가통계국(國家統計局).
5 '중국인의 인간관과 사고방식', 독서신문, 2010. 4. 20.
6 '중국서 유행처럼 번지는 '나 자살 안 해' 서약서', 뉴시스, 2013. 5. 13.
7 강지영, 『미식가의 도서관』, 21세기북스, 2013.
8 '저가 마사지? 中 발 만진 돈으로 주식 상장 넘본다', 두두차이나, 2012. 11. 9.
9 '신세대 직장인들, 직장 수시로 바꾸는 이유는?', 인사이드차이나, 2012. 12. 2.
10 '16억이 뽑은 최고의 화장품브랜드는?', 두두차이나, 2012. 7. 9.
11 '올해 13억 중국인이 열광한 히트상품은?', 인사이드차이나, 2011. 11. 24.
12 심영, 「중국 대도시 소비자의 로하스성향에 관한 연구 : 상하이, 베이징, 청두, 칭다오를 중심으로」, 서울대학교 석사학위논문, 2012.
13 '스타벅스, 더 현지화된 전략으로 中 시장 공략', 인사이드차이나, 2012. 11. 27.
14 'China's unsafe water is Nestlé's opportunity', 『Business Week』, 2013. 1. 24.
15 최상진 외, 「체면의 심리적 구조」, 『한국사회및성격심리학회지』 14권, 한국심리학회, 2000.
16 장행복, 『중국 비즈니스 문화』, 신성출판사, 2007.
17 김영호, 『중국, 차이를 알면 열린다』, 가디언, 2011.
18 김영호, 같은 책.
19 http://blog.daum.net/qnrrud23/7421132
20 '체면을 활용하라', 아이엠리치, 2010. 6. 9.
21 '중국인의 체면쇼핑을 잡아라', 머니투데이, 2010. 7. 28.
22 '체면파 북경·개성파 상해…… 가격보다 브랜드·성능 중시', 조선일보, 2012. 2. 3.
23 '중국에서 가장 유명한 술, 담배는', 중앙SUNDAY, 2008. 12. 9.
24 장행복, 같은 책.
25 '중국 설에도 세뱃돈 '홍바오' 스트레스', 연합뉴스, 2012. 1. 31.
26 '화 참는 중국인, 화내는 한국인', 중앙SUNDAY, 2011. 10. 9.
27 '中 신뢰의 위기…… 사람을 못 믿겠다', 아주경제, 2011. 10. 19.
28 배영준 외, 『차이나 트렌드』, 토네이도, 2008.
29 '염증 환자에 암 선고…… 中 오진사례 잇달아', 연합뉴스, 2011. 12. 2.
30 오일만, 『세계의 운명을 바꿀 중국의 10년』, 나남, 2011.
31 '中 '언론자유 뿌리뽑기' 공산당이 웨이보 직접 관리', 노컷뉴스, 2012. 2. 6.
32 박근형, 『중국 읽어주는 남자』, 명진출판, 2010.
33 박근형, 같은 책.

34 정호진, 『중국 세계의 중심에 서다』, 종문화사, 2010.

35 배영준 외, 같은 책.

36 '중 짝퉁 '안 되는 게 어딨어…… 세계문화유산도 척척', 아주경제, 2011. 6. 20.

37 '中 스티브 잡스 자서전 '짝퉁판' 범람', 아주경제, 2011. 10. 26.

38 '中 수입 분유 벌레 나오자…… 벌레 국적 증명하라', 아주경제, 2011. 10. 31.

39 '中서 또 '발암물질 식용유' 무더기 적발', 연합뉴스, 2012. 1. 19.

40 '中 제초제성분 함유 '농약 소금' 대량유통', 연합뉴스, 2012. 1. 31.

41 '中 시멘트 호두 "뭘 먹나, 신뢰도 계속 하락" "해도 너무해"', 아시아투데이, 2012. 2. 17.

42 'The power of word-of-mouth in China', McKinsey, 2010.

43 'China's new pragmatic consumers', McKinsey, 2010.

44 '소셜미디어 등장 후 시장권력 소비자로 이동', 포커스신문, 2011. 8. 28.

45 '호모 도큐멘티쿠스가 아니면 죽는다', 데일리안, 2008. 10. 6.

46 '中 관광객 마트서 생리대 · 고무장갑 싹쓸이', 연합뉴스, 2012. 1. 26.

47 '中 소비자 "짝퉁, 위조상품이 가장 큰 문제"', 코트라 글로벌윈도우, 2007. 3. 17.

48 '불량에 화난 中 소비자 냉장고 부수며 시위', 매일경제, 2011. 11. 21.

49 배영준 외, 같은 책.

50 '中 법원, 뇌물수수 縣 서기에 사형유예', 연합뉴스, 2012. 1. 30.

51 '가짜 불량식품은 이제 그만', 중앙일보, 2011. 5. 6.

52 '中 "저작권 '악명 높은 시장' 분류에 반대"', 연합뉴스, 2012. 1. 18.

53 '中 '짝퉁'문화 반성…… 기업 신뢰 떨어뜨린다', 이투데이, 2011. 4. 11.

54 '中 소비자, 착한 기업이 좋아요'. 코트라 글로벌윈도우, 2010. 5. 7.

55 이송, 『지략의 귀재』, 팬덤북스, 2010.

56 '中 인테리어 업계 韓流 바람 분다', 머니투데이, 2011. 11. 6.

57 '중국, 고급 맞춤 의류 신흥시장 : 부의 상징에서 개성의 상징으로', 코트라 글로벌윈도우, 2010. 12. 31.

58 캐멀 야마모토, 『미국 · 중국 · 일본의 비즈니스 행동법칙』, 정영희 옮김, 옥당, 2010.

59 '과대포장 : 중국식 낭비풍조는 어느 세월에야 사그라질지', 『Insightweek』 23호. (원문 : 中國青年報, 2011. 8. 23.)

60 '中 설 연휴 전당포 '호황' 맞이한 까닭은', 아시아경제, 2011. 2. 12.

61 '인터넷 연애의 중심, 러브하우스', 『Insightweek』 11호. (원문 : 銷售與市場(評論版), 2011. 5.)

62 'The new frontiers of Growth', McKinsey Consumer&Shopper Insights, 2011. 10.

63 '국내 FMCG브랜드 시장 확장의 비결', 『Insightweek』 18호. (원문 : 銷售與管理, 2011. 6.)

64 '新聞中心-中國網', 半月談, 2009. 11. 25.

65 '中中國網-資訊中心', 中國網, 2012. 2 .29.

66 '정부가 알아서…… 노년 걱정 안 하는 중국인', 아주경제, 2011. 5. 31.

67 '이성친구 찾으러 이케아(가구점)로', 조선비즈, 2011. 12. 2.

68 '中 정부, 부모부양 의무화 법 개정까지?', 동아일보, 2011. 1. 5.

69 '미국, 중국 노인아파트시장 뛰어든다', 아시아투데이, 2011. 3. 10.

70 '중국 아동복시장, 베이비붐 타고 급성장 전망', 코트라 글로벌윈도우, 2011. 2. 22.

71 '영유아용품시장의 변화, 소비자수준 향상의 지표', 『Insightweek』 10호. (원문 : 銷售與市場(評論版), 2011. 5.)

72 '寶寶樹 : 不隻做 "母嬰Facebook"', 第一財經周刊, 2012. 2. 3.

73 「2012년 경제전망」, 현대경제연구원, 2011. 11.

74 김해란 외, 「중국 가족 부양자의 부양스트레스에 관한 연구 : 전통적 가족부양 가치의 현재적 양상」, 『동방학』 제20집, 2011. pp.277~309.

75 '원주장식(元洲裝飾), 영화 〈將愛〉와 만나다', 『Insightweek』 16호. (원문 : 成功營銷, 2011. 6.)

76 '야마드, 중국 시장 진출', 『Insightweek』 13호. (원문: 第一營銷網)

77 '中 가족기업의 힘!…… 실적, 국유기업 3배 능가', 헤럴드경제, 2011. 11. 14.

78 '자동차부터 와인 · 화장품 등 다양해지는 중국의 소비문화', 『한국경제매거진』 80호, 2012. 1.

79 '中 부의 상징, 첫 와인펀드 출범', 파이낸셜뉴스, 2011. 8. 24.

80 '와인에 취해버린 중국, 佛포도주 농장도 싹쓸이?', 한국일보, 2011. 3. 3.

81 '中 정부 · 인민해방軍 합세, 그림값 올리기', 조선일보, 2012. 1. 19.

82 '와인→피카소, 다음은 우표?…… 경매시장, 중국이 만들어낸 거품', 아시아투데이, 2011. 3. 6.

83 '세계 미술 경매시장, 작년 12조원 몰렸다', 한국경제, 2012. 1. 8.

84 '청나라 건륭 황제 옥새 '280억원' 세계 최고가 낙찰', 서울신문, 2011. 12. 8.

85 '와인→피카소, 다음은 우표?…… 경매시장, 중국이 만들어낸 거품', 아시아투데이.

86 'From made in China to made for China', 『Harvard Business Review』, 2010. 9. 17.

87 '바야흐로 지금은 Made for China 시대!', 두두차이나, 2012. 1. 11.

88 '글로벌 브랜드 'Made for China' 경쟁', 한국경제, 2011. 7. 20.

89 'From made in China to made for China', 『Harvard Business Review』.

90 '글로벌 브랜드 'Made for China' 경쟁', 한국경제.

91 '명품업계도 구애…… 이젠 Made for China', 한국경제, 2010. 11. 2.

92 '中 대표 문화 아이콘은 漢字', 인사이드차이나, 2011. 1. 5.

93 '구 브랜드들의 부활이 오는 것인가?', 『Insightweek』 7호, (원문 : 成功營銷, 2011. 3.)

94 '윈난바이야오그룹의 사례로 본 중국 브랜드 잠재력', 중앙일보, 2011. 11. 28.

95 '세계 최대 명품 소비국 中, 명품 제조국으로 변신?', 아주경제, 2011. 11. 28.

96 'Made for China', 『Business Week』, 2010. 9. 31.

97 '중국 동충하초 열풍…… 金값의 배', 연합뉴스, 2012. 1. 31.

98 '중국 문화 마케팅의 색채문화', 『Insightweek』 27호. (원문 : 銷售與市場(管理版), 2011. 8.)

99 '수십억 부자들이 좋아하는 명품 이거였어?', 아시아경제, 2012. 1. 14.

100 'Understanding China's growing love for luxury', McKinsey Consumer&Shopper Insights, 2011. 3.

101 'Tapping China's luxury-goods market', McKinsey Quarterly, 2011. 4.

102 '중국 지난해 명품 소비액 126억 달러로 세계 1위', 서울경제, 2012. 1. 20.

103 랑셴핑, 『부자 중국 가난한 중국인』, 이지은 옮김, 미래의창, 2011.

104 랑셴핑, 같은 책.

105 '수십억 부자들이 좋아하는 명품 이거였어?', 아시아경제.

106 '茅台爲什麼不敢當'中國奢侈品'？', 中國經濟周刊, 2011. 12. 5.

107 'Understanding China's growing love for luxury', McKinsey Consumer&Shopper Insights.

108 '중국인들, 이제 짝퉁 싫어!', 조선비즈, 2012. 2. 15.

109 'Understanding China's growing love for luxury', McKinsey Consumer&Shopper Insights.

110 '홍콩 명품거리 '광둥다오' 돈 싸들고 오는 본토 쇼핑객들 점령구로', 서울경제, 2012. 2. 5.

111 '中 쇼핑객들, 英 박싱데이 맞아 명품관광', 매일경제, 2011. 12. 28.

112 '명품업체 중국 온라인 판매 주목하는 세 가지 이유', 아주경제, 2011. 5. 18.

113 홍순도 외, 『베이징 특파원 중국 문화를 말하다』, 서교출판사, 2011.

114 '세계 경제, 중국이 재채기하면……', 머니투데이, 2012. 10. 18.

115 '洞悉社會化媒体'奢侈品風潮'', 成功營銷, 2011. 8.

116 'Tapping China's luxury-goods market', McKinsey Quarterly.

3부. 중국 소비시장의 최근 트렌드

1 '중국 가정 행복지수, 70%가 "나는 행복하다"', 스포츠서울, 2011. 12. 23.

2 'Chinese consumer trends in a global perspective', Ericsson, 2010. 5. 18.

3 '중국 연휴에 불티나게 팔린 품목 베스트 5', 코트라 글로벌윈도우, 2011. 12. 9.

4 'Taking Off : Travel and tourism in China and beyond', Boston Consulting Group, 2011.

5 '내 멋대로 떠나라, 中 여행트렌드 변화중', 코트라 글로벌윈도우, 2011. 10. 14.

6 '중국 소비, code로 잡는다', KOCHI, 2011.

7 'Taking Off : Travel and tourism in China and beyond', Boston Consulting Group.

8 홍순도 외, 같은 책.

9 '뮤지컬 맘마미아, 中서 6개월간 200회 공연 종료', 연합뉴스, 2012. 1. 25.

10 '中 아웃도어용품시장, 연 30% 성장 지속 전망, 코트라 글로벌윈도우, 2011. 5. 31.

11 '[2012 아웃도어 차이나] 아웃도어업계 관심 집중', 패션저널, 2011. 11. 25.

12 홍순도 외, 같은 책.

13 '中 애완동물 관련 산업 성장세', 코트라 글로벌윈도우, 2011. 11. 30.

14 '중국 애완동물 스튜디오 등장, 애완동물도 기념사진이 필요해', 뉴스웨이브, 2011. 11. 2.

15 '中 애완동물 공동묘지 유행 '최고가 600만원?' 논란으로 시끌', 티브이데일리, 2011. 4. 5.

16 '침 맞고 스파 즐기는 홍콩의 애완동물', 코트라 글로벌윈도우, 2009. 8. 20.

17 '中 거부할 수 없는 달콤한 유혹, 多拿滋', 코트라 글로벌윈도우, 2011. 5. 20.

18 '커피 즐기는 중국인 늘어난다', 코트라 글로벌윈도우, 2012. 1. 16.

19 '몸에 좋은 과일주스 소비 껑충!', 코트라 글로벌윈도우, 2011. 7. 26.

20 '섣달 그믐 한 달 앞둔 베이징은…… 한 상에 천만원 옌예판 예약전쟁', 한국경제, 2011. 12. 23.

21 '中 인테리어 업계 韓流 바람 분다', 머니투데이, 2011. 11. 6.

22 '중국 내수의 新블루오션, 유망 2·3선도시 소비트렌드', 코트라, 2009. 3. 31.

23 '중국 홈텍스타일 시장 급속 성장, 전시회 관심 고조', 패션저널, 2012. 2. 10.

24 '중국인, 밸런타인데이 선물로 이것 찾는다', 코트라 글로벌윈도우, 2012. 2. 10.

25 '급성장하는 중국 마스크팩시장', 코트라 글로벌윈도우, 2011. 12. 27.

26 '중국, 최근의 소비추세', 코트라 글로벌윈도우, 2011. 1. 13.

27 '중국 남자들이 예뻐진다', 아시아경제, 2011. 12. 4.

28 '중국 소비, code로 잡는다', KOCHI.

29 '中, 2011년 히트상품 베스트 25', 코트라, 2011.

30 '중국의 친환경 유행상품', 코트라 글로벌윈도우, 2012. 1. 6.

31 '중국 엄친아들을 노려라, 그린 기저귀', 코트라 글로벌윈도우, 2011. 8. 23.

32 '中, 건강 위해 유기농 식품 선택한다', 코트라 글로벌윈도우, 2011. 10. 24.

33 '중국인 관광객도 싼 건 NO…… 웰빙음식이 최고', 제주의소리, 2011. 2. 15.

34 '中 소비자 50% 괜찮은 전기차 있다면 산다'. 조선비즈, 2012. 2. 3.

35 '중국 중산층 2030년엔 14억 명 육박', 한국일보, 2011. 9. 10.

36 '중국 중산층 피플파워 꿈틀', 한겨레, 2011. 9. 5.

37 '중국 2·3선도시 진출 전략', SERIChina, 2011.

38 '중국 내수의 新블루오션, 유망 2·3선도시 소비트렌드', 코트라.

39 '중국 2·3선도시 진출 전략', SERIChina.

40 'The keys to the kingdom', Boston Consulting Group.

41 'Understanding China's consumers', Deutsche bank research, 2010.

42 '중국, 소비력 갖춘 노인시장 골드 실버마켓 열린다', 코트라 글로벌윈도우, 2011. 4. 8.

43 '코트라 선정 올해의 차이나 키워드', 코트라, 2010.

44 '유행어로 본 2010년 중국 소비트렌드', LG경제연구원, 2010.

45 '중국 여성, 명품 열풍에 동참하다', 코리아리얼타임, 2011. 6. 13.

46 '집도, 차도, 中 가정 소비 10대의 주링허우가 주도', 뉴욕일보, 2011. 11. 25.

47 '中, 그녀들의 소비를 주목하라', 코트라 글로벌윈도우, 2011. 5. 27.

48 '소비력 높은 홍콩의 싱글족', 코트라 글로벌윈도우, 2011. 3. 25.

49 '유행어로 본 2010년 중국 소비트렌드', LG경제연구원.

50 '중국, 60만 딩크족 아이보다 멋진 인생이 중요', 헤럴드경제, 2010. 8. 2.

51 '금융위기가 만들어낸 중국의 新코쿠닝족을 잡아라', 『이코노믹리뷰』, 2009. 11. 5.

52 마이클 J. 실버스타인 외, 『소비의 새물결 트레이딩 업』, 보스턴컨설팅그룹 옮김, 세종서
  적, 2005.

53 '폭발적으로 성장한 중국 공동구매시장', 아시아경제, 2011. 10. 28.

54 '중국, 소비자에게 구매금액을 돌려주는 온라인 쇼핑몰이 대세', 코트라 글로벌윈도우,
  2012. 9. 14.

55 '온라인 장보기 중국 직장인들에게 인기 만점!', 코트라 글로벌윈도우, 2012. 1. 11.

56 '아시아 '칩시크' 패션에 꽂혔다', 이투데이, 2013. 4. 23.

57 '경기부진 속 중국 소득계층별 소비트렌드 변화', 코트라 글로벌윈도우, 2013. 7. 4.

58 '중국 고급소비, 중간 소득자가 이끈다', 코트라 글로벌윈도우, 2013. 6. 13.

59 '중국 고급소비, 중간 소득자가 이끈다', 코트라 글로벌윈도우.

60 '중국 고급소비, 중간 소득자가 이끈다', 코트라 글로벌윈도우.

61 '홍콩 식품 트렌드, 건강하고 빠르고 예쁘게', 코트라 글로벌윈도우, 2013. 4. 19.

62 '홍콩 식품 트렌드, 건강하고 빠르고 예쁘게', 코트라 글로벌윈도우.

63 '中, 불황을 모르는 패스트패션과 녹색식품', 코트라 글로벌윈도우, 2011. 11. 25.

64 '중국 소황제들 악기 한 개씩만 배워도……', 머니투데이, 2011. 10. 24.

65 '결혼식에 1억~2억 예사…… 허우세대발 웨딩산업 급성장', 서울경제, 2013. 7. 8.

66 '中 결혼비용, 서민 기둥뿌리 흔들린다', 코트라 글로벌윈도우, 2011. 9. 30.

67 www.firstviewkorea.com

68 '中 독신 급증 따른 '싱글경제' 신조어 등장', 온바오닷컴, 2006. 9. 9.

69 '코트라 선정 2010 올해의 차이나 트렌드', 코트라.

70 '코트라 선정 2010 올해의 차이나 트렌드', 코트라.

71 '중국 경제 2010년 회고와 2011년 전망', 프레시안, 2011. 1. 2.

72 '가난 대물림 받은 중국 젊은 세대', 중앙일보, 2009. 9. 3.

73 배영준 외, 같은 책.

74 배영준 외, 같은 책.

75 www.firstviewkorea.com

76 배영준 외, 같은 책.

77 '대졸 도시여성 90% 싱글이 좋아', 서울신문, 2004. 8. 31.

78 '대졸 도시여성 90% 싱글이 좋아', 서울신문.

79 '2010 중국 소비트렌드', LG경제연구소.

80 배영준 외, 같은 책.

81 www.enovatechina.com

82 'Understanding China's digital consumers', McKinsey, 2011.

83 www.enovatechina.com

| 공저자 소개 |

전미영

서울대학교 생활과학대학 소비자학과 연구교수로 재직하고 있다. 동 대학원에서 학사·석사 학위를 받고,「소비자 행복의 개념과 그 영향요인의 구조」라는 논문으로 박사학위를 취득했다. 2008년 한국소비자학회 최우수논문상을 수상했다. 삼성경제연구소에서 리서치 애널리스트로 근무했으며, 현재 서울대학교 생활과학연구소 소비트렌드분석센터에서 수석연구원으로 재직하며 트렌드분석론을 강의하고 있다. 한국과 중국의 소비트렌드를 추적하고 이를 산업과 연계하는 방법론 개발에 관심이 많다.

김서영

서울대학교 생활과학대학 소비자학과 박사과정 재학중이다. 서울대학교 대학원 소비자학과 '소비자행태연구실'에서「20~30대 기혼여성과 미혼여성의 소비가치 연구」라는 논문으로 석사학위를 받았다. 현재 서울대학교 생활과학연구소 소비트렌드분석센터 책임연구원으로 '중국 소비자들의 특성과 트렌드'에 관한 연구를 수행하고 있다. 소비자의 양가성consumer ambivalance에 관한 심리구조, 소비트렌드 확산과정과 예측방법 등의 주제에 관심이 많다.

트렌드 **차이나**

중국 소비DNA와 소비트렌드 집중 해부

ⓒ김난도 전미영 김서영 2013

초판 인쇄   2013년 9월 23일
초판 발행   2013년 9월 30일

지은이 김난도 전미영 김서영
펴낸이 강병선
책임편집 고아라 | 편집 강병주 이연실 | 독자모니터 황치영
디자인 MONO 엄혜리 | 일러스트 노종남 | 저작권 한문숙 박혜연 김지영
마케팅 우영희 이미진 나해진 김은지
온라인마케팅 김희숙 김상만 이원주 한수진
제작 김애진 김동욱 임현식 | 제작처 영신사

펴낸곳 (주)문학동네
출판등록 1993년 10월 22일 제406-2003-000045호
임프린트 오우아
주소 413-120 경기도 파주시 회동길 210
전자우편 editor@munhak.com | 대표전화 031)955-8888 | 팩스 031)955-8855
문의전화 031)955-2660(마케팅) 031)955-1915(편집)
문학동네카페 http://cafe.naver.com/mhdn | 트위터 @munhakdongne

ISBN 978-89-546-2177-9 03320

* 오우아는 문학동네 출판그룹의 임프린트입니다.
* 이 책의 판권은 지은이와 문학동네에 있습니다.
  이 책 내용의 전부 또는 일부를 재사용하려면 반드시 양측의 서면 동의를 받아야 합니다.
* 이 도서의 국립중앙도서관 출판시도서목록(CIP)은 e-CIP 홈페이지(http://www.nl.go.kr/ecip)와
국가자료공동목록 시스템(http://www.nl.go.kr/kolisnet)에서 이용하실 수 있습니다.
(CIP제어번호: CIP2013008907)

www.munhak.com